Yvonne Haidl

Verträge des Medizinrechts

Reihe Vertragsrecht und Vertragsgestaltung

Armin J. Kammel/Konrad Koloseus (Hrsg)

Verträge des Medizinrechts

Dr. Yvonne Haidl

Rechtsanwältin in Wien

facultas

Zitiervorschlag: *Haidl*, Verträge des Medizinrechts (2025)

Die in diesem Werk verwendeten Personenbezeichnungen beziehen sich – sofern nicht anders kenntlich gemacht – auf alle Geschlechter.

Bibliografische Information Der Deutschen Nationalbibliothek

Die Deutsche Nationalbibliothek verzeichnet diese Publikation in der Deutschen Nationalbibliografie; detaillierte bibliografische Daten sind im Internet über http://dnb.d-nb.de abrufbar.

1. Auflage 2025

facultas Universitätsverlag, Stolberggasse 26, 1050 Wien, Österreich
www@facultas.at, office@facultas.at

Satz: Wandl Multimedia-Agentur, Groß Weikersdorf
Printed in the EU
ISBN 978-3-7089-2678-0

Vorwort

Die moderne, zunehmend arbeitsteilig organisierte Medizin stellt Gesundheitsdienstleister vermehrt vor rechtliche Herausforderungen. Es gilt nicht mehr nur eine dem jeweiligen Stand der medizinisch-wissenschaftlichen Erkenntnisse entsprechende und am Patientenwohl orientierte Tätigkeit auszuüben. Zu berücksichtigen sind insbesondere auch rechtliche wie finanzielle Aspekte, steigender Kostendruck, fachliche oder organisatorische Synergieeffekte sowie ein veränderter Bedarf an Öffnungszeiten unter Beachtung der eigenen Work-Life-Balance.

Die rechtlichen Anforderungen und damit mögliche Vertragsinhalte unterscheiden sich freilich erheblich, je nachdem, ob eine Tätigkeit als Arbeitnehmer, die Gründung bzw Übernahme einer Ordination oder eine Kooperation mit Kollegen angestrebt wird.

Demgegenüber ist im laufenden Betrieb eines Gesundheitsunternehmens nicht mehr das Unternehmen selbst, sondern die Ausgestaltung der Vertragsbeziehung mit dem Patienten in Form des Behandlungs- bzw Krankenhausaufnahmevertrags unter besonderer Beachtung der Patientenrechte von enormer praktischer Relevanz.

Angehörige von Gesundheitsberufen sind mehr denn je gefordert, sich mit Medizinrecht zu beschäftigen bzw ihre medizinische Fachexpertise zumindest um Kenntnisse (vertrags-) rechtlicher Grundlagen zu erweitern. Dies erleichtert nicht nur die Wahl der richtigen Kooperationsform und ein rechtskonformes Verhalten im Berufsalltag, sondern trägt auch zur Vermeidung von Haftungsfällen bei.

Ziel dieses Werkes ist, dem juristischen Praktiker, Angehörigen von Gesundheitsberufen und anderen Interessenten, einen kurzfristigen Einstieg in wesentliche Bereiche des Medizinrechts zu ermöglichen. Zusätzlich erleichtern das Kapitel über Grundlagen des Medizinrechts und Checklisten den Zugang zur Materie.

Aufgrund dieser Zielsetzung ist eine Einschränkung der Themen, der dargestellten Verträge sowie der Literatur- und Judikaturhinweise bei einer Querschnittsmaterie unumgänglich. Um dennoch eine möglichst umfassende Darstellung zu garantieren, liegt der Fokus einerseits auf vertraglichen Möglichkeiten der Zusammenarbeit von Gesundheitsdienstleistern und anderseits auf deren Verträgen mit Patienten.

Mein besonderer Dank gilt meiner Familie. Ebenfalls bedanken möchte ich mich bei den Herausgebern und beim Verlag für die gute Zusammenarbeit.

Wien, im November 2025 *Yvonne Haidl*

Inhaltsverzeichnis

Abkürzungsverzeichnis

aA	anderer Ansicht
aaO	am angegebenen Ort
ÄAO	Ärztinnen-/Ärzte-Ausbildungsordnung 2015
ABGB	Allgemeines bürgerliches Gesetzbuch
ABl	Amtsblatt
Abs	Absatz
AEUV	Vertrag über die Arbeitsweise der Europäischen Union
AG	Aktiengesellschaft
AGB	Allgemeine Geschäftsbedingungen
AHG	Bundesgesetz über die Haftung der Gebietskörperschaften und der sonstigen Körperschaften und Anstalten des öffentlichen Rechts für in Vollziehung der Gesetze zugefügte Schäden (Amtshaftungsgesetz)
AktG	Bundesgesetz über Aktiengesellschaften (Aktiengesetz)
AMG	Bundesgesetz vom 2. März 1983 über die Herstellung und das Inverkehrbringen von Arzneimitteln (Arzneimittelgesetz)
Art	Artikel
ÄrzteG	Bundesgesetz über die Ausübung des ärztlichen Berufes und die Standesvertretung der Ärzte (Ärztegesetz 1998)
ÄsthOpG	Bundesgesetz über die Durchführung von ästhetischen Behandlungen und Operationen
ASVG	Allgemeines Sozialversicherungsgesetz
AuslBG	Ausländerbeschäftigungsgesetz
AußStrG	Bundesgesetz über das gerichtliche Verfahren in Rechtsangelegenheiten außer Streitsachen (Außerstreitgesetz)
AVG	Allgemeines Verwaltungsverfahrensgesetz 1991
AVRAG	Arbeitsvertragsrechts-Anpassungsgesetz
BDG 1979	Bundesgesetz vom 27. Juni 1979 über das Dienstrecht der Beamten (Beamten-Dienstrechtsgesetz 1979)
BGBl	Bundesgesetzblatt
Bgld KAG 2000	Gesetz vom 27. April 2000 über die Krankenanstalten im Burgenland (Burgenländisches Krankenanstaltengesetz 2000)
B-KUVG	Beamten-Kranken- und Unfallversicherungsgesetz
BSG 1999	Bundesgesetz über die Gewinnung von Blut und Blutbestandteilen in Blutspendeeinrichtungen (Blutsicherheitsgesetz 1999)
bspw	beispielsweise
BSV	Verordnung der Bundesministerin für Arbeit, Gesundheit und Soziales betreffend den Gesundheitsschutz von Spendern und die Qualitätssicherung von Blut und Blutbestandteilen (Blutspenderverordnung)

BSVG	Bauern-Sozialversicherungsgesetz
BVAEB	Versicherungsanstalt öffentlich Bediensteter, Eisenbahnen und Bergbau
B-VG	Bundes-Verfassungsgesetz
bzw	beziehungsweise
DHG	Bundesgesetz vom 31. März 1965 über die Beschränkung der Schadenersatzpflicht der Dienstnehmer (Dienstnehmerhaftpflichtgesetz)
DSG	Bundesgesetz zum Schutz natürlicher Personen bei der Verarbeitung personenbezogener Daten (Datenschutzgesetz)
EG	Europäische Gemeinschaft
EKEG	Bundesgesetz über Eigenkapital ersetzende Gesellschafterleistungen (Eigenkapitalersatz-Gesetz)
EMRK	Europäische Menschenrechtskonvention
ErwSchG	Erwachsenenschutz-Gesetz
EStG	Bundesgesetz vom 7. Juli 1988 über die Besteuerung des Einkommens natürlicher Personen (Einkommensteuergesetz 1988), BGBl 1988/400
EU	Europäische Union
EuGH	Gerichtshof der Europäischen Union
f	folgende
ff	fortfolgende
FlexCo	Flexible Company
FlexKapG	Flexible Kapitalgesellschaft
FlexKapGG	Bundesgesetz über die Flexible Kapitalgesellschaft (Flexible-Kapitalgesellschafts-Gesetz)
FMedG	Bundesgesetz, mit dem Regelungen über die medizinisch unterstützte Fortpflanzung getroffen werden (Fortpflanzungsmedizingesetz)
FN	Fußnote
FSVG	Freiberuflichen-Sozialversicherungsgesetz
GesAusG	Gesellschafter-Ausschlussgesetz
GesbR	Gesellschaft bürgerlichen Rechts
GesRÄG	Gesellschaftsrechts-Änderungsgesetz 2023
GewO	Gewerbeordnung 1994
GmbH	Gesellschaft mit beschränkter Haftung
GmbHG	Gesetz vom 6. März 1906, über Gesellschaften mit beschränkter Haftung (GmbH-Gesetz)
GP	Gesetzgebungsperiode

GRUG 2017	Gesundheitsreformumsetzungsgesetz 2017
GSVG	Gewerbliches Sozialversicherungsgesetz
GTG	Bundesgesetz, mit dem Arbeiten mit gentechnisch veränderten Organismen, das Freisetzen und Inverkehrbringen von gentechnisch veränderten Organismen und die Anwendung von Genanalyse und Gentherapie am Menschen geregelt werden (Gentechnikgesetz)
GuKG	Bundesgesetz über Gesundheits- und Krankenpflegeberufe (Gesundheits- und Krankenpflegegesetz)
G-ZG	Gesundheits-Zielsteuerungsgesetz
hA	herrschende Auffassung
HaRÄG	Handelsrechts-Änderungsgesetz
HebG	Bundesgesetz über den Hebammenberuf (Hebammengesetz)
HeimAufG	Bundesgesetz über den Schutz der persönlichen Freiheit während des Aufenthalts in Heimen und anderen Pflege- und Betreuungseinrichtungen (Heimaufenthaltsgesetz)
hL	herrschende Lehre
HVerG	Bundesgesetz, mit dem im Konsumentenschutzgesetz Bestimmungen über den Heimvertrag eingeführt werden (Heimvertragsgesetz)
IA	Initiativantrag
idgF	in der geltenden Fassung
idS	in diesem Sinne
insb	insbesondere
iSd	im Sinne des
iVm	in Verbindung mit
KAKuG	Krankenanstalten- und Kuranstaltengesetz
KG	Kommanditgesellschaft
K-KAO	Kärntner Krankenanstaltenordnung 1999
KSchG	Bundesgesetz vom 8. März 1979, mit dem Bestimmungen zum Schutz der Verbraucher getroffen werden (Konsumentenschutzgesetz)
LG	Landesgericht
LKF-System	System der leistungsorientierten Krankenanstaltenfinanzierung
LKH	Landeskrankenhaus
Lit	Literatur
lit	litera
LVwG	Landesverwaltungsgericht

Mat	Materialien
MMHmG	Bundesgesetz über die Berufe und die Ausbildungen zum medizinischen Masseur und zum Heilmasseur (Medizinischer Masseur- und Heilmasseurgesetz)
MPG 2021	Bundesgesetz betreffend Medizinprodukte 2021 (Medizinproduktegesetz 2021)
MRG	Bundesgesetz vom 12. November 1981 über das Mietrecht (Mietrechtsgesetz)
MTD-G	Bundesgesetz über die Regelung der gehobenen medizinisch-technischen Dienste (MTD-Gesetz)
mwN	mit weiteren Nachweisen
NÖ KAG	NÖ Krankenanstaltengesetz
NÖ SÄG 1992	NÖ Spitalsärztegesetz 1992
Nr	Nummer
ÖÄK	Österreichische Ärztekammer
OEG	Offene Erwerbsgesellschaft
OG	Offene Gesellschaft
ÖGK	Österreichische Gesundheitskasse
OHG	Offene Handelsgesellschaft
Oö. KAG 1997	Oö. Krankenanstaltengesetz 1997
ÖSG	Österreichischer Strukturplan Gesundheit
OTPG	Bundesgesetz über die Transplantation von menschlichen Organen (Organtransplantationsgesetz)
ÖZVV	Österreichisches Zentrales Vertretungsverzeichnis
PatVG	Bundesgesetz über Patientenverfügungen (Patientenverfügungs-Gesetz)
PRIKRAF	Privatkrankenanstalten-Finanzierungsfonds
PRIKRAF-G	Privatkrankenanstalten-Finanzierungsfondsgesetz
PrimVG	Bundesgesetz über die Primärversorgung in Primärversorgungseinheiten (Primärversorgungsgesetz)
PrivHG	Bundesgesetz über Privathochschulen (Privathochschulgesetz)
PVE	Primärversorgungseinheit
PVN	Primärversorgungsnetzwerk
PVZ	Primärversorgungszentrum
RdM	Recht der Medizin (Zeitschrift)
RGBl	Reichsgesetzblatt
RL	Richtlinie
RS	Rechtssatz
RSG	Regionaler Strukturplan Gesundheit

RV	Regierungsvorlage
Rz	Randziffer
SanG	Bundesgesetz über Ausbildung, Tätigkeiten und Beruf der Sanitäter (Sanitätergesetz)
SKAG	Salzburger Krankenanstaltengesetz 2000
sog	sogenannte
SpG	Gesetz über Krankenanstalten (Spitalgesetz) Vorarlberg
StGB	Bundesgesetz vom 23. Jänner 1974 über die mit gerichtlicher Strafe bedrohten Handlungen (Strafgesetzbuch)
StGBl	Staatsgesetzblatt
StGG	Staatsgrundgesetz über die allgemeinen Rechte der Staatsbürger
StKAG	Gesetz vom 16. Oktober 2012 über Krankenanstalten in der Steiermark (Stmk. Krankenanstaltengesetz 2012)
str	strittig
stRsp	ständige Rechtsprechung
StPO	Strafprozeßordnung 1975
StVfG	Bundesgesetz über die Errichtung von Sterbeverfügungen (Sterbeverfügungsgesetz)
StVG	Bundesgesetz vom 26. März 1969 über den Vollzug der Freiheitsstrafen und der mit Freiheitsentziehung verbundenen vorbeugenden Maßnahmen (Strafvollzugsgesetz)
SVS	Sozialversicherungsanstalt der Selbständigen
SVSG	Selbständigen-Sozialversicherungsgesetz
Tir KAG	Gesetz vom 10. Dezember 1957 über Krankenanstalten (Tiroler Krankenanstaltengesetz)
ua	unter anderem
UbG	Bundesgesetz über die Unterbringung psychisch kranker Personen in Krankenanstalten (Unterbringungsgesetz)
UG	Bundesgesetz über die Organisation der Universitäten und ihre Studien (Universitätsgesetz 2002)
UGB	Bundesgesetz über besondere zivilrechtliche Vorschriften für Unternehmen (Unternehmensgesetzbuch)
va	vor allem
VersVG	Bundesgesetz vom 2. Dezember 1958 über den Versicherungsvertrag (Versicherungsvertragsgesetz)
VfGH	Verfassungsgerichtshof
VfSlg	Sammlung der Erkenntnisse und wichtigsten Beschlüsse des Verfassungsgerichtshofes

Vgl	vergleiche
VO	Verordnung
vs	versus
VStG	Verwaltungsstrafgesetz 1991
VwGH	Verwaltungsgerichtshof
W-BedG	Wiener Bedienstetengesetz
Wr. KAG	Wiener Krankenanstaltengesetz 1987
ZÄG	Bundesgesetz über die Ausübung des zahnärztlichen Berufs und des Dentistenberufs (Zahnärztegesetz)
ZÄK	Zahnärztekammer
ZÄKG	Bundesgesetz über die Standesvertretung der Angehörigen des zahnärztlichen Berufs und des Dentistenberufs (Zahnärztekammergesetz)
zB	zum Beispiel
ZPO	Zivilprozessordnung

Literaturverzeichnis

Aicher in *Rummel/Lukas*, ABGB[4] § 1053 (Stand 1.5.2017, rdb.at)
Aigner et al (Hrsg), Ärztegesetz 1998[3] (2007)
Aigner, Das ärztliche Berufsrecht, in *Aigner/Kletečka/Kletečka-Pulker/Memmer (Hrsg)*, Handbuch Medizinrecht für die Praxis (2025) III.1/1
Aigner/Kletečka/Kletečka-Pulker/Memmer (Hrsg), Handbuch Medizinrecht für die Praxis (Stand: 40. Ergänzungslieferung, Mai 2025)
Amelung, Die Einwilligungsfähigkeit in Deutschland, in *Kopetzki (Hrsg)*, Einwilligung und Einwilligungsfähigkeit (2002) 24
Andretsch/Berger/Metzl/Zahrl, Unternehmen Arztpraxis (2021)
Auer-Mayer, Beendigung der Vertragsbeziehungen, in *Schrattbauer/Pfeil (Hrsg)*, Organisation guter PatientInnenversorgung (2019), 55
Barth, Checkliste: Medizinische Behandlung Minderjähriger, RdM 2005, 4
Barth, Minderjährige Patienten im Konflikt mit ihren Eltern, ÖJZ 2002, 596
Baumann, Recht → Ethik → Medizin (2005)
Berg (Hrsg), Informed Consent Legal Theory and Clinical Practice[2] (2001)
Bergmann, Aufklärung in der arbeitsteiligen Medizin, in *Arbeitsgemeinschaft Rechtsanwälte im Medizinrecht e. V. (Hrsg)*, Risiko Aufklärung (2001) 91
Bernat, Entwicklungslinien des Medizinrechts – Eine Bestandsaufnahme aus Anlass von 20 Jahren *„Recht der Medizin"* (1994 – 2014), RdM 2014, 36
Bertel in *Foregger/Nowakowski*, Wiener Kommentar zum Strafgesetzbuch[2] § 110 StGB
Boninsegna/Ernst/Schrader (Hrsg), Ärztliche Tätigkeit und Recht (2021)
Brandstetter/Zahrl, Die strafrechtliche Haftung des Arztes, RdM 1994, 17
Brodil, Arzthaftung und Dienstnehmerhaftpflichtgesetz (Teil 2), RdM 1994, 78
Bukor et al, Primärversorgung in Österreich, in *Aigner/Kletečka/Kletečka-Pulker/Memmer (Hrsg)*, Handbuch Medizinrecht für die Praxis (2025) IV.9/281
Bundesministerium für Soziales, Gesundheit, Pflege und Konsumentenschutz (Hrsg), Klassifikation der österreichischen Krankenanstalten (Stand: 14.3.2024)
Bundesministerium für Soziales, Gesundheit, Pflege und Konsumentenschutz (Hrsg), LKF-Systembeschreibung 2024 (Stand: 1.1.2024)
Burgstaller in *Foregger/Nowakowski*, Wiener Kommentar zum Strafgesetzbuch[2] § 83 StGB
Burgstaller in *Foregger/Nowakowski*, Wiener Kommentar zum Strafgesetzbuch[2] § 90 StGB
Bydlinski, Arbeitsrechtskodifikation und allgemeines Zivilrecht (1969)
Bydlinski, Verträge über ärztliche Leistungen, in *Rechberger/Welser (Hrsg)*, Festschrift für Winfried Kralik, Wien 1986, 345
Bydlinski M./Thunhart in *Rummel/Lukas/Geroldinger*, ABGB[4] § 1486 (Stand 31.5.2024, rdb.at)
Bydlinski M./Thunhart in *Rummel/Lukas/Geroldinger*, ABGB[4] § 1501 (Stand 31.5.2024, rdb.at)

Cerha, §§ 10, 12 PrimVG in *Neumayr/Resch/Wallner (Hrsg)*, Gmundner Kommentar zum Gesundheitsrecht[2] (2022) 2073
Danzl, Handbuch Schmerzengeld[2] (2019)
Deutsch/Spickhoff, Medizinrecht[7] (2014)
Eberhard, Wofür wird die Sonderklasse bezahlt? RdM 2012/134, 204
Elkeles, Die schweigsame Welt von Arzt und Patient. Einwilligung und Aufklärung in der Arzt – Patienten – Beziehung des 19. und frühen 20. Jahrhunderts, in *Jütte (Hrsg)*, Medizin, Gesellschaft und Geschichte, Band 8 (1989)
Ellinger/Missliwetz, Die Verpflichtung zur Führung ärztlicher Aufzeichnungen, RZ 1994, 124
Engljähringer, Ärztliche Aufklärungspflicht vor medizinischen Eingriffen (1996)
Engljähringer, Ärztlicher Behandlungsvertrag, ÖJZ 1993, 488
Fantur, Die neue Ärzte-GmbH aus Sicht des Vertragserrichters, GES 2010/4, 155
Fischer-Czermak, Zur Handlungsfähigkeit Minderjähriger nach dem KindRÄG 2001, ÖJZ 2002, 293
Fischl, Private Krankenanstalten, in *Resch/Wallner*, Handbuch Medizinrecht[3] (2020), 533
Fuchs, Zur Haftung des Belegarztes, RdM 2002/43, 138
Ganner, Recht der Altenpflege, in *Aigner/Kletečka/Kletečka-Pulker/Memmer (Hrsg)*, Handbuch Medizinrecht für die Praxis (2025) IV.4/141
Gaisbauer, Ärztliche Aufklärungspflicht bei kosmetischen Eingriffen, ÖJZ 1993, 25
Gaisbauer, Muß der Arzt den Patienten vor Bluttransfusionen über die Möglichkeit der Eigenblutspende aufklären? RdM 1997, 107
Giesen, Arzthaftungsrecht[4] (1995)
Grimm, Universitätskliniken, in *Aigner/Kletečka/Kletečka-Pulker/Memmer (Hrsg)*, Handbuch Medizinrecht für die Praxis (2025) IV.7/231
Gruber-Risak/Pfeil in *Schwimann/Kodek (Hrsg)*, ABGB Praxiskommentar[5], Band 7, § 1151 ABGB
Haberer/Krejci, Gesellschaftsrecht Allgemeiner Teil[2] (2024)
Hagenbichler, Das österreichische LKF-System, Broschüre des Bundesministeriums für Gesundheit, Bereich I/B (Stand: Juli 2010)
Haglmüller in *Rummel/Lukas/Geroldinger*, ABGB[4] § 1409 (Stand 31.7.2024, rdb.at)
Haidenthaller, Die Einwilligung Minderjähriger in medizinische Behandlungen, RdM 2001, 163
Hammerl in *Kosesnik-Wehrle*, KSchG[5] (2025) § 27b
Harrer/Wagner in *Schwimann/Kodek (Hrsg)*, ABGB Praxiskommentar[4], Band 6, § 1300 ABGB
Hart, Vertrauen, Kooperation und Organisation, in *Kern et al (Hrsg)*, Humaniora Medizin – Recht – Geschichte, Festschrift für Adolf Laufs zum 70. Geburtstag (2006) 843
Hartl, Schmerzengeldsätze in Österreich in EURO, AnwBl 2025, 243

Hartlieb/Zollner in *Rummel/Lukas/Geroldinger*, ABGB[4] § 1002 (Stand 1.8.2022, rdb.at)

Haslinger, Probleme der ärztlichen Aufklärung und Patienteneinwilligung, AnwBl 1994, 866

Hauptverband der österreichischen Sozialversicherungsträger (Hrsg), Primärversorgung in Österreich, SozSi 2014, 110

Hausreither, Das Berufsrecht der Hebamme, in *Aigner/Kletečka/Kletečka-Pulker/Memmer (Hrsg)*, Handbuch Medizinrecht für die Praxis (2025) III.7/193

Hausreither, Gesundheits- und Krankenpflege, in *Aigner/Kletečka/Kletečka-Pulker/Memmer (Hrsg)*, Handbuch Medizinrecht für die Praxis (2025) III.11/479

Hausreither, Zahnärzte, in *Aigner/Kletečka*

Kletečka-Pulker/Memmer (Hrsg), Handbuch Medizinrecht für die Praxis (2025) III.8/235

Heidinger, Die ärztliche Aufklärungspflicht in der Rechtsprechung des Obersten Gerichtshofes, in *Harrer/Graf (Hrsg)*, Ärztliche Verantwortung und Aufklärung (1999) 17

Heissenberger (vormals bearbeitet von *Füszl*), Krankenanstaltenrecht, in *Aigner/Kletečka/Kletečka-Pulker/Memmer (Hrsg)*, Handbuch Medizinrecht für die Praxis (2025) IV.1/1

Hofmann, Die Aufklärungspflicht des Arztes im Lichte der Rechtsprechung des Obersten Gerichtshofes, RZ 1998, 80

Ivansits, Die rechtliche Stellung nichtärztlicher Gesundheitsberufe in der Primärversorgung, RdM 2018/122, 172

Ivansits/Prinzinger, Rechtspolitische und juristische Aspekte einer Primärversorgung in Österreich, RdM 2015/46, 44

Juen, Arzthaftungsrecht[2] (2005)

Jungbecker, Formulargestützte Aufklärung, in *Arbeitsgemeinschaft Rechtsanwälte im Medizinrecht e.V. (Hrsg)*, Risiko Aufklärung (2001) 31

Kalchschmid, Die Organtransplantation (1997)

Karollus, Ausgewählte gesellschaftsrechtliche Fragen zur ärztlichen und zahnärztlichen *„Gruppenpraxis neu“*, RdM 2011/143, 192

Karollus, Vergesellschaftung von Ärzten und Zahnärzten, in *Resch/Wallner*, Handbuch Medizinrecht[3] (2020), 1171

Kern/Laufs, Die ärztliche Aufklärungspflicht (1983)

Kerschner, Behandlungsvertr ge bei minderjährigen Patienten, RdM 2013/138, 214

Kletečka, Einwilligung, in *Aigner/Kletečka/Kletečka-Pulker/Memmer (Hrsg)*, Handbuch Medizinrecht für die Praxis (2025) I.4/131

Kletečka, Zivilrechtliche Haftung (Schadenersatz), in *Aigner/Kletečka/Kletečka-Pulker/Memmer (Hrsg)*, Handbuch Medizinrecht für die Praxis (2025) II.1/1

Kletečka-Pulker, Dokumentation und Datenschutz, in *Aigner/Kletečka/Kletečka-Pulker/Memmer (Hrsg)*, Handbuch Medizinrecht für die Praxis (2025) I.5/155

Kletečka-Pulker, Rechtsgrundlagen der Behandlung, in *Aigner/Kletečka/Kletečka-Pulker/Memmer (Hrsg)*, Handbuch Medizinrecht für die Praxis (2025) I.1/1

Kletečka-Pulker, Schweige-, Anzeige- und Meldepflichten, in *Aigner/Kletečka/Kletečka-Pulker/Memmer (Hrsg)*, Handbuch Medizinrecht für die Praxis (2025) I.6/191

Kletečka-Pulker/Grimm/Memmer/Stärker/Zahrl, Grundzüge des Medizinrechts (2019)

Krauskopf, Zahnärztegesetz, in *Neumayr/Resch/Wallner*, Gmundner Kommentar zum Gesundheitsrecht[2] (2022), 1297

Krejci/Böhler in *Rummel/Lukas/Geroldinger*, ABGB[4] §1166 (Stand 1.8.2022, rdb.at)

Kopetz, Die telefonische Beratung – eine ärztliche Tätigkeit, ÖÄZ 1990, 31

Kopetz, Dokumentation der Krankenbehandlung in der Arztpraxis, RdM 1995, 12

Kopetzki, Brauchen wir eine Regelung des Behandlungsvertrags im ABGB? RdM 2012/55 (Editorial) 81

Kopetzki, Einwilligung und Einwilligungsfähigkeit, in *Kopetzki (Hrsg)*, Einwilligung und Einwilligungsfähigkeit (2002) 1

Kopetzki, Grundriss des Unterbringungsrechts[3] (2012)

Kopetzki, Krankenanstaltenrecht, in *Holoubek/Potacs (Hrsg)*, Handbuch öffentliches Wirtschaftsrecht I[4] (2019) 431

Kopetzki, Organgewinnung zu Zwecken der Transplantation (1988)

Kopetzki, Patientenwille versus lex artis – was gilt im Konfliktfall? RdM 2023/1 (Editorial)

Kopetzki, Turnusärzte und Famulanten (1990)

Kopetzki, Wer darf Ärzte anstellen, RdM 2018, 81 (Editorial)

Kopetzki, Zum Kompetenzumfang der Turnusärzte in Lehrpraxen, RdM 2013/141, 251

Kopetzki, Verfassungsrechtliche Probleme der Abgrenzung zwischen Ordination und Ambulatorium im Lichte der ärztegesetzlichen Entwicklungen, RdM 2020/278, 238

Kopetzki, Unterbringungsrecht II (1995)

Kunz, Belegarzt – Beleghebamme – Belegspital, in *Aigner/Kletečka/Kletečka-Pulker/Memmer (Hrsg)*, Handbuch Medizinrecht für die Praxis (2025) IV.6/217

Langer in *Kosesnik-Wehrle*, KSchG[5] (2025) § 27d

Larcher, Welche rechtliche Qualität haben Verhaltensvorschriften in Anstaltsordnungen von Krankenanstalten? RdM 2012/146, 288

Laufs, Die ärztliche Aufklärungspflicht, in *Laufs/Ulenbruck*, Handbuch des Arztrechts[3] (2002) 496

Lenger, Kostengemeinschaft – die richtige Rechtsform aus steuerlicher Sicht? JMG 2019, 143

Mazal, Anmerkungen zur lex artis, RdM 2007/85, 129

Mazal, Die Behandlung in der Sonderklasse, in *Schrammel (Hrsg)*, Rechtsfragen der ärztlichen Behandlung (1992) 75

Mazal, Freier Dienstvertrag oder Werkvertrag? ecolex 1997, 278

Mazal, Haftung, Haftungsüberlagerung und Organisationsverantwortung, RdM 2000, 65
Mazal, Haftungsrecht und Qualitätsmanagement, in *Radner (Hrsg)*, Medizinische Qualitäts- und Qualifikationsmängel (1999) 45
Mazal, Heranziehung von Hilfspersonen durch Ärzte – berufsrechtliche Aspekte, RdM 1996, 35
Mazal, Krankheitsbegriff und Risikobegrenzung (1992)
Mazal, Gruppenpraxis versus Anstaltsbegriff, RdM 2000, 129 (Editorial)
Mazal, Medizinische Aufklärung – Berücksichtigung neuer Medien, RdM 2000, 161
Mazal, Rechtsfragen der ärztlichen Behandlung von Zeugen Jehovas, in *Mazal*, Grenzfragen der ärztlichen Behandlung (1998) 27
Mazal, Schriftliche Patientenkommunikation als Asset! RdM 2004, 161
Mazal, Zum Schnittstellenmanagement im Krankenhaus, RdM 2000, 1
Memmer, Aufklärung, in *Aigner/Kletečka/Kletečka*
Pulker/Memmer (Hrsg), Handbuch Medizinrechtfür die Praxis (2025) I.3/71
Memmer, Rechte und Pflichten – Patient und Behandler, in *Aigner/Kletečka/Kletečka-Pulker/Memmer (Hrsg)*, Handbuch Medizinrecht für die Praxis (2025) I.2/27
Michel-Kwapinski/Oshidari, Strafgesetzbuch[15] (2025)
Müller, Computergestützte Patientenaufklärung, in *Arbeitsgemeinschaft Rechtsanwälte im Medizinrecht e. V. (Hrsg)*, Risiko Aufklärung (2001) 43
Nigl, Arzthaftung[5] (2024)
Nentwich, Digitalisierung der Medizin, RdM 1997, 175
Neumayr, Zulässigkeit von Limitierungen und Verrechnungsbeschränkungen im Kassenvertrag, RdM 2014/152, 244
Neumayr, Allgemeines bürgerliches Gesetzbuch in *Neumayr/Resch/Wallner (Hrsg)*, Gmundner Kommentar zum Gesundheitsrecht[2] (2022)
Neumayr/Resch/Wallner, Gmundner Kommentar zum Gesundheitsrecht[2] (2022)
Ofner, Rechtsfragen zum Abschluss des Behandlungsvertrages in *Bernat et al (Hrsg),* Festschrift Christian Kopetzki (2019) 451
Ondreasova in *Rummel/Lukas/Geroldinger*, ABGB[4] § 181 (Stand 1.5.2022, rdb.at)
Pflüger, Krankenhaushaftung und Organisationsverschulden (2002)
Pircher, Das Verhältnis der Einwilligung zum Behandlungsvertrag, RdM 1999, 171
Pletzer, Vor- und nachvertragliche Pflichten beim Behandlungsvertrag, RdM 2014/151, 232
Potacs/Scholz, Ambulatorien und Gruppenpraxen, in *Schrattbauer/Pfeil*, Organisation guter PatientInnenversorgung (2019), 29
Prutsch, Die ärztliche Aufklärung (2004)
Radner W. et al, Ärztliche Aufklärungspflicht, RdM 2003, 78
Ratka, § 52 ÄrzteG, in *Stöger/Zahrl (Hrsg)*, ÄrzteG – Ärztegesetz 1998 (2023), 249
Reich-Rohrwig/Gerbl, Die Ärzte-FlexCo als Alternative zur Ärzte-GmbH, RdM 2025/1, 3
Reischauer, Ärztliche Aufklärungspflicht – Stellungnahme zur Rechtsprechung des OGH, RZ 1998, 266

Reischauer in *Rummel*, ABGB³ § 1293 (Stand 1.1.2007, rdb.at)
Reischauer in *Rummel*, ABGB³ § 1294 (Stand 1.1.2007, rdb.at).
Reischauer in *Rummel*, ABGB³ § 1295 (Stand 1.1.2007, rdb.at)
Reischauer in *Rummel*, ABGB³ § 1299 (Stand 1.1.2007, rdb.at)
Reischauer in *Rummel*, ABGB³ § 1311 (Stand 1.1.2007, rdb.at)
Reischauer in *Rummel*, ABGB³ § 1313a (Stand 1.1.2004, rdb.at)
Reischauer in *Rummel*, ABGB³ § 1325 (Stand 1.1.2004, rdb.at)
Resch, Ausgewählte Rechtsfragen der Anstellung von Ärzten bei Ärzten, RdM 2019/119, 207
Resch, Belegarztsystem in einer landesfondsfinanzierten Krankenanstalt? Anmerkung zu OGH 6 Ob 149/18g, RdM 2019/35, 54
Resch, Belegarztverhältnis in *Resch/Wallner*, Handbuch Medizinrecht³ (2020), 625
Resch, Die Fähigkeit zur Einwilligung – zivilrechtliche Fragen, in *Kopetzki (Hrsg)*, Einwilligung und Einwilligungsfähigkeit (2002) 38
Resch, Freie Arztwahl in der allgemeinen Gebührenklasse im Umweg des Arzthaftungsrechts? RdM 2004, 169
Resch/Wallner, Handbuch Medizinrecht³ (2020)
Riedler in *Schwimann/Kodek (Hrsg)*, ABGB Praxiskommentar⁵, Band 5, § 865 ABGB
Rieger (Hrsg), Lexikon des Arztrechts (2007)
Roggo, Aufklärung des Patienten (2002)
Rummel in *Rummel/Lukas*, ABGB⁴ § 863 (Stand 1.11.2014, rdb.at).
Rummel in *Rummel/Lukas*, ABGB⁴ § 869 (Stand 1.11.2014, rdb.at)
Schneider, Zusammenarbeit, Rechtsformgestaltung, Gruppenpraxen, in *Aigner/Kletečka/Kletečka-Pulker/Memmer (Hrsg)*, Handbuch Medizinrecht für die Praxis (2025) IV.2/51
Schramm/Stempkowski, Die zahnärztliche Aufklärungspflicht – Eine Betrachtung aus juristischer Sicht, RdM 1997, 136
Schrattbauer/Pfeil (Hrsg), Organisation guter PatientInnenversorgung (2019)
Schwamberger, Teleoperation – rechtliche Aspekte, RdM 1997, 47
Stadler, Abgrenzung von ärztlichen Ordinationsstätten bzw Gruppenpraxen und selbständigen Ambulatorien, RdM 2010/38, 36
Stärker, Eigenartigkeiten im Krankenanstaltenbereich, RdM 2016/42, 50
Steiner, Die ärztliche Aufklärungspflicht nach Österreichischem Recht, JBl 1982, 169
Steiner, Die kollegiale Führung im Krankenanstaltenrecht, RdM 2013/34, 44
Steiner/Fleisch, Ärztliche Substitutionsbefugnis, AnwBl 1997, 702
Stellamor/Steiner, Handbuch des österreichischen Arztrechts I (1999)
Stöger/Zahrl (Hrsg), ÄrzteG – Ärztegesetz 1998 (2023)
Stöger, §§ 1 und 6a KAKuG in *Neumayr/Resch/Wallner (Hrsg)*, Gmundner Kommentar zum Gesundheitsrecht² (2022)
Stöger, Die krankenanstaltenrechtlichen Organisationsformen nach der Novelle 2018, RdM 2020/276, 207

Stormann in *Schwimann/Kodek (Hrsg)*, ABGB Praxiskommentar[5], Band 1, § 173 ABGB

Tag, Der Körperverletzungstatbestand im Spannungsfeld zwischen Patientenautonomie und Lex artis (2000)

Tanczos/Tanczos, Arzthaftung[3] (2024)

Tipold, Die strafrechtliche Verantwortung, in *Aigner/Kletečka/Kletečka-Pulker/Memmer (Hrsg)*, Handbuch Medizinrecht für die Praxis (2025) II.2/33

Thiele, Rechtsfragen der medizinischen Online-Beratung, RdM 2003, 72

Uhlenbruck, Formulargesteuerter Medizinbetrieb, in *Kern et al (Hrsg)*, Humaniora Medizin – Recht – Geschichte, Festschrift für Adolf Laufs zum 70. Geburtstag (2006) 1123

Verbunkic, Der Ausgleichsanspruch des Behandlers für entfallene Behandlungsleistungen, ecolex 2020, 680

Völkl-Torggler, Die Rechtsnatur des ärztlichen Behandlungsvertrages, JBl 1984, 78

Vrba (Hrsg), Schadenersatz in der Praxis, 52. Lfg (Juni 2025)

Wallner, Führung der Berufsbezeichnung *„Primararzt“* für die Leiter reduzierter Organisationsformen? RdM 2015/3, 9

Wallner, Handbuch Ärztliches Berufsrecht[2] (2018)

Wallner, Kompetenzen der ärztlichen Leitung von Krankenanstalten (I), RdM 2016/116, 168

Wallner, Kompetenzen der ärztlichen Leitung von Krankenanstalten (II), RdM 2016/140, 287

Wallner, Medizinrecht[2] (2022)

Wallner, Therapeutisches Privileg – zwischen Ehrlichkeit und Menschlichkeit, RdM 2023/45, 203

Wallner, Zulässiger Aktionsradius des Wohnsitzarztes, RdM 2012/135, 214

Wallner, Zulässigkeit von Weisungen an Ärzte, RdM 2014/150, 221

Wallner, Zur Zulässigkeit des Leibarztes – Wer darf Ärzte anstellen? RdM 2018/134, 214

Weber, Unternehmens- und Gesellschaftsrecht[5] (2024)

Weissauer, Einfluß von Organisation und Arbeitsteilung auf die ärztliche Aufklärung, in *Heim (Hrsg)*, Ärztliche Aufklärungspflicht (1984) 59

Wiedenbauer/Kanduth-Kristen/Grün/Hofer, Die Ärzte-GmbH (2015)

Willinger, Ethische und rechtliche Aspekte der ärztlichen Aufklärungspflicht (1996)

Wimmer, Rechtsfragen im Turnusarztverhältnis (2000)

Windisch-Graetz, Darf der Krankenanstaltenträger auf die Arbeitsleistung von UniversitätsärztInnen in der Krankenbehandlung *„verzichten“*? RdM 2016/139, 280

Windisch-Graetz, Grundlage des Arbeits- und Sozialrechts für Gesundheitsberufe in *Aigner/Kletečka/Kletečka-Pulker/Memmer (Hrsg)*, Handbuch Medizinrecht für die Praxis (2025) IV.3/77

Zahrl, Die Ärzte-GmbH (II), RdM 2011/61, 77

Zwiehoff, Strafrechtliche Aspekte des Organisationsverschuldens, MedR 2004, 364

I. Grundlagen

A. Regelungsgegenstand des Medizinrechts

Das Medizinrecht definiert sich ganz allgemein als **Summe jener Rechtsvorschriften, welche die Ausübung der Medizin regeln.** Eine einheitliche Kodifikation oder Abgrenzung von Medizinrecht als Rechtsgebiet existiert nicht. Als Querschnittsmaterie besteht es aus unterschiedlichen gesetzlichen Normen (Unionsrecht der EU, Verfassungs-, Bundes-, Landesrecht, Verordnungen) aus diversen Rechtsgebieten (zB Zivil-, Straf-, Verwaltungsrecht), die einer Zusammenschau bedürfen[1].

Im Schrifttum werden im Zusammenhang mit Medizinrecht, vereinzelt auch synonym, die Begriffe Arzt- oder Gesundheitsrecht verwendet. Der Begriff ***„Arztrecht"*** beschreibt das ärztliche Berufs- und Standesrecht und damit die Arzt-Patient-Beziehung. Es handelt sich dabei um ein Teilgebiet des Medizinrechts. Demgegenüber reicht das ***„Gesundheitsrecht"*** thematisch weiter als das Medizinrecht. Es umfasst auch Regeln des Gesundheitsschutzes, wie bspw Lebensmittel-, Veterinär- oder Umweltrecht.

Im Kontext mit Medizinrecht begegnet weiters des Öfteren der Begriff des ***„Arzthaftungsrechts"***. Dabei handelt es sich um jenes Teilgebiet, welches sich mit straf- bzw zivilrechtlichen Folgen eines rechtswidrigen und schuldhaften ärztlichen Verhaltens beschäftigt[2].

B. Entwicklung

Medizinrecht ist ein vergleichsweise junges Rechtsgebiet, welches sich seit Beginn der wissenschaftlichen Aufarbeitung in den 1980er Jahren eines ungebrochenen Interesses in Lehre und Forschung erfreut. Dies liegt einerseits am medizinischen Fortschritt selbst, der eine zunehmende rechtliche Regulierung bedingt (zB ÄsthOpG[3], FMedG[4], OTPG[5]), anderseits an einer steigenden arbeitsteiligen Organisation der Medizin (vgl etwa die Regelungen zu Gruppenpraxen oder Primärversorgungseinheiten), der rasanten Entwicklung speziell im Bereich des Berufsrechts

---

1 Vgl *Deutsch/Spickhoff*, Medizinrecht[7] Rz 1; *Wallner*, Medizinrecht[2], 1f; *Bernat*, Entwicklungslinien des Medizinrechts – Eine Bestandsaufnahme aus Anlass von 20 Jahren *„Recht der Medizin"* (1994 – 2014), RdM 2014, 36.

2 Zu den Begriffen Arzt-, Gesundheits- und Arzthaftungsrecht: *Kletečka-Pulker/Grimm/Memmer/Stärker/Zahrl*, Grundzüge des Medizinrechts, 4f; *Deutsch/Spickhoff*, Medizinrecht[7] Rz 1.

3 Bundesgesetz über die Durchführung von ästhetischen Behandlungen und Operationen, BGBl I 2012/80 idgF.

4 Bundesgesetz, mit dem Regelungen über die medizinisch unterstützte Fortpflanzung getroffen werden (Fortpflanzungsmedizingesetz), BGBl 1992/275 idgF.

5 Bundesgesetz über die Transplantation von menschlichen Organen (Organtransplantationsgesetz), BGBl I 2012/108 idgF.

(siehe allein die zahlreichen Novellierungen des ÄrzteG) und im Bedürfnis einer Stärkung der Patientenrechte (zB Patientencharta[6], PatVG[7])[8].

Die historische Entwicklung setzt freilich viel früher ein. Nach einzelnen, zersplitteten Regelungen bzw Ordnungen durch die Universitäten und später durch die Landesherren, gehen erste vereinheitlichende gesetzliche Reglementierungen im Bereich des Gesundheitswesens auf die Ära Maria Theresias zurück. Das im Jahr 1770 erlassene Sanitätshauptnormativ enthält ua bereits Normen zum ärztlichen Berufsrecht. Im 19. Jahrhundert folgten diverse Hofkanzleidekrete und im 20. Jahrhundert das Ärztegesetz (einer der Vorläufer des heutigen ÄrzteG 1998). Für andere Gesundheitsberufe erfolgten erste allgemeine gesetzliche Regelungen ähnlich früh, bspw für Hebammen im 18. Jahrhundert oder für den Bereich der Krankenpflege im 19. Jahrhundert. Eine Vereinheitlichung der Vorschriften für Krankenanstalten wurde Ende des 19. Jahrhunderts begonnen. Eine bundeseinheitliche Kodifikation gelang mit dem Krankenanstaltengesetz 1920, auf welchem das heutige KAKuG basiert[9].

C. Rechtsgrundlagen

Eine Querschnittsmaterie wie Medizinrecht basiert auf zahlreichen Rechtsquellen. Im gegebenen Rahmen können naturgemäß nicht alle dargestellt werden. Um dennoch einen möglichst umfassenden Einblick in die enorme Vielfalt der im Medizinrechtsbereich anzuwendender Normen geben zu können, erfolgt die Vorstellung der für das vorliegende Thema wichtigsten Rechtsgrundlagen im Rahmen eines allgemeinen Überblicks über die Rechtsquellen[10]:

1. Unionsrecht der Europäischen Union

Den unionsrechtlichen Vorschriften der EU kommt entsprechend ihrem (höchsten) Rang innerhalb des Stufenbaus der Rechtsordnung Vorrang vor dem österreichischen Recht zu. Auf Basis des Primärrechts, gleichsam dem Verfassungsrecht der

---

6 Vereinbarung zur Sicherstellung der Patientenrechte, zB BGBl 2006/42 (Bund – Wien).

7 Bundesgesetz über Patientenverfügungen (Patientenverfügungs-Gesetz), BGBl I 2006/55.

8 Dazu auch *Bernat,* Entwicklungslinien des Medizinrechts – Eine Bestandsaufnahme aus Anlass von 20 Jahren *„Recht der Medizin“* (1994 – 2014), RdM 2014, 36; *Wallner,* Medizinrecht², 1ff.

9 Vgl näher: *Aigner,* Das ärztliche Berufsrecht, in *Aigner/Kletečka/Kletečka-Pulker/Memmer (Hrsg),* HB Medizinrecht, III.1/4f; *Hausreither,* Das Berufsrecht der Hebamme, in *Aigner/Kletečka/Kletečka-Pulker/Memmer (Hrsg),* HB Medizinrecht, III.7/196; *Hausreither,* Gesundheits- und Krankenpflege, in *Aigner/Kletečka/Kletečka-Pulker/Memmer (Hrsg),* HB Medizinrecht, III/486 sowie *Heissenberger,* Krankenanstaltenrecht, in *Aigner/Kletečka/Kletečka-Pulker/Memmer (Hrsg),* HB Medizinrecht, IV.1/3.

10 Vgl zum Ganzen *Kletečka-Pulker/Grimm/Memmer/Stärker/Zahrl,* Grundzüge des Medizinrechts, 7ff; *Wallner,* Medizinrecht², 3ff.

EU, das auf den Verträgen zwischen ihren Mitgliedstaaten gründet, kann die EU in wesentlichen Bereichen selbst Rechtsvorschriften erlassen. Davon machte diese im für den medizinrechtlichen Kontext relevanten **Vertrag über die Arbeitsweise der Europäischen Union (AEUV)** va zwecks Festlegung von Qualitäts- und Sicherheitsstandards für Organe, Substanzen menschlichen Ursprungs, Blut und Blutderivate sowie für Arzneimittel und Medizinprodukte Gebrauch (vgl Art 168 Abs 4 lit a und c AEUV). Ansonsten haben die Maßnahmen der EU im Gesundheitsbereich vor allem Unterstützungs-, Koordinierungs- oder Ergänzungsfunktion (vgl Art 6 lit a AEUV). Gesundheitspolitik, Organisation des Gesundheitswesens und Wahrung der medizinischen Versorgung obliegen weiterhin den Mitgliedstaaten (Art 168 Abs 7 AEUV).

Dies bedeutet nicht, dass die Mitgliedstaaten in ihrer Gesetzgebung im Gesundheitsbereich völlig losgelöst vom Unionsrecht agieren können. Die – ebenfalls im AEUV geregelten – Grundfreiheiten sind stets zu bedenken. Die Frage, ob eine nationale Regelung dem Unionsrecht widerspricht oder ob ein Eingriff zB in die Arbeitnehmerfreizügigkeit (Art 45 ff AEUV), die Niederlassungsfreiheit (Art 49 ff AEUV) oder die Dienstleistungsfreiheit (Art 56 ff AEUV) durch eine nationale Regelung gerechtfertigt ist, kann einer Prüfung durch den EuGH zugeführt werden. Eines der bekanntesten Bsp ist das Urteil des EuGH betreffend die Bedarfsprüfung vor Errichtung eines privaten Ambulatoriums für Zahnheilkunde[11]: Der EuGH urteilte darin, dass die in Österreich vor Errichtung eines solchen privaten Ambulatoriums vorgeschriebene Bedarfsprüfung die Niederlassungsfreiheit beschränkt. Diese Beschränkung sei aber ua zur *„Aufrechterhaltung einer qualitativ hochwertigen, ausgewogenen und allgemein zugänglichen ärztlichen oder klinischen Versorgung“* zulässig.

Das Primärrecht bildet die Grundlage für das sog Sekundärrecht: Einerseits in Form von im jeweiligen Mitgliedstaat unmittelbar anwendbaren **Verordnungen**, zB betreffend Versicherungsansprüche infolge von Arzt- oder Krankenhauskosten von EU-Bürgern, die in einem anderen Mitgliedstaat medizinische Hilfe benötigen (Art 17 ff VO 883/2004[12]). Anderseits in Form von **Richtlinien**, die einer Umsetzung in österreichisches Recht bedürfen, va zur Harmonisierung des Berufsrechts der Heilberufe in den Mitgliedstaaten, insb bei Ausbildung und Anerkennung von Berufsqualifikationen (zB RL 2013/55/EU[13]).

---

11 EuGH 10.3.2009, C-169/07, *Hartlauer Handelsgesellschaft mbH/Wiener Landesregierung, Oberösterreichische Landesregierung.*

12 Verordnung (EG) Nr. 883/2004 des Europäischen Parlaments und des Rates vom 29.4.2004 zur Koordinierung der Systeme der sozialen Sicherheit, ABl L 166/1.

13 Richtlinie 2013/55/EU des Europäischen Parlaments und des Rates vom 20.11.2013 zur Änderung der Richtlinie 2005/36/EG über die Anerkennung von Berufsqualifikationen und der Verordnung (EU) Nr 1024/2012 über die Verwaltungszusammenarbeit mit Hilfe des Binnenmarkt-Informationssystems („IMI-Verordnung“), Abl L 354/132. Die Umsetzung in österreichisches Recht erfolgte mit BGBl I 2022/65.

2. Verfassungsrecht

Der österreichische Gesetzgeber hat bei Erlassung von Verfassungsbestimmungen gemäß dem Stufenbau der Rechtsordnung die übergeordneten unionsrechtlichen Bestimmungen (insb des AEUV) zu beachten und darf keine Regelungen erlassen, die nicht mit dem Unionsrecht vereinbar sind.

Die für den österreichischen Staat grundlegenden Bestimmungen, ua die **Kompetenzverteilung** zwischen dem Bund und den Ländern, finden sich im **B-VG**. Für die vorliegende Arbeit sind va die Kompetenzverteilung im Gesundheitswesen und im Bereich Krankenanstalten wesentlich. Im Gesundheitswesen sind Gesetzgebung und Vollziehung Aufgabe des Bundes (Art 10 Abs 1 Z 12 B-VG). Das Krankenanstaltenrecht obliegt in der Grundsatzgesetzgebung dem Bund, während die Ausführungsgesetzgebung den Ländern zukommt (Art 12 Abs 1 Z 1 B-VG). Davon ausgenommen ist die sanitäre Aufsicht, die in Gesetzgebung und Vollziehung wiederum Bundessache ist (Art 10 Abs 1 Z 12 B-VG).

Das Verfassungsrecht garantiert selbst keine medizinrechtlichen **Grundrechte**, zB ein solches auf Gesundheit. Neben der im B-VG normierten Kompetenzverteilung sind für die Erlassung medizinrechtlicher Vorschriften allerdings die im Verfassungsrang stehenden, insb in Art 8 EMRK und Art 6 StGG garantierten Grundrechte relevant. Das in Art 8 Abs 1 **EMRK** normierte Recht auf Achtung des Privat- und Familienlebens schützt auch das Selbstbestimmungsrecht von Patienten, demzufolge eine medizinische Behandlung nur nach ordnungsgemäßer Aufklärung und Einwilligung erfolgen darf. Die gemäß Art 6 **StGG** gewährte Erwerbsfreiheit ist bei Erlassung von Vorschriften, die Zugangsbeschränkungen (zB Tätigkeitsvorbehalt, demzufolge Gesundheitsleistungen nur von Angehörigen von Gesundheitsberufen erbracht werden dürfen) oder Bedarfsprüfungen vor Gründung (zB von öffentlichen Krankenanstalten) vorsehen, zu berücksichtigen. Derartige Beschränkungen sind nur im öffentlichen Interesse zulässig. Ein solches ist regelmäßig gegeben, wenn durch die Beschränkung eine möglichst qualifizierte medizinische Versorgung im Sinne des Patientenschutzes oder die Finanzierbarkeit aus öffentlichen Mitteln gewährleistet wird.

3. Gesetzliche Grundlagen

Auf Basis der unions- und verfassungsrechtlichen Vorgaben, und diesen damit im Stufenbau der Rechtsordnung rangmäßig untergeordnet, erfolgt die Bundes- und Landesgesetzgebung. Im Medizinrecht ist die Anwendung diverser gesetzlicher Regelungen aus unterschiedlichen Rechtsgebieten erforderlich. Besonders hervorzuheben sind:

a) Ärztegesetz 1998 (ÄrzteG)

Das moderne ärztliche Berufsrecht beruht auf dem (damals neu eingeführten) ÄrzteG 1949, BGBl 92/1949[14]. Seither erfolgten zahlreiche mehr oder minder gravierende Änderungen. Einer Neustrukturierung der ärztlichen Standesvertretung und der Einführung des *„Zahnarztes"* als eigenständigem Beruf wurde durch das – derzeit aktuelle – **ÄrzteG 1998** Rechnung getragen. Seit seiner Kundmachung mit BGBl I 169/1998 wurde das ÄrzteG 1998 nahezu jährlich, teilweise sogar mehrfach im Jahr novelliert. Die **zahlreichen Novellierungen** sind freilich nicht der Nachlässigkeit des Gesetzgebers geschuldet, sondern werden diese durch das stetige Fortschreiten der Medizin und die infolgedessen anzupassenden rechtlichen Rahmenbedingungen erforderlich.

Besonders hervorzuheben ist die 2. ÄrzteG-Novelle, BGBl I 2001/110[15], mit der die **Gruppenpraxis** als neue Form der selbständigen ärztlichen Berufsausübung im niedergelassenen Bereich eingeführt wurde. Wesentlich ist auch die 7. ÄrzteG-Novelle, BGBl I 2005/156[16], die aufgrund des **Ausscheidens der Zahnärzte** aus der Ärztekammer erforderlich wurde. Seit der 14. ÄrzteG-Novelle, BGBl I 2010/61[17] ist es möglich, Gruppenpraxen auch in der Rechtsform der GmbH zu betreiben. Eine wesentliche Änderung der postpromotionellen Ärzteausbildung brachte die ÄrzteG-Novelle BGBl I 2014/82[18]. Eine **Anstellung** von Ärzten in Ordinationen und Gruppenpraxen wurde durch die ÄrzteG-Novelle BGBl I 2019/20[19] ermöglicht. Die ärztliche **Ausbildung** wurde im Detail neu geregelt mit der ÄrzteG-Novelle BGBl I 2023/17[20]. Die ÄrzteG-Novelle BGBl I 2023/191[21] zielt auf den Ausbau der **Digitalisierung** im Gesundheitswesen ab[22].

---

14 Bundesgesetz vom 30.3.1949 über die Ausübung des ärztlichen Berufes und die Standesvertretung der Ärzte (Ärztegesetz).

15 Bundesgesetz, mit dem das Ärztegesetz 1998 geändert wird (2. Ärztegesetz-Novelle), kundgemacht am 10.8.2001.

16 Bundesgesetz, mit dem das Ärztegesetz 1998 geändert wird (7. Ärztegesetz-Novelle), kundgemacht am 28.12.2005.

17 Bundesgesetz zur Stärkung der ambulanten öffentlichen Gesundheitsversorgung, mit dem ua das Ärztegesetz 1998 geändert wird (14. Ärztegesetz-Novelle), kundgemacht am 18.8.2010.

18 Bundesgesetz, mit dem das Ärztegesetz 1998 sowie das Allgemeine Sozialversicherungsgesetz geändert werden, kundgemacht am 21.11.2014.

19 Bundesgesetz, mit dem das Ärztegesetz 1998, das Allgemeine Sozialversicherungsgesetz und das Freiberuflichen-Sozialversicherungsgesetz geändert werden, kundgemacht am 18.3.2019.

20 Bundesgesetz, mit dem das Ärztegesetz 1998 geändert wird (Ärztegesetz-Novelle 2022), kundgemacht am 27.2.2023.

21 Bundesgesetz, mit dem ua das Ärztegesetz 1998, das Zahnärztegesetz, das Gesundheitstelematikgesetz geändert werden (Vereinbarungsumsetzungsgesetz 2024 - VUG 2024), kundgemacht am 31.12.2023.

22 Zum Ganzen: *Aigner,* Das ärztliche Berufsrecht, in *Aigner/Kletečka/Kletečka-Pulker/Memmer (Hrsg),* HB Medizinrecht, III.1/4ff mwN.

Das ÄrzteG 1998 idgF regelt die rechtlichen Rahmenbedingungen der ärztlichen Berufsausübung einschließlich der Interessenvertretung durch die Ärztekammern und der Berufsaufsicht. Die **wesentlichen Regelungen** sind im Überblick:

- Tätigkeitsvorbehalt (§§ 2 und 3 ÄrzteG)
- Aus- und Fortbildung (§§ 4 ff und §§ 24 ff ÄrzteG)
- Ausbildungsstätten (§§ 9 ff ÄrzteG)
- Verfahren zur Anerkennung ausländischer Berufsqualifikationen (§§ 5, 5a, 28 ÄrzteG) und zur Anrechnung ausländischer Aus- und Weiterbildungszeiten (§§ 5a, 14 ÄrzteG)
- Eintragungsverfahren in die Liste der zur Berufsausübung berechtigten Ärzte und Gruppenpraxen (Ärzteliste) sowie Regelungen über Ruhen bzw Beendigung der Berufsausübungsberechtigung und Streichung aus der Ärzteliste (§§ 4, 27 und 59 ff ÄrzteG)
- Berufsbezeichnungen, zB Arzt für Allgemeinmedizin (künftig: Facharzt für Allgemeinmedizin und Familienmedizin[23]), Facharzt, Oberarzt, Primararzt (§ 43 ÄrzteG)
- Zulässige Formen der Berufsausübung, zB als niedergelassener, angestellter, Wohnsitzarzt (§§ 45 ff ÄrzteG)
- Zulässige Formen einer Zusammenarbeit im niedergelassenen Bereich: Ordinations- und Apparategemeinschaften, Gruppenpraxen (§ 52 ff ÄrzteG)
- Berufspflichten:
  - Gewährung dringend notwendiger ärztlicher Hilfe (§ 48 ÄrzteG)
  - Pflicht, jeden Patienten gewissenhaft zu betreuen (§ 49 Abs 1 ÄrzteG)
  - Persönliche und unmittelbare Berufsausübung (§ 49 Abs 2 ÄrzteG)
  - Dokumentations-, Aufklärungs- und Auskunftspflichten (§ 51 ÄrzteG)
  - Werbebeschränkung und Provisionsverbot (§ 53 ÄrzteG)
  - Verschwiegenheits-, Anzeige- und Meldepflicht (§ 54 ÄrzteG)
  - Abschluss einer Berufshaftpflichtversicherung bei freiberuflicher Tätigkeit (§ 52d ÄrzteG)
- Qualitätssicherung (§§ 56, 118a ÄrzteG)
- Kammerordnung der Österreichischen Ärztekammer und der Landesärztekammern, insb Einrichtung, Wirkungsbereich, Mitglieder und Organe, Wahlordnung, Wohlfahrtsfonds für Versorgungs- und Unterstützungszwecke sowie Disziplinarrecht (§§ 65 ff ÄrzteG).

Das ÄrzteG ist nicht die einzige Rechtsquelle, die im Rahmen der ärztlichen Tätigkeit zu berücksichtigen ist. Dazu zählen bspw auch das Ausbildungsvorbehalts-, Arzneimittel-, Medizinprodukte-, Epidemie-, Gesundheitsqualitäts-, Rezeptpflicht- oder Gesundheitstelematikgesetz 2012.

Darüber hinaus erfolgt die Regelung von Details durch – im Stufenbau der Rechtsordnung rangmäßig unterhalb der Gesetze stehende – **Verordnungen** des für das

[23] Mit der Ausbildung zum Facharzt für Allgemeinmedizin und Familienmedizin darf erst ab 1.6.2026 begonnen werden (§ 256 ÄrzteG), sodass auch die derzeit (noch) aktuelle Bezeichnung *„Arzt für Allgemeinmedizin"* genannt wird.

Gesundheitswesen zuständigen Bundesministers (vgl § 24 ÄrzteG), zB die Ärztinnen-/Ärzte-Ausbildungsordnung 2015[24], oder der Österreichischen Ärztekammer im eigenen oder übertragenen Wirkungsbereich (vgl §§ 117b Abs 2 und § 117c Abs 2 ÄrzteG)[25].

b) Zahnärztegesetz (ZÄG)

Das ZÄG[26] ist ein vergleichsweise junges Gesetz. Dies ist insofern bemerkenswert, als erste gesetzliche Regelungen eines (eigenständigen) zahnärztlichen Berufsrechts aus dem 18. Jahrhundert stammen, bevor es im 19. Jahrhundert zu einer Zusammenlegung sämtlicher medizinischer Studienfächer kam und mit Studienabschluss die gesamte Heilkunde einschließlich Zahnmedizin ausgeübt werden durfte. Dieser Ansatz setzte sich im ÄrzteG 1949 fort, welches eine Facharztausbildung vorsah. Im Zeitpunkt des EU-Beitritts Österreichs erfolgte die Berufsausübung durch Fachärzte für Zahn-, Mund- und Kieferheilkunde und war der zahnärztliche Beruf in Umsetzung unionsrechtlicher Richtlinien[27] **als ein eigener Beruf** mit einer eigenen, mindestens fünfjährigen Ausbildung an einer Universität zu regeln. Dies geschah mit dem am 1.1.2006 in Kraft getretenen ZÄG, welches bei Vorliegen der Berechtigungen zur Berufsausübung als **Berufsbezeichnung *„Zahnarzt“* bzw *„Zahnärztin“*** vorsieht (§ 5 Abs 1 ZÄG)[28].

Die Regelungen des ZÄG ua im Hinblick auf Tätigkeitsvorbehalt, Aus- und Fortbildung, Berufspflichten, Berufsausübung oder Zusammenarbeit in Ordinations- und Apparategemeinschaften oder Gruppenpraxen **ähneln inhaltlich dem ÄrzteG**, wobei das ZÄG legistisch moderner gestaltet ist. Die Interessensvertretung durch die Österreichische Zahnärztekammer und die Landeszahnärztekammern sowie die standesrechtliche Berufsaufsicht sind im ZÄKG[29] geregelt[30].

---

24 Verordnung der Bundesministerin für Gesundheit über die Ausbildung zur Ärztin für Allgemeinmedizin/zum Arzt für Allgemeinmedizin und zur Fachärztin/zum Facharzt (Ärztinnen-/Ärzte-Ausbildungsordnung 2015 – ÄAO 2015), BGBl II 2015/147 idgF.

25 *Wallner,* Handbuch Ärztliches Berufsrecht[2], 1ff.

26 Bundesgesetz über die Ausübung des zahnärztlichen Berufs und des Dentistenberufs (Zahnärztegesetz – ZÄG), BGBl I 2005/126 idgF.

27 Richtlinie 78/686/EWG des Rates vom 25. Juli 1978 für die gegenseitige Anerkennung der Diplome, Prüfungszeugnisse und sonstigen Befähigungsnachweise des Zahnarztes und für Maßnahmen zur Erleichterung der tatsächlichen Ausübung des Niederlassungsrechts und des Rechts auf freien Diensteistungsverkehr, ABl L 233/1 sowie Richtlinie 78/687/EWG des Rates vom 25. Juli 1978 zur Koordinierung der Rechts- und Verwaltungsvorschriften für die Tätigkeiten des Zahnarztes, ABl L 233/10.

28 *Hausreither,* Zahnärzte, in *Aigner/Kletečka/Kletečka-Pulker/Memmer (Hrsg),* HB Medizinrecht, III.8/248f.

29 Bundesgesetz über die Standesvertretung der Angehörigen des zahnärztlichen Berufs und des Dentistenberufs (Zahnärztekammergesetz – ZÄKG), BGBl I 2005/154 idgF.

30 *Hausreither,* Zahnärzte, in *Aigner/Kletečka/Kletečka-Pulker/Memmer (Hrsg),* HB Medizinrecht, III.8/248ff.

c) Berufsrecht der Angehörigen anderer Gesundheitsberufe

Das Berufsrecht der Angehörigen anderer als (zahn-) ärztlicher Gesundheitsberufe ist ua in folgenden Gesetzen geregelt:

- Apotheker (ApoG[31])
- Gesundheits- und Krankenpflegeberufe (GuKG[32])
- Gehobener medizinisch-technischer Dienst (MTD-G[33])
- Hebammen (HebG[34])
- Kardiotechniker (KTG)
- Medizinische Assistenzberufe (MABG[35])
- Medizinische Masseure und Heilmasseure (MMHmG[36])
- Musiktherapeuten (MuthG[37])
- Psychologen (Psychologengesetz 2013[38])
- Psychotherapeuten (Psychotherapiegesetz[39])
- Rettungs- und Notfallsanitäter (SanG[40])

Diese Gesetze enthalten, ähnlich dem ärztlichen Berufsrecht, ua Regelungen über einen Tätigkeitsvorbehalt, Aus- und Weiterbildungsvorschriften oder Berufspflichten mit jeweils berufsspezifischen Abweichungen (zB universitäre Ausbildung der Psychologen und Psychotherapeuten, Ausbildung der Gesundheits- und Krankenpflegeberufe, der medizinisch-technischen Dienste oder Hebammen in Fachhochschulen[41]).

---

31 Gesetz vom 18. Dezember 1906, betreffend die Regelung des Apothekenwesens (Apothekengesetz), RGBl 1907/5 idgF.

32 Bundesgesetz über Gesundheits- und Krankenpflegeberufe (Gesundheits- und Krankenpflegegesetz – GuKG), BGBl I 1997/108 idgF.

33 Bundesgesetz über die Regelung der gehobenen medizinisch-technischen Dienste (MTD-Gesetz), BGBl 1992/460 idgF.

34 Bundesgesetz über den Hebammenberuf (Hebammengesetz – HebG), BGBl I 1994/310 idgF.

35 Bundesgesetz über medizinische Assistenzberufe, die Operationstechnische Assistenz und die Ausübung der Trainingstherapie (Medizinische Assistenzberufe-Gesetz), BGBl I 2012/89 idgF.

36 Bundesgesetz über die Berufe und die Ausbildungen zum medizinischen Masseur und zum Heilmasseur (Medizinischer Masseur- und Heilmasseurgesetz - MMHmG), BGBl I 2002/169 idgF.

37 Bundesgesetz über die berufsmäßige Ausübung der Musiktherapie (Musiktherapiegesetz – MuthG), BGBl I 2008/93 idgF.

38 Bundesgesetz über die Führung der Bezeichnung „Psychologin“ oder „Psychologe“ und über die Ausübung der Gesundheitspsychologie und der Klinischen Psychologie (Psychologengesetz 2013), BGBl I 2013/182 idgF.

39 Bundesgesetz vom 7. Juni 1990 über die Ausübung der Psychotherapie (Psychotherapiegesetz), BGBl I 1990/361 idgF.

40 Bundesgesetz über Ausbildung, Tätigkeiten und Beruf der Sanitäter (Sanitätergesetz – SanG), BGBl I 2002/30 idgF.

41 Dazu ausführlich *Wallner*, Medizinrecht[2], 19ff mwN.

Der **Tätigkeitsvorbehalt** bedeutet, dass andere als die für den jeweiligen Beruf vorgesehenen (im Rahmen der Ausbildung erlernten) Leistungen nicht erbracht werden dürfen. Daraus folgt, dass medizinische Entscheidungen bei selbständiger, im Sinne von **eigenverantwortlicher Berufsausübung** grundsätzlich frei von Weisungen erfolgen, und zwar unabhängig davon, ob die medizinische Tätigkeit freiberuflich oder im Rahmen eines Dienstverhältnisses ausgeübt wird (zB § 3 Abs 2 ÄrzteG, § 14 Abs 1 GuKG, § 2 Abs 2 HebG). Davon ausgenommen sind jene Gesundheitsberufe, die zur eigenverantwortlichen Durchführung ihrer Leistungen berechtigt sind, deren Leistungen jedoch von Angehörigen anderer Gesundheitsberufe angeordnet werden. **Anordnungs- und Durchführungsverantwortung fallen** hier **auseinander** (zB § 15 GuKG § 4 Abs 1 HebG). Die Berufsausübung hat weiters persönlich und unmittelbar zu erfolgen (zB § 49 Abs 2 ÄrzteG, § 24 Abs 1 ZÄG, § 19 Abs 2 HebG oder § 36 Abs 4 GuKG). Als Ausfluss des Tätigkeitsvorbehalts dürfen Tätigkeiten, die in den eigenen fachlichen Kompetenzbereich fallen, grundsätzlich nur **persönlich** erbracht und nicht an andere delegiert werden. Dies schließt jedoch eine Vertretung durch Angehörige der eigenen Berufsgruppe nicht aus. Andernfalls wären die in der modernen Medizin erforderlichen arbeitsteiligen Prozesse nicht bewältigbar. Die **unmittelbare** Berufsausübung soll Distanzbehandlungen in jenen Bereichen verhindern, in denen ein persönlicher Eindruck vom Gesundheitszustand des Patienten wesentlich ist. Telemedizinische Anwendungen sind damit nur in jenen Bereichen, in denen zB eine Diagnose aufgrund der Angaben des Patienten erstellt werden kann oder der Patient und seine Diagnose bereits bekannt sind, erlaubt[42].

Im Gegensatz zu den genannten Berufen zählen bspw folgende in der Gewerbeordnung 1994[43] normierte **Gewerbe**, die ebenfalls Gesundheitsleistungen erbringen, nicht zu den Gesundheitsberufen: Bandagisten und Orthopädietechnik, Drogisten, Herstellung von und Großhandel mit Arzneimitteln und Giften, Lebens- und Sozialberatung, (gewerbliche) Massage, Zahntechniker, Hörgeräteakustik (§ 94 GewO) sowie Augen- und Kontaktlinsenoptik (§ 98 GewO)[44].

d) Krankenanstalten- und Kuranstaltengesetz (KAKuG)

Erste rechtliche Regelungen betreffend Krankenanstalten datieren bereits aus dem 18. Jahrhundert. Dennoch erfolgte eine einheitliche Kodifikation der Errichtung, Erhaltung und des Betriebs öffentlicher Heil- und Pflegeanstalten in Form des Krankenanstaltengesetzes[45] erst 1920. Dieses ist insofern noch immer relevant, als der

---

42 *Wallner*, Handbuch Ärztliches Berufsrecht², 8 und 79ff; *Wallner*, Medizinrecht², 55ff und 64f.

43 Gewerbeordnung 1994 – GewO 1994, BGBl 1994/194 idgF.

44 *Wallner*, Medizinrecht², 20f.

45 Gesetz über die Errichtung, die Erhaltung und den Betrieb öffentlicher Heil- und Pflegeanstalten (Krankenanstaltengesetz), StGBl 1920/327.

VfGH[46] *„bei Auslegung des Kompetenztatbestands ‚Heil- und Pflegeanstalten' im Sinne der Versteinerungstheorie darauf zurückgreift"*[47]. Die aktuellen Regelungen finden sich im (Bundes-) KAKuG[48], über dessen Regelungsinhalte im Folgenden ein Überblick gegeben wird, und in den Landeskrankenanstaltengesetzen.

Das KAKuG ist systematisch gesehen in drei Teile gegliedert[49]:

Der **I. Teil** regelt den Begriff der Krankenanstalten, wozu auch selbständige Ambulatorien gehören und grenzt diese ua explizit von Gruppenpraxen ab (§ 2 KAKuG). Weiters enthält es allgemeine Bestimmungen für die **Errichtung und den Betrieb** (§§ 3 ff KAKuG), **Anstaltsordnungen** (§ 6 KAKuG) und die **Krankenhaushierarchie**. An deren Spitze stehen der ärztlichen Leiter sowie die Leiter des Pflegedienstes und der Verwaltung, wobei die Landesgesetzgebung eine kollegiale Führung der drei Führungskräfte vorsehen kann (§ 6a KAKuG). Im Rahmen der **Organisation** sind bestimmte Strukturen einzurichten, zB Kommission für Qualitätssicherung, Hygieneteams, Patientenvertretungen (§§ 5b, 8a, 11e KAKuG). Zudem ist die jederzeitige sofortige Erreichbarkeit ärztlicher Hilfe sicherzustellen, ebenso wie die erforderliche Fortbildung der in der Krankenanstalt tätigen (Zahn-) Ärzte (§ 8 Abs 1 Z 1 und Z 9 KAKuG).

Besonders hervorzuheben sind jene Vorschriften, die für die Behandlung der **Patienten** wesentlich sind. So ist bspw die Einholung der Einwilligung des Patienten in die Behandlung sicherzustellen, für die gebotene Aufklärung zu sorgen und darf die Behandlung nur nach den Grundsätzen und anerkannten Methoden der (zahn-) medizinischen Wissenschaft erfolgen (§ 8 Abs 2 und 3 KAKuG). § 9 KAKuG verpflichtet Beschäftige zur Verschwiegenheit, sofern eine solche nicht bereits im jeweiligen Berufsrecht vorgesehen ist. Zu Dokumentationszwecken ist eine mindestens 30 Jahre aufzubewahrende Krankengeschichte anzulegen (§ 10 KAKuG).

Weitere Bestimmungen betreffen **private und öffentliche** Krankenanstalten. Bei Letzteren handelt es sich um Krankenanstalten, denen das Öffentlichkeitsrecht verliehen wurde. Diese müssen gemeinnützig sein und muss ihr gesicherter Bestand und zweckmäßiger Betrieb durch eine Gebietskörperschaft oder eine juristische Person des öffentlichen Rechts oder eine juristische Person des Privatrechts gewährleistetet sein (§ 14 ff KAKuG). Demgegenüber besitzen private Krankenanstalten das Öffentlichkeitsrecht nicht, Errichtung und Betrieb sind daher auch physischen Personen möglich (§ 39 KAKuG).

Im Gegensatz zum I. Teil, der gemäß Art 12 Abs 1 Z 1 B-VG Bundessache in der Grundsatzgesetzgebung und Landessache in der Ausführungsgesetzgebung ist, han-

---

46 Als Bsp: VfGH vom 20.6.1984, VfSlg 10066.

47 *Heissenberger,* Krankenanstaltenrecht, in *Aigner/Kletečka/Kletečka-Pulker/Memmer (Hrsg),* HB Medizinrecht, IV.1/3.

48 Bundesgesetz über Krankenanstalten und Kuranstalten (KAKuG), BGBl 1957/1 idgF.

49 Zum Ganzen vgl etwa: *Heissenberger,* Krankenanstaltenrecht, in *Aigner/Kletečka/Kletečka-Pulker/Memmer (Hrsg),* HB Medizinrecht, IV.1/3ff.

delt es sich beim **II. Teil** um **unmittelbar anwendbares Bundesrecht**. Dieser enthält ua Sondervorschriften für medizinische Universitäten, Finanzierung der öffentlichen Krankenanstalten oder die sanitäre Aufsicht (vgl Art 10 Abs 1 Z 12 B-VG).

Der **III. Teil** enthält Schluss- und Übergangsbestimmungen.

e) Primärversorgungsgesetz (PrimVG)

Als erste Anlaufstelle im Gesundheitssystem standen Patienten bislang die Ordination des Hausarztes oder Spitalsambulanzen zur Verfügung. Mit dem PrimVG[50] wurde zuletzt eine weitere, zwischen diesen beiden Bereichen angesiedelte Versorgungsstruktur nach internationalem Vorbild geschaffen. Ziel dieser Regelungen ist, die neuen Strukturen langfristig als Anlaufstelle für die Primärversorgung zu etablieren und eine verbesserte arbeitsteilige Kooperation der bereits zuvor an der primären Patientenversorgung beteiligten ärztlichen und nicht-ärztlichen Akteure zu ermöglichen[51].

Das PrimVG enthält ua Regelungen über die Organisation in Form einer Gruppenpraxis, eines selbständigen Ambulatoriums oder als Netzwerk (§ 2 Abs 5 PrimVG), wobei Abweichungen zu beachten sind (vgl §§ 9, 10 PrimVG). Nach § 6 ist ein Versorgungskonzept zur Sicherstellung der in § 4 geregelten Anforderungen (zB Wohnortnähe, gute Verkehrsanbindungen, bedarfsgerechte Öffnungszeiten, Gewährleistung von Hausbesuchen, Sicherstellung der Behandlungs- und Betreuungskontinuität) und des in § 5 geregelten Mindestmaßes an Leistungen zu erstellen.

f) Weitere gesetzliche Rechtsgrundlagen

Im Medizinrecht finden nicht nur die vorgestellten verwaltungsrechtlichen Bestimmungen des Berufs-, Krankenanstalten- oder Primärversorgungsrechts Anwendung. Weitere wesentliche Bestimmungen finden sich, ohne Anspruch auf Vollständigkeit, in folgenden Rechtsgebieten[52]:

Auf dem Gebiet des **Zivilrechts** ist das **ABGB**[53] hervorzuheben. Dieses regelt die zum Abschluss von Verträgen berechtigende Geschäftsfähigkeit (§ 865 ABGB), die Voraussetzungen für die Einwilligung in medizinische Behandlungen (§ 173 ABGB für Minderjährige, § 252 ABGB für volljährige, entscheidungsfähige Personen und § 253 ABGB für Volljährige, die nicht entscheidungsfähig sind) sowie die Vorsorgevollmacht und Erwachsenenvertretung (§ 239 ff ABGB). Hervorzuheben sind weiters die Regelungen betreffend Verträge, zB Kauf-, Bestands-, Kredit-, Werk-,

[50] Bundesgesetz über die Primärversorgung in Primärversorgungseinheiten (Primärversorgungsgesetz), BGBl I 2017/131 idgF.

[51] Vgl Bericht des Gesundheitsausschusses vom 21.6.2017, 1714 der Beilagen XXV. GP, 1f.

[52] Vgl *Kletečka-Pulker/Grimm/Memmer/Stärker/Zahrl,* Grundzüge des Medizinrechts, 10.

[53] Allgemeines bürgerliches Gesetzbuch, JGS Nr 1811/946.

Dienstvertrag. Schließlich finden sich die für das Arzthaftungsrecht maßgeblichen Bestimmungen des Schadenersatzrechts im ABGB.

Aus haftungsrechtlicher Sicht sind nicht nur die zivilrechtlichen, sondern auch die **strafrechtlichen** Bestimmungen, insb im Verwaltungs- und Disziplinarstrafrecht zu berücksichtigen. Kommt es zu einem Haftungsfall gelten die verfahrensrechtlichen Vorschriften insb der ZPO[54], der StPO[55], des AVG[56] oder des VStG[57].

Gesundheitsunternehmen unterliegen weiters den Bestimmungen des **Unternehmens-, Gesellschafts- und Steuerrechts** (zB UGB[58], GmbHG[59], EStG[60]). Bei Ausübung der medizinischen Tätigkeit sind weitere Vorschriften des **Verwaltungsrechts**, wie zB das Arzneimittel-, Apotheken- oder Medizinprodukterecht zu beachten. Die Rechtsbeziehungen zwischen Gesundheitsunternehmen und ihren Dienstnehmern sind im **Arbeitsrecht** geregelt, jene zwischen Gesundheitsunternehmen (Kassenärzten) und der Krankenversicherung im **Sozialversicherungsrecht**.

D. Verträge des Medizinrechts und ihre Besonderheiten

Die bislang anhand des Stufenbaus der Rechtsordnung dargestellten Rechtsgrundlagen sind auch Basis für die unteren Stufen, insb die (bereits im Kapitel I. C. 3. a) erwähnten) Verordnungen. Weiters für die (hierarchisch unter den Verordnungen stehenden) gerichtlichen Urteile bzw Beschlüsse und verwaltungsrechtlichen Bescheide. Schließlich bilden sie den rechtlich zulässigen Rahmen für die hier relevanten **zwei- oder mehrseitigen Rechtsgeschäfte (Verträge)**[61].

Als privatautonome Gestaltungsmittel bieten Verträge den beteiligten Vertragsparteien die Möglichkeit, die angestrebten Inhalte bzw Ziele innerhalb der rechtlichen Grenzen zwischen den Vertragsparteien selbst zu regeln. Vertragsparteien der Verträge des Medizinrechts sind einerseits Angehörige der Gesundheitsberufe (Gesundheitsunternehmen) untereinander, anderseits Gesundheitsunternehmen und Patienten oder Dritte (zB Verkäufer, Vermieter, Versicherungen). Die angestrebten Ziele und anwendbaren Vertragstypen sind dabei höchst unterschiedlich, je nach-

54 Gesetz vom 1.8.1895, über das gerichtliche Verfahren in bürgerlichen Rechtsstreitigkeiten (Zivilprozessordnung), RGBl 1895/113 idgF.

55 Strafprozeßordnung 1975, BGBl 1975/631 idgF.

56 Allgemeines Verwaltungsverfahrensgesetz 1991, BGBl 1991/51 idgF.

57 Verwaltungsstrafgesetz 1991, BGBl 1991/52 idgF.

58 Bundesgesetz über besondere zivilrechtliche Vorschriften für Unternehmen (Unternehmensgesetzbuch), dRGBl 1897/219 idgF.

59 Gesetz vom 6.3.1906, über Gesellschaften mit beschränkter Haftung (GmbH-Gesetz), RGBl 1906/58 idgF.

60 Bundesgesetz vom 7.7.1988 über die Besteuerung des Einkommens natürlicher Personen (Einkommensteuergesetz 1988), BGBl 1988/400 idgF.

61 Zum Stufenbau: *Kletečka-Pulker/Grimm/Memmer/Stärker/Zahrl,* Grundzüge des Medizinrechts, 13.

dem, ob zB der Abschluss eines Arbeits-, Kauf-, Liefer-, Leasing-, Bestands-, Kooperations-, Gesellschafts- oder eines Behandlungsvertrags bezweckt ist.

Grundlegende **Voraussetzungen eines gültigen Vertragsabschlusses** sind neben der Geschäftsfähigkeit (§ 865 ABGB) jedenfalls übereinstimmende Willenserklärungen der Vertragsparteien, also ein Angebot und dessen Annahme (§ 861 ABGB). Die Willenserklärungen müssen frei, ernstlich, bestimmt und verständlich erklärt werden (§ 869 ABGB) und darf auch kein Willensmangel (List, Irrtum, Furcht) vorliegen (§§ 870 ff ABGB). Weiters darf ein Vertrag nicht gegen ein gesetzliches Verbot oder gegen die guten Sitten verstoßen (§ 879 ABGB). Verträge des Medizinrechts können grundsätzlich ausdrücklich oder konkludent (§ 863 Abs 1 ABGB), mündlich oder schriftlich geschlossen werden (§ 883 ABGB), wobei sich grundsätzlich die Schriftform zur Beweisbarkeit des Vertragsinhalts empfiehlt. Ausnahmsweise sind Formvorschriften für den Vertragsabschluss vorgesehen, zB bedarf der Gesellschaftsvertrag zur Gründung einer Ärzte-GmbH der Form des Notariatsaktes (§ 4 Abs 3 GmbHG). Mit gültigem Vertragsabschluss sind die Vertragsparteien entsprechend dem Grundsatz pacta sunt servanda an ihr Rechtsgeschäft gebunden[62].

Bei Verträgen des Medizinrechts sind im Vergleich zu anderen Rechtsgeschäften folgende, kursorisch dargestellte **Besonderheiten** zu berücksichtigen:

Ein wesentlicher Unterschied ergibt sich bereits beim Blick auf die **Vertragsparteien**. Die Angehörigen der Gesundheitsberufe unterliegen einem Tätigkeitsvorbehalt, der ihre jeweiligen Kompetenzen festlegt. Weiters sind diverse Berufspflichten zu beachten, die sowohl Pflichten (zB persönliche und unmittelbare Berufsausübung), als auch Beschränkungen (zB Werbeverbote) vorsehen. Bei Verträgen über medizinische Leistungen mit Patienten stehen der Schutz und die Einhaltung der Patientenrechte (zB Einwilligung nach Aufklärung) im Vordergrund. Im Gegensatz zu anderen Verträgen erfolgt die Finanzierung medizinischer Leistungen regelmäßig durch eine dritte Partei, konkret einen der Träger der gesetzlichen Krankenversicherung (ÖGK, SVS, BVAEB) oder eine private (Zusatz-) Krankenversicherung[63].

Hinzu kommt, dass der **Marktzugang** für Gesundheitsunternehmen insofern **reglementiert** ist, als infolge der weitgehend öffentlichen Finanzierung der Gesundheitsleistungen vielfach **Bedarfsprüfungen** durchzuführen sind. Ob neben dem Tätigkeitsvorbehalt für die Angehörigen der jeweiligen Gesundheitsberufe auch ein **Betriebsformvorbehalt** besteht, demzufolge die Erbringung medizinischer Leistungen nur im Rahmen der gesetzlich normierten Betriebsformen gestattet ist (für Ärzte zB Ordinationen, Krankenanstalten und Kuranstalten, Primärversorgungseinheiten), ist strittig[64]. Darüber hinaus ist auch der Kreis möglicher Gesellschaf-

---

[62] *Reischauer* in *Rummel,* ABGB[3] § 1294 Rz 17a (Stand 1.1.2007, rdb.at).

[63] *Wallner,* Handbuch Ärztliches Berufsrecht[2], 8, 79ff und 134ff; *Wallner,* Medizinrecht[2], 55ff und 192f.

[64] Zustimmend *Wallner,* Zur Zulässigkeit des Leibarztes – Wer darf Ärzte anstellen? RdM 2018/134, 217ff; *Wallner,* Medizinrecht[2], 123f; ablehnend: OGH 11.10.2016, 10 ObS 109/16a; kritisch *Kopetzki,* Wer darf Ärzte anstellen, RdM 2018, 81 (Editorial).

ter beschränkt (zB § 52a Abs 3 Z 1 ÄrzteG, wonach einer Gruppenpraxis nur zur selbstständigen Berufsausübung berechtigte Ärzte angehören dürfen).

Eine weitere Besonderheit betrifft die **Gesundheitsleistung** selbst. Das zulässige Leistungsspektrum eines Behandlers ist nicht nur durch den Tätigkeitvorbehalt und die persönliche Berufsberechtigung beschränkt. Besondere Anforderungen in Bezug auf Aufklärung, Einwilligung bzw Zustimmung Dritter enthalten bspw ÄsthOpG oder FMedG[65].

Die Frage, ob ein allgemeiner **Kontrahierungszwang** für Gesundheitsberufe besteht, kann zwar verneint werden. Dies gilt jedoch nicht für öffentliche Krankenanstalten, die zur Aufnahme unabweisbar Kranker verpflichtet sind (§ 22 KAKuG). Eine weitere Ausnahme gilt für Kassenärzte, die zur Behandlung der Versicherten verpflichtet sind[66].

Schließlich ist das **Haftungsrecht** zu nennen, das bei Vorliegen der jeweiligen Voraussetzungen eine zivil-, straf-, verwaltungsstrafrechtliche und (bei den in Kammern organisierten Gesundheitsberufen, wie bspw Ärzten und Zahnärzten) auch eine disziplinäre Verantwortlichkeit zur Folge haben kann. Die Einhaltung der gesetzlichen Vorgaben wird hier sohin mehrfach abgesichert.

---

[65] *Wallner,* Medizinrecht^2, 193.

[66] *Wallner,* Medizinrecht^2, 198f.

II. Ausgewählte Verträge der Gesundheitsunternehmen

A. Einführung

Im Laufe ihres Berufslebens stehen Angehörige von Gesundheitsberufen oftmals vor der Entscheidung, entweder selbst oder mit Kollegen ein (Gesundheits-) Unternehmen zu gründen bzw zu übernehmen oder im Rahmen eines Dienstverhältnisses tätig zu werden. Die Wahl will freilich gut überlegt sein, nicht nur in finanzieller, steuerlicher oder arbeitszeitlicher Hinsicht. Die rechtlichen Voraussetzungen und damit auch die vertraglichen Gestaltungsmöglichkeiten unterscheiden sich zum Teil erheblich, je nachdem, welche Vertragspartner (Gesellschafter) beteiligt sind oder welche Unternehmensform (zB Einzelordination, Gruppenpraxis, selbständiges Ambulatorium) bzw welche Gesellschaftsform (zB OG, GmbH oder AG) angestrebt wird.

Die Fülle an vertraglichen Möglichkeiten zwingt (nicht nur die Gesundheitsberufe) zur Auswahl. Teil II konzentriert sich – wegen des im Vergleich zu anderen Gesundheitsberufen breiteren Spektrums an Unternehmens- und Gesellschaftsformen sowie den damit verbundenen Verträgen – inhaltlich auf (Zahn-) Ärzte, stellt zunächst die wesentlichen Voraussetzungen einer Ordinationsgründung und mögliche Kooperationsformen im niedergelassenen Bereich vor und widmet sich danach dem Krankenanstaltenrecht.

1. Vor Aufnahme einer freiberuflichen Tätigkeit im niedergelassenen Bereich

Bereits vor Gründung bzw Übernahme einer Ordination oder der Kooperation mit Kollegen im Rahmen eines Gesundheitsunternehmens sind die zwingenden berufsrechtlichen Voraussetzungen zu erfüllen. Weiters ist zu überlegen, ob eine Tätigkeit als Kassenvertrags- oder Wahlarzt angestrebt wird und in welcher Betriebsform das Gesundheitsunternehmen bestehen soll.

Dabei gilt es vorab einige Begrifflichkeiten, die je nach Kontext durchaus andere Definitionen zulassen und daher offenbar immer wieder zu Missverständnissen[67] Anlass geben, zu differenzieren, wobei der Fokus hier auf dem (zahn-) ärztlichen Berufsrecht liegt.

a) Selbständige versus unselbständige Berufsausübung

Die **selbständige** Berufsausübung besteht in der eigenverantwortlichen Ausführung der dem (Zahn-) Arzt vorbehaltenen Tätigkeiten (§ 3 Abs 2 ÄrzteG, § 23 ZÄG), wie

[67] Dazu bereits *Bydlinski,* Verträge über ärztliche Leistungen, in *Rechberger/Welser (Hrsg),* Festschrift für Winfried Kralik, 346f.

bspw der Untersuchung auf das (Nicht-) Vorliegen von Krankheiten oder Anomalien, der Behandlung dieser Zustände, der Durchführung operativer Eingriffe oder der Verordnung von Heilmitteln (vgl § 2 ÄrzteG, § 4 ZÄG). Selbständigkeit im Sinne von eigenverantwortlicher Berufsausübung bedeutet, dass diese grundsätzlich frei von fachlichen (nicht jedoch von organisatorischen) Weisungen erfolgt. Diese fachliche Weisungsfreiheit ist bei Spitalsärzten insb wegen der in Art 20 Abs 2 B-VG normierten Weisungsbindung öffentlich-bediensteter Ärzte und der Regelungen im Krankenanstaltenrecht (zB der gemäß § 7 Abs 4 KAKuG mit der Führungsbefugnis von Abteilungsleitern einhergehenden Weisungsbefugnis gegenüber hierarchisch untergeordneten Ärzten) jedoch umstritten[68].

Die selbständige ärztliche Tätigkeit kann entweder **freiberuflich** (zB als niedergelassener Arzt mit eigener Ordination, zusammen mit Kollegen in einer Gruppenpraxis, als Wohnsitzarzt) oder **im Rahmen eines Dienstverhältnisses** (zB als angestellter Spitalsarzt) ausgeübt werden (§ 3 Abs 2 ÄrzteG, § 23 ZÄG).

Im Gegensatz dazu versteht das ärztliche Berufsrecht die **unselbständige** Berufsausübung als Tätigkeit des sich noch in der praktischen postpromotionellen Ausbildung befindenden Turnurarztes (§ 7 Abs 1 ÄrzteG). Diese erfolgt unter – dem Ausbildungsstand angepasster – Anleitung und Aufsicht (§ 3 Abs 3 ÄrzteG)[69]. Dem ZÄG ist der Terminus einer unselbständigen Berufsausübung fremd, da die praktische Ausbildung während des Studiums stattfindet.

b) Voraussetzungen der selbständigen Berufsausübung

Die Zulassung zur selbständigen Ausübung des (zahn-) ärztlichen Berufs erfolgt durch Eintragung in die von der Österreichischen Ärztekammer bzw der Österreichischen Zahnärztekammer zu führende (Zahn-) **Ärzteliste** (§ 27 ÄrzteG, § 11 ZÄG).

Dazu sind folgende Voraussetzungen zu erfüllen:

- **Erfolgreiche Absolvierung der Ausbildung**
  Ärzte bedürfen eines abgeschlossenen Studiums der Humanmedizin. Danach hat die Absolvierung der praktischen Ausbildung als Turnusarzt, die Ablegung der Arztprüfung sowie die Ausstellung von Arztdiplomen zu erfolgen (§§ 4 ff, 15, 26 ÄrzteG).
  Im Gegensatz dazu haben Zahnärzte nur den Abschluss des Studiums der Zahnheilkunde nachzuweisen, da die praktische Ausbildung in das Studium integriert ist (§ 7 ZÄG)[70].

[68] Zu den unterschiedlichen Meinungen ausführlich: *Wallner,* Zulässigkeit von Weisungen an Ärzte, RdM 2014/150, 222ff und 228f mwN.

[69] Dazu im Detail: *Kopetzki,* Zum Kompetenzumfang der Turnusärzte in Lehrpraxen, RdM 2013/141, 255ff.

[70] *Wallner,* Handbuch Ärztliches Berufsrecht², 14ff; *Wallner,* Medizinrecht², 23ff.

- **Handlungsfähigkeit**
  Unter Handlungsfähigkeit in allen Belangen im Hinblick auf die Berufsausübung (§ 4 Abs 2 Z 1 ÄrzteG, § 6 Abs 1 Z 1 ZÄG) ist die mit Vollendung des 18. Lebensjahres erlangte Eigenberechtigung zu verstehen. Der (Zahn-) Arzt soll schließlich die mit der Berufsausübung einhergehenden Rechtsgeschäfte (va Behandlungsverträge) gültig abschließen können[71].

- **Vertrauenswürdigkeit**
  Nach stRsp des VwGH bedeutet die zur Erfüllung der Berufspflichten erforderliche Vertrauenswürdigkeit (§ 4 Abs 2 Z 2 ÄrzteG, § 6 Abs 1 Z 2 ZÄG), *„dass sich Patienten darauf verlassen können, dass ein Arzt bei Ausübung des ärztlichen Berufes den Berufspflichten nach jeder Richtung entspricht. Es sind demnach insbesondere strafbare Handlungen bei der Ausübung des ärztlichen Berufes, aber auch sonstige Straftaten geeignet, die Vertrauenswürdigkeit eines Arztes zu erschüttern, sofern sich darin ein Charakter manifestiert, der auch in Zukunft die Begehung strafbarer Handlungen bei der Ausübung des ärztlichen Berufes befürchten lässt"*[72]. Ein Mangel an Vertrauenswürdigkeit kann nicht nur durch Straftaten, sondern auch durch Verletzung sonstiger Berufspflichten herbeigeführt werden[73].
  Im Gegensatz zum ÄrzteG regelt § 6 Abs 2 ZÄG ausdrücklich, dass die Vertrauenswürdigkeit nicht vorliegt, solange die Verurteilung zu einer Freiheitsstrafe wegen einer oder mehrerer Vorsatztaten noch nicht getilgt ist (Z 1) und wenn die Begehung der gleichen oder einer ähnlichen Straftat bei der Berufsausübung zu befürchten ist (Z 2).
  Der Nachweis der Vertrauenswürdigkeit ist durch eine (Disziplinar-) Strafregisterbescheinigung zu erbringen (§ 27 Abs 5 ÄrzteG, § 12 Abs 3 ZÄG).

- **Gesundheitliche Eignung**
  Die zur Erfüllung der Berufspflichten erforderliche gesundheitliche Eignung (§ 4 Abs 2 Z 3 ÄrzteG, § 6 Abs 1 Z 3 ZÄG) setzt gemäß dem VwGH voraus, *„dass die Fähigkeit besteht, den Beruf entsprechend den Anforderungen fachgerecht auszuüben, dass die erforderliche Intelligenz und psychische Stabilität vorliegen und dass in diesem Zusammenhang auch die Fähigkeit vorhanden ist, entsprechende Strategien zur persönlichen Bewältigung der psychischen Anforderungen des Berufs zu entwickeln"*[74].

---

71 *Wallner,* Handbuch Ärztliches Berufsrecht[2], 15.

72 Als Bsp: VwGH 13.1.2022, Ra 2021/11/0007; VwGH 17.8.2020, Ra 2020/11/0104; VwGH 15.12.2016, Ra 2016/11/0111.

73 Als Bsp: VwGH 24.02.2005, 2003/11/0252; VwGH 20.04.2010, 2010/11/0047.

74 Vgl VwGH 17.6.2013, 2011/11/0056 (betreffend Psychotherapeuten). Die darin genannten Voraussetzungen für die gesundheitliche Eignung werden auch auf (Zahn-) Ärzte angewandt, siehe: *Wallner,* Handbuch Ärztliches Berufsrecht[2], 17; *Hausreither,* Zahnärzte, in *Aigner/Kletečka/Kletečka-Pulker/Memmer (Hrsg),* HB Medizinrecht, III.8/257f.

Der Nachweis hat durch ein ärztliches Zeugnis zu erfolgen. Dieses darf im Zeitpunkt der Anmeldung der Eintragung in die (Zahn-) Ärzteliste nicht älter als drei Monate sein (§ 27 Abs 4 ÄrzteG, § 12 Abs 4 ZÄG).

- **Kenntnisse der deutschen Sprache**
  Die detaillierten Voraussetzungen für den Nachweis der erforderlichen Deutschkenntnisse sowie für allenfalls erforderliche Deutschprüfungen sind durch Verordnung[75] der (Zahn-) Ärztekammer zu regeln (§ 4 Abs 2 Z 4 und § 4 Abs 3a ÄrzteG, § 6 Abs 1 Z 4 und § 6 Abs 3 ZÄG).

- **Rechtmäßiger Aufenthalt**
  Das ÄrzteG erfordert keine bestimmte Staatsangehörigkeit. Für ausländische Staatsbürger ist wesentlich, dass ein rechtmäßiger, mit dem Recht auf Ausübung einer selbstständigen oder unselbstständigen Erwerbstätigkeit verbundener Aufenthalt im gesamten Bundesgebiet, vorliegt (§ 4 Abs 2 Z 5 ÄrzteG).
  Zahnärzte haben gemäß § 7 ff ZÄG einen Qualifikationsnachweis zu erbringen. Als solcher gilt zB ein an einer Medizinischen Universität oder entsprechenden Fakultät in Österreich erworbenes Doktorat der Zahnheilkunde oder ein in einem EWR-Vertragsstaat oder in der Schweizerischen Eidgenossenschaft erworbener zahnärztlicher Qualifikationsnachweis oder ein im Ausland erworbener und in Österreich als Doktorat der Zahnheilkunde nostrifizierter akademischer Grad (§ 7 Abs 1 ZÄG).
  Zusätzlich sind die ausländerbeschäftigungsrechtlichen Voraussetzungen zu beachten (§ 27 Abs 3 ÄrzteG bzw § 12 Abs 2 ZÄG, § 4 AuslBG[76]).

- **Berufssitze, Dienstorte oder Wohnsitz**
  Die Anmeldung zur Eintragung in die (Zahn-) Ärzteliste hat auch Angaben über die Berufssitze und Dienstorte zu enthalten. Bei Wohnsitzärzten ist der Wohnsitz einschließlich der Art der beabsichtigten Tätigkeit anzugeben (§ 27 Abs 1 Z 8 und 9 ÄrzteG, § 11 Abs 2 Z 8 ZÄG). Damit stehen für die Berufsausübung folgende Formen offen:
  - Tätigkeit als niedergelassener Arzt
  - Tätigkeit in einem Anstellungsverhältnis
  - Tätigkeit als Wohnsitzarzt

  Für **niedergelassene (Zahn-) Ärzte** besteht die Möglichkeit, einen, höchstens zwei Berufssitze im Bundesgebiet frei zu bestimmen (§ 45 Abs 1 und 2 ÄrzteG, § 27 Abs 1 und 2 ZÄG). Eine Gruppenpraxis darf nur einen Berufssitz haben, er

[75] Verordnung der Österreichischen Ärztekammer über Durchführung und Ausgestaltung der Prüfung ausreichender Kenntnisse der deutschen Sprache (Sprachprüfungs-Verordnung), abrufbar unter: www.aerztekammer.at sowie Verordnung der Österreichischen Zahnärztekammer über Durchführung und Ausgestaltung der Prüfung ausreichender Kenntnisse der deutschen Sprache (Sprachprüfungs-Verordnung), abrufbar unter www.zahnaerztekammer.at.

[76] Bundesgesetz vom 20. März 1975, mit dem die Beschäftigung von Ausländern geregelt wird (Ausländerbeschäftigungsgesetz), BGBl 1975/218 idgF.

ist zugleich Berufssitz der an ihr beteiligten (Zahn-) Ärzte (§ 52a Abs 4 ÄrzteG, § 26 Abs 4 ZÄG). Begrenzt ist die freie Wahl des Berufssitzes nur für Ärzte, die einem Kassenvertrag unterliegen (dazu gleich, Kapitel II. A. 1. b). Ihr Berufssitz bestimmt sich nach den im Stellenplan vorgesehenen Kassenplanstellen[77]. Verboten ist die Berufsausübung im Rahmen einer Wanderpraxis ohne bestimmten Berufssitz (§ 45 Abs 4 ÄrzteG, § 27 Abs 4 ZÄG).
Die Berufsausübung kann auch in einem **Anstellungsverhältnis** erfolgen, zB in einer Gruppenpraxis, Primärversorgungseinheit oder in einer Krankenanstalt. In diesem Fall ist der Dienstort bekanntzugeben (§ 46 ÄrzteG, § 28 ZÄG).
Eine weitere Option ist die Tätigkeit als **Wohnsitzarzt** (§ 47 ÄrzteG, § 29 ZÄG). Die Berufsausübung erfolgt hier weder in einer Ordinationsstätte, noch in einem Anstellungsverhältnis, anzugeben ist daher der Wohnsitz. Es handelt sich um wiederkehrende (zahn-) ärztliche Tätigkeiten, wie bspw Erstellung von reinen Aktengutachten, Vertretungen, Tätigkeit als Arbeitsmediziner oder Schularzt sowie Teilnahme an ärztlichen Not- und Bereitschaftsdiensten[78] (§ 47 Abs 1 ÄrzteG). Die Ausübung dieser Tätigkeiten ist nicht (mehr) als Wohnsitzarzt möglich, wenn eine Tätigkeit als niedergelassener oder angestellter Arzt aufgenommen wird (vgl § 47 Abs 2 ÄrzteG).

- **Haftpflichtversicherung**
  Die Aufnahme der freiberuflichen ärztlichen Tätigkeit ist erst nach Abschluss und Nachweis einer Berufshaftpflichtversicherung bei einem zum Geschäftsbetrieb in Österreich berechtigten Versicherer zulässig (§ 52d Abs 1 ÄrzteG, § 26c Abs 1 ZÄG). Diese Verpflichtung gilt explizit für die freiberufliche Tätigkeit, also für **niedergelassene Ärzte** einer Einzelordination oder Gruppenpraxis und Wohnsitzärzte.
  Primärversorgungseinheiten haben ebenfalls eine Haftpflichtversicherung abzuschließen, sofern keine berufs- oder krankenanstaltenrechtlichen Verpflichtungen zum Versicherungsabschluss bestehen (§ 13 Abs 1 PrimVG).
  Im Bereich der **Krankenanstalten** sind demgegenüber **nur die taxativ aufgezählten Träger** gemäß § 5c KAKuG zum Abschluss einer Haftpflichtversicherung verpflichtet. Konkret gilt die Versicherungspflicht damit nur für Krankenanstalten, die nicht durch eine Gebietskörperschaft, eine sonstige Körperschaft öffentlichen Rechts oder durch eine juristische Person, die im Eigentum einer Gebietskörperschaft oder Körperschaft öffentlichen Rechts stehen, betrieben werden (§ 5c Abs 1 KAKuG). Andernfalls wird davon ausgegangen, dass eine ausreichende Deckung möglicher Schadenersatzansprüche mittels Haftungs-

[77] *Aigner*, Das ärztliche Berufsrecht, in *Aigner/Kletečka/Kletečka-Pulker/Memmer (Hrsg)*, HB Medizinrecht, III.1/28.

[78] Zur Frage, ob auch andere ärztliche Tätigkeiten, wie zB jene als Beleg-, Konsiliar-, Theaterarzt oder als ärztliche Begleitung von Reisegruppen als Wohnsitzarzt ausgeübt werden können, siehe *Wallner*, Zulässiger Aktionsradius des Wohnsitzarztes, RdM 2012/135, 215 mwN.

durchgriffs auf die Träger (Gebietskörperschaft oder Körperschaft öffentlichen Rechts) sichergestellt ist (§ 5c Abs 1 letzter Satz KAKuG)[79].
Die **Mindestversicherungssumme** für Schadenersatzansprüche beträgt zwei Millionen Euro je Versicherungsfall. Für Ordinationen darf die Versicherungssumme sechs Millionen Euro pro Jahr, für Gruppenpraxen, Primärversorgungseinheiten und Krankenanstalten zehn Millionen Euro pro Jahr nicht unterschreiten (§ 52d Abs 2 ÄrzteG, § 26c Abs 2 ZÄG, § 13 Abs 2 PrimVG, § 5c Abs 2 KAKuG).
Die **Nachhaftung des Versicherers** nach Beendigung des Versicherungsvertrags (zB infolge Beendigung der ärztlichen Tätigkeit) darf nicht ausgeschlossen oder zeitlich begrenzt werden. Unzulässig wäre weiters, die Haftung für Erfüllungsgehilfen (zB angestellte Ärzte) auszuschließen (§ 52d Abs 5 ÄrzteG, § 26c Abs 5 ZÄG, § 13 Abs 5 PrimVG, § 5c Abs 2 Z 3 KAKuG).

2. Tätigkeit als Kassenvertragsarzt oder als Wahlarzt

Eine wesentliche Frage vor Antritt einer freiberuflichen Tätigkeit als (Zahn-) Arzt im niedergelassenen Bereich ist, ob eine Bewerbung auf eine Planstelle als Kassenvertragsarzt angestrebt werden soll. Die Alternativen wären eine Tätigkeit als Wahlarzt, eine Tätigkeit im Rahmen eines Dienstverhältnisses oder Mischformen, wie zB eine Teilzeittätigkeit als angestellter Spitalsarzt und als Wahlarzt mit eigener Ordination. In jedem Fall einer (zumindest teilweisen) freiberuflichen Tätigkeit ist die Honorierung der eigenen Leistungen von Bedeutung. Es erfolgt daher eine kurze Einführung in das Kassenvertragsrecht und das Wahlarztsystem, bevor die Finanzierung von Leistungen der Krankenanstalten vorgestellt wird.

a) Einführung in das Kassenvertragsrecht

Das österreichische Sozialversicherungsrecht[80] umfasst die Pensions-, Unfall- und Kranken-versicherung und ist als **Pflichtversicherung** konzipiert (§§ 4 ff ASVG[81]). Die Finanzierung erfolgt hauptsächlich durch die Beiträge der Versicherten, bei Vorliegen eines Dienstverhältnisses auch durch die Beiträge der Dienstgeber.

In der gesetzlichen Krankenversicherung werden Leistungen vorwiegend als **Sachleistungen** in Form einer notwendigen Krankenbehandlung durch ärztliche Hilfe, Heilmittel und Heilbehelfe erbracht (vgl §§ 133 ff ASVG) und mit den Kranken-

79 OGH 29.11.2017, 7 Ob 177/17f; *Wallner,* Handbuch Ärztliches Berufsrecht², 22f; *Heissenberger,* Krankenanstaltenrecht, in *Aigner/Kletečka/Kletečka-Pulker/Memmer (Hrsg),* HB Medizinrecht, IV.1/21f.

80 Zum Ganzen: *Kletečka-Pulker/Grimm/Memmer/Stärker/Zahrl,* Grundzüge des Medizinrechts, 185ff; *Aigner,* Das ärztliche Berufsrecht, in *Aigner/Kletečka/Kletečka-Pulker/Memmer (Hrsg),* HB Medizinrecht, III.1/42ff; *Neumayr,* Zulässigkeit von Limitierungen und Verrechnungsbeschränkungen im Kassenvertrag, RdM 2014/152, 244f.

81 Bundesgesetz vom 9.11.1955 über die Allgemeine Sozialversicherung (Allgemeines Sozialversicherungsgesetz), BGBl 1955/189 idgF.

versicherungsträgern verrechnet. Mit 1.1.2020 wurde die Organisation der Krankenversicherung reformiert und die Krankenversicherungsträger auf folgende drei Träger reduziert:

- **Österreichische Gesundheitskasse (ÖGK)**
  In der ÖGK dieser sind ua Dienstnehmer privater Dienstgeber, Lehrlinge, freie Dienstnehmer, Auszubildende für Gesundheits- und Krankenpflege oder Vorstandsmitglieder (zu den Personengruppen im Detail siehe §§ 4 ff ASVG) krankenversichert (§ 23 ASVG).
- **Sozialversicherungsanstalt der Selbständigen (SVS)**
  Die SVS ist Träger der Krankenversicherung für Mitglieder der Kammern der gewerblichen Wirtschaft, Gesellschafter oder Geschäftsführer von Gewerbebetrieben und neue Selbständige, die keine Gewerbeberechtigung für ihre freiberuflich selbständig Tätigkeit benötigen (§§ 2 ff GSVG[82]). Weiters sind in der SVS freiberuflich tätige Apotheker oder freiberuflich (im Rahmen einer Gruppenpraxis) tätige (Zahn-) Ärzte (§§ 2 ff FSVG[83]) oder selbständig Erwerbstätige in der Land- und Forstwirtschaft (§ 2 ff BSVG[84]) krankenversichert (§ 3 SVSG[85]).
- **Versicherungsanstalt öffentlich Bediensteter, Eisenbahnen und Bergbau (BVAEB)**
  Die Beamten und Vertragsbediensteten des Bundes, der Länder und Gemeinden sowie die Dienstnehmer bei Eisenbahnen und im Bergbau sind bei der BVAEB krankenversichert (§§ 1, 9 B-KUVG[86]).

Die Krankenversicherungsträger gehören organisatorisch dem **Dachverband der Sozialversicherungsträger** an. Diesem obliegt es, Richtlinien für einen zweckmäßigen und einheitlichen Vollzug zu beschließen, den Vollzug zu koordinieren und die trägerübergreifende Verwaltung wahrzunehmen (§ 30 Abs 1 und 2 ASVG).

Die rechtlichen Beziehungen zwischen einem freiberuflich tätigen (Zahn-) Arzt, einer Gruppenpraxis oder Primärversorgungseinheit und den Krankenversicherungsträgern werden gemäß den §§ 341 ff ASVG (und den auf das ASVG verweisenden § 14 SVSG, § 128 B-KUVG) durch **Gesamtverträge** (bei Primärversorgungsein-

[82] Bundesgesetz vom 11.10.1978 über die Sozialversicherung der in der gewerblichen Wirtschaft selbständig Erwerbstätigen (Gewerbliches Sozialversicherungsgesetz), BGBl 1978/560 idgF.

[83] Bundesgesetz über die Sozialversicherung freiberuflich selbständig Erwerbstätiger (Freiberuflichen-Sozialversicherungsgesetz), BGBl 1978/624 idgF.

[84] Bundesgesetz vom 11.10.1978 über die Sozialversicherung der in der Land- und Forstwirtschaft selbständig Erwerbstätigen (Bauern-Sozialversicherungsgesetz), BGBl 1978/559 idgF.

[85] Bundesgesetz, mit dem ein Bundesgesetz über die Sozialversicherungsanstalt der Selbständigen erlassen wird (Selbständigen-Sozialversicherungsgesetz), BGBl I 2018/100 idgF.

[86] Bundesgesetz vom 31.5.1967 über die Kranken- und Unfallversicherung öffentlich Bediensteter (Beamten-Kranken- und Unfallversicherungsgesetz), BGBl 1967/200 idgF.

heiten[87]: Primärversorgungs-Gesamtverträge) geregelt. Dabei handelt es sich um schriftliche, bundeseinheitlich abzuschließende privatrechtliche Verträge, deren Vertragspartner die Krankenversicherungsträger und die Österreichische Ärztekammer (§ 341 Abs 1 ASVG) bzw der Dachverband der Sozialversicherungsträger und die Österreichische Zahnärztekammer sind (§ 343d Abs 1 Z 3 ASVG). Ein Vertragsabschluss durch den Dachverband der Sozialversicherungsträger und die Österreichische Ärztekammer erfolgt darüber hinaus ua für Primärversorgungseinheiten (Primärversorgungs-Gesamtvertrag, § 342b Abs 1 ASVG) oder für den Einsatz von angestellten Ärzten (§ 342e ASVG).

Nach der demonstrativen Aufzählung in § 342 Abs 1 ASVG haben Gesamtverträge insb folgende **Inhalte** zu normieren:

- Stellenplan (örtliche Verteilung der Kassen-Vertragsärzte, Gruppenpraxen und Primärversorgungseinheiten, die gemäß § 342 Abs 1a ASVG von den Krankenversicherungsträgern mit den Landesärztekammern festgelegt werden kann) einschließlich allfälliger Regelungen für Investitionsabgeltungen an den bisherigen Stelleninhaber.
- Regelungen über die Auswahl der Kassen-Vertragsärzte und Gruppenpraxen sowie betreffend Abschluss und Lösung der mit diesen zu vereinbarenden Einzelverträge.
- Rechte und Pflichten der Kassen-Vertragsärzte und Gruppenpraxen (insb Erfüllung der Versorgungsaufträge, Vergütung der ärztlichen Leistung).
- Sicherstellung eines Ökonomieprinzips (zB in Form einer wirtschaftlichen medizinischen Behandlung, Verschreibung von Heilmitteln, Überweisung an andere Kassenärzte oder Transporte).
- Regelungen betreffend Verlautbarung, Kündigung und Auflösung des Gesamtvertrages.
- Festlegung einer Altersgrenze für die Beendigung der Einzelverträge (grundsätzlich längstens mit Vollendung des 70. Lebensjahres).

Darüber hinaus enthält § 342a ASVG Sonderregelungen für Gesamtverträge der Kassenvertrags-Gruppenpraxen (insb betreffend Öffnungszeiten, Leistungsspektrum und Honorierung). Spezielle Regelungen für Primärversorgungseinheiten normieren die §§ 342b und 342c ASVG (insb betreffend Mindestleistungsspektrum, Honorierung, Auswahl von Primärversorgungseinheiten, Abschluss und Auflösung des Kassenvertrages).

Auf Basis der Gesamtverträge erfolgt der Abschluss von **Einzelverträgen** zwischen den konkreten Krankenversicherungsträgern und dem jeweiligen Erbringer der Kassenleistungen (Arzt, Zahnarzt, Gruppenpraxis oder Primärversorgungseinheit). Der Inhalt des Gesamtvertrags ist zugleich Inhalt des Einzelvertrags (§ 341 Abs 2 ASVG).

---

[87] Gemäß § 7 Z 1 PrimVG: sofern diese nicht in der Organisationsform von selbständigen Ambulatorien (§ 2 Abs 1 Z 5 KAKuG) betrieben werden.

Bei Primärversorgungseinheiten[88] ist auf der einzelvertraglichen Ebene weiter zu differenzieren zwischen dem Primärversorgungsvertrag und dem Primärversorgungs-Einzelvertrag. Der **Primärversorgungsvertrag** regelt die Beziehungen zwischen der Primärversorgungseinheit und den Trägern der Krankenversicherung, wobei sich der konkrete Vertragsinhalt nach der Betriebsform bestimmt (§ 7 Z 2 und § 8 Abs 1 PrimVG). Sofern der Betrieb der Primärversorgungseinheit an mehreren Standorten, jedoch nicht als Gruppenpraxis mit dislozierten Standorten, erfolgt, ist weiters der Abschluss eines **Primärversorgungs-Einzelvertrages** möglich. Dieser regelt die Beziehungen der Träger der Krankenversicherung zu den an einer Primärversorgungseinheit teilnehmenden freiberuflich tätigen Ärzten hinsichtlich der ärztlichen Leistungen (§ 7 Z 3, § 8 Abs 5 PrimVG). Im Fall des Nicht-Zustandekommens eines Primärversorgungs-Gesamtvertrags oder des Eintretens eines vertragslosen Zustandes kommt der Abschluss eines Primärversorgungs-Sondervertrags in Betracht (§ 7 Z 4 PrimVG iVm § 342c Abs 13 ASVG).

Die aus den Gesamt- oder Einzelverträgen resultierenden **Rechtsstreitigkeiten** werden vor Schiedskommissionen geschlichtet oder entschieden (§§ 344 ff ASVG). Als Rechtsmittel gegen einen von einer Schiedskommission erlassenen Bescheid steht die Beschwerde an das Bundesverwaltungsgericht offen (§ 347a ASVG).

Bei Beendigung eines Gesamtvertrags werden zugleich die Einzelverträge beendet. Es liegt ein **vertragsloser Zustand** vor. Dieser führt dazu, dass der Sachleistungsanspruch gesetzlich krankenversicherter Patienten in einen Geldleistungsanspruch, wie bei Inanspruchnahme eines Wahlarztes, übergeht (§ 131a ASVG)[89]. Für Primärversorgungseinheiten kann in diesem Fall ein Primärversorgungs-Sondervertrag zur Sicherstellung des Sachleistungsangebots geschlossen werden (§ 7 Z 4 PrimVG iVm § 342c Abs 13 ASVG).

Zusammenfassend verpflichtet die Aufnahme einer freiberuflichen Tätigkeit im niedergelassenen Bereich als **Kassenvertrags-Arzt**, -Zahnarzt oder im Rahmen einer Kassenvertrags-Gruppenpraxis bzw Primärversorgungseinheit gemäß § 342 Abs 1 Z 3 ASVG im Wesentlichen zur[90]:

- Behandlung der gesetzlich krankenversicherten Patienten (einschließlich Überprüfung deren Identität und rechtmäßiger Verwendung der e-card).
- Direktverrechnung der (zahn-) ärztlichen Leistungen mit dem Krankenversicherungsträger (unter Berücksichtigung etwaiger Selbstbehalte der Patienten, zB in Form einer Kostenbeteiligung von 20% gemäß § 86 Abs 1 GSVG, § 12 Abs 2 Z 4 SVSG, § 63 Abs 4 B-KUVG).
- Einhaltung der kassenvertraglichen Regelungen (zB Stellenpläne, Versorgungsaufträge oder Altersgrenzen).

---

88 *Bukor et al,* Primärversorgung in Österreich, in *Aigner/Kletečka/Kletečka-Pulker/Memmer (Hrsg),* HB Medizinrecht, IV.9/299f.

89 *Kletečka-Pulker/Grimm/Memmer/Stärker/Zahrl,* Grundzüge des Medizinrechts, 193.

90 Vgl *Wallner,* Medizinrecht², 264.

b) Tätigkeit als Wahlarzt

Aus Sicht des Patienten, der freie Arztwahl zwischen den (zahn-) ärztlichen Gesundheitsdienstleistern hat, erfolgt ein Tätigwerden als Wahlarzt (Wahl-Zahnarzt, Wahlarzt-Gruppenpraxis, Wahl-Primärversorgungseinheit)[91] in folgenden Fällen:

- Nicht-Bestehen eines Kassenvertrags mit dem für den konkreten Patienten zuständigen Krankenversicherungsträger.
- Inanspruchnahme der Leistungen durch einen nicht gesetzlich krankenversicherten Patienten.
- Verrichtung von Leistungen, die vom Sachleistungsangebot der gesetzlichen Krankenversicherungen nicht umfasst sind.

Mit Ausnahme etwaiger Direktverrechnungsmöglichkeiten von Wahlarztpraxen mit privaten (Zusatz-) Krankenversicherungen, haben Patienten in Vorleistung zu gehen und das Honorar des Wahlarztes zunächst selbst zu bezahlen. Ist die Leistung vom Sachleistungsangebot der gesetzlichen Krankenkasse umfasst, besteht für gesetzlich Krankenversicherte ein Geldersatzanspruch in Höhe von 80% des Betrages, der vom gesetzlichen Krankenversicherungsträger bei Inanspruchnahme eines Kassenvertrags-(Zahn-)Arztes (Gruppenpraxis, Primärversorgungseinheit) aufzuwenden gewesen wäre (vgl § 131 Abs 1 ASVG). Ist dies nicht der Fall (vertragsloser Zustand) geht der Sachleistungsanspruch gesetzlich krankenversicherter Patienten in einen Geldleistungsanspruch über (§ 131a ASVG)[92]. Leistungen, für die kein Erstattungsanspruch durch die gesetzlichen Krankenkassenträger besteht (zB Schönheitsoperationen) sind vom Patienten selbst zu tragen, sie werden in der Praxis auch als *„privatärztliche Leistungen"*, der Behandler als *„Privatarzt"* bezeichnet[93].

Das wesentlichste Unterscheidungsmerkmal zwischen einer Tätigkeit mit Kassenvertrag und einer solchen als Wahlarzt liegt für Patienten damit in der Honorierung. Für Wahlärzte ist darüber hinaus wesentlich, dass sie nicht an die spezifischen, in den Kassenverträgen (deren Vertragspartner sie nicht sind) geregelten Stellenpläne, Versorgungsaufträge oder Altersgrenzen (vgl § 342 Abs 1 ASVG) gebunden sind. Die Wahl des Ordinationssitzes, der Öffnungszeiten oder angebotenen Leistungen obliegt damit dem Wahlarzt. Anderes gilt freilich für jene Ärzte, die Vertragspartner auch nur einzelner Kassen (zB der kleinen Kassen[94] BVAEB und SVS, nicht jedoch der ÖGK) sind.

c) Exkurs: Finanzierung von Leistungen der Krankenanstalten

Die gesetzlichen Krankenversicherungsträger übernehmen nicht nur die Sachleistungen von Kassenvertragsärzten im niedergelassenen Bereich und die Kostener-

---

91 Zum Ganzen vgl *Andretsch/Berger/Metzl/Zahrl,* Unternehmen Arztpraxis, 25ff.

92 *Kletečka-Pulker/Grimm/Memmer/Stärker/Zahrl,* Grundzüge des Medizinrechts, 193.

93 *Andretsch/Berger/Metzl/Zahrl,* Unternehmen Arztpraxis, 26f.

94 Als kleine Kassen – im Gegensatz zur ÖGK – werden in der Praxis die BVAEB und die SVS bezeichnet. Vgl *Andretsch/Berger/Metzl/Zahrl,* Unternehmen Arztpraxis, 25.

stattung bei Inanspruchnahme von Wahlärzten. Ihnen obliegt auch die mit einer Aufnahmepflicht in die allgemeine Gebührenklasse gemäß § 148 Z 1 ASVG einhergehende Finanzierung von Leistungen in **Fondskrankenanstalten** (allgemeine Gebührenklasse in öffentlichen und gemäß § 16 KAKuG gemeinnützig geführten privaten Krankenanstalten[95]). Dementsprechend besteht, wie im niedergelassenen Bereich, auch hier grundsätzlich die Möglichkeit, Einzelverträge zwischen dem Dachverband der Sozialversicherungsträger und den Krankenanstaltenträgern abzuschließen (§ 148 Z 10 und § 338 Abs 3 ASVG). Für derartige Einzelverträge bleibt angesichts der Regelungen in § 148 ASVG, im KAKuG und in den Landeskrankenanstaltengesetzen, die als leges speciales vorgehen, hier jedoch kein Raum[96].

Die Finanzierung der Leistungen von Fondskrankenanstalten im stationären und ambulanten Bereich erfolgt entsprechend dem System der leistungsorientierten Krankenanstaltenfinanzierung **(LKF-System)**. Dafür werden diverse Kriterien (bspw Diagnosen, Alter des Patienten, medizinische Leistungen, involvierte Abteilungen) erhoben und leistungsorientierten Diagnosen-Fallgruppen zugeordnet. Aus jeder leistungsorientierten Diagnosen-Fallgruppe ergibt sich eine Fallpauschale in Form einer Punktezahl, die der Abrechnung zugrunde gelegt wird. Die Abrechnung der LKF-Gebühren mit dem Krankenanstaltenträger im Wege der Verteilung der insb von den Krankenversicherungsträgern, Bund, Länder und Gemeinden bereitgestellten Mittel erfolgt durch die Landesgesundheitsfonds (§ 27b KAKuG). Darüber hinaus ist stationär aufgenommenen Patienten vom Krankenanstaltenträger ein Kostenbeitrag zu verrechnen (§ 27a KAKuG)[97].

Für **selbständige Ambulatorien** gemäß § 2 Z 5 KAKuG zur Untersuchung oder Behandlung von Patienten, die keiner stationären Anstaltspflege bedürfen (zB Zahnambulatorien) ist die Finanzierung der Honorare in Gesamtverträgen zwischen den gesetzlichen Krankenversicherungsträgern und der Wirtschaftskammer Österreich zu regeln (vgl § 349 Abs 2c ASVG)[98].

Als Pendant zum Wahlarztsystem im niedergelassenen Bereich können Privatpatienten im Spitalsbereich die Aufnahme in die Sonderklasse einer öffentlichen Krankenanstalt beanspruchen oder eine nicht gemeinnützig geführte private Krankenanstalt aufsuchen.

Den Patienten der **Sonderklasse** werden aufgrund spezieller Regelungen in den Landeskrankenanstaltengesetzen zusätzliche Entgelte verrechnet, die zumeist im

---

[95] *Wallner,* Medizinrecht², 246f; vgl auch *Fischl,* Private Krankenanstalten, in *Resch/Wallner,* Handbuch Medizinrecht³ Rz 2.

[96] Vgl *Auer-Mayer,* Beendigung der Vertragsbeziehungen in *Schrattbauer/Pfeil (Hrsg),* Organisation guter PatientInnenversorgung, 56.

[97] Vgl *Hagenbichler,* Das österreichische LKF-System, Broschüre des Bundesministeriums für Gesundheit, Bereich I/B, 9ff; *Bundesministerium für Soziales, Gesundheit, Pflege und Konsumentenschutz (Hrsg),* LKF-Systembeschreibung 2024, 13ff; *Wallner,* Medizinrecht², 250f.

[98] *Wallner,* Medizinrecht², 257f.

Wege der Direktverrechnung von privaten Zusatzkrankenversicherungen übernommen werden. Es handelt sich dabei zum einen um Anstaltsgebühren, die der Abgeltung von – im Vergleich zur allgemeinen Gebührenklasse – gesteigerten Ansprüchen bei Verköstigung und Unterbringung dienen. Zum andern werden dem Sonderklassepatienten Arzthonorare für die behandelnden Ärzte vorgeschrieben[99].

Bei Inanspruchnahme von Leistungen einer nicht gemeinnützig geführten **privaten Krankenanstalt** ist zu differenzieren in[100]: Jene Krankenanstalten, deren Finanzierung – ähnlich dem LKF-System der Fondskrankenanstalten – durch den Privatkrankenanstalten-Finanzierungsfonds **(PRIKRAF)**, erfolgt. In diesen fließen ua Mittel der gesetzlichen Krankenversicherungsträger (vgl § 3 PRIKRAF-G)[101]. Für darüber hinausgehende Kosten des stationären Aufenthalts hat der Patient selbst (bzw seine private Zusatzkrankenversicherung) aufzukommen. Privatkrankenanstalten, die nicht gemäß dem PRIKRAF-System finanziert werden, verrechnen ihre Leistungen ausschließlich mit dem Patienten oder direkt mit dessen privater Krankenversicherung. In diesem Fall ist dem Patienten nach § 150 ASVG vom gesetzlichen Krankenversicherungsträger lediglich ein **Pflegekostenzuschuss** zu leisten. Im Gegensatz zum LKF-System, welches auch ambulante Leistungen umfasst, bedarf die Honorierung eines Ambulanzbesuches in einer Privatklinik durch den für den Patienten zuständigen gesetzlichen Krankenversicherungsträger eines **Einzelvertrages**. Dieser ist zwischen dem Dachverband der Sozialversicherungsträger und dem Träger der privaten Krankenanstalt abzuschließen (§ 148 Z 10 und § 338 Abs 3 ASVG). Für den gesetzlich krankenversicherten Patienten besteht hier – wie bei Konsultation eines niedergelassenen Wahlarztes – ein **Geldersatzanspruch** in Höhe von 80% des Betrages, der vom gesetzlichen Krankenversicherungsträger bei Inanspruchnahme eines Vertragspartners aufzuwenden gewesen wäre (vgl § 131 Abs 1 ASVG).

3. Überblick über mögliche Betriebsformen

Eine weitere wesentliche Frage, die sich (Zahn-) Ärzte vor Aufnahme einer freiberuflichen Tätigkeit stellen müssen, betrifft die Wahl der Betriebsform ihres Gesundheitsunternehmens. Zur Wahrung der Patientensicherheit sieht das Medizinrecht neben entsprechenden berufsrechtlichen Anforderungen diverse Vorgaben für Gesundheitsunternehmen (zB in Bezug auf Beschilderung, Organisation, Personalausstattung, Hygiene oder Qualitätssicherung) vor. **Umstritten** ist jedoch, ob eine Leistungserbringung nur im Rahmen der gesetzlich normierten Betriebsfor-

---

99 *Wallner,* Medizinrecht², 132f und 251ff.

100 Zum Ganzen: *Wallner,* Medizinrecht², 256f; *Fischl,* Private Krankenanstalten, in *Resch/Wallner,* Handbuch Medizinrecht³ Rz 5ff.

101 Bundesgesetz über die Einrichtung eines Fonds zur Finanzierung privater Krankenanstalten (Privatkrankenanstalten-Finanzierungsfondsgesetz), BGBl I 2004/165.

men, zB Ordinationen, Primärversorgungseinheit oder Krankenanstalt zulässig ist **(Betriebsformvorbehalt)**[102].

Im niedergelassenen Bereich war ursprünglich nur die Ordination in Form eines Einzelunternehmens vorgesehen. Eine erste Möglichkeit der Zusammenarbeit wurde durch die mit der Novelle des ÄrzteG 1974, BGBl 1974/460[103] (damals gemäß § 7a ÄrzteG-Novelle 1974 als reine Innengesellschaften) eingeführten **Ordinations- und Apparategemeinschaften** geschaffen[104]. Obwohl weitere Formen der Zusammenarbeit auf gesellschaftsvertraglicher Basis nach dem Vorbild anderer Berufsgruppen aus wirtschaftlicher Sicht notwendig erschienen, entschied sich der Gesetzgeber mit Blick auf die berufsrechtlichen Verpflichtungen nur schrittweise für deren Ermöglichung[105].

Ein solcher wesentlicher Schritt war die Einführung der **Gruppenpraxis** als weitere Form der Zusammenarbeit mit der 2. Novelle zum ÄrzteG 1998, BGBl I 2001/110[106]. Nachdem die ausschließlich zulässige Rechtsform zunächst jene der OEG und ab 1.1.2007 jene der OG war[107], wurden mit dem Bundesgesetz zur Stärkung der ambulanten öffentlichen Gesundheitsversorgung[108] die Gründung der Gruppenpraxis in der Rechtsform der GmbH ermöglicht und eine Bedarfsprüfung für Gruppenpraxen (dazu Kapitel II. D.) eingeführt.

Um die Kooperationsmöglichkeiten in einer zunehmend arbeitsteiligen Organisation im niedergelassenen Medizinbereich zu verbessern, wurde mit Einführung der Primärversorungseinheiten zuletzt eine völlig neue Versorgungsstruktur (dazu Kapitel II. E.) geschaffen.

---

[102] Zustimmend *Wallner,* Zur Zulässigkeit des Leibarztes – Wer darf Ärzte anstellen? RdM 2018/134, 217ff; *Wallner,* Medizinrecht^2, 123f; OGH 11.10.2016, 10 ObS 109/16a; kritisch *Kopetzki,* Wer darf Ärzte anstellen, RdM 2018, 81 (Editorial).

[103] Bundesgesetz vom 12.7.1974, mit dem das Ärztegesetz geändert wird (Ärztegesetznovelle 1974), kundgemacht am 6.8.1974.

[104] *Karollus,* Vergesellschaftung von Ärzten und Zahnärzten, in *Resch/Wallner,* Handbuch Medizinrecht^3 Rz 2.

[105] *Wallner,* Medizinrecht^2, 102; *Wiedenbauer* in *Wiedenbauer/Kanduth-Kristen/Grün/Hofer,* Die Ärzte-GmbH Rz 6ff.

[106] Bundesgesetz, mit dem das Ärztegesetz 1998 geändert wird (2. Ärztegesetz-Novelle), kundgemacht am 10.8.2001.

[107] Nach Art I des Handelsrechts-Änderungsgesetzes (HaRÄG), BGBl I 2005/120, kundgemacht am 27.10.2005, mit dem das Handelsgesetzbuch vom 10. Mai 1897, dRGBl. S 219/1897, zuletzt geändert durch BGBl I 2005/59, geändert wird), gelten gemäß dem neu eingefügten § 907 Abs 2 UGB vor dem 1.1.2007 geschaffene Gruppenpraxen in der Rechtsform der Offenen Erwerbsgesellschaft (OEG) mit 1.1.2007 als Gruppenpraxen in der Rechtsform der OG.

[108] Bundesgesetz, mit dem ua das Ärztegesetz 1998 (14. Ärztegesetz-Novelle) und das Zahnärztegesetz geändert wurden, BGBl I 2010/61, kundgemacht am 18.8.2010.

Aktuell stehen (zahn-) ärztlichen Gesundheitsunternehmen folgende, in den anschließenden Abschnitten B. bis F. vorgestellte Betriebsformen zur Wahl:

- Ordination
- Ordinations- und/oder Apparategemeinschaft
- Gruppenpraxis
- Primärversorgungseinheit
- Krankenanstalt (einschließlich selbständigen Ambulatorien)

B. Ordination als Einzelunternehmen

Die Gründung einer Ordination als Einzelunternehmer erfordert neben der Erfüllung der berufsrechtlichen Voraussetzungen den Abschluss diverser Verträge, bspw mit Mitarbeitern bzw über Praxisequipment, Räumlichkeiten oder Fahrzeuge. Mangels medizinrechtlicher Besonderheiten kann hier auf das allgemeine Vertragsrecht (zB Arbeits-, Werk-, freie Dienstverträge, Kauf-, Bestands-, Kredit- oder Leasingverträge) zurückgegriffen werden. Es werden daher die besonderen (berufsrechtlichen) Vorschriften für Ordinationsstätteninhaber vorgestellt, bevor auf die Besonderheiten des Ordinationskaufs eingegangen wird.

1. Definition und Abgrenzung

Als Ordination (Arztpraxis) wird ein **von einem** oder mehreren (vgl dazu die Abschnitte C. bis E. dieses Kapitels) **freiberuflich tätigen** Ärzten oder Angehörigen des zahnärztlichen Berufs **an höchstens zwei Berufssitzen** (Ordinationsstätten) im Inland (§ 45 Abs 3 ÄrzteG, § 27 Abs 2 ZÄG) betriebenes Gesundheitsunternehmen bezeichnet. Das Tätigwerden eines Arztes als Einzelunternehmer kennzeichnet traditionell die Grundform der Arztpraxis.

Im Unterschied zu jenen Ordinationsformen, die eine Zusammenarbeit zweier oder mehrerer freiberuflich tätiger Ärzte vorsehen (zB Gruppenpraxis, Primärversorgungseinheit) bedarf die Ordination eines Einzelunternehmers keines Gesellschafts- oder Kooperationsvertrages[109] und unterliegt auch keiner behördlichen Errichtungsbewilligung. Die **Aufnahme der Tätigkeit** ist der (Zahn-) Ärztekammer vorab lediglich **anzuzeigen** (vgl § 45 Abs 2 iVm § 27 ÄrzteG, § 27 Abs 3 iVm § 11 ZÄG). Generell dürfen Ordinationen nicht die Organisationsdichte und -struktur von Krankenanstalten erreichen (§ 52a ÄrzteG, § 26 Abs 3 ZÄG)[110].

[109] Eine Ärzte-GmbH bzw OG hat zumindest aus zwei (ärztlichen) Gesellschaftern zu bestehen, Näheres siehe Abschnitt D. 3. f) dieses Kapitels.

[110] Vgl *Wallner,* Medizinrecht², 126ff.

2. Besondere Vorschriften für Ordinationen

Der Ordinationsstätteninhaber ist verpflichtet, alle in der **Hygieneverordnung**[111] der (Zahn-) Ärztekammer festgelegten hygienischen Anforderungen, die für seine Berufsausübung erforderlich sind, zu erfüllen (§ 56 Abs 1 Z 1 ÄrzteG, § 36 Abs 1 Z 1 ZÄG). Zudem hat der Betrieb der Ordination den festgelegten[112] **fachspezifischen Qualitätsstandards** hinsichtlich Ausstattung und Organisation zu entsprechen (Z 2 leg cit) und ist die Ordinationsstätte durch ein den Bestimmungen der Schilderordnung[113] und der Werberichtlinie *„Arzt und Öffentlichkeit"*[114] entsprechendes **Ordinationsschild** zu kennzeichnen. Die Überprüfung der Einhaltung dieser Vorgaben erfolgt im Unterschied zu anderen Ordinationsformen (zB Gruppenpraxis) nicht vor, sondern im Zuge regelmäßiger Kontrollen nach Errichtung der Ordinationsstätte[115].

Die seit 2019[116] mögliche **Anstellung von Ärzten** in der Ordination eines freiberuflich tätigen Arztes ist insofern begrenzt, als eine Anstellung nur im Umfang eines Vollzeitäquivalents erfolgen darf, wobei ein Vollzeitäquivalent 40 Wochenstunden entspricht und zur Anstellung von höchstens zwei Ärzten berechtigt (§ 3 Abs 2 ÄrzteG, § 47a Abs 1 Z 2 ÄrzteG). Die Anstellung ist auf das Fachgebiet des Ordinationsstätteninhabers, der dennoch selbst *„maßgeblich zur persönlichen Berufsausübung"* in der Ordination verpflichtet ist, beschränkt (§ 47a Abs 3 Satz 1 und 2 ÄrzteG). Anders als in Krankenanstalten ist die freie Arztwahl trotz Anstellung zu

---

111 Verordnung der Österreichischen Ärztekammer über die hygienischen Anforderungen von Ordinationsstätten und Gruppenpraxen (Hygiene-V 2014) idgF der 3. Novelle zur Hygiene-Verordnung 2014, veröffentlicht am 27.06.2022, www.aerztekammer.at/kundmachungen (abgerufen am 20.11.2025); Verordnung der Österreichischen Zahnärztekammer im übertragenen Wirkungsbereich mit der eine Verordnung über die hygienischen Anforderungen zahnärztlicher Ordinationsstätten (Hygieneverordnung 2025 der Österreichischen Zahnärztekammer – ÖZÄK-HygV 2025), www.zahnaerztekammer.at/oezaek/aktuelles/newsletter/hygieneverordnung-2025 (abgerufen am 20.11.2025).

112 Verordnung des Bundesministers für Soziales, Gesundheit, Pflege und Konsumentenschutz zur Qualitätssicherung der ärztlichen Versorgung durch niedergelassene Ärztinnen und Ärzte (Qualitätssicherungsverordnung 2024 – QS-VO 2024), BGBl II 2024/111, kundgemacht am 29.4.2024, samt Anlagen, www.aerztekammer.at/kundmachungen (abgerufen am 20.11.2025).

113 Verordnung der Österreichischen Ärztekammer über Art und Form der Bezeichnung der Ordinationsstätte (Schilderordnung), beschlossen von der Vollversammlung der Österreichischen Ärztekammer am 22.06.2012, www.aerztekammer.at/kundmachungen (abgerufen am 20.11.2025).

114 Verordnung der Österreichischen Ärztekammer über die Art und Form zulässiger ärztlicher Informationen in der Öffentlichkeit (Arzt und Öffentlichkeit 2014) idgF vom 14.12.2018, www.aerztekammer.at/kundmachungen (abgerufen am 20.11.2025).

115 Vgl zum Ganzen: *Wallner,* Medizinrecht², 126f; *Wallner,* Handbuch Ärztliches Berufsrecht², 38f.

116 ÄrzteG-Novelle BGBl I 2019/20, siehe bereits FN 19.

gewährleisten und trägt der behandelnde angestellte Arzt die medizinische Letztverantwortung (Satz 3 leg cit)[117].

§ 26 Abs 3 Z 6 ZÄG verbietet Gruppenpraxen die Anstellung von Angehörigen des zahnärztlichen Berufs (Zahnärzte und Dentisten) sowie sonstige zivil- oder arbeitsrechtliche Beziehungen zu diesen. Obgleich im Gesetz nicht ausdrücklich festgehalten, gilt dieses Verbot infolge eines Größenschlusses auch für die Anstellung von Zahnärzten durch einen Ordinationsstätteninhaber.

3. Besonderheiten des Ordinationskaufs

Die Veräußerung einer bestehenden Ordination erfolgt zumeist in Form eines **Kaufvertrags**. Beim Ordinations- oder Praxiskauf verpflichten sich die Parteien zur Übergabe eines Kaufgegenstandes gegen Bezahlung eines Kaufpreises (vgl § 1053 ABGB). Die **Ordination** eines freiberuflich tätigen Arztes kann als Gesamtsache (einschließlich Patientenstock, Ordinationsräumlichkeiten, Ausstattung etc) Gegenstand eines Kaufvertrags sein[118]. Der **Kaufpreis** wird durch Bewertung der Ordination ermittelt. Zur Vermeidung von Missverständnissen empfiehlt es sich, Kaufgegenstand und Kaufpreis in einem schriftlichen Vertrag genau zu bezeichnen.

Neben den allgemeinen, mit einer Unternehmensübernahme einhergehenden, gesetzlichen Vertragsübergängen (zB der Arbeitsverhältnisse gem § 3 AVRAG[119], der Versicherungsverträge gem § 69 VersVG oder des Hauptmietverhältnis gem § 12a Abs 1 MRG[120]) treffen einen insb Ordinationsstättennachfolger die nachfolgend dargestellten besonderen Verpflichtungen:

a) Ärztliche Dokumentation

Der Ordinationsstättennachfolger ist zur Übernahme der ärztlichen **Dokumentation** seines Vorgängers und zur Aufbewahrung entsprechend der gesetzlich vorgesehenen Dauer verpflichtet (§ 51 Abs 4 Satz 1 ÄrzteG, § 19 Abs 4 Z 1 ZÄG). Zur Erbringung (zahn-) ärztlicher Leistungen darf die Dokumentation allerdings nur mit Einwilligung des Patienten verwendet werden (§ 51 Abs 4 Satz 2 ÄrzteG, § 19 Abs 4 Z 2 ZÄG). Bei geplanter Übernahme des Patientenstocks empfiehlt es sich daher, den Ordinationskauf unter der Bedingung, dass die Einwilligung der betreffenden Patienten vorab eingeholt wird, abzuschließen[121].

b) Kassenverträge

Beim Ordinationskauf ist weiters zu berücksichtigen, dass **Kassenverträge** nicht Gegenstand des Kaufvertrags sein können. Die Kassenplanstelle ist nicht auf den

[117] Vgl *Wallner*, Handbuch Ärztliches Berufsrecht², 86f.
[118] *Aicher* in *Rummel/Lukas*, ABGB⁴ § 1053 Rz 1 und 7 (Stand 1.5.2017, rdb.at).
[119] Arbeitsvertragsrechts-Anpassungsgesetz – AVRAG, BGBl 1993/459 idgF.
[120] Näheres bei *Andretsch/Berger/Metzl/Zahrl*, Unternehmen Arztpraxis, 52f.
[121] *Andretsch/Berger/Metzl/Zahrl*, Unternehmen Arztpraxis, 50.

Nachfolger übertragbar. Unterliegt dieser bereits einem Kassenvertrag, ist die freie Wahl des Berufssitzes insofern begrenzt, als sich der Berufssitz nach den im Stellenplan vorgesehenen Kassenplanstellen bestimmt[122].

c) Erwerberhaftung

Schließlich ist – mangels Anwendbarkeit des § 38 UGB auf freiberufliche Unternehmen – die **Erwerberhaftung** gem § 1409 ABGB, die einen gesetzlichen Schuldbeitritt des Erwerbers in bestehende Rechtsverhältnisse anordnet, zu beachten. Dies ist insofern wesentlich, als der Erwerber damit auch für Schadenersatzansprüche infolge von Behandlungsfehlern des Übergebers herangezogen werden könnte. Nach § 1409 Abs 1 ABGB haftet der Erwerber neben dem Veräußerer solidarisch, wobei seine Haftung auf unternehmensbezogene Schulden, die der Erwerber *„bei der Übergabe kannte oder kennen mußte"* (Satz 1 leg cit), beschränkt ist. Zudem ist die Haftung des Erwerbers betraglich durch den Wert der übernommenen Ordination beschränkt (Satz 2 leg cit). Ein zwischen Veräußerer und Übernehmer vereinbarter Ausschluss der Übernehmerhaftung zum Nachteil der Gläubiger wäre unwirksam (§ 1409 Abs 3 ABGB). Ein Haftungsausschluss bspw für Ersatzansprüche infolge ärztlichen Fehlverhaltens des Übergebers, aber zB auch für bestehende Leasingverträge, kann folglich nur im Innenverhältnis (Veräußerer – Übernehmer) vereinbart werden. Es empfiehlt sich sohin, eine entsprechende Regelung (Schad- und Klagloshaltung) in den Kaufvertrag aufzunehmen, damit sich der (von einem Gläubiger in Anspruch genommene) Übernehmer beim Übergeber regressieren kann[123].

C. Ordinations- und/oder Apparategemeinschaft

Für (Zahn-) Ärzte stellen Ordinations- und Apparategemeinschaften eine einfache, auf Dauer angelegte Möglichkeit der Kooperation auf horizontaler Ebene dar. Die Vorteile solcher Gemeinschaften liegen ua in der Aufteilung der Anschaffungskosten für medizinische Geräte bzw der Fixkosten (zB Mietzins, Leasingraten, Personalkosten) unter den beteiligten Ärzten. Die Auslastung von Räumlichkeiten und Geräten kann optimiert und die interdisziplinäre Zusammenarbeit erleichtert werden. Durch die damit entstehenden Synergien können Einsparungseffekte erzielt und das wirtschaftliche Risiko für den einzelnen Arzt minimiert werden[124].

Um diese Vorteile nutzen zu können, bedarf es zunächst der Erfüllung der besonderen berufsrechtlichen und der hier nicht im Detail behandelten gesellschaftsrechtlichen Voraussetzungen. Weiters ist zu entscheiden, ob die Zusammenarbeit

[122] *Aigner,* Das ärztliche Berufsrecht, in *Aigner/Kletečka/Kletečka-Pulker/Memmer (Hrsg),* HB Medizinrecht, III.1/28.

[123] Zum Ganzen *Andretsch/Berger/Metzl/Zahrl,* Unternehmen Arztpraxis, 50f; *Haglmüller* in *Rummel/Lukas/Geroldinger,* ABGB^4 § 1409 Rz 1, 3, 7, 33, 40 (Stand 31.7.2024, rdb.at).

[124] Vgl *Schneider,* Zusammenarbeit, Rechtsformgestaltung, Gruppenpraxen, in *Aigner/Kletečka/Kletečka-Pulker/Memmer (Hrsg),* HB Medizinrecht, IV.2/55.

im Rahmen eines Kooperationsvertrages oder eines Gesellschaftsvertrags erfolgen soll. Bei einer Zusammenarbeit auf gesellschaftsvertraglicher Basis ist zudem die passende Rechtsform auszuwählen. In jedem Fall empfehlen sich konkrete vertragliche Vereinbarungen zwischen den an der Gemeinschaft beteiligten Ärzten.

1. Definition und Abgrenzung

Bei einer **Ordinationsgemeinschaft** (Praxisgemeinschaft, Gemeinschaftspraxis oder Ärztezentrum[125]) werden die Räumlichkeiten, in denen die Ordination untergebracht ist, von den (Zahn-) Ärzten gemeinsam genützt. Eine gemeinsame Nutzung der medizinisch-technischen Geräte bzw Instrumente wird als **Apparategemeinschaft** (Gerätegemeinschaft) bezeichnet[126]. Die Gemeinschaft kann alternativ als Ordinations- oder Apparategemeinschaft oder als Kombination aus beiden Gemeinschaftsformen begründet werden (vgl § 52 Abs 1 ÄrzteG, § 25 Abs 1 ZÄG). Entsprechend dem Gesetzeswortlaut bleiben die Ordinationen hinsichtlich der anderen, von der Gemeinschaft nicht umfassten Bereiche (zB betreffend ärztliche Behandlung oder Mitarbeiter) getrennt. Dies führt zur Frage, ob eine Zusammenarbeit ausschließlich in der gemeinsamen Nutzung von Ordinationsräumen und Geräten bestehen muss oder ob nicht auch andere Bereiche einer Kooperation zugänglich sind.

Nach der überwiegenden Literatur[127] kann sich eine Ordinations- und/oder Apparategemeinschaft auch auf die Beschäftigung von gemeinsamem, nicht-ärztlichem **Personal** beziehen (zB Empfang, Sekretariat, Gerätetechniker). Eine Anstellung von Ärzten iSd § 47a ÄrzteG zum Zweck der Erbringung ärztlicher Leistungen durch Ordinations- und Apparategemeinschaften wäre hingegen – anders als bei Einzelordinationen oder Gruppenpraxen – unzulässig.

Weitere zulässige **Kooperationsmöglichkeiten**, die allerdings nicht den Ordinations- und/oder Apparategemeinschaft zugeordnet werden, sind Einkaufsgesellschaften zur gemeinsamen Anschaffung der Ausstattung (zB Büroartikel, Möbel) oder ein Honorarpool betreffend die Privathonorare in der Sonderklasse einer öffentlichen Krankenanstalt, in den die Honorare der beteiligten Spitalsärzte eingebracht und nach einem festzulegenden Schlüssel unter diesen verteilt werden. Ein

---

125 Vgl *Karollus,* Vergesellschaftung von Ärzten und Zahnärzten, in *Resch/Wallner,* Handbuch Medizinrecht³ Rz 97 (FN 365) mwN.

126 Zu Definition und alternativen Bezeichnungen: *Lenger,* Kostengemeinschaft – die richtige Rechtsform aus steuerlicher Sicht? JMG 2019, 145; *Karollus,* Vergesellschaftung von Ärzten und Zahnärzten, in Resch/Wallner, Handbuch Medizinrecht³ Rz 97.

127 *Karollus,* Vergesellschaftung von Ärzten und Zahnärzten, in *Resch/Wallner,* Handbuch Medizinrecht³ Rz 97 mwN. Dieser gibt zu bedenken, dass bspw das Berufsrecht der Hebammen, des gehobenen medizinisch-technischen Dienstes oder von medizinischen Masseuren und Heilmasseuren Dienstverhältnisse nur mit Ärzten gestattet. Diesfalls könnte aber eine Aufteilung der Personalkosten *„im Innenverhältnis“* Abhilfe schaffen.

weiteres Beispiel ist die Beschäftigung von gemeinsamem, nicht-ärztlichem Personal ohne Bestehen einer Ordinations- und/oder Apparategemeinschaft[128].

2. Besondere berufsrechtliche Voraussetzungen

Das (zahn-) ärztliche Berufsrecht sieht für Ordinations- und/oder Apparategemeinschaften folgende Voraussetzungen vor:

- **Melde- und Eintragungspflichten**
  Für die Eröffnung oder Erweiterung bzw den Beginn einer Beteiligung an einer Ordinations- und Apparategemeinschaft sieht § 29 Abs 1 Z 7 ÄrzteG eine **schriftliche Meldepflicht** binnen einer Woche vor. Eine Meldung haben Ärzte auch bei Schließung oder Beendigung einer Beteiligung zu erstatten. Aufgrund der Meldung hat die Österreichische Ärztekammer eine entsprechende **Eintragung in die Ärzteliste** vorzunehmen (§ 27 Abs 1 Z 16 ÄrzteG).
  Für zahnärztliche Ordinations- und/oder Apparategemeinschaften besteht demgegenüber mangels korrespondierender Normen im **ZÄG keine Melde- und Eintragungspflicht** in die Zahnärzteliste. Eine sachliche Begründung für diese Divergenz existiert nicht[129].
- **Zusammenarbeit freiberuflich Tätiger unter Wahrung der Eigenverantwortlichkeit**
  Die Zusammenarbeit der an einer Ordinations- und/oder Apparategemeinschaft beteiligten freiberuflich tätigen (Zahn-) Ärzte hat unter Wahrung der Eigenverantwortlichkeit jedes Beteiligten stattzufinden (§ 52 Abs 1 ÄrzteG, § 25 Abs 1 ZÄG). Im Unterschied zu Gruppenpraxen (dazu Kapitel II. D.) kommt die selbständige Berufsbefugnis sohin alleine den an der Gemeinschaft beteiligten Ärzten bzw Zahnärzten zu[130].
  - **Wahrung der Eigenverantwortlichkeit**
    Eine selbständige, eigenverantwortliche Berufsausübung erfolgt frei von Weisungen (dazu bereits Kapitel II. A. 1. a). Die **Weisungsfreiheit** mag bei Zusammenarbeit auf horizontaler Ebene zwischen gleichberechtigten Partnern eine Selbstverständlichkeit sein. Sie bietet hingegen keinen Schutz vor wirtschaftlichen Drucksituationen, die aus einer unterschiedlichen Auslastung durch die Beteiligten resultieren und zu einem womöglich unnötigen Einsatz

---

[128] *Wallner,* Handbuch Ärztliches Berufsrecht², 87f mwN weist darauf hin, dass diesfalls eine gemeinsame Beschäftigung von Personal dann nicht zulässig ist, wenn dessen Einsatz zeitlich nicht eindeutig abgrenzbar ist. Zum Honorarpool auch: RIS-Justiz RS0019344 (betreffend Privathonorare von Spitalsärzten). Vgl weiters *Karollus,* Vergesellschaftung von Ärzten und Zahnärzten, in *Resch/Wallner,* Handbuch Medizinrecht³ Rz 97f.

[129] *Krauskopf,* § 25 ZÄG, in *Neumayr/Resch/Wallner,* Gmundner Kommentar zum Gesundheitsrecht² Rz 9; *Karollus,* Vergesellschaftung von Ärzten und Zahnärzten, in *Resch/Wallner,* Handbuch Medizinrecht³ Rz 102.

[130] Vgl *Schneider,* Zusammenarbeit, Rechtsformgestaltung, Gruppenpraxen, in *Aigner/Kletečka/Kletečka-Pulker/Memmer (Hrsg),* HB Medizinrecht, IV.2/64.

von Geräten oder Räumen durch einzelne Beteiligte führen können. Auch wenn die tatsächliche Nutzung von Geräten oder Räumen unter dem vereinbarten Ausmaß liegt, ist es grundsätzlich zulässig, eine Pauschale oder eine Mindestabnahmeverpflichtung zu vereinbaren[131].

– **Freiberuflich tätige (Zahn-) Ärzte**
Darüber hinaus hat eine Zusammenarbeit von freiberuflich tätigen (Zahn-) Ärzten iSd § 49 Abs 2 ÄrzteG bzw § 24 Abs 1 ZÄG – also persönlich und unmittelbar (siehe Kapitel I. C. 3. c) – zu erfolgen. Mit der ausdrücklichen Beschränkung des Kreises der Beteiligten auf freiberuflich Tätige wird die **Beteiligung von im Rahmen eines Dienstverhältnisses tätigen** (Zahn-) Ärzten an einer Ordinations- und/oder Apparategemeinschaft **ausgeschlossen** (vgl Kapitel II. A. 1. a). Es spricht hingegen nichts gegen eine Beteiligung eines angestellten Geschäftsführers[132].
Eine Beteiligung von – ebenfalls freiberuflich tätigen – **Wohnsitzärzten** an einer Apparategemeinschaft ist zulässig. Da deren Tätigkeit keine Ordinationsstätte erfordert (vgl § 47 ÄrzteG, § 29 ZÄG), dürfen sie sich aber nicht an einer Ordinationsgemeinschaft beteiligen[133].

- **Provisionsverbot**
Der (Zahn-) Arzt darf keine Vergütungen für die Zuweisung von Kranken an ihn oder durch ihn sich oder einem anderen versprechen, geben, nehmen oder zusichern lassen. Rechtsgeschäfte, die gegen dieses Verbot verstoßen, sind nichtig. Leistungen aus solchen Rechtsgeschäften können zurückgefordert werden (§ 53 Abs 2 ÄrzteG, § 35 Abs 3 ZÄG).
Eine Vereinbarung ist generell als **unzulässig** zu qualifizieren, wenn sie einem Arzt für einen erfolgreich zugewiesenen Patienten einen Vorteil verschafft[134]. Ein Beispiel aus der Judikatur für ein unzulässiges Geschäftsmodell wäre die Gründung einer Gesellschaft, die – für Patienten unentgeltliche – Werbungs- und Beratungsleistungen erbringt und durch eine Beteiligung am Umsatz jener Zahnarztordination, der die Patienten zugewiesen werden, finanziert werden soll[135]. Der (gesetzwidrige) Vorteil muss kein finanzieller sein, er kann bspw auch in

[131] *Karollus,* Vergesellschaftung von Ärzten und Zahnärzten, in *Resch/Wallner,* Handbuch Medizinrecht³ Rz 100. Dieser weist darauf hin, dass sich eine Grenze, ab wann eine Pauschale oder Mindestabnahmeverpflichtung nicht mehr zulässig ist, kaum definieren lässt. Der Zulässigkeit einer Mindestbenützungs- samt Sanktionsregelung bei Nichteinhaltung zustimmend: *Ratka,* § 52 ÄrzteG, in *Stöger/Zahrl (Hrsg),* ÄrzteG, 254. Dieser merkt an, dass die Vereinbarung einer Pönale bei Verwendung externer, für einen Patienten besser geeigneter Geräte nicht zulässig wäre.

[132] *Karollus,* Vergesellschaftung von Ärzten und Zahnärzten, in *Resch/Wallner,* Handbuch Medizinrecht³ Rz 101. Zustimmend *Krauskopf,* § 25 ZÄG, in *Neumayr/Resch/Wallner,* Gmundner Kommentar zum Gesundheitsrecht² Rz 5.

[133] Zu Wohnsitzärzten: *Wallner,* Handbuch Ärztliches Berufsrecht², 89.

[134] Vgl OGH 3.9.2020, 5 Ob 25/20t.

[135] OGH 17.9.2013, 7 Ob 55/13h.

der Übernahme von Vertretungen für den Arzt, der erfolgreich Patienten zuweist, bestehen[136].
Als **zulässig** erachtet die Rechtsprechung die Kooperationsvereinbarung in einem Franchise-System, bei dem der Franchise-Geber (eine AG, mit einem Zahnarzt als alleinigem Vorstand) für die Franchise-Nehmer (Zahnärzte) Leistungen im Bereich Patientenbetreuung und Marketing gegen eine vom Umsatz der Franchise-Nehmer abhängige Franchise-Gebühr übernimmt. Voraussetzung dafür ist, dass die Patientenakquise keinen materiellen Vorteil für den Franchise-Geber bringt, sondern die Franchise-Gebühr als Abgeltung für diverse Leistungen (Patientenbetreuung, Marketing) vereinbart wird[137].

- **Verschwiegenheitspflicht**
  Die den (Zahn-) Arzt treffenden Verschwiegenheitspflichten (§ 54 ÄrzteG, § 21 ZÄG) beziehen sich nicht nur auf Daten wie Namen, Grund des Arztbesuchs oder den Gesundheitszustand des Patienten, sondern auch auf sonstige persönliche oder soziale Umstände[138]. Da die Verschwiegenheitspflichten **auch gegenüber Berufskollegen** zu wahren sind, ist die Einwilligung der Patienten bei gemeinsamer Erfassung oder Weitergabe von Patientendaten im Rahmen einer Zusammenarbeit in Ordinationsgemeinschaften erforderlich[139].
- **Freie Arztwahl**
  Die freie (Zahn-) Arztwahl ist, obgleich eine eigene gesetzliche Regelung für Ordinations- und Apparategemeinschaften fehlt, auch bei Zusammenarbeit mehrerer Angehöriger **derselben** ärztlichen **Fachrichtung** in einer Gemeinschaftspraxis zu wahren. Dies ergibt sich aus der Tatsache, dass Ordinations- und Apparategemeinschaften auch zwischen (Zahn-) Ärzten und einer Gruppenpraxis, für welche die Wahrung der freien Arztwahl explizit angeordnet ist, begründet werden dürfen (§ 52 Abs 3 iVm § 52a Abs 3 Z 11 ÄrzteG, § 25 Abs 2 iVm §§ 25 Abs 3 Z 9 ZÄG). Zudem ist die freie Arztwahl im niedergelassenen Bereich ein wesentliches Kriterium für die Abgrenzung zu Krankenanstalten[140], in denen eine Zuteilung der Patienten erfolgt.
  Nach der Rechtsprechung ist die freie Wahl der Patienten auch bei einer **inter- bzw multidisziplinären Kooperation** verschiedener Behandlungseinrichtungen zu berücksichtigen. In einer Zusammenarbeit in Form einer Übermittlung von Rezepten mittels Rohrpost durch einen Augenarzt an einen im selben Gebäude

136 Dazu *Wallner*, Handbuch Ärztliches Berufsrecht², 150.
137 OGH 9.3.1999, 4 Ob 21/99p.
138 *Wallner*, Handbuch Ärztliches Berufsrecht², 175f
139 *Schneider*, Zusammenarbeit, Rechtsformgestaltung, Gruppenpraxen, in *Aigner/Kletečka/Kletečka-Pulker/Memmer (Hrsg)*, HB Medizinrecht, IV.2/64. Diesem zufolge ist es in der Praxis umstritten, ob die konkludente Entbindung von der Verschwiegenheitspflicht bereits im Aufsuchen der Ordinationsgemeinschaft durch den Patienten besteht.
140 *Wallner*, Medizinrecht², 104.

tätigen Optiker sah der OGH einen unlauteren Wettbewerb *„durch sittenwidrigen psychischen Kaufzwang"* verwirklicht[141].

3. Ordinations- und Apparategemeinschaften als Vertragspartner

Hinsichtlich der Frage, ob Ordinations- und Apparategemeinschaften als Vertragspartner in Betracht kommen, ist mit Blick auf die jeweils abzuschließenden Verträge zu differenzieren:

Die selbständige, eigenverantwortliche Berufsbefugnis kommt – wie bereits in Abschnitt 2. dieses Kapitels erwähnt – den an der Ordinations- und/oder Apparategemeinschaft beteiligten (Zahn-) Ärzten selbst zu. Die Tätigkeit der Gemeinschaft ist sohin nicht auf die Behandlung der Patienten gerichtet, sondern auf die gemeinsame Nutzung der Ressourcen (Wirtschaftsgemeinschaft). Demzufolge kann eine Ordinations- und/oder Apparategemeinschaft, wenn sie als Außengesellschaft (dazu Abschnitt 4. dieses Kapitels) auftritt, bspw **Vertragspartner des Kauf- oder Mietvertrages** für die Ordinationsräumlichkeiten und deren Ausstattung, der **Leasingverträge** für Geräte oder der **Arbeitsverträge** mit dem nicht-ärztlichen Personal sein[142].

Im Unterschied zu Gruppenpraxen (Näheres siehe Kapitel II. D.) treten Ordinations- und/oder Apparategemeinschaften nicht als Vertragspartner der Patienten auf. Der Abschluss des **Behandlungsvertrags** (Kapitel III. A.) erfolgt sohin zwischen dem Patienten und dem jeweils behandelnden (Zahn-) Arzt oder der Gruppenpraxis, nicht hingegen mit der Ordinations- und/oder Apparategemeinschaft[143].

Auch der **Kassenarztvertrag**, genauer der Einzelvertrag zwischen den Krankenversicherungsträgern und dem Erbringer der Kassenleistungen (Kapitel II. A. 2. a), wird nicht mit der Ordinations- oder Apparategemeinschaft, sondern mit den an der Gemeinschaft beteiligten Kassen- (Zahn-) Ärzten oder der Kassen-Gruppenpraxis geschlossen[144].

4. Zusammenarbeit auf Basis eines Gesellschaftsvertrages

Bei Gestaltung der Zusammenarbeit auf gesellschaftsvertraglicher Grundlage sind zusätzlich zu den unter Abschnitt 2. dieses Kapitels genannten besonderen berufsrechtlichen Voraussetzungen die (hier nicht im Detail darstellbaren) **Vorgaben des**

---

141 *Schneider,* Zusammenarbeit, Rechtsformgestaltung, Gruppenpraxen, in *Aigner/Kletečka/Kletečka-Pulker/Memmer (Hrsg),* HB Medizinrecht, IV.2/56 unter Hinweis auf OGH 21.9.1976, 4 Ob 352/76, ÖBl 1977, 35.

142 Vgl *Wallner,* Handbuch Ärztliches Berufsrecht², 88; *Karollus,* Vergesellschaftung von Ärzten und Zahnärzten, in *Resch/Wallner,* Handbuch Medizinrecht³ Rz 96.

143 *Krauskopf,* § 25 ZÄG, in *Neumayr/Resch/Wallner,* Gmundner Kommentar zum Gesundheitsrecht² Rz 3.

144 Vgl *Karollus,* Vergesellschaftung von Ärzten und Zahnärzten, in *Resch/Wallner,* Handbuch Medizinrecht³ Rz 96.

Gesellschaftsrechts für die jeweils ausgewählte Gesellschaftsform zu berücksichtigen[145].

Im Gesellschaftsvertrag bedarf es der Gründung einer, aus zumindest zwei Personen bestehenden Gesellschaft zu einem bestimmten Zweck (zB Zusammenarbeit in Form einer Ordinations- und Apparategemeinschaft durch gemeinsame Nutzung der Ordinationsräumlichkeiten, der Ausstattung und der medizinisch-technischen Geräte)[146].

a) Rechtsform

Im Gegensatz zu Gruppenpraxen sehen das ÄrzteG und das ZÄG keine **Zulässigkeitsbeschränkungen** hinsichtlich der Rechtsform von Ordinations- und/oder Apparategemeinschaften vor[147].

Als Rechtsformen kommen damit sämtliche Personen- und Kapitalgesellschaften in Betracht. Bei **Personengesellschaften** – Gesellschaft bürgerlichen Rechts (GesbR), Offener Gesellschaft (OG), Kommanditgesellschaft (KG) und stiller Gesellschaft – liegt der (haftungs-) rechtliche Fokus auf den beteiligten Gesellschaftern, während dieser bei **Kapitalgesellschaften** – Gesellschaft mit beschränkter Haftung (GmbH), Flexibler Kapitalgesellschaft oder Flexibler Company (FlexKapG, FlexCo) und Aktiengesellschaft (AG) – auf dem von den Gesellschaftern eingebrachten Kapital liegt[148]. Neben diesen Rechtsformen des österreichischen Rechts sind auch solche des europäischen[149] Rechts zulässig.

---

145 *Karollus,* Vergesellschaftung von Ärzten und Zahnärzten, in *Resch/Wallner,* Handbuch Medizinrecht³ Rz 103a weist für die GmbH und die GmbH & CoKG insb auf das Verbot der Einlagenrückgewähr gemäß § 82 GmbHG hin. Diesem zufolge wären Nutzungsvereinbarungen, die das Kriterium der Fremdüblichkeit nicht erfüllen (zB die Einräumung einer unentgeltlichen Nutzungsmöglichkeit der medizinischen Geräte an Gesellschafter), unzulässig. Weiters betont er die im EKEG normierten Rückzahlungsverbote von Krediten, die der Gesellschaft von den Gesellschaftern während einer Krise gewährt wurden, bis zu deren Bewältigung.

146 Vgl *Schneider,* Zusammenarbeit, Rechtsformgestaltung, Gruppenpraxen, in *Aigner/Kletečka/Kletečka-Pulker/Memmer (Hrsg),* HB Medizinrecht, IV.2/58.

147 So auch die überwiegende Literatur: *Karollus,* Vergesellschaftung von Ärzten und Zahnärzten, in *Resch/Wallner,* Handbuch Medizinrecht³ Rz 103 mwN zu einer vereinzelten gegenteiligen Meinung; *Krauskopf,* § 25 ZÄG, in *Neumayr/Resch/Wallner,* Gmundner Kommentar zum Gesundheitsrecht² Rz 9; *Wallner,* Handbuch Ärztliches Berufsrecht², 89.

148 *Schneider,* Zusammenarbeit, Rechtsformgestaltung, Gruppenpraxen, in *Aigner/Kletečka/Kletečka-Pulker/Memmer (Hrsg),* HB Medizinrecht, IV.2/58f.

149 *Karollus,* Vergesellschaftung von Ärzten und Zahnärzten, in *Resch/Wallner,* Handbuch Medizinrecht³ Rz 103 nennt als Bsp einer zulässigen ausländischen Rechtsform eine irische Limited, während bspw eine englische Limited als (nunmehr) nicht-europäische Rechtsform für (zahn-) ärztliche Ordinations- und/oder Apparategemeinschaften nicht länger zur Auswahl stehen soll.

b) Gestaltung der Wirtschaftsgesellschaft

Unabhängig davon, wie der Auftritt oder die Funktion einer Ordinations- und/oder Apparategemeinschaft gestaltet wird, ist sie jedenfalls als **Wirtschaftsgesellschaft** zu qualifizieren. Ihre Tätigkeit ist im Gegensatz zu Behandlungsgesellschaften (zB Gruppenpraxen) nicht auf die Behandlung der Patienten gerichtet und ist sie folglich auch nicht Vertragspartner des Behandlungsvertrags (dazu Abschnitt C. 3 dieses Kapitels). Alleiniger Tätigkeitsinhalt ist sohin die gemeinsame Nutzung der Ressourcen[150].

Die Gesellschaft kann im Geschäftsverkehr als **Außengesellschaft** und damit gegenüber Dritten, nicht jedoch gegenüber Patienten, auftreten. Da Ordinations- und/oder Apparategemeinschaften nicht als Vertragspartner des Behandlungsvertrags oder des Kassen-Einzelvertrags in Betracht kommen (dazu bereits Abschnitt 3. dieses Kapitels), bleibt ihnen, je nach vertraglicher Gestaltung, nach außen hin nur eine Vertragsbeziehung zu den Anbietern der Räumlichkeiten, der Ausstattung oder dem nicht-ärztlichen Personal. Weiters möglich ist es, die Ordinations- und/oder Apparategemeinschaft als – ausschließlich zwischen den beteiligten Gesellschaftern bestehende, nicht nach außen hin auftretende – **Innengesellschaft** festzulegen[151].

Aus finanzieller Sicht besteht die Möglichkeit, die Ordinations- und/oder Apparategemeinschaft als Regie- oder Ertragsgemeinschaft zu gestalten. Bei Zusammenarbeit in Form einer **Regiegemeinschaft** (Kostengemeinschaft) erfolgt eine Bündelung der Ausgaben und deren anschließende Aufteilung auf die beteiligten Gesellschafter nach einem festzulegenden Schlüssel. Im Unterschied dazu kommt es bei Zusammenarbeit in Form einer **Ertragsgemeinschaft** zu einer Bündelung der Ausgaben und Einnahmen. Die anschließende Verteilung des sich nach Abzug der Ausgaben ergebenden Ertrags auf die beteiligten Gesellschafter erfolgt auch hier nach einem festzulegenden Schlüssel[152].

---

150 Vgl *Wallner,* Handbuch Ärztliches Berufsrecht², 88; *Schneider,* Zusammenarbeit, Rechtsformgestaltung, Gruppenpraxen, in *Aigner/Kletečka/Kletečka-Pulker/Memmer (Hrsg),* HB Medizinrecht, IV.2/60; *Karollus,* Vergesellschaftung von Ärzten und Zahnärzten, in *Resch/Wallner,* Handbuch Medizinrecht³ Rz 96. Die (damals) noch in § 23 ÄrzteG 1984 enthaltene Beschränkung auf Innengesellschaften wurde in Ermangelung der sachlichen Rechtfertigung aufgehoben (VfGH 1.3.1996, VfSlg 14.444).

151 *Schneider,* Zusammenarbeit, Rechtsformgestaltung, Gruppenpraxen, in *Aigner/Kletečka/Kletečka-Pulker/Memmer (Hrsg),* HB Medizinrecht, IV.2/60 und IV.2/63; *Karollus,* Vergesellschaftung von Ärzten und Zahnärzten, in *Resch/Wallner,* Handbuch Medizinrecht³ Rz 96.

152 Zu Regie- und Ertragsgemeinschaften und deren Anwendungsmöglichkeiten: *Schneider,* Zusammenarbeit, Rechtsformgestaltung, Gruppenpraxen, in *Aigner/Kletečka/Kletečka-Pulker/Memmer (Hrsg),* HB Medizinrecht, IV.2/60f und IV.2/64.

c) Form des Vertragsabschlusses

Der Abschluss eines Gesellschaftsvertrages unterliegt je nach Gesellschaftsform unterschiedlichen Formvorschriften[153]. Die Gesellschaftsverträge einer GesbR, OG und KG können formfrei (also schriftlich, mündlich oder konkludent) abgeschlossen werden, während bspw der Gesellschaftsvertrag einer GmbH, FlexKapG oder die Satzung einer AG der Notariatsaktspflicht unterliegen (§ 4 Abs 3 GmbHG, § 16 Abs 1 AktG). Zu Beweiszwecken empfiehlt sich jedenfalls die Schriftform.

d) Kreis der Gesellschafter

Im Hinblick auf die an einer Ordinations- und/oder Apparategemeinschaft beteiligten Gesellschafter ist nach dem jeweils anzuwendenden Berufsrecht zu differenzieren:

- **Gesellschafter gemäß ÄrzteG**
  Das ÄrzteG schränkt den in Betracht kommenden Kreis der Gesellschafter insofern ein, als es die Gründung von Ordinations- und/oder Apparategemeinschaften nur **zwischen freiberuflich tätigen Ärzten** iSd § 49 Abs 2 ÄrzteG (im Gegensatz zu den im Rahmen eines Dienstverhältnisses tätigen Ärzten, dazu bereits Abschnitt C. 2. dieses Kapitels) oder mit einer Gruppenpraxis in der Rechtsform einer OG zulässt (§ 52 Abs 2 und Abs 3 ÄrzteG).
  Dabei wurde vom Gesetzgeber bislang offenbar übersehen, den restriktiven Wortlaut des § 52 Abs 3 ÄrzteG entsprechend der, mit der 14. ÄrzteG-Novelle, BGBl I 2010/61 eingeführten Möglichkeit, Gruppenpraxen auch in der Rechtsform der GmbH zu betreiben, anzupassen (vgl § 52 a Abs 1 ÄrzteG). Diese planwidrige Lücke wird mittels Analogie zu schließen sein, sodass Ordinations- und/oder Apparategemeinschaften **zwischen freiberuflich tätigen niedergelassenen Ärzten und Gruppenpraxen** in der Rechtsform der OG und der GmbH zulässig sind. Dafür spricht auch, dass § 25 Abs 1 ZÄG keine vergleichbare Einschränkung enthält[154].
  Der Wortlaut des § 52 Abs 3 ÄrzteG lässt zudem offen, ob der Gesellschafterkreis nicht auch ausschließlich aus Gruppenpraxen bestehen könnte. Mangels sachlicher Rechtfertigung für eine Differenzierung wird eine Ordinations- und/oder Apparategemeinschaft **zwischen Gruppenpraxen** zulässig sein[155].

---

153 Näheres siehe *Haberer/Krejci,* Gesellschaftsrecht Allgemeiner Teil² Rz 295f.

154 Vgl *Karollus,* Vergesellschaftung von Ärzten und Zahnärzten, in *Resch/Wallner,* Handbuch Medizinrecht³ Rz 99. Zustimmend *Ratka,* § 52 ÄrzteG, in *Stöger/Zahrl (Hrsg),* ÄrzteG, 252.

155 So ausdrücklich *Ratka,* § 52 ÄrzteG, in *Stöger/Zahrl (Hrsg),* ÄrzteG, 252; *Karollus,* Vergesellschaftung von Ärzten und Zahnärzten, in *Resch/Wallner,* Handbuch Medizinrecht³ FN 377.

- **Gesellschafter gemäß ZÄG**
  Der Gesellschafterkreis gemäß § 25 ZÄG umfasst nicht nur freiberuflich tätige Angehörige des zahnärztlichen Berufs[156] und Gruppenpraxen, sondern auch freiberuflich tätige **Angehörige anderer Gesundheitsberufe** im Sinne des § 24 Abs 1 ZÄG. Im Gegensatz zum ÄrzteG ermöglicht das ZÄG damit explizit eine Zusammenarbeit mit Angehörigen nicht-ärztlicher Gesundheitsberufe.
  Die Vorstellung des Kreises möglicher Gesellschafter nach dem ÄrzteG und dem ZÄG wirft die Frage auf, **ob Ärzte gemeinsam mit Zahnärzten** eine Ordinations- und/oder Apparategemeinschaft betreiben dürfen. Während dies nach dem Wortlaut des § 25 ZÄG zu bejahen ist, schließt § 52 ÄrzteG diese Möglichkeit für Ärzte aus. Dieses wahrlich kuriose Ergebnis wird in der Lehre aus gleichheitsrechtlicher Sicht kritisiert[157].

Die Frage, ob eine Ordinations- und/oder Apparategemeinschaft zwischen **Ärzten und Nicht-Ärzten** (Angehörigen anderer Gesundheitsberufe oder Familienangehörigen) zulässig wäre, ist umstritten. Im überwiegenden Schrifttum wird die Zulässigkeit bejaht, indem § 52 Abs 2 Satz 1 ÄrzteG – ebenfalls unter gleichheitsrechtlichen Gesichtspunkten – dahingehend interpretiert wird, dass sich diese Norm ausschließlich auf den zulässigen Kreis ärztlicher Gesellschafter, nicht jedoch auf Nicht-Ärzte bezieht[158].

5. Zusammenarbeit auf Basis eines Kooperationsvertrags

Eine Vergesellschaftung ist von (Zahn-) Ärzten, die eine Kooperation anstreben, nicht immer gewünscht, sei es aus persönlichen, rechtlichen oder steuerlichen Gründen. Zulässigkeitsbeschränkungen hinsichtlich der Rechtsform für Ordinations- und/oder Apparategemeinschaften sieht weder das ÄrzteG noch das ZÄG vor[159]. Als zulässige **Alternative zur Vergesellschaftung** besteht sohin die Möglichkeit einer Kooperationsvereinbarung, die – wie Gesellschaftsverträge

---

156 Das sind Zahnärzte, Dentisten (für die § 60 Abs 2 ZÄG zu beachten ist) und Fachärzte für Zahn-, Mund- und Kieferheilkunde. Vgl *Krauskopf,* § 25 ZÄG, in *Neumayr/Resch/Wallner,* Gmundner Kommentar zum Gesundheitsrecht² Rz 8.

157 *Karollus,* Vergesellschaftung von Ärzten und Zahnärzten, in *Resch/Wallner,* Handbuch Medizinrecht³ Rz 99; *Krauskopf,* § 25 ZÄG, in *Neumayr/Resch/Wallner,* Gmundner Kommentar zum Gesundheitsrecht² Rz 8.

158 Zur hL: *Wallner,* Handbuch Ärztliches Berufsrecht², 88 und *Ratka,* § 52 ÄrzteG, in *Stöger/Zahrl (Hrsg),* ÄrzteG, 252, jeweils mwN. Ablehnend unter Hinweis auf die disziplinarrechtliche Rsp und den Gesetzeswortlaut: *Schneider,* Zusammenarbeit, Rechtsformgestaltung, Gruppenpraxen, in *Aigner/Kletečka/Kletečka-Pulker/Memmer (Hrsg),* HB Medizinrecht, IV.2/57 und IV.2/65 mwN.

159 Vgl zur hL: *Karollus,* Vergesellschaftung von Ärzten und Zahnärzten, in *Resch/Wallner,* Handbuch Medizinrecht³ Rz 103 mwN zu einer vereinzelten gegenteiligen Meinung; *Krauskopf,* § 25 ZÄG, in *Neumayr/Resch/Wallner,* Gmundner Kommentar zum Gesundheitsrecht² Rz 9; *Wallner,* Handbuch Ärztliches Berufsrecht², 89.

– insb den oben genannten besonderen berufsrechtlichen Voraussetzungen unterliegt[160].

In Ermangelung von gesetzlichen Vorgaben für nicht-gesellschaftsvertragliche Kooperationen werden, je nach gewünschter Ausgestaltung, den gesellschaftsrechtlichen Vorschriften vergleichbare Regelungen (zB betreffend die Beendigung) in den Kooperationsvertrag aufzunehmen sein. Zur Vermeidung von Missverständnissen empfiehlt sich für den Vertragsabschluss die Schriftform.

D. Gruppenpraxis

Eine Vergesellschaftung in Form einer Gruppenpraxis ist Ärzten erst seit der 2. Novelle zum ÄrzteG 1998, BGBl I 2001/110[161], zunächst als OEG und ab 1.1.2007 als OG[162], erlaubt. Für die Angehörigen des zahnärztlichen Berufs enthält das am 1.1.2006 in Kraft getretene ZÄG[163] entsprechende Parallelbestimmungen. Vor der genannten 2. ÄrzteG-Novelle war, in Ermangelung einer Regelung im ÄrzteG 1998[164], eine Zusammenarbeit hauptsächlich im Rahmen von Ordinations- und/oder Apparategemeinschaften möglich[165].

Mit dem Bundesgesetz zur Stärkung der ambulanten öffentlichen Gesundheitsversorgung[166] erfolgte eine bedeutende **Reform der Regelungen für Gruppenpraxen** im ÄrzteG und im ZÄG. Die für (Zahn-) Ärzte wesentlichsten Änderungen der Neuregelungen betreffen die Erweiterung der zulässigen Rechtsform auf jene der GmbH (sog *„Ärzte-GmbH“*) und die Einführung einer Bedarfsprüfung.

---

[160] So auch *Schneider*, Zusammenarbeit, Rechtsformgestaltung, Gruppenpraxen, in *Aigner/Kletečka/Kletečka-Pulker/Memmer (Hrsg)*, HB Medizinrecht, IV.2/53 und IV.2/55.

[161] Bundesgesetz, mit dem das Ärztegesetz 1998 geändert wird (2. Ärztegesetz-Novelle), kundgemacht am 10.8.2001.

[162] Dazu bereits eingehend FN 107.

[163] BGBl I 2005/126, kundgemacht am 18.11.2005.

[164] BGBl I 169/1998, kundgemacht am 10.11.1998.

[165] Die Gründe für diese Zurückhaltung des Gesetzgebers bei der Ermöglichung von Gruppenpraxen bestanden insb in kompetenzrechtlichen Abgrenzungsproblemen zwischen Ordinationen bzw Gruppenpraxen gemäß ÄrzteG sowie Krankenanstalten in der Betriebsform eines selbständigen Ambulatoriums und dem für letztere geltenden Zulassungsverfahren (Bewilligungspflicht, Bedarfsprüfung). Dazu und zur Rechtslage vor der 14. ÄrzteG-Novelle: *Stadler*, Abgrenzung von ärztlichen Ordinationsstätten bzw Gruppenpraxen und selbständigen Ambulatorien, RdM 2010/38, 36ff.

[166] Bundesgesetz, mit dem ua das Ärztegesetz 1998 (14. Ärztegesetz-Novelle), das Zahnärztegesetz, das Bundesgesetz über Krankenanstalten und Kuranstalten, das Allgemeine Sozialversicherungsgesetz (72. Novelle zum ASVG), das Gewerbliche Sozialversicherungsgesetz, das Bauern-Sozialversicherungsgesetz, das Beamten-Kranken- und Unfallversicherungsgesetz, das Bundesgesetz über die Sozialversicherung freiberuflich selbständig Erwerbstätiger geändert wurden, BGBl I 2010/61, kundgemacht am 18.8.2010.

Diese Reform aus dem Jahr 2010 war neben der **Zielsetzung**[167] der Entlastung der Spitalsambulanzen und dem Wunsch der Ärztekammer nach Zulassung der Gruppenpraxis-GmbH, vor allem Folge einer bekannten Entscheidung des EuGH *(„Hartlauer"*-Urteil)[168]. Diesem zufolge widersprachen die damaligen krankenanstaltenrechtlichen Regelungen betreffend eine Bedarfsprüfung vor Errichtung eines privaten Ambulatoriums (hier für Zahnheilkunde) und die damals geltenden Regelungen des ÄrzteG und des ZÄG, die für Gruppenpraxen keine Bedarfsprüfung vorsahen, dem Unionsrecht[169]. Der Gesetzgeber nahm dies zum Anlass, Bedarfsprüfungen auch für Gruppenpraxen einzuführen. Ein weiteres Anliegen war die Abgrenzung der Gruppenpraxen von Krankenanstalten in der Betriebsform eines selbständigen Ambulatoriums im Sinne der verfassungsrechtlichen Unterscheidung zwischen (zahn-) ärztlichen Ordinationsstätten nach Art 10 Abs 1 Z 12 B-VG und *„Heil- und Pflegeanstalten"* nach Art 12 Abs. 1 Z 1 B-VG. Die nunmehr hA sieht die damaligen verfassungsrechtlichen Bedenken betreffend die Zulässigkeit von Gruppenpraxen ausgeräumt, sie subsumiert Gruppenpraxen nicht unter den Kompetenztatbestand *„Heil- und Pflegeanstalten"*, sondern setzt diese kompetenzrechtlich mit Ordinationen gleich[170].

1. Definition und Abgrenzung

Bei einer Gruppenpraxis handelt es sich um eine auf Dauer angelegte Zusammenarbeit von (Zahn-) Ärzten auf horizontaler Ebene, deren Rechtsform expressis verbis auf eine OG oder GmbH beschränkt ist. Als **Behandlungsgesellschaft**[171] tritt die Gruppenpraxis selbst (und nicht die an ihr beteiligten Ärzte oder Angehörigen des zahnärztlichen Berufs) gegenüber den Patienten auf, erbringt die Behandlungsleistungen und ist Partner des Behandlungsvertrags. Der die (zahn-) ärztliche Behandlungsleistung erbringende Gesellschafter wird dadurch zum Erfüllungsgehilfen gemäß § 1313a ABGB[172]. Darüber hinaus haben Gruppenpraxen die Möglichkeit, selbst Kassenverträge zu schließen (*„Vertrags-Gruppenpraxis"*)[173]. Weiters sind sie Vertragspartner der für die Praxis erforderlichen weiteren Verträge (zB der Arbeitsverträge des Praxispersonals, des Mietvertrags über die Ordinationsräumlichkeiten etc).

---

167 Zu den Zielen der Reform: ErläutRV 779 BlgNR 24. GP 1ff.

168 EuGH 10.3.2009, C-169/07, *Hartlauer Handelsgesellschaft mbH/Wiener Landesregierung, Oberösterreichische Landesregierung.*

169 *Wiedenbauer* in *Wiedenbauer/Kanduth-Kristen/Grün/Hofer,* Die Ärzte-GmbH Rz 4ff; *Karollus,* Vergesellschaftung von Ärzten und Zahnärzten, in *Resch/Wallner,* Handbuch Medizinrecht[3] Rz 4 mwN.

170 Vgl *Wallner,* Handbuch Ärztliches Berufsrecht[2], 96 (mwN). *Ratka,* § 52 ÄrzteG, in *Stöger/Zahrl (Hrsg),* ÄrzteG, 259 spricht von einer *„Sonderform der Ordination"*.

171 Zum Begriff: Bericht des Nationalrates vom 3.7.2001, 689 der Beilagen XXI. GP, 1.

172 Vgl *Zahrl,* Die Ärzte-GmbH (II), RdM 2011/61, 78; *Karollus,* Vergesellschaftung von Ärzten und Zahnärzten, in *Resch/Wallner,* Handbuch Medizinrecht[3] Rz 5; *Ratka,* § 52 ÄrzteG, in *Stöger/Zahrl (Hrsg),* ÄrzteG, 258.

173 Vgl *Karollus,* Vergesellschaftung von Ärzten und Zahnärzten, in *Resch/Wallner,* Handbuch Medizinrecht[3] Rz 6.

Im Gegensatz dazu erschöpft sich die Tätigkeit einer **Ordinations- und Apparategemeinschaft** als Wirtschaftsgesellschaft in der gemeinsamen Nutzung von Ressourcen. Ein Gesellschaftsvertrag ist für diese Organisationsform nicht zwingend (siehe Abschnitt C. dieses Kapitels). Für die Gruppenpraxis besteht allerdings die Möglichkeit, sich selbst an einer Ordinations- und Apparategemeinschaft zu beteiligen[174].

Die **Abgrenzung zu selbständigen Ambulatorien** ist infolge der mit dem Bundesgesetz zur Stärkung der ambulanten öffentlichen Gesundheitsversorgung verfolgten Ziele[175] geboten. Nach § 52a Abs 3 Satz 1 ÄrzteG bzw § 26 Abs 3 Satz 1 ZÄG darf eine Gruppenpraxis keine Organisationsdichte und -struktur einer Krankenanstalt in der Betriebsform eines selbständigen Ambulatoriums gemäß § 2 Abs 1 Z 5 KAKuG aufweisen. Diese explizite Abgrenzung wird einerseits durch die in § 52a Abs 3 ÄrzteG, § 26 Abs 3 ZÄG aufgelisteten Rahmenbedingungen für Gruppenpraxen (dazu Abschnitt 3.) und anderseits durch § 2 Abs 2 lit e KAKuG, wonach Gruppenpraxen keine Krankenanstalten sind, gefestigt.

2. Die drei Gründungsschritte im Überblick

Die allgemeinen Voraussetzungen für die Gründung einer Gruppenpraxis sind in § 52b Abs 1 ÄrzteG und in § 26a Abs 1 und Abs 3 ZÄG geregelt. Wesentlich ist die Unterscheidung zwischen der in einem ersten Schritt durchzuführenden gesellschaftsrechtlichen Gründung entsprechend den für die gewählte Rechtsform einschlägigen gesellschafts- und berufsrechtlichen Rechtsvorschriften und dem im zweiten und dritten Schritt durchzuführenden öffentlich-rechtlichen Zulassungsverfahren gemäß ÄrzteG bzw ZÄG[176].

Dementsprechend sind bei der Gründung einer Gruppenpraxis folgende Schritte vorgesehen, wobei die Einleitung des öffentlich-rechtlichen Zulassungsverfahrens bereits der zwischen Gesellschaftsgründung und Firmenbucheintragung bestehenden Vorgesellschaft möglich ist[177]:

- Schritt 1: Eintragung in das Firmenbuch
- Schritt 2: Zulassung durch den Landeshauptmann (Bedarfsprüfung)
- Schritt 3: Eintragung in die Ärzteliste

Die Prüfung, ob die gesellschaftsrechtlichen Gründungsvoraussetzungen gegeben sind, obliegt dem Firmenbuchgericht. Die Prüfung der Einhaltung der (zahn-) ärztegesetzlichen Voraussetzungen fällt in die Kompetenz der Ärztekammer (Zahnärztekammer)[178].

---

174 *Karollus,* Vergesellschaftung von Ärzten und Zahnärzten, in *Resch/Wallner,* Handbuch Medizinrecht[3] Rz 19a.

175 ErläutRV 779 BlgNR 24. GP 1ff. Siehe dazu im Detail die Einleitung zu Kapitel II. D.

176 *Fantur,* Die neue Ärzte-GmbH aus Sicht des Vertragserrichters, GES 2010/4, 156; *Wallner,* Handbuch Ärztliches Berufsrecht[2], 94.

177 *Karollus,* Vergesellschaftung von Ärzten und Zahnärzten, in *Resch/Wallner,* Handbuch Medizinrecht[3] Rz 72.

178 *Weber,* Unternehmens- und Gesellschaftsrecht[5], 115 weist darauf hin, dass sich die Prü-

a) Schritt 1: Eintragung in das Firmenbuch (gesellschaftsrechtliche Gründung)

Eine Zusammenarbeit von Ärzten bzw von Angehörigen des zahnärztlichen Berufs im niedergelassenen Bereich kann als selbstständig berufsbefugte Gruppenpraxis in der Rechtsform der **OG** iSd § 105 UGB oder der **GmbH** iSd GmbHG erfolgen (§ 52a Abs 1 ÄrzteG bzw § 26 Abs 1 ZÄG). Die Wahl einer anderen Rechtsform ist ex lege ausgeschlossen[179], weshalb in der Folge die Wesensmerkmale der GmbH und OG kurz vorgestellt werden.

Fraglich ist, ob der Rechtsformausschluss auch für die mit dem GesRÄG 2023[180] neu eingeführte **Flexible Kapitalgesellschaft** (FlexKapG) oder Flexible Company (FlexCo)[181], die als eine auf dem GmbH Recht basierende *„Hybridform zwischen der GmbH und der Aktiengesellschaft"*[182] konzipiert ist, gilt.

Bei reiner Wortinterpretation des § 52a Abs 1 ÄrzteG und des § 26 Abs 1 ZÄG müsste die Möglichkeit einer (Zahn-) Ärzte-FlexCo verneint werden, da das (zahn-) ärztliche Berufsrecht diese Rechtsform nicht erwähnt und anlässlich der Einführung der FlexCo auch keine Novellierung der berufsrechtlichen Bestimmungen in Form einer Erweiterung der zulässigen Rechtsformen erfolgte.

Bei Zugrundelegung des Gedankens, dass die Rechtsordnung eine Einheit bildet, wird die Nähe der FlexCo zur GmbH im Sinne einer systematischen Interpretation zu berücksichtigen sein, wenngleich die aus dem Aktienrecht stammenden Modifikationen (zB flexiblere Kapitalmaßnahmen[183]) gegen eine Zulässigkeit der FlexCo sprechen könnten. Dazu ist allerdings anzumerken, dass die berufsrechtlichen Vorgaben als leges speciales den gesellschaftsrechtlichen Normen vorgehen und damit die Anwendung von Normen, die dem Aktienrecht entspringen, begrenzen bzw ausschließen. In den beschriebenen engen Grenzen (Einhaltung der berufsrechtlichen Vorgaben des ÄrzteG und des ZÄG, eingeschränkte Anwendung aktienrechtlicher Normen unter Berücksichtigung des Berufsrechts) wird die FlexCo für Gruppenpraxen wohl zuzulassen sein, wenngleich ihr Potential aufgrund der berufsrechtlichen Vorgaben nicht voll nutzbar sein wird[184].

---

fungskompetenz des Firmenbuchgerichts auf Vollständigkeit und Gesetzmäßigkeit der Anmeldung beschränkt, die Gerichte jedoch zunehmend auch eine inhaltliche Prüfung der Anmeldungstatsachen vornehmen.

179 Vgl dazu jedoch die kritische Anmerkung aus europarechtlicher Sicht von *Karollus*, Vergesellschaftung von Ärzten und Zahnärzten, in *Resch/Wallner*, Handbuch Medizinrecht[3] Rz 8.

180 Gesellschaftsrechts-Änderungsgesetz 2023, BGBl I 2023/179.

181 ErläutRV 2320 BlgNR 27. GP 1.

182 ErläutRV 2320 BlgNR 27. GP 1.

183 ErläutRV 2320 BlgNR 27. GP 1.

184 Vgl *Reich-Rohrwig/Gerbl*, Die Ärzte-FlexCo als Alternative zur Ärzte-GmbH, RdM 2025/1, 5.

Ausschlaggebend für die **Rechtsformwahl**[185] sind zumeist finanzielle Überlegungen. Während bei einer OG geringere Gründungskosten anfallen, keine Mindestkapitaleinlage oder Bilanzierung vorgeschrieben ist, muss bei einer GmbH bedingt durch die Notariatsaktspflicht des Gesellschaftsvertrags einschließlich der Gebühren der Firmenbucheintragung mit höheren Gründungskosten gerechnet werden. Hinzu kommt, dass eine Bilanzierung verpflichtend ist und die Gesellschafter eine Mindestkapitaleinlage einbezahlen müssen. Bei Bejahung der Zulässigkeit einer FlexCo ist bspw eine geringere Mindeststammeinlage als bei einer GmbH aufzuwenden. Daneben kommen gesellschaftsrechtliche Überlegungen zum Tragen, die Wesensmerkmale der GmbH, FlexCo und OG werden daher anschließend kurz skizziert.

Nach erfolgter Rechtsformwahl ist im Rahmen der Erfüllung der gesellschaftsrechtlichen Gründungserfordernisse auch der Gesellschaftsvertrag abzuschließen. Neben der (Neu-) Gründung einer Gruppenpraxis kommen bspw auch, die hier nicht darzustellenden, Umgründungen bereits bestehender Gruppenpraxen oder die Einbringung einer Einzelordination in eine Gruppenpraxis in Betracht.

aa) Wesensmerkmale einer GmbH

- **Definition/Allgemeines**

Bei einer GmbH handelt es sich um eine juristische Person, die **rechtsfähig** und damit selbst Träger von Rechten und Pflichten ist (§ 61 Abs 1 GmbHG). Eine GmbH kann sohin bspw Eigentum an den Ordinationsräumlichkeiten erwerben oder Vertragspartner des Behandlungsvertrags mit dem Patienten sein.

Als **Kapitalgesellschaft** ist für die GmbH eine Beteiligung ihrer Mitglieder mit einer Vermögenseinlage charakteristisch. Im Vergleich zu Aktionären einer AG kommt Gesellschaftern einer GmbH allerdings nicht bloß die Rolle von Kapitalgebern zu, sondern stehen ihnen mehr Mitwirkungsmöglichkeiten[186] offen. Die GmbH weist sohin ein gewisses Naheverhältnis zu den Personengesellschaften auf[187].

Darüber hinaus besteht nach § 61 Abs 2 GmbHG, die Einzahlung der Einlage vorausgesetzt, keine persönliche Haftung der Gesellschafter für Verbindlichkeiten der Gesellschaft, sondern haftet dafür nur das Gesellschaftsvermögen **(Trennungsprinzip)**. Ausgenommen davon sind Fälle, in denen sich Gesellschafter zu einer persönlichen Haftung mit ihrem Privatvermögen verpflichten (zB für einen Bankkredit) oder es in schwerwiegenden Fällen als ultima ratio vor dem Hintergrund des Gläubigerschutzes zur Durchgriffshaftung kommt (zB bei qualifizierter Unter-

[185] Vgl dazu *Andretsch/Berger/Metzl/Zahrl,* Unternehmen Arztpraxis, 34f.

[186] Bei Gruppenpraxen sind jedoch die Einschränkungen des § 52a Abs 3 Z 9 ÄrzteG und des § 26 Abs 3 Z 8 ZÄG, wonach die Berufsausübung nicht an eine Weisung oder Zustimmung der Gesellschafter gebunden werden darf, zu beachten. Siehe dazu Abschnitt 3. k) dieses Kapitels.

[187] Vgl *Weber,* Unternehmens- und Gesellschaftsrecht^5, 112.

kapitalisierung, Vermischung der Vermögenssphären von Gesellschaft und Gesellschaftern oder bei Rechtsformmissbrauch)[188]. Nach § 52d Abs 3 Satz 2 ÄrzteG und § 26c Abs 3 Satz 2 ZÄG ist im Fall einer fehlenden oder einer nicht im vorgeschriebenen Umfang bestehenden Berufshaftpflichtversicherung neben der Haftung der Gruppenpraxis-GmbH auch eine persönliche, verschuldensunabhängige Haftung der Gesellschafter vorgesehen[189].

- **Gründung**

Die Eintragung einer GmbH in das Firmenbuch setzt gem § 3 Abs 1 GmbHG den Abschluss eines Gesellschaftsvertrags und die Bestellung der Geschäftsführer (des Vorstandes) voraus.

Im Stadium zwischen der Gründung der GmbH durch Abschluss des Gesellschaftsvertrags und ihrem Entstehen durch Firmenbucheintragung besteht eine **Vorgesellschaft**, für die die Handelnden nach § 2 Abs 1 GmbHG persönlich zur ungeteilten Hand (Gesamtschuldner) haften. Grundsätzlich sind Rechtsgeschäfte, die bereits im Namen der GmbH abgeschlossen wurden und vom Gesellschaftsvertrag umfasst sind, verbindlich, ohne dass es einer Erklärung der GmbH bedarf[190] (vgl Abs 2 leg cit).

Der **Gesellschaftsvertrag** bedarf nach § 4 Abs 3 GmbHG der Form eines **Notariatsakts** und hat folgenden Mindestinhalt aufzuweisen (§ 4 Abs 1 GmbHG): Firma und Sitz der Gesellschaft, Gegenstand des Unternehmens, Höhe des Stammkapitals und den Betrag der von jedem Gesellschafter auf das Stammkapital zu leistenden Einlagen (Stammeinlage). Ein ergänzender Regelungsinhalt ist optional, empfiehlt sich jedoch aus Gründen der Rechtssicherheit (dazu unten, Abschnitt 3. dieses Kapitels).

Hinzu kommt, dass das **Stammkapital** vor Eintragung der GmbH in das Firmenbuch einzubezahlen ist (§ 10 GmbHG). Bei der Firmenbuchanmeldung ist nachzuweisen, dass der Betrag eingezahlt ist und zur freien Verfügung steht (sog §-10-Erklärung[191]). Das Mindeststammkapital beträgt 10.000 Euro, wovon grundsätzlich mindestens 5.000 Euro in bar zu leisten sind (§ 6 Abs 1 iVm § 6a Abs 1 GmbHG)[192].

Neben der Liste der Gesellschafter und der §-10-Erklärung sind dem Firmenbuchgesuch nach § 9 GmbHG auch der Gesellschaftsvertrag, die Bestellungsurkunden der Geschäftsführer und Musterzeichnungen der Geschäftsführer beizuschließen. Nach Prüfung durch das Firmenbuchgericht (insb ob die Anmeldung vollständig

188 Dazu eingehend *Haberer/Krejci,* Gesellschaftsrecht Allgemeiner Teil[2] Rz 206ff.

189 Vgl zum Haftungsdurchgriff *Karollus,* Vergesellschaftung von Ärzten und Zahnärzten, in *Resch/Wallner,* Handbuch Medizinrecht[3] Rz 69.

190 Vgl RIS-Justiz RS0059609.

191 *Weber,* Unternehmens- und Gesellschaftsrecht[5], 115.

192 Die Herabsetzung des Mindeststammkapitals von 35.000 Euro auf 10.000 Euro und die entsprechende Reduktion der Verpflichtung zur Bareinzahlung erfolgte mit dem GesRÄG 2023, BGBl I 2023/179 und ist ab 1.1.2024 wirksam.

und gesetzeskonform erfolgt ist) ergeht ein Eintragungsbeschluss. Die GmbH entsteht gemäß § 2 Abs 1 GmbHG durch **Eintragung in das Firmenbuch**, sie wird in der Ediktsdatei veröffentlicht (§ 12 GmbHG iVm § 10 Abs 1 UGB).

- **Gesellschafter**

Der **Erwerb der Gesellschafterstellung**[193] erfolgt entweder bereits bei der Gründung der GmbH (wobei sich der Geschäftsanteil gem § 75 Abs 1 GmbHG grundsätzlich nach der Höhe der vom Gesellschafter übernommenen Stammeinlage bestimmt) oder nach der Errichtung der Gesellschaft (durch Eintritt eines Gesellschafters im Wege einer Kapitalerhöhung bzw durch Übertragung des Geschäftsanteils oder Erbschaft gem § 76 Abs 1 GmbHG).

Zu den wesentlichen **Rechten der Gesellschafter** zählt neben dem Stimmrecht in der Generalversammlung (§ 39 GmbHG) oder dem Bucheinsichtsrecht (§ 22 leg cit) insb der Anspruch auf den **Bilanzgewinn**, der sich nach § 82 Abs 1 GmbHG aus den Aktiven abzüglich der Passiven gemäß Jahresabschluss ergibt. Die Gewinnverteilung erfolgt grundsätzlich nach dem Verhältnis der eingezahlten Stammeinlagen (Abs 2 leg cit), sofern im Gesellschaftsvertrag nicht eine davon abweichende Regelung[194] getroffen wurde.

Die Gesellschaft ist zwecks Wahrung der Gläubigerschutzinteressen zur **Kapitalerhaltung** verpflichtet. Sie darf den Gesellschaftern, abgesehen von den gesetzlich vorgesehenen Ausnahmen (wie bspw der Gewinnausschüttung, der Rückzahlung von Nachschüssen gem § 74 Abs 1 GmbHG, soweit diese nicht zur Deckung eines Bilanzverlustes erforderlich sind oder der Kapitalherabsetzung gem §§ 54 ff leg cit), keine Zahlungen bzw Leistungen zurückgeben. Nach § 82 Abs 1 GmbHG können Gesellschafter, dem Grundsatz der Kapitalerhaltung entsprechend, ihre Stammeinlage auch nicht zurückfordern **(Verbot der Einlagenrückgewähr)**. Der Abschluss eines gegen den Grundsatz der Kapitalerhaltung verstoßenden Rechtsgeschäfts wäre nichtig und hätte haftungsrechtliche Konsequenzen zur Folge[195].

Die **Pflichten der Gesellschafter**[196] bestehen im Wesentlichen in der Treuepflicht, also der Wahrung der Interessen der GmbH und ihrer Gesellschafter sowie in der Einzahlung der übernommenen Stammeinlage in voller Höhe (§§ 10, 63 GmbHG). Bei Nichteinhaltung der Zahlungspflicht besteht die Möglichkeit, diese mittels Klage geltend zu machen oder dem säumigen Gesellschafter den Ausschluss aus der GmbH unter Setzung einer Nachfrist für die Zahlung mit einem eingeschrie-

---

[193] Siehe dazu auch *Weber,* Unternehmens- und Gesellschaftsrecht[5], 117.

[194] Bspw Gewinnverteilung nach Alter oder Köpfen, nach dem individuellen Gewinnbeitrag, in einem System der schrittweisen Erhöhung nach festgelegten Kriterien etc. Vgl dazu im Detail: *Wiedenbauer* in *Wiedenbauer/Kanduth-Kristen/Grün/Hofer,* Die Ärzte-GmbH Rz 128.

[195] Für alle: *Schrader* in *Boninsegna/Ernst/Schrader (Hrsg),* Ärztliche Tätigkeit und Recht, 46; *Weber,* Unternehmens- und Gesellschaftsrecht[5], 119f.

[196] Vgl *Weber,* Unternehmens- und Gesellschaftsrecht[5], 121f.

benen Brief anzudrohen und den säumigen Gesellschafter nach fruchtlosem Ablauf der Nachfrist als ausgeschlossen zu erklären (Kaduzierungsverfahren gem § 66 GmbHG).

Die Gesellschafterstellung wird durch den Ausschluss infolge des Kaduzierungsverfahrens beendet. Ebenso durch die Übertragung des Gesellschaftsanteils (durch Veräußern oder Vererben), die Liquidation der Gesellschaft oder das Ausscheiden des Gesellschafters. Um die mit dem Ausscheiden verbundene Kapitalherabsetzung zu vermeiden, kann im Gesellschaftsvertrag bspw ein Vorkaufsrecht der übrigen Gesellschafter geregelt werden, wobei Kassenvertrags-Gruppenpraxen bei Besetzungen stets die Beschränkungen der Gesamtverträge zu berücksichtigen haben[197].

- **Organe**

Die GmbH benötigt, um handlungsfähig zu sein, zwingend Geschäftsführer und Generalversammlung (Gesellschafterversammlung) als Organe. Weiters möglich, für Gruppenpraxen jedoch kaum relevant[198], ist die Einrichtung von Aufsichtsrat, Beirat oder Abschlussprüfer als weitere Organe.

Nach § 15 Abs 1 GmbHG muss die GmbH einen oder mehrere **Geschäftsführer** haben. Die Bestellung erfolgt grundsätzlich durch Beschluss der Gesellschafter. Die Bestellung von Gesellschafter-Geschäftsführern kann für die Dauer ihres Gesellschaftsverhältnisses auch im Gesellschaftsvertrag erfolgen.

Den Geschäftsführern obliegt die gerichtliche und außergerichtliche Vertretung der Gesellschaft (§ 18 Abs 1 GmbHG). Sie haben dabei durch Gesellschafterbeschluss ergangene Weisungen und die im Gesellschaftsvertrag festgelegten Beschränkungen zu beachten (§ 20 Abs1 GmbHG). Eine Beschränkung ihrer Vertretungsbefugnis gegenüber Dritten ist allerdings rechtlich wirkungslos (Abs 2 leg cit). Zu ihren Aufgaben gehört auch für ein Rechnungswesen und ein internes Kontrollsystem zu sorgen (§ 22 Abs 1 leg cit). Zudem unterliegen Geschäftsführer dem Wettbewerbsverbot des § 24 GmbHG.

Nach § 25 GmbHG besteht für Geschäftsführer die Verpflichtung, die Sorgfalt eines ordentlichen Geschäftsmannes bei ihrer Geschäftsführung anzuwenden. Bei Verletzung ihrer Obliegenheiten kommt es zur persönlichen Haftung der Geschäftsführer gegenüber der GmbH. Die Verjährungsfrist für Ersatzansprüche beträgt fünf Jahre.

Der aus sämtlichen Gesellschaftern bestehenden **Generalversammlung** obliegt die Beschlussfassung über die in § 35 GmbHG aufgelisteten Angelegenheiten (zB Prüfung und Feststellung des Jahresabschlusses, Verteilung des Bilanzgewinns, Einforderung von Einzahlungen auf die Stammeinlagen). Im Gesellschaftsvertrag ist

[197] Vgl *Schrader* in *Boninsegna/Ernst/Schrader (Hrsg),* Ärztliche Tätigkeit und Recht, 47; *Weber,* Unternehmens- und Gesellschaftsrecht[5], 118.

[198] Siehe dazu § 29 GmbHG, der für die Bestellung eines Aufsichtsrats bspw mehr als 50 Gesellschafter oder durchschnittlich mehr als 300 Arbeitnehmer voraussetzt.

eine Erweiterung oder Verringerung dieser Angelegenheiten unter Beachtung der Einschränkungen des Abs 2 leg cit möglich.

Die Generalversammlung ist mindestens einmal jährlich durch die Geschäftsführer einzuberufen und hat am Sitz der Gesellschaft stattzufinden, sofern im Gesellschaftsvertrag nichts anderes vorgesehen ist (§ 36 GmbHG). Es sind grundsätzlich alle Gesellschafter stimmberechtigt, die Beschlussfassung erfolgt grundsätzlich durch einfache Stimmenmehrheit (§ 39 GmbHG).

Eine Anfechtung von Beschlüssen, die gegen gesetzliche Bestimmungen oder gegen den Gesellschaftsvertrag verstoßen oder rechtswidrig sind, ist mittels Nichtigkeitsklage möglich (§ 41 Abs 1 GmbHG).

- **Beendigung der GmbH**

Die Beendigung der GmbH ist ähnlich wie ihre Gründung **mehrstufig**, der Auflösung folgt die Liquidation (§ 89 Abs 1 GmbHG). Diese kommt allerdings dann nicht in Betracht, wenn das Vermögen der GmbH bspw durch Gesamtrechtsnachfolge (zB Verschmelzung) übertragen wird[199].

Als **Auflösungsgründe** nennt § 84 GmbHG etwa einen notariell zu beurkundenden Gesellschafterbeschluss, eine Verschmelzung oder Konkurseröffnung. Weitere Gründe können im Gesellschaftsvertrag geregelt werden. Im **Liquidationsstadium** haben die Geschäftsführer, sofern nicht die Bestellung anderer Personen durch Gesellschaftsvertrag oder Gesellschafterbeschluss erfolgt, als Liquidatoren die Gesellschaft abzuwickeln (§§ 89 f GmbHG iVm § 149 UGB). Zuletzt haben sie das nach Abzug der Schulden etwaig verbleibende Vermögen der Gesellschaft unter den Gesellschaftern zu verteilen (§ 155 Abs 1 GmbHG) und das Erlöschen der Gesellschaft zur Eintragung in das Firmenbuch anzumelden (§ 157 Abs 1 GmbHG). Die Beendigung der GmbH erfolgt mit der **Löschung im Firmenbuch**.

bb) Exkurs: Besonderheiten der FlexCo

- **Definition/Allgemeines**

Bei der FlexCo handelt es sich um eine neue, auf dem GmbH Recht basierende Rechtsform, die auch Elemente einer AG aufweist[200]. § 1 Abs 1 FlexKapGG[201] definiert die FlexCo als Kapitalgesellschaft, die zu jedem gesetzlich zulässigen Zweck, also auch für eine freiberufliche (zahn-) ärztliche Tätigkeit, gegründet werden kann. Soweit keine abweichenden Regelungen getroffen werden, sind die für die GmbH geltenden Bestimmungen anzuwenden (Abs 2 leg cit).

---

[199] Vgl dazu *Haberer/Krejci,* Gesellschaftsrecht Allgemeiner Teil^2 Rz 885 und 892.

[200] ErläutRV 2320 BlgNR 27. GP 1.

[201] Bundesgesetz über die Flexible Kapitalgesellschaft (Flexible-Kapitalgesellschafts-Gesetz – FlexKapGG), BGBl I 2023/179.

- **Wesentliche Abweichungen im Vergleich zur GmbH**

Das Mindeststammkapital der FlexCo entspricht jenem der GmbH (10.000 Euro). Abweichend von § 6a GmbHG beträgt die **Mindeststammeinlage** grundsätzlich nicht die Hälfte des Stammkapitals, sondern ist lediglich 1 Euro in bar aufzubringen (§ 3 FlexKapGG).

Im Unterschied zur GmbH tritt die **Aufsichtsratspflicht** bei Erfüllung der Voraussetzungen einer mittelgroßen Kapitalgesellschaft ein. Konkret ist die Bestellung eines Aufsichtsrates für eine FlexCo bei Erfüllung von zwei der drei Merkmale (25 Millionen Euro Bilanzsumme, 50 Millionen Euro Umsatzerlöse oder 250 Arbeitnehmer im Jahresdurchschnitt) binnen zwei aufeinanderfolgenden Geschäftsjahren erforderlich (§ 6 FlexKapGG iVm § 221 Abs 2 und 4 UGB). Die Relevanz für Gruppenpraxen dürfte infolge der in § 52a Abs 3 ÄrzteG und § 26 Abs 3 ZÄG als Abgrenzung zu Krankenanstalten geregelten Größenbeschränkungen allerdings ebenso gering sein, wie die Aufsichtsratspflicht bei der GmbH[202].

Hinsichtlich der **Beschlussfassung** kann der Gesellschaftsvertrag vorsehen, dass bei Abstimmungen im schriftlichen Weg (sog Umlaufbeschlüsse) eine Zustimmung aller Gesellschafter – im Gegensatz zu § 34 Abs 1 GmbHG – nicht erforderlich ist. Für einen gültigen Umlaufbeschluss müssen nur alle stimmberechtigten Gesellschafter an der Abstimmung teilnehmen können (§ 7 Abs 1 FlexKapGG)[203]. Zudem kann eine Stimmabgabe in Textform in den Gesellschaftsvertrag aufgenommen werden (Abs 2 leg cit).

Nach § 9 Abs 1 FlexKapGG kann der Gesellschaftsvertrag die Ausgabe von **Unternehmenswert-Anteilen**, sofern deren Ausmaß 25% des Stammkapitals nicht erreicht, vorsehen. Mit dieser neuen Beteiligungsform soll insb Mitarbeitern eine Teilhabe an der Gesellschaft durch anteilige Beteiligung am Bilanzgewinn bzw Liquidationserlös ermöglicht werden (§ 9 Abs 3 FlexKapGG). Unternehmenswert-Beteiligten ist, ausgenommen ihre eigenen Rechte betreffend (vgl § 9 Abs 5 FlexKapGG), kein Stimmrecht in der Generalversammlung einzuräumen[204]. Bei Gruppenpraxen ist der Kreis der Gesellschafter auf Ärzte bzw Angehörige des zahnärztlichen Berufs beschränkt und eine Beteiligung berufsfremder Personen durch das Berufsrecht ausgeschlossen (§ 52a Abs 3 Z1 und Z 2 ÄrzteG und § 26 Abs 3 Z 1 und Z 2 ZÄG). Der Anwendungsbereich dieser neuen Beteiligungsform dürfte also gering sein, allenfalls möglich wäre eine Ausgabe von Unternehmenswert-Anteilen

---

[202] Vgl *Reich-Rohrwig/Gerbl,* Die Ärzte-FlexCo als Alternative zur Ärzte-GmbH, RdM 2025/1, 9.

[203] Vgl *Weber,* Unternehmens- und Gesellschaftsrecht^5, 136.

[204] ErläutRV 2320 BlgNR 27. GP 4. Gleichsam als Pendant zum eingeschränkten Stimmrecht ist das Haftungsrisiko der Unternehmenswert-Beteiligten gem § 9 Abs 2 FlexKapGG gering zu halten (Bezahlung der Stammeinlange in voller Höhe, keine Haftung für Stammeinlagen, die vom Verpflichteten nicht eingebracht werden können oder die zurückgewährt wurden, keine Nachschusspflichten).

an Gesellschafter (zusätzlich zum bestehenden Geschäftsanteil), um die finanzielle Beteiligung, nicht jedoch das Stimmgewicht zu erhöhen[205].

Die dem Aktienrecht entstammenden **Kapitalmaßnahmen** (vgl §§ 19, 21 FlexKapGG) ermöglichen weitere Gestaltungsmöglichkeiten betreffend die Finanzierung der Gesellschaft (zB Beschaffung neuen Kapitals zwecks Investition in medizinische Geräte, spätere Ausgabe von Geschäftsanteilen). Die eben genannten berufsrechtlichen Einschränkungen (insb in Bezug auf den Gesellschafterkreis) sind auch hier zu berücksichtigen[206].

Im Unterschied zur GmbH sieht das FlexKapGG gewisse Erleichterungen bei den **Formvorschriften** vor. Dementsprechend bedarf bspw die Übertragung von Geschäftsanteilen nicht der Notariatsaktsform, sondern kann in Form einer (Privat-) Urkunde von einem Notar oder Rechtsanwalt errichtet werden (§ 12 Abs 1 FlexKapGG)[207].

cc) Wesensmerkmale einer OG

- **Definition/Allgemeines**

Eine Definition der OG enthält § 105 UGB. Nach Satz 1 leg cit ist die OG unter **eigener Firma** (mit dem Rechtsformzusatz offene Gesellschaft, OG oder Partnerschaft[208]) zu führen[209].

Die OG ist, wie die GmbH, **rechtsfähig** (§ 105 Satz 2 UGB). Sie kann zu jedem erlaubten **Zweck**, sohin auch für eine freiberufliche (zahn-) ärztliche Tätigkeit, gegründet werden (Satz 3 leg cit) und hat **mindestens aus zwei Gesellschaftern** zu bestehen (Satz 4 leg cit).

Als **Personengesellschaft** ist für die OG gem § 105 Satz 1 UGB zudem charakteristisch, dass die Gesellschafter gesamthandschaftlich verbunden sind (Gesamthandgesellschaft[210]). Dies bedeutet, dass die Gesellschafter für Verbindlichkeiten der OG einer im Außenverhältnis gegenüber den Gesellschaftsgläubigern iSd § 128 UGB **unbeschränkten**, unbeschränkbaren, solidarischen und persönlichen **Haftung** mit

---

205 Vgl *Reich-Rohrwig/Gerbl,* Die Ärzte-FlexCo als Alternative zur Ärzte-GmbH, RdM 2025/1, 6f. Diese äußern sich vor dem Hintergrund der mangelnden Einflussmöglichkeit von Unternehmenswert-Beteiligten kritisch hinsichtlich des Ausschlusses einer Beteiligung Dritter an Gewinn und Umsatz.

206 *Reich-Rohrwig/Gerbl,* Die Ärzte-FlexCo als Alternative zur Ärzte-GmbH, RdM 2025/1, 7.

207 Vgl ErläutRV 2320 BlgNR 27. GP 10.

208 *Weber,* Unternehmens- und Gesellschaftsrecht[5], 93.

209 Gruppenpraxen bzw Gesellschaften, die bereits vor dem 1.1.2007 mit dem Rechtsformzusatz *„Offene Handelsgesellschaft (OHG)"* im Firmenbuch eingetragen waren, können diesen Zusatz beibehalten (§ 907 Abs 4 Z 2 UGB).

210 Nach *Haberer/Krejci,* Gesellschaftsrecht Allgemeiner Teil[2] Rz 157, 42 mwN ist die OG als *„rechtsfähige Personengesellschaft"* bzw auch als *„Gesamthandgesellschaft"* zu bezeichnen.

ihrem Privatvermögen unterliegen[211]. Zudem gilt das **Prinzip der Selbstorganschaft**, wonach die Geschäftsführung und Vertretung der OG grundsätzlich durch die Gesellschafter selbst und nicht durch Dritte erfolgt[212]. Eine weitere Folge der gesellschaftsrechtlichen Gesamthandschaft ist, dass Gesellschaftsanteile grundsätzlich nicht übertragen werden dürfen[213].

Im Unterschied zur GmbH sind die für die OG geltenden gesetzlichen Bestimmungen des UGB häufig dispositiver Natur (vgl § 108 UGB), sie lassen sich sohin im Gesellschaftsvertrag modifizieren. Neben den flexibleren Gestaltungsmöglichkeiten sprechen häufig auch finanzielle Gründe (keine Mindesteinlagen oder Bilanzierung erforderlich), steuerliche Gründe[214] oder sonstige Gründe (zB ist im Gegensatz zur GmbH bei der OG keine Veröffentlichung des Gesellschaftsvertrags im Firmenbuch vorgesehen[215]) für die OG. Dies macht sie zur beliebtesten Rechtsform[216] für Gruppenpraxen.

- **Gründung**

Die Errichtung der OG erfolgt mit Abschluss des Gesellschaftsvertrags durch mindestens zwei Gesellschafter[217], sie entsteht mit ihrer Eintragung in das Firmenbuch (§ 123 Abs 1 UGB).

Im Stadium zwischen der Errichtung durch Gesellschaftsvertrag und der Firmenbucheintragung besteht, wie bei der GmbH, eine **Vorgesellschaft**. Nach § 123 Abs 2 UGB werden aus bereits im Namen der OG geschlossenen Rechtsgeschäften grundsätzlich alle Gesellschafter berechtigt und verpflichtet. Die OG tritt mit ihrer Firmenbucheintragung in diese Rechtsverhältnisse ein (Satz 2 leg cit).

Der **Gesellschaftsvertrag** einer OG unterliegt im Gegensatz zur GmbH **keinen Formvorschriften**, wenngleich sich zu Beweiszwecken stets die Schriftform empfiehlt. Als Mindestinhalt[218] sind Firma und Sitz der Gesellschaft, Gegenstand des Unternehmens, Gesellschaftszweck, Angaben über die Gesellschafter, deren Beteiligungsverhältnisse und Beiträge zu regeln.

---

211 Vgl *Weber,* Unternehmens- und Gesellschaftsrecht[5], 93 und im Detail: *Haberer/Krejci,* Gesellschaftsrecht Allgemeiner Teil[2] Rz 169ff und 44ff.

212 Vgl *Haberer/Krejci,* Gesellschaftsrecht Allgemeiner Teil[2] Rz 123, 33f.

213 Dazu *Weber,* Unternehmens- und Gesellschaftsrecht[5], 93 und 99.

214 Bei der OG sind die Gesellschafter die Steuersubjekte, ihr Gewinn unterliegt der Einkommensteuer. Im Gegensatz dazu ist die GmbH selbst Steuersubjekt und unterliegen ihr Gewinn der Körperschaftssteuer und die Ausschüttungen an die Gesellschafter der Kapitalertragssteuer. Vgl dazu *Andretsch/Berger/Metzl/Zahrl,* Unternehmen Arztpraxis, 35.

215 Siehe dazu im Detail *Karollus,* Vergesellschaftung von Ärzten und Zahnärzten, in *Resch/Wallner,* Handbuch Medizinrecht[3] Rz 10.

216 *Schrader* in *Boninsegna/Ernst/Schrader (Hrsg),* Ärztliche Tätigkeit und Recht, 47.

217 Vgl *Weber,* Unternehmens- und Gesellschaftsrecht[5], 94.

218 Vgl *Haberer/Krejci,* Gesellschaftsrecht Allgemeiner Teil[2] Rz 250 und 67; *Weber,* Unternehmens- und Gesellschaftsrecht[5], 94.

Nach ihrer Errichtung durch Gesellschaftsvertrag ist die OG von sämtlichen Gesellschaftern zur **Firmenbucheintragung** anzumelden und sind Musterzeichnungen der vertretungsbefugten Gesellschafter bei Gericht zu hinterlegen (§ 106 f UGB). Im Gegensatz zur GmbH ist der Gesellschaftsvertrag dem Firmenbuchgericht nicht vorzulegen[219].

- **Gesellschafter**

Der **Erwerb der Gesellschafterstellung** erfolgt, wie bei der GmbH, bereits bei der Gesellschaftsgründung oder nach deren Errichtung (durch Abschluss eines Aufnahmevertrags des eintretenden Gesellschafters mit den anderen Gesellschaftern samt entsprechender Anpassung des Gesellschaftsvertrags oder im Erbweg gemäß § 139 UGB). Die Übertragung eines Gesellschaftsanteils im Wege eines Gesellschafterwechsels ist, anders als bei der GmbH, gesetzlich nicht vorgesehen, kann allerdings im Gesellschaftsvertrag geregelt werden[220].

Nach § 130 Abs 1 UGB iVm § 128 f UGB **haften** eintretende Gesellschafter (wie die Altgesellschafter) unbeschränkt, unbeschränkbar, solidarisch und persönlich für bereits bestehende Verbindlichkeiten der OG. Dies auch im Falle einer Änderung der Firma. Eine davon abweichende Vereinbarung wäre Dritten gegenüber unwirksam (§ 130 Abs 2 UGB).

Die Gesellschafterstellung wird durch ein Ausscheiden im Einvernehmen mit den anderen Gesellschaftern, durch Kündigung des Gesellschafters selbst (§ 132 UGB) oder durch Ausschlussklage aller übrigen Gesellschafter gem § 140 UGB **beendet**.

Der ausscheidende Gesellschafter hat Anspruch auf Rückgabe jener, der OG zur Nutzung überlassener Gegenstände sowie auf Bezahlung einer seinem Anteil am Gesellschaftsvermögen entsprechenden Abfindung (§ 137 Abs 1 und 2 UGB). Aufgrund der damit verbundenen Verringerung des Haftungsfonds für Gläubiger normiert § 160 UGB eine auf fünf Jahre befristete **Nachhaftung** des Gesellschafters. Als Ausgleich für diese Nachhaftung ist der ausscheidende Gesellschafter gem § 137 Abs 3 UGB im Innenverhältnis von Gesellschaftsschulden, für die er den Gläubigern haftet, zu befreien. Dies gilt allerdings nur dann, wenn ausreichend Gesellschaftsvermögen vorhanden ist. Falls eine Verbindlichkeit aus dem Gesellschaftsverhältnis verbleibt, trifft den ausscheidenden Gesellschafter die Verpflichtung, der OG eine entsprechende Ausgleichszahlung zu leisten (§ 137 Abs 4 UGB[221]).

- **Organe**

Die OG ist vom **Prinzip der Selbstorganschaft**, demzufolge alle Gesellschafter zur Führung der Geschäfte der OG berechtigt und verpflichtet sind, geprägt (§ 114

---

[219] *Weber*, Unternehmens- und Gesellschaftsrecht^5, 95.

[220] Vgl *Schrader* in *Boninsegna/Ernst/Schrader (Hrsg)*, Ärztliche Tätigkeit und Recht, 48; *Weber*, Unternehmens- und Gesellschaftsrecht^5, 104ff.

[221] Vgl zum Ganzen *Weber*, Unternehmens- und Gesellschaftsrecht^5, 102f und 105f.

Abs 1 UGB). Die Geschäftsführung kann im Gesellschaftsvertrag einem oder mehreren Gesellschaftern übertragen werden (Abs 2 leg cit). Die Geschäftsführungsbefugnis des bzw der geschäftsführenden Gesellschafter umfasst dabei alle Handlungen des gewöhnlichen Geschäftsbetriebs (§ 116 Abs 1 UGB).

Nach § 125 UGB ist jeder Gesellschafter, vorbehaltlich einer anderslautenden Regelung im Gesellschaftsvertrag, zur aktiven und passiven Vertretung der OG befugt. Die Vertretungsmacht der Gesellschafter erstreckt sich gem § 126 Abs 1 UGB auf alle gerichtlichen und außergerichtlichen Geschäfte und Rechtshandlungen einschließlich der Veräußerung und Belastung von Grundstücken sowie der Erteilung und des Widerrufs einer Prokura.

- **Beendigung der OG**

Der Ablauf der Beendigung einer OG ist jenem der GmbH ähnlich. Als **Auflösungsgründe** nennt § 131 UGB Zeitablauf, Gesellschafterbeschluss, Konkurseröffnung, Tod, Kündigung oder gerichtliche Entscheidung. Infolge Kündigung oder Tod eines Gesellschafters kann die OG nach § 141 UGB durch Gesellschafterbeschluss bzw nach § 139 UGB mit den Erben fortgesetzt werden. Bei Ausscheiden des vorletzten Gesellschafters kommt es ebenfalls zur Auflösung der OG (vgl § 105 Satz 4 UGB).

Nach der Auflösung der OG findet gem § 145 UGB grundsätzlich die **Liquidation** statt. Diese erfolgt durch sämtliche Gesellschafter als Liquidatoren (§ 146 Abs 1 UGB). Im Rahmen der Schlussverteilung ist das nach Abzug der Schulden verbleibende Vermögen der Gesellschaft im Verhältnis ihrer Beteiligungen und unter Berücksichtigung ihrer Guthaben und Verbindlichkeiten unten den Gesellschaftern zu verteilen (§ 155 Abs 1 UGB). Nach Beendigung der Liquidation ist das Erlöschen zur Eintragung in das Firmenbuch anzumelden (§ 157 Abs 1 UGB). Die Beendigung der OG erfolgt mit der Vermögensverteilung, die **Löschung im Firmenbuch** wirkt bloß deklarativ[222].

b) Schritt 2: Zulassungsverfahren vor dem Landeshauptmann (Bedarfsprüfung)

In einem zweiten, zusätzlich zur gesellschaftsrechtlichen Gründung durchzuführenden Schritt, bedarf es der öffentlich-rechtlichen Zulassung (§§ 52b, 52c ÄrzteG und §§ 26a, 26b ZÄG). Dafür ist es nicht erforderlich, dass Schritt eins (Firmenbucheintragung der Gesellschaft) abgeschlossen ist, sondern kann die Einleitung des Zulassungsverfahrens bereits durch die Vorgesellschaft erfolgen.

Das öffentlich-rechtliche Zulassungsverfahren ist allerdings nicht für alle Gruppenpraxen gleich. Hinsichtlich der Zulassungsvoraussetzungen ist nach dem Bestehen eines Kassenvertrags und nach dem medizinischen Leistungsangebot sohin

[222] *Weber*, Unternehmens- und Gesellschaftsrecht[5], 107.

zwischen drei Arten von Gruppenpraxen (Kassenvertrags-Gruppenpraxen, Privat-Gruppenpraxen und Wahl-Gruppenpraxen, dazu gleich) zu unterscheiden[223].

Für **Alt-Gruppenpraxen**, die zum Zeitpunkt des Inkrafttretens der 14. ÄrzteG-Novelle mit 19.8.2010[224] bereits in die Ärzteliste eingetragen waren, ist kein Zulassungsverfahren vorgesehen. Lediglich ein Rechtsformwechsel (zB bei Umgründung einer OG in eine GmbH) bedarf einer Anzeige an den zuständigen Landeshauptmann (§ 230 Abs 3 ÄrzteG, § 71a Abs 3 ZÄG). Dies führt zur Frage, ob bei einer späteren Änderung oder Erweiterung des Leistungsangebots eine Bedarfsprüfung durchzuführen ist oder ob Alt-Gruppenpraxen auch künftig vom Zulassungsregime ausgenommen sein sollen. Jene Literaturstimmen[225], die sich für eine Bedarfsprüfung bei Änderungen aussprechen, argumentieren diese va mit der Intention des Gesetzgebers, Alt-Gruppenpraxen nicht bevorzugen zu wollen. Die gegenteilige Meinung[226] beruft sich auf den Gesetzeswortlaut, demzufolge Alt-Gruppenpraxen vom Zulassungsregime des § 52b Abs 1 bis 3 sowie § 52c ÄrzteG bzw § 26a Abs 1 bis 3 und § 26b ZÄG unberührt bleiben.

aa) Ausnahmen vom Erfordernis der Bedarfsprüfung

Entsprechend der Gesetzessystematik wird mit den Ausnahmetatbeständen begonnen. Diesen entsprechend ist eine Bedarfsprüfung in folgenden Fällen nicht erforderlich:

- wenn jeder Gesellschafter bereits einen Einzelvertrag mit der Österreichischen Gesundheitskasse hat oder die zu gründende Gruppenpraxis bereits im Stellenplan vorgesehen ist (Kassen-, Kassenvertrags- oder **Vertrags-Gruppenpraxis**[227]) und – in beiden Varianten zusätzlich[228] – die Voraussetzungen des § 52b Abs 2 ÄrzteG bzw des § 26a Abs 2 ZÄG[229] gegeben sind (§ 52b Abs 1 Z 2 lit a ÄrzteG, § 26a Abs 1 Z 2 lit a ZÄG) oder

[223] *Wiedenbauer* in *Wiedenbauer/Kanduth-Kristen/Grün/Hofer,* Die Ärzte-GmbH Rz 27f; Zahrl, Die Ärzte-GmbH (II), RdM 2011/61, 81.

[224] BGBl I 2010/61 (dazu oben FN 17).

[225] Für alle: *Wiedenbauer* in *Wiedenbauer/Kanduth-Kristen/Grün/Hofer,* Die Ärzte-GmbH Rz 69 mwN.

[226] *Karollus,* Vergesellschaftung von Ärzten und Zahnärzten, in *Resch/Wallner,* Handbuch Medizinrecht³ Rz 76.

[227] Zu den Bezeichnungen vgl *Wiedenbauer* in *Wiedenbauer/Kanduth-Kristen/Grün/Hofer,* Die Ärzte-GmbH Rz 28.

[228] So infolge des Wortlautes der Bestimmung auch *Karollus,* Vergesellschaftung von Ärzten und Zahnärzten, in *Resch/Wallner,* Handbuch Medizinrecht³ Rz 77.

[229] Die gesetzlichen Voraussetzungen sind: 1. Gründung nach Maßgabe des jeweiligen Regionalen Strukturplans Gesundheit (RSG), 2. schriftliche Anzeige an den zuständigen Landeshauptmann über eine wechselseitige schriftliche Zusage zwischen der Gruppenpraxis oder der Vorgesellschaft und der ÖGK über einen unter Bedachtnahme auf den jeweiligen RSG abzuschließenden Gruppenpraxis-Einzelvertrag hinsichtlich des Leis-

- wenn die Gruppenpraxis ausschließlich sozialversicherungsrechtlich nicht erstattungsfähige Leistungen zu erbringen beabsichtigt (**Privat-Gruppenpraxis** gem § 52b Abs 1 Z 2 lit b ÄrzteG, § 26a Abs 1 Z 2 lit b ZÄG) oder
- wenn der verfahrensgegenständliche Leistungsumfang sowie das Einzugsgebiet in den Verordnungen gemäß § 23 oder § 24 G-ZG[230] geregelt ist (§ 52b Abs 1 Z 2 lit c ÄrzteG, § 26a Abs 1 Z 2 lit c ZÄG[231]).

Obgleich in den genannten Fällen keine Bedarfsprüfung erforderlich ist, unterliegen Vertrags-Gruppenpraxen einem Anzeigeverfahren. Lediglich Privat-Gruppenpraxen sind vollkommen vom Zulassungsregime ausgenommen.

- **Gruppenpraxen, die einem Anzeigeverfahren unterliegen**

Bei Gruppenpraxen, bei denen jeder Gesellschafter bereits einen Einzelvertrag mit der ÖGK hat oder bei Gruppenpraxen die im Stellenplan bereits vorgesehen sind[232] **(Vertrags-Gruppenpraxen)** entfällt die Bedarfsprüfung, weil der Zugang zu Kassenplanstellen bereits durch ein Auswahlverfahren beschränkt ist bzw der Bedarf bereits bei Widmung im Stellenplan geprüft wurde. Es ist lediglich eine schriftliche **Anzeige** an den zuständigen Landeshauptmann erforderlich (vgl § 52b Abs 2 ÄrzteG, § 26a Abs 2 ZÄG)[233].

Dies gilt auch für Gruppenpraxen, für die kein Gruppenpraxis-Gesamtvertrag anwendbar ist. Nach § 342a ASVG können zur Sicherstellung oder Verbesserung des Sachleistungsangebotes vom Dachverband der Sozialversicherungsträger unter Zugrundelegung der verbindlichen Planungsvorgaben der Verordnungen nach § 23 G-ZG zur Verbindlicherklärung von Teilen der RSG für die Träger der Krankenversicherung Sonder-Einzelverträge mit diesen Gruppenpraxen nach einheit-

tungsangebots, 3. unverzügliche und nachweisliche Befassung des jeweiligen Landesgesundheitsfonds mit der Anzeige durch den Landeshauptmann und – nur bei Gründung einer Gruppenpraxis, die im Stellenplan zwar vorgesehen ist, deren Gesellschafter aber nicht über einen Einzelvertrag mit der ÖGK verfügen – 4. Anzeige an die gesetzliche Interessenvertretung privater Krankenanstalten (Wirtschaftskammer) des betreffenden Bundeslandes.

230 Bundesgesetz zur partnerschaftlichen Zielsteuerung-Gesundheit, BGBl I 2017/26, idF des Bundesgesetzes BGBl I 2023/191 (Gesundheits-Zielsteuerungsgesetz).

231 Weitere Voraussetzungen sind in § 52b Abs 5 ÄrzteG bzw § 26a Abs 5 ZÄG geregelt. Diese entsprechen den in Rz 229 aufgelisteten Punkten 1 bis 3.

232 Im Gegensatz zu Vertragsgruppenpraxen, bei denen jeder Gesellschafter einen Einzelvertrag mit der ÖGK hat, ist es für Gruppenpraxen, die bereits im Stellenplan vorgesehen sind, irrelevant, ob die zukünftigen Gesellschafter bereits einen Vertrag mit der ÖGK abgeschlossen haben.

233 Vgl *Wallner*, Handbuch Ärztliches Berufsrecht², 94; Zahrl, Die Ärzte-GmbH (II), RdM 2011/61, 81; *Wiedenbauer* in *Wiedenbauer/Kanduth-Kristen/Grün/Hofer*, Die Ärzte-GmbH Rz 34.

lichen Grundsätzen abgeschlossen werden (Gruppenpraxis mit Sonder-Einzelvertrag[234]).

Bei **Verlust des Kassenvertrages** besteht die Möglichkeit, die Gruppenpraxis in Form einer Privat-Gruppenpraxis, in der ausschließlich sozialversicherungsrechtlich nicht erstattungsfähige Leistungen erbracht werden dürfen, oder als Wahlarzt-Gruppenpraxis (für die eine Bedarfsprüfung erforderlich ist) weiterzuführen[235].

- **Gruppenpraxen, die keinem Zulassungserfordernis unterliegen**

Eine Ausnahme vom Zulassungsregime bilden **Privat-Gruppenpraxen**, die ausschließlich sozialversicherungsrechtlich nicht erstattungsfähige Leistungen (bspw Schönheitschirurgie, In-Vitro-Fertilisation[236] oder Alternativ- und Komplementärmedizin[237]) erbringen. Diese stellen keine Belastung für das Kassensystem dar und unterliegen daher **keinem Zulassungserfordernis**, also weder einer Bedarfsprüfung, noch einer Anzeige an den Landeshauptmann[238].

Falls eine Privat-Gruppenpraxis **unerlaubt das zulässige Leistungsangebot überschreitet** und sozialversicherungsrechtlich erstattungsfähige Leistungen erbringt, sind diesbezüglich geschlossene Behandlungsverträge hinsichtlich des Honorars nichtig. Der Patient ist darüber vor Inanspruchnahme der Leistung nachweislich (schriftlich) aufzuklären (§ 52b Abs 4 ÄrzteG, § 26a Abs 4 ZÄG).

Gleiches gilt, wenn eine Vertrags-Gruppenpraxis oder eine gemäß § 52c ÄrzteG (§ 26b ZÄG) zugelassene Wahl-Gruppenpraxis über das zugelassene Leistungsangebot hinaus sozialversicherungsrechtlich erstattungsfähige Leistungen erbringt (§ 52b Abs 4 ÄrzteG bzw § 26a Abs 4 ZÄG, jeweils letzter Satz).

bb) Bedarfsprüfung für Wahl-Gruppenpraxen

Im Gegensatz zu den von der Ausnahmeregelung des § 52b Abs 1 ÄrzteG bzw des § 26a Abs 1 ZÄG umfassten Vertrags- und Privat-Gruppenpraxen wurde für Wahl-Gruppenpraxen (Wahlarzt-Gruppenpraxen) in § 52c ÄrzteG und in § 26b ZÄG ein komplexes **Zulassungsverfahren** normiert. Die Einleitung des Zulassungsverfah-

---

234 Der Sonder-Einzelvertrag bedarf der Zustimmung des Krankenversicherungsträgers, für den er abgeschlossen wird und hat insb die Öffnungszeiten unter Berücksichtigung von Tagesrand- und Nachtzeiten, Sams-, Sonn- und Feiertagen sowie erforderlichenfalls Bereitschaftszeiten sowie das Leistungsspektrum und die Honorierung der erbrachten Leistungen festzulegen (§ 342a ASVG).

235 *Wiedenbauer* in *Wiedenbauer/Kanduth-Kristen/Grün/Hofer,* Die Ärzte-GmbH Rz 44. Zustimmend *Karollus,* Vergesellschaftung von Ärzten und Zahnärzten, in *Resch/Wallner,* Handbuch Medizinrecht[3] Rz 79a.

236 ErläutRV 779 BlgNR 24. GP 5 und 21.

237 *Wiedenbauer* in *Wiedenbauer/Kanduth-Kristen/Grün/Hofer,* Die Ärzte-GmbH Rz 31.

238 Vgl Zahrl, Die Ärzte-GmbH (II), RdM 2011/61, 81; *Wiedenbauer* in *Wiedenbauer/Kanduth-Kristen/Grün/Hofer,* Die Ärzte-GmbH Rz 30.

rens erfolgt auf Antrag der im Firmenbuch bereits eingetragenen Gruppenpraxis oder der Vorgesellschaft.

Die Zulassung wird durch § 230 Abs 1 ÄrzteG und § 71a ZÄG insofern erschwert[239], als Anträge auf Durchführung eines Zulassungsverfahrens zurückzuweisen sind, wenn für die Wahl-Gruppenpraxis kein Gesamtvertrag mit der örtlich zuständigen Gebietskrankenkasse und auch keine Zusage über den Abschluss eines Sonder-Einzelvertrags vorliegt.

Die Zulassung der Gruppenpraxis durch den zuständigen Landeshauptmann hat mit Bescheid zu erfolgen. Dies unter Wahrung folgender **Zielsetzungen** (§ 52c Abs 1 Z 1 und Z 2 ÄrzteG und in § 26b Abs 1 Z 1 und Z 2 ZÄG):

- Aufrechterhaltung einer qualitativ hochwertigen, ausgewogenen und allgemein zugänglichen ambulanten Gesundheitsversorgung und
- des finanziellen Gleichgewichts des Systems der sozialen Sicherheit.

Bei Bescheiderlassung ist im Rahmen des Antrags durch **Auflagen** der Versorgungsauftrag der Gruppenpraxis hinsichtlich des Leistungsangebots[240] zu bestimmen (§ 52c Abs 1 ÄrzteG und in § 26b Abs 1 ZÄG). Anzumerken ist, dass bei fortgesetzter Nichteinhaltung dieser Auflagen eine Berufspflichtverletzung vorliegt (§ 52c Abs 6 ÄrzteG und in § 26b Abs 6 ZÄG).

Eine weitere Zulassungsvoraussetzung ist, dass unter Berücksichtigung der Planungsergebnisse des RSG[241] eine **wesentliche Verbesserung des Versorgungsangebots** im Einzugsgebiet der Gruppenpraxis erreicht werden kann (§ 52c Abs 2 ÄrzteG, § 26b Abs 2 ZÄG).

Nach § 52c Abs 3 ÄrzteG bzw § 26b Abs 3 ZÄG hat der Landeshauptmann zudem ein **Gutachten** der Gesundheit Österreich GmbH oder eines vergleichbaren Planungsinstituts einzuholen sowie dem Bescheid eine **begründete Stellungnahme** der jeweiligen Landesgesundheitsplattform über das Vorliegen der Kriterien gemäß Abs 2 leg cit zu Grunde zu legen. Der Gesetzgeber bezweckt damit eine gewisse Harmonisierung der Marktzugänge von Vertrags-Gruppenpraxen, deren Stellenplä-

239 Vgl die kritischen Anmerkungen von *Wiedenbauer* in *Wiedenbauer/Kanduth-Kristen/Grün/Hofer*, Die Ärzte-GmbH Rz 58 unter Hinweis auf LVwG-050024/3/Gf/UD/Rt, wonach diese Bestimmung im Hinblick auf eine zahnärztliche Gruppenpraxis als unionsrechtswidrig qualifiziert wurde.

240 Nach § 52b Abs 1 ÄrzteG, § 26a Abs 1 ZÄG (jeweils letzter Satz) umfasst das Leistungsangebot: Leistungsvolumen einschließlich Personalausstattung, Leistungsspektrum und Öffnungszeiten unter Berücksichtigung von Tagesrand- und Nachtzeiten, Sams-, Sonn- und Feiertagen sowie erforderlichenfalls Bereitschaftszeiten.

241 Dazu zählen gemäß § 52c Abs 2 ÄrzteG und § 26b Abs 2 ZÄG insb Bevölkerungsstruktur, Besiedlungsdichte und Verkehrsanbindungen, Auslastung von bestehenden Leistungsanbietern, die sozialversicherungsrechtlich erstattungsfähige Leistungen erbringen und deren Öffnungszeiten.

ne zwischen den jeweiligen Landesärztekammern und der ÖGK ausverhandelt werden[242] und dem strengen Zulassungsregime für Wahl-Gruppenpraxen[243].

Im Zulassungsverfahren haben neben der Wahl-Gruppenpraxis als Antragstellerin auch noch die betroffenen Sozialversicherungsträger, die örtlich zuständige Landesärztekammer sowie die gesetzliche Interessenvertretung privater Krankenanstalten **Parteistellung** und die Möglichkeit, Rechtsmittel gegen den Bescheid des Landeshauptmannes zu erheben (§ 52c Abs 4 ÄrzteG, § 26b Abs 4 ZÄG).

Bei **wesentlichen Änderungen** des Leistungsangebots einer Wahl-Gruppenpraxis bedarf es eines neuerlichen Antrags auf Zulassung durch den Landeshauptmann (§ 52c Abs 5 ÄrzteG, § 26b Abs 5 ZÄG). Davon ausgenommen ist die Verlegung des Standorts einer zugelassenen Wahl-Gruppenpraxis innerhalb ihres Einzugsgebiets und ein Gesellschafterwechsel[244].

Die **Zurücknahme** oder **Abänderung** von Bescheiden durch den Landeshauptmann hat gemäß § 52c Abs 6 ÄrzteG und § 26b Abs 6 ZÄG unter größtmöglicher Schonung erworbener Rechte bei Änderung maßgeblicher Umstände, bei ursprünglichem Nicht-Bestand einer erforderlichen Voraussetzung oder bei fortgesetzter Nichteinhaltung von Auflagen zu erfolgen.

c) Schritt 3: Eintragung in die Ärzteliste

Als dritten und letzten Schritt bedarf die Gründung einer Gruppenpraxis der Eintragung in die Ärzteliste (Zahnärzteliste). Die Aufnahme der (zahn-) ärztlichen Tätigkeit der Gruppenpraxis darf erst nach Eintragung erfolgen (§ 52b Abs 3 ÄrzteG, § 26a Abs 3 ZÄG). Die Tätigkeitserlaubnis nach Eintragung hat bei bereits erfolgter Einbringung einer Ordination in eine Gruppenpraxis-GmbH zur Konsequenz, dass die Ordination bis zur Eintragung der GmbH fortgeführt werden muss[245].

Im Rahmen des Eintragungsverfahrens[246] der Gruppenpraxis sind der Ärztekammer (Zahnärztekammer) folgende Unterlagen vorzulegen[247]:

- Nachweis der Eintragung der Gruppenpraxis in das Firmenbuch durch Vorlage des Firmenbuchauszugs (vgl § 52b Abs 1 Z 1 ÄrzteG, § 26a Abs 1 Z 1 ZÄG)
- Vorlage des Gesellschaftsvertrags und gegebenenfalls des Zulassungsbescheids einer Wahl-Gruppenpraxis gemäß § 52c ÄrzteG bzw § 26b ZÄG bzw der Be-

[242] ErläutRV 779 BlgNR 24. GP 5.

[243] *Wiedenbauer* in *Wiedenbauer/Kanduth-Kristen/Grün/Hofer,* Die Ärzte-GmbH Rz 53.

[244] Es sei denn, der Gesellschafterwechsel würde zu einer wesentlichen Änderung des Leistungsangebots führen. Siehe dazu auch *Zahrl,* Die Ärzte-GmbH (II), RdM 2011/61, 82.

[245] Zur Einbringung einer Ordination als Sacheinlage in eine Gruppenpraxis-GmbH und den damit verbundenen Problemen: *Karollus,* Vergesellschaftung von Ärzten und Zahnärzten, in *Resch/Wallner,* Handbuch Medizinrecht[3] Rz 73.

[246] Zu den allgemeinen Zulassungsvoraussetzungen für die Ausübung des (zahn-) ärztlichen Berufs siehe Kapitel II. A. 1. b).

[247] Vgl *Wiedenbauer* in *Wiedenbauer/Kanduth-Kristen/Grün/Hofer,* Die Ärzte-GmbH Rz 74.

schreibung des Leistungsangebots einer Privat-Gruppenpraxis (§ 52a Abs 6 ÄrzteG, § 26 Abs 6 ZÄG)
- Bestätigung über den Abschluss der Berufshaftpflichtversicherung (§ 52d ÄrzteG, 26c ZÄG)

Falls der Ärztekammer (Zahnärztekammer) bei Prüfung der Unterlagen Mängel hinsichtlich der Einhaltung der (zahn-) ärztegesetzlichen Erfordernisse auffallen, kann diese den Gründern durch Erteilung eines Verbesserungsauftrags die Möglichkeit geben, den Gesellschaftsvertrag anzupassen[248].

Sollte allerdings nachträglich hervorkommen, dass eine erforderliche Voraussetzung bei der Zulassung einer Wahl-Gruppenpraxis bereits ursprünglich fehlte, hat der Landeshauptmann den Zulassungsbescheid zurückzunehmen. Dies ist der Ärztekammer (Zahnärztekammer) unverzüglich mitzuteilen und führt zur unmittelbaren Streichung der Gruppenpraxis aus der Ärzteliste (§ 52c Abs 6 und Abs 7 ÄrzteG, § 26b Abs 6 und Abs 7 ZÄG).

3. Gesellschaftsvertrag

Die Gründung einer Gruppenpraxis erfolgt durch ein Rechtsgeschäft zweier oder mehrerer Personen[249], den Gesellschaftsvertrag. Aus den für die gewählte Gesellschaftsform einschlägigen Gesetzen (insb GmbHG und UGB) ergeben sich unterschiedliche zwingende Mindestinhalte eines Gesellschaftsvertrags[250].

Regelmäßig handelt es sich bei den Mindestinhalten um Firma und Sitz der Gesellschaft, Angaben über die Gesellschafter sowie deren Rechte und Pflichten, den Unternehmensgegenstand, die Höhe des Stammkapitals bzw der Einlagen und Regelungen über die Beendigung der Gesellschaft. Häufig enthalten Gesellschaftsverträge darüberhinausgehende Inhalte (zB Konkurrenzverbote, Gewinnverteilung, Regelungen im Zusammenhang mit dem Ausscheiden oder Ausschluss eines Gesellschafters)[251].

Neben den gesellschaftsrechtlichen Rahmenbedingungen, sind die zwingenden (zahn-) ärztegesetzlichen Vorgaben, die als leges speciales Anwendungsvorrang genießen und auf die sich die folgende Darstellung konzentriert, zu beachten.

Die berufsrechtlichen Voraussetzungen sind unabhängig von der gewählten Rechtsform zu berücksichtigen. Die in Abschnitt f) bis m) dieses Kapitels behandelten besonderen berufsrechtlichen Rahmenbedingungen des § 52a Abs 3 ÄrzteG bzw des § 26 Abs 3 ZÄG bezwecken eine Abgrenzung der Gruppenpraxen zu Kranken-

248 *Wiedenbauer* in *Wiedenbauer/Kanduth-Kristen/Grün/Hofer,* Die Ärzte-GmbH Rz 75.

249 Die Gründung einer Ein-Personen-GmbH wäre gem § 3 Abs 2 GmbHG grundsätzlich erlaubt. Nach den spezielleren Normen des § 52a ÄrzteG und des § 26 ZÄG hat eine Gruppenpraxis-GmbH jedoch zumindest aus zwei Gesellschaftern zu bestehen.

250 Siehe dazu oben Abschnitt D. 2. a) dieses Kapitels.

251 Dazu für alle: *Haberer/Krejci,* Gesellschaftsrecht Allgemeiner Teil[2] Rz 248ff und 67; *Wiedenbauer* in *Wiedenbauer/Kanduth-Kristen/Grün/Hofer,* Die Ärzte-GmbH Rz 83.

anstalten in der Betriebsform eines selbständigen Ambulatoriums. Obgleich von einer ex lege Geltung dieser Bestimmungen auszugehen ist, empfiehlt sich deren Aufnahme bzw Präzisierung im Gesellschaftsvertrag.

a) Rechtsnatur

Der Gesellschaftsvertrag ist ein multilateraler, entgeltfremder, unvollständiger und als Dauerschuldverhältnis konzipierter Organisationsvertrag[252]. Multilateral bedeutet, dass er den Zusammenschluss zweier oder mehrerer Personen zur Verfolgung gemeinsamer Interessen regelt. Entgeltfremd heißt, dass der Gesellschaftsvertrag – anders als ein synallagmatischer Vertrag – nicht auf den Leistungsaustausch, sondern auf gemeinsame Zweckverfolgung abzielt. Unvollständig ist der Gesellschaftsvertrag, da eine abschließende Regelung sämtlicher künftig etwaig möglicher Entwicklungen nicht möglich ist und der Vertrag folglich anpassungsfähig bleiben muss. Der Gesellschaftsvertrag ist ein Dauerschuldverhältnis und sohin auf eine dauerhafte Zweckverfolgung angelegt. Als Organisationsvertrag enthält der Gesellschaftsvertrag auch Regelungen über die Organe der Gesellschaft, deren Aufgaben und Willensbildung.

b) Form

Der Gesellschaftsvertrag einer Gruppenpraxis unterliegt je nach der gewählten Gesellschaftsform unterschiedlichen Formerfordernissen. Nach § 4 Abs 3 GmbHG bedarf der Gesellschaftsvertrag einer GmbH (sowie einer FlexCo[253]) eines Notariatsaktes, während der Gesellschaftsvertrag einer OG keinen Formvorschriften unterliegt. Zu Beweiszwecken und aus Gründen der Rechtssicherheit empfiehlt sich bei der OG jedenfalls die Schriftform[254].

c) Firma

Die Firma ist der im Firmenbuch eingetragene Name des Unternehmens (vgl § 17 Abs 1 UGB), der bei Gruppenpraxen entsprechend den berufsrechtlichen Vorschriften zu gestalten ist. Nach § 52a Abs 2 Satz 1 ÄrzteG und § 26 Abs 2 Satz 1 ZÄG hat die Firmenbezeichnung jedenfalls den **Namen eines Gesellschafters** zu beinhalten. Die Angabe mindestens eines (Familien-) Namens ist ausreichend[255]. Zulässig ist es auch, den Namens eines aus der Gruppenpraxis ausgeschiedenen (Zahn-) Arz-

252 Im Detail: *Haberer/Krejci,* Gesellschaftsrecht Allgemeiner Teil² Rz 267ff, 71ff.

253 § 1 Abs 2 FlexKapGG ordnet die subsidiäre Geltung des GmbH-Rechts an, sofern keine abweichenden Bestimmungen für die FlexCo vorgesehen sind.

254 Vgl *Haberer/Krejci,* Gesellschaftsrecht Allgemeiner Teil² Rz 295, 79; *Weber,* Unternehmens- und Gesellschaftsrecht⁵, 94.

255 Vgl *Wallner,* Handbuch Ärztliches Berufsrecht², 93; *Fantur,* Die neue Ärzte-GmbH aus Sicht des Vertragserrichters, GES 2010/4, 159.

tes weiterzuführen[256] oder Sach- und Fantasiebezeichnungen[257], sofern diese nicht gegen die Werbebeschränkungen (§ 53 ÄrzteG, § 35 ZÄG) verstoßen, dem Firmenwortlaut hinzuzufügen.

In einer ärztlichen Gruppenpraxis sind sämtliche durch die Gesellschafter vertretenen **Fachrichtungen** anzuführen (§ 52a Abs 2 Satz 1 ÄrzteG). Für eine zahnärztliche Gruppenpraxis fehlt eine Parallelbestimmung in § 26 Abs 2 ZÄG, da bei Zahnärzten nicht in Fachrichtungen unterschieden wird. Allerdings ist ein Hinweis auf die zahnärztliche Tätigkeit nicht nur zweckmäßig und aus einer systematischen Interpretation ableitbar, sondern bereits nach der allgemeinen unternehmensrechtlichen Regel des § 19 Abs 1 Z 4 UGB zwingend[258]. Gehören der Gruppenpraxis allerdings ein oder mehrere Dentisten als Gesellschafter an, hat die Firma, wie bei Ärzten, auch auf die in der Gruppenpraxis vertretenen Berufe (Zahnärzte und Dentisten) zu lauten (§ 60 Abs 2 Z 1 ZÄG).

Weiters ist der Zusatz der korrekten **Rechtsform**, *„Offene Gesellschaft"*, *„Gesellschaft mit beschränkter Haftung"* oder *„Flexible Kapitalgesellschaft"* (*„Flexible Company"*) bzw deren Abkürzungen (OG, GmbH bzw GesmbH oder FlexKapG bzw FlexCo) zwingend (§ 19 UGB, § 5 Abs 1 GmbHG). Die Bezeichnung als *„Gruppenpraxis"* ist nicht vorgeschrieben, jedoch zweckmäßig[259].

d) Berufssitz und Standorte

Das (zahn-) ärztliche Berufsrecht unterscheidet zwischen dem Berufssitz und den Standorten. Eine Gruppenpraxis darf gem § 52a Abs 4 Satz 1 ÄrzteG bzw § 26 Abs 4 Satz 1 ZÄG im Bundesgebiet nur **einen Berufssitz** haben, der zugleich Berufssitz der an ihr beteiligten Ärzte (Angehörigen des zahnärztlichen Berufs) ist.

Die Gesellschafter einer Gruppenpraxis dürfen nach § 45 Abs 3 ÄrzteG, § 27 Abs 2 ZÄG unter Berücksichtigung des gesellschaftsrechtlichen Konkurrenzverbotes[260] jedoch zwei Berufssitze haben, maW eine Zweitordination führen. Ausgenommen davon können Gesellschafter von Gruppenpraxen mit Kassenvertrag, die mehre-

---

256 Dazu eingehend: *Karollus,* Vergesellschaftung von Ärzten und Zahnärzten, in *Resch/Wallner,* Handbuch Medizinrecht³ Rz 28.

257 So bereits *Wallner,* Handbuch Ärztliches Berufsrecht², 93.

258 Nach *Karollus,* Vergesellschaftung von Ärzten und Zahnärzten, in *Resch/Wallner,* Handbuch Medizinrecht³ Rz 23 ist bei zahnärztlichen Gruppenpraxen iSd § 19 Abs 1 Z 4 UGB ein Hinweis auf die Tätigkeit als Zahnarzt verpflichtend. AA *Fantur,* Die neue Ärzte-GmbH aus Sicht des Vertragserrichters, GES 2010/4, 159 und *Wiedenbauer* in *Wiedenbauer/Kanduth-Kristen/Grün/Hofer,* Die Ärzte-GmbH Rz 103; letzterem zufolge ist der Hinweis auf die Tätigkeit als Zahnarzt zweckmäßig, jedoch nicht zwingend, weil § 26 Abs 2 ZÄG kein entsprechendes Erfordernis vorsieht.

259 Zutreffend *Karollus,* Vergesellschaftung von Ärzten und Zahnärzten, in *Resch/Wallner,* Handbuch Medizinrecht³ Rz 27.

260 Dazu eingehend *Karollus,* Vergesellschaftung von Ärzten und Zahnärzten, in *Resch/Wallner,* Handbuch Medizinrecht³ Rz 42a.

re Standorte haben, sein[261] (§ 52a Abs 4 Z 3 ÄrzteG, § 26 Abs 4 Z 3 ZÄG, dazu gleich).

Eine Vertrags-Gruppenpraxis darf mehrere in die Ärzteliste (Zahnärzteliste) einzutragende **Standorte** in Österreich führen. Dies unter folgenden Voraussetzungen (§ 52a Abs 4 Z 1 bis Z 4 ÄrzteG bzw § 26 Abs 4 Z 1 bis Z 4 ZÄG):

- die Anzahl der Standorte darf die Anzahl der Gesellschafter nicht überschreiten
- einer der Standorte muss zum Berufssitz der Gruppenpraxis erklärt werden
- jeder Gesellschafter darf zwar unbeschadet des § 45 Abs 3 ÄrzteG (§ 27 Abs 2 ZÄG) an sämtlichen Standorten der Gruppenpraxis seinen Beruf ausüben, in diesem Fall jedoch keinen sonstigen Berufssitz haben[262]
- Erreichbarkeit einer wesentlichen Verbesserung des Versorgungsangebots im Einzugsgebiet.

Zusätzlich zu den gesetzlichen Voraussetzungen können für Vertrags-Gruppenpraxen im Gesamtvertrag weitere Einschränkungen, zB das Erfordernis einer Zustimmung der ÖGK, angeordnet werden[263].

e) Geschäftsführung und Vertretung (einschließlich der Vertretung beim Abschluss von Behandlungsverträgen)

Nach § 52a Abs 5 Satz 1 ÄrzteG, § 26 Abs 5 Satz 1 ZÄG obliegt es den Gesellschaftern[264] der Gruppenpraxis im Gesellschaftsvertrag zu bestimmen, **ob und welche Gesellschafter** zur Geschäftsführung und Vertretung berechtigt sind[265]. Die auf die unternehmerische Tätigkeit entsprechend dem Gesellschaftszweck gerichtete Geschäftsführung bezieht sich auf das Innenverhältnis, die Vertretung erfolgt im Außenverhältnis[266].

- **Geschäftsführung**

Die Wortfolge *„ob und welche Gesellschafter"* gestattet die Bestellung von **Fremd-**

---

261 Vgl *Wiedenbauer* in *Wiedenbauer/Kanduth-Kristen/Grün/Hofer,* Die Ärzte-GmbH Rz 107.

262 Vgl *Karollus,* Vergesellschaftung von Ärzten und Zahnärzten, in *Resch/Wallner,* Handbuch Medizinrecht³ Rz 42 (FN 143) mwN. Diesem zufolge darf ein Gesellschafter dann keine Zweit-Ordination betreiben, wenn er an mehreren (sämtlichen) Standorten der Gruppenpraxis tätig ist. Eine Zweit-Ordination wäre dagegen zulässig, wenn der Gesellschafter nur an einem (von mehreren) Standorten der Gruppenpraxis tätig wird.

263 *Karollus,* Vergesellschaftung von Ärzten und Zahnärzten, in *Resch/Wallner,* Handbuch Medizinrecht³ Rz 41.

264 Zum Gesellschafterkreis siehe Abschnitt f) dieses Kapitels.

265 Zur Verpflichtung, Änderungen betreffend die Gesellschafter zu melden, siehe Abschnitt m) dieses Kapitels.

266 Die Geschäftsführung umfasst nicht die, die Beziehungen der Gesellschafter regelnden Grundlagengeschäfte, wie zB die Änderung des Gesellschaftsvertrags. Zum Ganzen: *Weber,* Unternehmens- und Gesellschaftsrecht⁵, 99.

geschäftsführern, die nicht dem Kreis der Gesellschafter (dazu Punkt f) dieses Kapitels) angehören. Bei der durch das Prinzip der Fremdorganschaft geprägten GmbH und FlexCo ist dies aus gesellschaftsrechtlicher Sicht unproblematisch. Bei einer OG gilt das Prinzip der Selbstorganschaft. Die gesellschaftsrechtlichen Normen über die Geschäftsführung (vgl § 114 Abs 1 UGB) sind jedoch grundsätzlich dispositiv und können im Gesellschaftsvertrag folglich dahingehend abgeändert werden, dass die Geschäftsführung Dritten übertragen wird (§ 108 UGB)[267].

Die Möglichkeit zu bestimmen, welche Gesellschafter berechtigt sind, ermöglicht nicht nur den Ausschluss einzelner (aller[268]) Gesellschafter, sondern auch eine Kollektivgeschäftsführung[269].

Zudem hat die **Bestellung** eines Geschäftsführers (ausschließlich) **im Gesellschaftsvertrag** zu erfolgen. Während diese Anordnung bei der OG mit den gesellschaftsrechtlichen Bestimmungen (vgl § 114 Abs 1 UGB) vereinbar ist, sieht sich die hL[270] bei der GmbH zu einer teleologischen Reduktion des § 52a Abs 5 ÄrzteG bzw des § 26 Abs 5 ZÄG veranlasst[271]. Demzufolge soll die Bestellung im Gesellschaftsvertrag (und damit die Notariatsaktspflicht) auf den Fall der Gesellschaftsgründung beschränkt sein, während die weiteren Bestellungen von (Fremd-) Geschäftsführern – so wie bei einer GmbH üblich (vgl § 15 Abs 1 GmbHG) – mit Gesellschafterbeschluss erfolgen sollen.

- **Vertretung**

Bei einer Gruppenpraxis-GmbH (FlexCo) kann (Fremd-) Geschäftsführern auch Vertretungsmacht eingeräumt werden. Der Ausschluss einzelner[272] Gesellschafter bzw eine Kollektivvertretung sind ebenfalls zulässig[273]. Bei einer OG verbietet das Prinzip der Selbstorganschaft dagegen die Vertretung durch Dritte. Im Gegensatz

---

267 Vgl *Weber,* Unternehmens- und Gesellschaftsrecht[5], 99; *Karollus,* Vergesellschaftung von Ärzten und Zahnärzten, in *Resch/Wallner,* Handbuch Medizinrecht[3] Rz 53 (FN 212).

268 Die Zulässigkeit der gänzlichen Fremdgeschäftsführung ausdrücklich bejahend: *Wiedenbauer* in *Wiedenbauer/Kanduth-Kristen/Grün/Hofer,* Die Ärzte-GmbH Rz 173. Dagegen wohl bereits *Karollus,* Ausgewählte gesellschaftsrechtliche Fragen zur ärztlichen und zahnärztlichen *„Gruppenpraxis neu"*, RdM 2011/143, 196 (arg *„einzelne Gesellschafter"*) und *Wallner,* Handbuch Ärztliches Berufsrecht[2], 93 (arg *„nicht alle Gesellschafter"*).

269 *Wallner,* Handbuch Ärztliches Berufsrecht[2], 93.

270 Für alle: *Fantur,* Die neue Ärzte-GmbH aus Sicht des Vertragserrichters, GES 2010/4, 160; *Karollus,* Vergesellschaftung von Ärzten und Zahnärzten, in *Resch/Wallner,* Handbuch Medizinrecht[3] Rz 54; *Wallner,* Handbuch Ärztliches Berufsrecht[2], 93.

271 Diesem Ergebnis wird auch bei Bejahung der Zulässigkeit einer Ärzte-FlexCo zuzustimmen sein.

272 Zur Frage, ob auch ein Ausschluss aller Gesellschafter von der Vertretung zulässig ist siehe FN 268.

273 *Wallner,* Handbuch Ärztliches Berufsrecht[2], 93.

zu den die Geschäftsführung regelnden Normen sind jene über die Vertretung zwingend (vgl § 125 UGB)[274].

Das (zahn-) ärztliche Berufsrecht normiert eine **besondere Vertretungsbefugnis betreffend Behandlungsverträge,** der zufolge **jeder Gesellschafter** zum Abschluss von Behandlungsverträgen für die Gesellschaft berechtigt ist (§ 52a Abs 5 Satz 2 ÄrzteG, § 26 Abs 5 Satz 2 ZÄG). Die gesetzliche Vertretungsbefugnis ist unabhängig von einer organschaftlichen Geschäftsführungs- und Vertretungsbefugnis und gilt auch für Änderungen oder die Beendigung des Behandlungsvertrages[275]. Mit der ausdrücklichen Beschränkung auf Gesellschafter bleiben Dritte (zB Fremdgeschäftsführer, angestellte Ärzte oder Urlaubsvertretungen) von der Befugnis, Behandlungsverträge abzuschließen, ausgenommen. Falls angestellten Ärzten oder Vertretungsärzten die Befugnis zum Abschluss von Behandlungsverträgen eingeräumt werden soll, wäre dafür eine rechtsgeschäftliche Bevollmächtigung erforderlich[276].

Nach § 52a Abs 5 Satz 3 ÄrzteG, § 26 Abs 5 Satz 3 ZÄG hindert die vorübergehende Einstellung oder Untersagung der Berufsausübung bis zur Dauer von sechs Monaten Ärzte (Angehörige des zahnärztlichen Berufs) nicht an der Zugehörigkeit zur Gesellschaft[277]. Es **erlischt** jedoch ihre Vertretungs- und Geschäftsführungsbefugnis, sohin auch die besondere Vertretungsbefugnis bei Abschluss von Behandlungsverträgen. Für diesen Fall empfiehlt es sich, im Gesellschaftsvertrag vorzusorgen, um die Geschäftsführungs- und Vertretungsbefugnis sofort entziehen zu können[278].

f) Kreis der Gesellschafter

• Ärzte und Angehörige des zahnärztlichen Berufs

Der Kreis der Gesellschafter einer Gruppenpraxis ist auf **selbständig berufsberechtigte Ärzte** beschränkt (§ 52a Abs 3 Z 1 ÄrzteG), wobei ein Zusammenschluss von Ärzten derselben Fachrichtung *(„monocolore Gruppenpraxis“)* oder von Ärzten verschiedener Fachrichtungen *(„multicolore Gruppenpraxis“)*[279] möglich ist.

---

274 So auch *Karollus,* Ausgewählte gesellschaftsrechtliche Fragen zur ärztlichen und zahnärztlichen *„Gruppenpraxis neu“*, RdM 2011/143, 196.

275 Zur in diesem Zusammenhang relevanten Freiheit der Berufsausübung siehe Abschnitt k) dieses Kapitels.

276 Vgl *Karollus,* Vergesellschaftung von Ärzten und Zahnärzten, in *Resch/Wallner,* Handbuch Medizinrecht[3] Rz 56ff; *Wiedenbauer* in *Wiedenbauer/Kanduth-Kristen/Grün/Hofer,* Die Ärzte-GmbH Rz 180; *Zahrl,* Die Ärzte-GmbH (II), RdM 2011/61, 80.

277 Dazu vgl auch Abschnitt f) dieses Kapitels.

278 *Karollus,* Vergesellschaftung von Ärzten und Zahnärzten, in *Resch/Wallner,* Handbuch Medizinrecht[3] Rz 55. Dieser weist zudem auf die Vertrauensschutzvorschrift des § 17 Abs 3 GmbHG hin, wonach die Gruppenpraxis bis zur Firmenbucheintragung der Beendigung der Geschäftsführungsbefugnis an die Willenserklärungen des Geschäftsführers gebunden bleibt.

279 Dazu bspw § 1 Abs 10 des Gruppenpraxengesamtvertrages für Wien vom 1.1.2011; *Ka-*

Einer zahnärztlichen Gruppenpraxis dürfen gemäß § 26 Abs 3 Z 1 ZÄG nur selbständig berufsberechtigte **Angehörige des zahnärztlichen Berufs**, also Zahnärzte und Dentisten (vgl § 4 Abs 1, § 5 Abs 1 und § 57 ZÄG), als Gesellschafter angehören. Dagegen ist eine aus Angehörigen anderer Gesundheitsberufe bestehende Gruppenpraxis oder eine solche zwischen Ärzten und Zahnärzten unzulässig[280].

- **Verbot der Beteiligung berufsfremder Personen**

Eine Vergesellschaftung mit anderen natürlichen und juristischen Personen sowie deren Beteiligung am Umsatz oder Gewinn schließt § 52a Abs 3 Z 2 ÄrzteG und § 26 Abs 3 Z 2 ZÄG explizit aus. Mit dieser Bestimmung soll die Verfolgung ausschließlich finanzieller Interessen berufsfremder Gesellschafter bzw Finanzierungsmodelle, bspw in Form einer stillen Gesellschaft, Privatstiftung, eines partiarischen Darlehens, eines Genussrechts von Familienmitgliedern oder durch pensionierte (Zahn-) Ärzte, die allesamt nicht an die (zahn-) ärztlichen Berufspflichten gebunden sind, verhindert werden[281]. Diesem Verbot widersprechende gesellschaftsvertragliche Vereinbarungen (Beitritt eines nicht-ärztlichen Gesellschafters oder Anteilsabtretung an einen berufsfremden Gesellschafter) wären sohin nichtig[282].

Das Verbot der Beteiligung berufsfremder Personen als Gesellschafter einer Gruppenpraxis wirft Fragen im Zusammenhang mit einer temporären Unterbrechung oder dauerhaften Untersagung bzw Unmöglichkeit der Berufsausübung auf[283]: Bei einer bis zu sechs Monate dauernden **Unterbrechung oder Untersagung** der Berufsausübung bleibt die Gesellschafterstellung aufrecht, der davon betroffene (Zahn-) Arzt ist jedoch von der Vertretung und Geschäftsführung ausgeschlossen (§ 52a Abs 5 Satz 3 ÄrzteG und § 26 Abs 5 Satz 3 ZÄG). Um eine sofortige (nicht

rollus, Vergesellschaftung von Ärzten und Zahnärzten, in *Resch/Wallner,* Handbuch Medizinrecht³ Rz 11 mwN.

280 *Zahrl,* Die Ärzte-GmbH (II), RdM 2011/61, 78; *Krauskopf,* § 26 ZÄG, in *Neumayr/Resch/Wallner,* Gmundner Kommentar zum Gesundheitsrecht² Rz 2. Vgl im Gegensatz dazu die Bestimmungen für die Ordinations- und Apparategemeinschaften (Kapitel II. C. 4. d).

281 Vgl *Fantur,* Die neue Ärzte-GmbH aus Sicht des Vertragserrichters, GES 2010/4, 158; *Wiedenbauer* in *Wiedenbauer/Kanduth-Kristen/Grün/Hofer,* Die Ärzte-GmbH Rz 122; *Zahrl,* Die Ärzte-GmbH (II), RdM 2011/61, 78. Kritisch: *Reich-Rohrwig/Gerbl,* Die Ärzte-FlexCo als Alternative zur Ärzte-GmbH, RdM 2025/1, 6. Diese erachten den generellen Ausschluss einer Gewinn- und Umsatzbeteiligung Dritter als *„überschießend"*.

282 So ausdrücklich *Fantur,* Die neue Ärzte-GmbH aus Sicht des Vertragserrichters, GES 2010/4, 158. *Karollus,* Vergesellschaftung von Ärzten und Zahnärzten, in *Resch/Wallner,* Handbuch Medizinrecht³ Rz 13a zufolge soll *„der Erwerb der Gesellschafterstellung durch eine nicht befugte Person gesellschaftsrechtlich dennoch wirksam"* sein. Für ihn ist aber *„auch eine Nichtigkeit des Beitrittsvertrages bzw Anteilsabtretungsvertrages als Rechtsfolge denkbar"*.

283 Zum Ganzen: *Karollus,* Ausgewählte gesellschaftsrechtliche Fragen zur ärztlichen und zahnärztlichen *„Gruppenpraxis neu"*, RdM 2011/143, 193; *Karollus,* Vergesellschaftung von Ärzten und Zahnärzten, in *Resch/Wallner,* Handbuch Medizinrecht³ Rz 13ff.

erst nach Ablauf der Unterbrechungs- oder Untersagungsfrist) Abberufung des GmbH-(FlexCo-)Geschäftsführers bzw eine Entziehung der Geschäftsführungs- und Vertretungsbefugnis des OG-Gesellschafters zu ermöglichen, empfiehlt sich eine entsprechende Regelung im Gesellschaftsvertrag[284].

Im (zahn-) ärztlichen Berufs- und Standesrecht fehlen Regelungen für den Fall einer **mehr als sechs-monatigen bzw dauerhaften** Einstellung oder Untersagung der Berufsausübung. Es bliebe daher nur ein Rückgriff auf das Gesellschaftsrecht. Das GmbHG enthält keine[285] konkret anwendbare Ausschlussmöglichkeit für Gesellschafter einer Ärzte-GmbH[286]. Nur den Gesellschaftern einer Ärzte-OG steht eine Ausschließungsklage nach § 140 UGB gegen den nunmehr unerwünschten Gesellschafter offen. Um einen Gesellschafterausschluss bei einer Ärzte-GmbH zu ermöglichen und bei der Ärzte-OG nicht die Dauer eines Ausschließungsverfahrens abwarten zu müssen, bedarf es einer vorsorglichen Regelung im Gesellschaftsvertrag, die den verbleibenden Gesellschaftern einen Ausschluss im Wege eines Gesellschafterbeschlusses ermöglicht[287].

Bei Bejahung der Zulässigkeit einer (Zahn-) Ärzte-FlexCo bietet sich für den Fall der länger als sechs Monate andauernden Unterbrechung oder Untersagung der Berufsausübung bzw des Verlustes der Berufsbefugnis – neben der Vereinbarung von Aufgriffsrechten der verbleibenden Gesellschafter[288] – die Möglichkeit einer (Kapitalherabsetzung durch) Zwangseinziehung der Geschäftsanteile des unerwünschten

---

284 Vgl *Karollus,* Vergesellschaftung von Ärzten und Zahnärzten, in *Resch/Wallner,* Handbuch Medizinrecht^3 Rz 70, der darauf hinweist, dass eine Abberufungsklage gemäß § 16 Abs 2 GmbHG bzw eine Entziehungsklage nach §§ 117, 127 UGB für die angestrebte Folge eines sofortigen Entzugs *„zu spät"* käme. Eine Regelung im Gesellschaftsvertrag wäre *Karollus,* ibidem zufolge bei Bejahung der Ansicht, dass das Berufsverbot eines Geschäftsführers einer GmbH (FlexCo) *„zu einem Amtsverlust ipso iure führen"* solle, nicht erforderlich.

285 Eine Abberufungsklage gemäß § 16 Abs 2 GmbHG ist freilich möglich, das Abwarten einer rechtskräftigen Entscheidung würde jedoch auch hier der angestrebten Folge der sofortigen Abberufung des Geschäftsführers entgegenstehen (vgl FN 272).

286 Ein Gesellschafterausschluss nach dem Bundesgesetz über den Ausschluss von Minderheitsgesellschaftern (Gesellschafter-Ausschlussgesetz, GesAusG), BGBl I 2006/75 idgF kommt für eine Ärzte-GmbH nicht in Betracht. Diesfalls müsste ein mindestens 90% der Anteile haltender Hauptgesellschafter vorhanden sein und Minderheitsgesellschafter ausschließen, was eine unzulässige Ein-Personen-Ärzte-GmbH zur Folge hätte. Ebenso wenig wäre hier mangels Säumnis mit der Zahlung der Stammeinlage ein Kaduzierungsverfahren einzuleiten. Dazu im Detail: *Karollus,* Vergesellschaftung von Ärzten und Zahnärzten, in *Resch/Wallner,* Handbuch Medizinrecht^3 Rz 70. Vgl auch etwa *Weber,* Unternehmens- und Gesellschaftsrecht^5, 166.

287 *Karollus,* Vergesellschaftung von Ärzten und Zahnärzten, in *Resch/Wallner,* Handbuch Medizinrecht^3 Rz 13a und 70.

288 Im Gegensatz zur Notariatsaktspflicht bei der GmbH ist für die Ausübung der Aufgriffsrechte gem § 12 Abs 1 FlexKapGG eine Privaturkunde eines Rechtsanwalts oder Notars ausreichend.

Gesellschafters. Voraussetzung der Zwangseinziehung ist deren Anordnung oder Gestattung im ursprünglichen oder vor Übernahme der Geschäftsanteile geänderten Gesellschaftsvertrag (§ 23 Abs 1 FlexKapGG). Bei der Anordnung sind (im Unterschied zur Gestattung) die wesentlichen Bedingungen der Zwangseinziehung bereits im Gesellschaftsvertrag festzulegen. Die Durchführung der Einziehung erfordert (im Unterschied zu Aufgriffsrechten) sohin keine weitere Willensbildung der Gesellschafter. Hinzu kommt die Möglichkeit eines steuerlichen Vorteils für die verbleibenden Gesellschafter, da diese den Übernahmepreis für die eingezogenen Anteile des unerwünschten Gesellschafters – anders als bei der Ausnützung von Aufgriffsrechten – nicht aus ihren versteuerten Dividenden zu leisten haben. Die Zwangseinziehung bietet für Gruppenpraxen sohin den wohl bedeutendsten Vorteil der FlexCo im Vergleich zur GmbH[289].

Um den Eintritt eines berufsfremden Gesellschafters **im Erbweg** zu verhindern, ist bei einer Gruppenpraxis-GmbH die Vereinbarung von Aufgriffsrechten[290] im Gesellschaftsvertrag sinnvoll. Den anderen Gesellschaftern wird damit ein entgeltlicher Erwerb des Geschäftsanteils ermöglicht. Im Unterschied zur GmbH genießen Gruppenpraxen in der Rechtsform einer FlexCo dabei insofern einen Vorteil, als für die Ausübung der Aufgriffsrechte gem § 12 Abs 1 FlexKapGG eine Privaturkunde eines Rechtsanwalts oder Notars ausreicht, maW keine Notariatsaktspflicht besteht[291]. Bei einer OG ist der gesetzliche Auflösungsgrund des § 131 Z 5 UGB[292] durch eine Regelung im Gesellschaftsvertrag, zB den Geschäftsanteil nur an Ärzte der in der Gruppenpraxis vertretenen Fachrichtung zu vererben, auszuschließen[293].

- **Verbot von Treuhandbeteiligungen**

Nach § 52a Abs 3 Z 3 ÄrzteG und § 26 Abs 3 Z 3 ZÄG ist die Übertragung und Ausübung von übertragenen Gesellschaftsrechten unzulässig. Die hL[294] sieht darin ein Verbot, das eigene Stimmrecht an Dritte zu übertragen und interpretiert diese unklar formulierte Bestimmung mit Blick auf Z 2 leg cit (Verbot der Beteiligung berufsfremder Personen) auch dahingehend, dass Vereinbarungen über Treuhandbeteiligungen nichtig sind.

---

289 Vgl dazu im Detail: *Reich-Rohrwig/Gerbl,* Die Ärzte-FlexCo als Alternative zur Ärzte-GmbH, RdM 2025/1, 7ff.

290 Vgl *Haberer/Krejci,* Gesellschaftsrecht Allgemeiner Teil^2 Rz 945.

291 Vgl *Reich-Rohrwig/Gerbl,* Die Ärzte-FlexCo als Alternative zur Ärzte-GmbH, RdM 2025/1, 9.

292 Ein Auflösungsgrund nach § 131 Z 5 UGB ist bspw die rechtskräftige Eröffnung des Konkursverfahrens über das Vermögen eines Gesellschafters.

293 Vgl *Karollus,* Vergesellschaftung von Ärzten und Zahnärzten, in *Resch/Wallner,* Handbuch Medizinrecht^3 Rz 70.

294 Für alle: *Fantur,* Die neue Ärzte-GmbH aus Sicht des Vertragserrichters, GES 2010/4, 158; *Karollus,* Ausgewählte gesellschaftsrechtliche Fragen zur ärztlichen und zahnärztlichen *„Gruppenpraxis neu"*, RdM 2011/143, 194; *Zahrl,* Die Ärzte-GmbH (II), RdM 2011/61, 78.

- **Anzahl der Gesellschafter**

Obgleich § 3 Abs 2 GmbHG (§ 1 Abs 1 FlexKapGG) die Gründung einer Ein-Personen-GmbH (FlexCo) erlaubt, impliziert bereits die Titulierung der lex specialis des § 52a ÄrzteG und des § 26 ZÄG, *„Zusammenarbeit im Rahmen von Gruppenpraxen"*, dass eine (Zahn-) Ärzte-GmbH (FlexCo) zumindest aus zwei Gesellschaftern bestehen soll. Die Gründung einer Gruppenpraxis in Form einer **Ein-Personen-GmbH** (FlexCo) ist daher **unzulässig**. Demgemäß wäre auch eine nachfolgende Anteilsvereinigung, die zum Verbleib nur eines Gesellschafters führen würde, verboten[295].

Bei einer OG besteht diese Problematik nicht. Nach § 105 letzter Satz UGB haben einer OG mindestens zwei Gesellschafter anzugehören, eine Ein-Personen-OG ist kraft Gesetzes ausgeschlossen. Der Verbleib eines einzigen Gesellschafters infolge Anteilsvereinigung führt ex lege zum Erlöschen der OG und geht das Gesellschaftsvermögen auf den verbleibenden Gesellschafter über (Gesamtrechtsnachfolge iSd § 142 Abs 1 UGB)[296].

Der Gesetzgeber sieht eine Mindestanzahl von zwei Gesellschaftern vor, nicht jedoch eine Höchstzahl. Unter- und Obergrenzen bzw Einschränkungen bei Aufnahme weiterer Gesellschafter in eine Kassenvertrags-Gruppenpraxis finden sich in den Gesamtverträgen[297].

g) Berufsbefugnis der Gruppenpraxis

Nach § 52a Abs 1 ÄrzteG und § 26 Abs 1 ZÄG ist auch die Gruppenpraxis **selbständig berufsbefugt**, also Träger der (zahn-) ärztlichen Berufsbefugnis. Ihre Berufsbefugnis ergibt sich gemäß § 52a Abs 3 Z 4 ÄrzteG aus der Berufsberechtigung der an ihr als Gesellschafter beteiligten Ärzte. Beteiligen sich an der Gruppenpraxis bspw Ärzte aus den Fächern Allgemeinmedizin sowie Orthopädie und Traumatologie, bestimmen diese Fachrichtungen auch die Berufsbefugnis der Gruppenpraxis[298].

Eine Parallelbestimmung für Gruppenpraxen, an denen Zahnärzte und Dentisten als Gesellschafter beteiligt sind, sieht § 60 Abs 2 Z 2 ZÄG vor. Die Berufsbefugnis der Gruppenpraxis ergibt sich diesfalls aus der Berufsberechtigung der beteiligten Zahnärzte und Dentisten.

---

[295] Dazu bereits *Fantur,* Die neue Ärzte-GmbH aus Sicht des Vertragserrichters, GES 2010/4, 158. Dieser führt folgende Bsp für eine *„Anteilsvereinigung in der Hand eines Gesellschafters"* an: Abtretung eines Geschäftsanteiles, Gesellschafterausschluss oder entgeltlicher Erwerb des Geschäftsanteils im Wege von Aufgriffsrechten.

[296] Vgl *Karollus,* Ausgewählte gesellschaftsrechtliche Fragen zur ärztlichen und zahnärztlichen *„Gruppenpraxis neu"*, RdM 2011/143, 194.

[297] Bspw § 7 des Gruppenpraxengesamtvertrages für Wien vom 1.1.2011. Dazu auch *Ratka,* § 52 ÄrzteG, in *Stöger/Zahrl (Hrsg),* ÄrzteG, 261; *Wiedenbauer* in *Wiedenbauer/Kanduth-Kristen/Grün/Hofer,* Die Ärzte-GmbH Rz 119.

[298] Vgl *Zahrl,* Die Ärzte-GmbH (II), RdM 2011/61, 78.

h) Zulässiger Tätigkeitsbereich einer Gruppenpraxis (Unternehmensgegenstand)

Der Unternehmensgegenstand von Gruppenpraxen unterliegt den Beschränkungen des § 52a Abs 3 Z 5 ÄrzteG bzw des § 26 Abs 3 Z 4 ZÄG. Zulässig sind demnach nur folgende taxativ aufgelistete Tätigkeiten:

- die Ausübung von Tätigkeiten im Rahmen der Berufsbefugnis der Gruppenpraxis einschließlich Hilfstätigkeiten und
- (nur gemäß ÄrzteG) mit der Berufsbefugnis der Gruppenpraxis im direkten Zusammenhang stehende Tätigkeiten von Angehörigen anderer Gesundheitsberufe sowie die
- Verwaltung des Gesellschaftsvermögens.

Der zulässige Tätigkeitsumfang ***„im Rahmen der Berufsbefugnis“*** bestimmt sich durch den (zahn-) ärztlichen Tätigkeitsvorbehalt und die Berufsberechtigung der an der Gruppenpraxis beteiligten Gesellschafter. Zusätzlich zu diesen berufsrechtlichen Beschränkungen sind Einschränkungen im Zulassungsbescheid zB für eine Wahlarzt-Gruppenpraxis möglich. Als erlaubte ***„Hilfstätigkeiten“*** gelten eine Hausapotheke sowie der Verkauf von Produkten mit Bezug zur ärztlichen Tätigkeit (zB beim Allgemeinmediziner erhältliche Nahrungsergänzungsmittel oder vom Augenarzt angebotene Augentropfen)[299].

Einer eingehenderen Einzelfallprüfung bedarf dagegen die Frage, ob bzw welche **Tätigkeiten von nicht-ärztlichen Gesundheitsberufen** mit der Berufsbefugnis der Gruppenpraxis im direkten Zusammenhang stehen. Dementsprechend wäre bspw eine Tätigkeit eines Physio- oder Ergotherapeuten in einer Gruppenpraxis für Physikalische Medizin und orthopädische Rehabilitation zulässig, mangels direkten Zusammenhangs mit der Berufsbefugnis allerdings nicht in einer Gruppenpraxis für Augenheilkunde und Optometrie[300]. Bemerkenswert ist, dass sich keine Parallelregelung im ZÄG findet, obgleich auch dort eine Zusammenarbeit mit nicht-zahnärztlichen Gesundheitsberufen (zB Zahntechnikern) in Betracht kommt[301].

Die **Verwaltung des Gesellschaftsvermögens** ist unerlässlich und wäre auch ohne gesonderte Regelung zulässig gewesen. Die ausdrückliche Regelung verdeutlicht, dass es einer Gruppenpraxis auch erlaubt ist, sich an einer anderen Gesellschaft zu beteiligen, bspw an einer Ordinations- und Apparategemeinschaft[302].

---

299 Dazu eingehend: *Wiedenbauer* in *Wiedenbauer/Kanduth-Kristen/Grün/Hofer,* Die Ärzte-GmbH Rz 110ff. Zu Abgrenzungsproblemen betreffend Hilfstätigkeiten auch: *Karollus,* Vergesellschaftung von Ärzten und Zahnärzten, in *Resch/Wallner,* Handbuch Medizinrecht³ Rz 33, 35.

300 Siehe dazu *Zahrl,* Die Ärzte-GmbH (II), RdM 2011/61, 78.

301 *Krauskopf,* § 26 ZÄG, in *Neumayr/Resch/Wallner,* Gmundner Kommentar zum Gesundheitsrecht² Rz 12. Zustimmend *Karollus,* Vergesellschaftung von Ärzten und Zahnärzten, in *Resch/Wallner,* Handbuch Medizinrecht³ Rz 32.

302 Dazu *Wiedenbauer* in *Wiedenbauer/Kanduth-Kristen/Grün/Hofer,* Die Ärzte-GmbH Rz 117 mwN.

i) Verpflichtung zur maßgeblichen persönlichen Berufsausübung

Nach den gleichlautenden Bestimmungen des § 52a Abs 3 Z 6 ÄrzteG und des § 26 Abs 3 Z 5 ZÄG ist **jeder Gesellschafter** maßgeblich zur persönlichen Berufsausübung in der Gruppenpraxis verpflichtet. Diese Verpflichtung gilt nach § 47a Abs 3 Satz 2 ÄrzteG auch für **angestellte Ärzte** der Gruppenpraxis.

Die hL[303] versteht unter dem Begriff ***„maßgeblich“*** einen qualitativ oder quantitativ relevanten Beitrag eines Gesellschafters zum praxiseigenen Leistungsangebot und sieht das Kriterium der Maßgeblichkeit der persönlichen Berufsausübung auch im Falle der Tätigkeit in einer eigenen Ordination, weiteren Gruppenpraxis oder Krankenanstalt als erfüllt[304]. Demgegenüber wäre eine Beteiligung eines Gesellschafters, der sich nur mit seinem Vermögen beteiligt, unzulässig.

Für Kassenvertrags-Gruppenpraxen kann der Gesamtvertrag allerdings Zulässigkeitsbeschränkungen hinsichtlich Zweitordinationen bzw der Tätigkeit in einer weiteren Gruppenpraxis oder in einer Krankenanstalt vorsehen[305].

j) Zulässigkeitsbeschränkungen bei Anstellungsverhältnissen

- **Verbot der Anstellung von Gesellschaftern**

Nach § 52a Abs 3 Z 7 ÄrzteG und § 26 Abs 3 Z 6 lit a ZÄG ist die Anstellung von Gesellschaftern[306] unzulässig. Dieses berufsrechtliche Anstellungsverbot bereitet Probleme im Hinblick auf die durchaus gebräuchlichen Dienstverhältnisse von Gesellschafter-Geschäftsführern[307], die nach dem reinen Gesetzeswortlaut ausgeschlossen wären. In der Literatur[308] wird daher eine teleologische Reduktion des Anstellungsverbots befürwortet.

---

303 Für alle: *Wallner,* Handbuch Ärztliches Berufsrecht², 91; *Ratka,* § 52 ÄrzteG, in *Stöger/Zahrl (Hrsg),* ÄrzteG, 262; *Zahrl,* Die Ärzte-GmbH (II), RdM 2011/61, 79. Im Gegensatz zur hL muss ein Gesellschafter den Gesetzesmaterialien zufolge den *„Schwerpunkt seiner ärztlichen Berufsausübung in der Gruppenpraxis“* haben (ErläutRV 779 BlgNR 24. GP 20).

304 Vgl dazu auch *Krauskopf,* § 26 ZÄG, in *Neumayr/Resch/Wallner,* Gmundner Kommentar zum Gesundheitsrecht² Rz 7 mwN; aA *Fantur,* Die neue Ärzte-GmbH aus Sicht des Vertragserrichters, GES 2010/4, 158, demzufolge die *„maßgebliche Berufsausübung“* ausschließlich in einer Gruppenpraxis möglich sei.

305 Dazu *Karollus,* Vergesellschaftung von Ärzten und Zahnärzten, in *Resch/Wallner,* Handbuch Medizinrecht³ Rz 52 mwN.

306 Siehe dazu Abschnitt D. 3. f) dieses Kapitels.

307 Zur Frage nach den Konsequenzen des Anstellungsverbots für Geschäftsführerdienstverhältnisse eingehend: *Karollus,* Vergesellschaftung von Ärzten und Zahnärzten, in *Resch/Wallner,* Handbuch Medizinrecht³ Rz 47.

308 So ausdrücklich *Wallner,* Handbuch Ärztliches Berufsrecht², 91; *Karollus,* Ausgewählte gesellschaftsrechtliche Fragen zur ärztlichen und zahnärztlichen *„Gruppenpraxis neu“,* RdM 2011/143, 195f; *Wiedenbauer* in *Wiedenbauer/Kanduth-Kristen/Grün/Hofer,* Die Ärzte-GmbH Rz 152.

Eine **einschränkende Auslegung** lässt sich damit begründen, dass sich das in § 52a Abs 3 Satz 1 ÄrzteG und in § 26 Abs 3 Satz 1 ZÄG genannte Ziel einer Abgrenzung zu selbständigen Ambulatorien nicht durch ein Anstellungsverbot erreichen lässt. Für Angehörige des zahnärztlichen Berufs kann weiters § 26 Abs 3 Z 6 lit b ZÄG herangezogen werden. Diese Bestimmung sieht für Gesellschafter ein Verbot für *„das Eingehen sonstiger zivil- oder arbeitsrechtlicher Beziehungen"* vor und beschränkt dieses expressis verbis auf Rechtsverhältnisse *„zum Zweck der Erbringung zahnärztlicher Leistungen"*. Durch Berücksichtigung dieser Einschränkung auf zahnärztliche Leistungen bei Auslegung des Anstellungsverbotes der lit a leg cit werden Dienstverhältnisse, die nicht-ärztliche Leistungen (wie die Geschäftsführung) zum Inhalt haben, zulässig. Für Ärzte besteht keine Ausnahmeregelung in § 52a ÄrzteG, die einschränkende Auslegung kann aber auf eine mangelnde sachliche Rechtfertigung des Anstellungsverbotes gestützt werden[309].

- **Zulässigkeitsbeschränkungen bei der Anstellung von Ärzten**

Der mit der Novelle des ÄrzteG BGBl I 2019/20[310] eingeführte § 47a ÄrzteG sieht eine eingeschränkte Zulässigkeit der Anstellung von Ärzten (die nicht zugleich Gesellschafter sein dürfen) in Gruppenpraxen vor. Der Gesetzgeber ermöglicht eine Anstellung zum **Zweck** der Erbringung ärztlicher Leistungen im **Umfang** von höchstens zwei Gesellschafter-Vollzeitäquivalenten, wobei ein Vollzeitäquivalent 40 Wochenstunden entspricht und zur Anstellung von höchstens zwei Ärzten berechtigt (§ 47a Abs 1 Z 2 ÄrzteG).

Konkret bedeutet dies, dass höchstens vier selbständig berufsbefugte Ärzte im Ausmaß von maximal 80 Wochenstunden beschäftigt werden dürfen. Einen Verteilungsschlüssel für die Aufteilung der Wochenstunden eines Vollzeitäquivalents unter den dafür höchstens zwei (in Teilzeit) anzustellenden Ärzten sieht das Gesetz nicht vor. Ebenso wenig enthält es Einschränkungen für eine Anstellung von Ärzten zu anderen Zwecken als der Erbringung ärztlicher Leistungen[311].

Für Gruppenpraxen, die als **Primärversorgungseinheit** gestaltet sind, ist eine Überschreitung der zulässigen Zahl der Vollzeitäquivalente und der angestellten Ärzte bei Einhaltung der Planungsvorgaben des jeweiligen RSG und des Primärversorgungsvertrages dagegen möglich (§ 47a Abs 2 ÄrzteG iVm §§ 2 und 8 PrimVG).

---

309 Dazu umfassend: *Karollus,* Vergesellschaftung von Ärzten und Zahnärzten, in *Resch/Wallner,* Handbuch Medizinrecht³ Rz 47.

310 Mit der Novelle sollte eine Attraktivierung durch flexiblere Arbeitszeitmodelle ermöglicht und Rechtssicherheit bei der Abgrenzung zu selbständigen Ambulatorien geschaffen werden. Siehe dazu RV 385 BlgNR 26. GP 7. Dazu eingehend auch: *Resch,* Ausgewählte Rechtsfragen der Anstellung von Ärzten bei Ärzten, RdM 2019/119, 207ff.

311 Vgl RV 385 BlgNR 26. GP 7, in der auf die weiterhin bestehende Möglichkeit der (zusätzlichen) Anstellung von Turnusärzten zu Ausbildungszwecken hingewiesen wird sowie *Karollus,* Vergesellschaftung von Ärzten und Zahnärzten, in *Resch/Wallner,* Handbuch Medizinrecht³ Rz 46a und 46b.

Darüber hinaus ist eine Anstellung auf das **Fachgebiet** der Gesellschafter beschränkt (§ 47a Abs 3 Satz 1 ÄrzteG). Eine Erweiterung des Leistungsangebots auf andere Fachgebiete ist im Wege der Anstellung von Ärzten damit ausgeschlossen[312].

Die Gesellschafter sind trotz der Anstellung von Ärzten **maßgeblich zur persönlichen Berufsausübung** in der Gruppenpraxis verpflichtet. § 47a Abs 3 Satz 2 ÄrzteG weist ausdrücklich auf diesen bereits in § 52a Abs 3 Z 6 ÄrzteG normierten Grundsatz[313] hin.

Nach § 47a Abs 3 Satz 3 ÄrzteG ist für Patienten zudem die **freie Arztwahl** unter den angestellten Ärzten zu gewährleisten (wie in § 52a Abs 3 Z 11 ÄrzteG für Gesellschafter) und tragen die angestellten Ärzte die medizinische Letztverantwortung für die von ihnen erbrachten Leistungen.

Eine regelmäßige wie auch fallweise **Vertretung von Gesellschaftern** ist gemäß § 47a Abs 4 ÄrzteG eine freiberufliche ärztliche Tätigkeit, sofern der vertretende und der vertretene Arzt ihre ärztliche Tätigkeit nicht überwiegend gleichzeitig in derselben Gruppenpraxis ausüben. Die Vertretung wird allerdings dann zur Angestelltentätigkeit, wenn der vertretende Arzt nicht bloß zu Vertretungszwecken in der Gruppenpraxis tätig ist, sondern selbst in der Gruppenpraxis ärztlich tätig ist und diese (reguläre) Tätigkeit zeitlich die Vertretungstätigkeit überwiegt[314].

- **Verbot der Anstellung von Angehörigen des zahnärztlichen Berufs**

Nach § 26 Abs 3 Z 6 lit a ZÄG ist die Anstellung von Angehörigen des zahnärztlichen Berufs (Zahnärzte und Dentisten) unzulässig[315].

Ebenfalls verboten sind sonstige zivil- oder arbeitsrechtliche Beziehungen der Gruppenpraxis oder ihrer Gesellschafter zum Zweck der Erbringung zahnärztlicher Leistungen (insb freie Dienstverträge, Werkverträge, Leiharbeitsverhältnisse) zu anderen Angehörigen des zahnärztlichen Berufs oder anderen Gruppenpraxen (§ 26 Abs 3 Z 6 lit b ZÄG). Obgleich im Gesetz nicht ausdrücklich erwähnt, so ist auch eine Zusammenarbeit mit Ärzten von diesem Verbot umfasst[316]. Davon ausgenommen sind nur vorübergehende Vertretungen, wofür § 26 Abs 3 Z 6 lit b letzter HS ZÄG beispielhaft Fortbildung, Krankheit und Urlaub anführt.

---

312 *Karollus,* Vergesellschaftung von Ärzten und Zahnärzten, in *Resch/Wallner,* Handbuch Medizinrecht³ Rz 46c.

313 Dazu oben, Abschnitt D. 3. i) dieses Kapitels.

314 Vgl RV 385 BlgNR 26. GP 8.

315 Zur Einschränkung auf zahnärztliche Leistungen bei Auslegung des Anstellungsverbotes siehe oben (Verbot der Anstellung von Gesellschaftern).

316 Vgl *Krauskopf,* § 26 ZÄG, in *Neumayr/Resch/Wallner,* Gmundner Kommentar zum Gesundheitsrecht² Rz 2.

- **Zulässigkeitsbeschränkungen bei der Anstellung von Angehörigen anderer Gesundheitsberufe**

In Gruppenpraxen dürfen nur so viele Angehörige anderer Gesundheitsberufe (zB Physiotherapeuten, Logopäden)[317] angestellt werden, als dafür keine Anstaltsordnung erforderlich ist (§ 52a Abs 3 Z 8 Satz 1 ÄrzteG, § 26 Abs 3 Z 7 Satz 1 ZÄG). Der Gesetzgeber legt dafür in Satz 2 leg cit eine fiktive[318] **Zulässigkeitsgrenze** fest.

Für die Anstellung anderer Berufsgruppen (zB Ordinationsgehilfen, Techniker) ist dagegen keine Beschränkung[319] vorgesehen.

Für die Vermutung[320] eines selbständigen Ambulatoriums spricht gemäß § 52a Abs 3 Z 8 Satz 2 ÄrzteG und § 26 Abs 3 Z 7 Satz 2 ZÄG, wenn alternativ:

- das Verhältnis zwischen den Gesellschaftern und den Vollzeitäquivalenten der angestellten Angehörigen anderer Gesundheitsberufe, (nur gemäß ÄrzteG: ausgenommen Ordinationsgehilfen), die Verhältniszahl 1:5 übersteigt oder
- die Zahl der angestellten Angehörigen anderer Gesundheitsberufe, (nur gemäß ÄrzteG: ausgenommen Ordinationsgehilfen), die Zahl 30 übersteigt.

Eine **Überschreitung der Zulässigkeitsgrenzen** ist gemäß § 52a Abs 3 Z 8 Satz 3 ÄrzteG bei Sonderfächern mit hohem Technisierungsgrad (zB Labordiagnostik, Radiologie) möglich. Die gesetzliche Vermutung eines selbständigen Ambulatoriums tritt diesfalls *„solange nicht ein, als die ärztliche Verantwortung für die ärztliche Leistung für einen bestimmten Behandlungsfall bei einem bestimmten Gesellschafter liegt"*. Eine entsprechende Ausnahmeregelung sieht auch § 26 Abs 3 Z 7 Satz 3 ZÄG vor.

Bei ärztlichen Gruppenpraxen ist zudem der in § 52a Abs 3 Z 5 ÄrzteG geregelte **zulässige Tätigkeitsbereich**[321] zu berücksichtigen. Demzufolge sind nur mit der Berufsbefugnis der Gruppenpraxis im direkten Zusammenhang stehende Tätigkeiten von Angehörigen anderer Gesundheitsberufe zulässig.

k) Freiheit der Berufsausübung

Nach § 52a Abs 3 Z 9 ÄrzteG und § 26 Abs 3 Z 8 ZÄG darf die Berufsausübung der Gesellschafter nicht an eine Weisung[322] oder Zustimmung der Gesellschafter

---

317 Siehe dazu Kapitel I. C. 3. c).

318 RV 779 BlgNR 24. GP 20 spricht von einer *„gesetzlichen Fiktion"*.

319 So ausdrücklich § 52a Abs 3 Z 8 ÄrzteG, § 26 Abs 3 Z 7 ZÄG. Ebenso *Wiedenbauer* in *Wiedenbauer/Kanduth-Kristen/Grün/Hofer,* Die Ärzte-GmbH Rz 161.

320 *Wiedenbauer* in *Wiedenbauer/Kanduth-Kristen/Grün/Hofer,* Die Ärzte-GmbH Rz 158 weist zutreffend darauf hin, dass gesetzliche Vermutungen grundsätzlich widerlegbar sind, räumt aber ein, dass dies bei Überschreiten der Zulässigkeitsgrenzen nicht einfach werden dürfte.

321 Dazu bereits Abschnitt D. 4. c) dieses Kapitels.

322 Zur selbständigen, eigenverantwortlichen Berufsausübung, die frei von fachlichen Weisungen erfolgt, siehe bereits Kapitel II. A. 1. a).

(Gesellschafterversammlung) gebunden werden. Diese Bestimmung schließt eine Einflussnahme von Mitgesellschaftern auf die einen konkreten Patienten betreffenden fachlich-medizinischen **Behandlungsentscheidungen** auf Basis des Behandlungsvertrags aus[323]. Ein unter Missachtung dieser gesetzlichen Regel gefasster Gesellschafterbeschluss wäre absolut nichtig[324].

Die Berufsausübung bezieht sich aber nicht ausschließlich auf die (zahn-) ärztliche Heilbehandlung, sondern auch auf ***„allgemeine"*** **Fragen der Berufsausübung**[325]. Für diese regelt § 52a Abs 3 Z 10 ÄrzteG, dass über diese Fragen ausschließlich die entsprechend berufsberechtigten Gesellschafter zu entscheiden haben. Die Bestimmung verdeutlicht zudem, dass keine Entscheidung gegen den Willen der Gesellschafter, mit der für den Entscheidungsgegenstand überwiegend betroffenen Berufsberechtigung, getroffen werden darf. Eine entsprechende Parallelbestimmung im ZÄG existiert nicht.

Der Wortlaut der Bestimmung, insbesondere die *„überwiegend betroffene Berufsberechtigung"*, kann im Einzelfall zu **Abgrenzungsproblemen** führen[326]. In der Lit[327] besteht jedoch Einigkeit, dass die Bestimmung auf Entscheidungen über die Anstellung von Ordinationsgehilfen sowie auf die Auswahl von medizinischen Geräten anzuwenden ist. Nicht von § 52a Abs 3 Z 10 ÄrzteG umfasst sind Entscheidungen über Fragen, welche die ärztliche Berufsausübung nicht mehr unmittelbar betreffen, wie bspw der Abschluss des Mietvertrags über die Ordinationsräumlichkeiten oder der Kaufverträge über die Büroausstattung, die Beauftragung eines Buchhalters oder Steuerberaters, die Anstellung von Reinigungspersonal[328].

In einer Gruppenpraxis-GmbH werden innerhalb der Gesellschafter der betroffenen Fachrichtung Mehrheitsbeschlüsse gem § 39 Abs 1 GmbHG idR zulässig sein, während diese bei einer OG einer Regelung im Gesellschaftsvertrag bedürfen, widrigenfalls das Einstimmigkeitsprinzip des § 119 Abs 1 UGB gelten würde[329]. Ein

---

323 Vgl *Zahrl,* Die Ärzte-GmbH (II), RdM 2011/61, 79; *Fantur,* Die neue Ärzte-GmbH aus Sicht des Vertragserrichters, GES 2010/4, 162.

324 *Karollus,* Vergesellschaftung von Ärzten und Zahnärzten, in *Resch/Wallner,* Handbuch Medizinrecht³ Rz 59 weist darauf hin, dass es bei einer GmbH keiner Beschlussanfechtungsklage bedarf, da ein Beschluss konkret nicht anfechtbar, sondern absolut nichtig wäre. Bei einer OG führen nicht unerhebliche Fehler jedenfalls zu einer Nichtigkeit des Beschlusses, eine Beschlussanfechtung ist nicht vorgesehen.

325 *Wallner,* Handbuch Ärztliches Berufsrecht², 92.

326 Siehe dazu die kritischen Anmerkungen von *Fantur,* Die neue Ärzte-GmbH aus Sicht des Vertragserrichters, GES 2010/4, 162. Zustimmend *Zahrl,* Die Ärzte-GmbH (II), RdM 2011/61, 79.

327 *Fantur,* Die neue Ärzte-GmbH aus Sicht des Vertragserrichters, GES 2010/4, 162; *Karollus,* Vergesellschaftung von Ärzten und Zahnärzten, in *Resch/Wallner,* Handbuch Medizinrecht³ Rz 59a; *Zahrl,* Die Ärzte-GmbH (II), RdM 2011/61, 79.

328 Dazu *Wallner,* Handbuch Ärztliches Berufsrecht², 92; *Karollus,* Vergesellschaftung von Ärzten und Zahnärzten, in *Resch/Wallner,* Handbuch Medizinrecht³ Rz 59a.

329 Zur Zulässigkeit von Mehrheitsbeschlüssen *Karollus,* Vergesellschaftung von Ärzten

unter Missachtung des § 52a Abs 3 Z 10 ÄrzteG gefasster Gesellschafterbeschluss wäre in einer GmbH anfechtbar, in einer OG, sofern der Fehler nicht vollkommen unbeachtlich wäre, nichtig[330].

l) Freie Arztwahl

Für die Patienten ist die freie Arztwahl unter den Gesellschaftern (bei Ärzten: derselben Fachrichtung) zu gewährleisten (§ 52a Abs 3 Z 11 ÄrzteG, § 26 Abs 3 Z 9 ZÄG). Sie berechtigt den Patienten zu einer Behandlung durch einen bestimmten Gesellschafter, dessen Verfügbarkeit freilich vorausgesetzt[331], und gilt gemäß § 47a Abs 3 Satz 3 ÄrzteG auch für angestellte Ärzte der Gruppenpraxis.

Die freie Arztwahl dient als weiteres Abgrenzungskriterium zu selbständigen Ambulatorien, wenngleich daraus gewisse Unstimmigkeiten im Hinblick darauf, dass die Gruppenpraxis selbst Träger der Berufsbefugnis und Vertragspartner des Behandlungsvertrags ist, resultieren[332]. Diese werden durch die gesetzliche Regelung in § 52a Abs 3 Z 11 ÄrzteG bzw § 26 Abs 3 Z 9 ZÄG aufgelöst, indem die freie Arztwahl auch zum zwingenden Inhalt des Behandlungsvertrags mit der Gruppenpraxis wird[333].

m) Einhaltung der berufs- und standesrechtlichen Pflichten

Nach § 52a Abs 6 Satz 2 ÄrzteG, § 26 Abs 6 Satz 2 ZÄG ist **jeder Gesellschafter** für die Einhaltung der berufs- und standesrechtlichen Pflichten persönlich verantwortlich. Die Einschränkung oder Aufhebung dieser gesetzlichen Pflichten durch Gesellschaftsvertrag, Beschlüsse der Gesellschafter oder Geschäftsführungsmaßnahmen ist ausgeschlossen.

Zugleich trifft das (zahn-) ärztliche Berufsrecht Anordnungen, wonach bestimmte gesetzliche Verpflichtungen (auch) im Gesellschaftsvertrag zu verankern sind[334]. Dazu zählen insbesondere die Einhaltung der Meldepflichten nach § 29 Abs 1 Z 7 ÄrzteG bzw § 14 ZÄG (hinsichtlich Eröffnung, Erweiterung und Schließung von Gruppenpraxen sowie Beginn oder Beendigung von Beteiligungen an diesen) sowie die Vorlage des Gesellschaftsvertrags und des Zulassungsbescheids von Wahlgruppenpraxen.

---

und Zahnärzten, in *Resch/Wallner,* Handbuch Medizinrecht[3] Rz 59a mwN.

330 *Fantur,* Die neue Ärzte-GmbH aus Sicht des Vertragserrichters, GES 2010/4, 162; *Karollus,* Vergesellschaftung von Ärzten und Zahnärzten, in *Resch/Wallner,* Handbuch Medizinrecht[3] Rz 59a.

331 *Wiedenbauer* in *Wiedenbauer/Kanduth-Kristen/Grün/Hofer,* Die Ärzte-GmbH Rz 164.

332 So bereits *Zahrl,* Die Ärzte-GmbH (II), RdM 2011/61, 79.

333 *Karollus,* Vergesellschaftung von Ärzten und Zahnärzten, in *Resch/Wallner,* Handbuch Medizinrecht[3] Rz 60.

334 Vgl dazu die kritische Anmerkung von *Zahrl,* Die Ärzte-GmbH (II), RdM 2011/61, 80, dem die Sicherstellung der Einhaltung der gesetzlichen Regelungen durch den Gesellschaftsvertrag *„seltsam erscheint".*

Für die Einhaltung der berufs- und standesrechtlichen Pflichten ist – neben den Gesellschaftern – auch die **Gruppenpraxis** verantwortlich (§ 52a Abs 7 ÄrzteG, § 26 Abs 7 ZÄG). Diese Verpflichtung ist Ausfluss der selbständigen Berufsbefugnis der Gruppenpraxis[335]. Im Gegensatz zu den Gesellschaftern unterliegt die Gruppenpraxis nicht der Disziplinargewalt der Ärztekammer (Zahnärztekammer). Bei einer den (zahn-) ärztegesetzlichen Bestimmungen zuwiderlaufenden Gebarung (zB der Aufrechterhaltung von unzulässigen Bestimmungen im Gesellschaftsvertrag nach einem Verbesserungsauftrag) besteht die Möglichkeit der Streichung aus der Ärzteliste (Zahnärzteliste)[336].

4. Exkurs: Der Syndikatsvertrag

Die Regelung sämtlicher Einzelheiten im Rahmen eines Gesellschaftsvertrages ist infolge der damit einhergehenden Publizitätserfordernisse nicht immer erwünscht. Zur Festlegung ergänzender Inhalte erfolgt häufig ein Rückgriff auf den Syndikatsvertrag (Stimmbindungsvertrag), wodurch diesem erhebliche Praxisrelevanz zukommt.

Beim Syndikatsvertrag handelt es sich um eine Übereinkunft zweier oder mehrerer Gesellschafter, mit der **Verhaltensregeln** in Bezug auf die Gruppenpraxis festgelegt werden. Damit wird eine, nur den beteiligten Gesellschaftern als Vertragsparteien bekannte **Ergänzung**[337] des Gesellschaftsvertrages geschaffen, wobei sich in der Praxis im Syndikatsvertrag bisweilen detailliertere Regelungen finden als im Gesellschaftsvertrag. Erfolgt der Vertragsabschluss durch alle Gesellschafter (omnilateraler Syndikatsvertrag) kommt diesem eine satzungsgleiche Wirkung zu. Die Zulässigkeit von Syndikatsverträgen ist grundsätzlich nicht auf einzelne Gesellschaftsformen beschränkt, praktisch relevant werden sie wohl nur für Gruppenpraxen in der Rechtsform einer GmbH sein[338].

Als **Vertragsgegenstand** eines Syndikatsvertrags kommen neben Abreden über das Stimmverhalten auch andere Inhalte (bspw Vereinbarungen über die Gewinnverteilung und -ausschüttung, Vorkaufs- und Aufgriffsrechte oder über die weitere Finanzierung der Gruppenpraxis) in Betracht[339].

Im Gegensatz zum Gesellschaftsvertrag, welcher der Notariatsaktspflicht unterliegt und bei dem selbst der Abänderungsbeschluss notariell beurkundet werden muss (§ 49 Abs 1 GmbhG), ist der Syndikatsvertag **formfrei**, kann also schriftlich,

---

335 Siehe dazu Abschnitt D. 3. g) dieses Kapitels.

336 *Wallner,* Handbuch Ärztliches Berufsrecht², 93, der als Begründung die fehlende Kammerangehörigkeit von Gruppenpraxen anführt; *Karollus,* Vergesellschaftung von Ärzten und Zahnärzten, in *Resch/Wallner,* Handbuch Medizinrecht³ Rz 63.

337 So auch RIS-Justiz RS0079236; *Fantur,* Die neue Ärzte-GmbH aus Sicht des Vertragserrichters, GES 2010/4, 157 spricht von einer *„Nebenvereinbarung"*.

338 Vgl *Haberer/Krejci,* Gesellschaftsrecht Allgemeiner Teil² Rz 283ff mwN.

339 *Wiedenbauer* in *Wiedenbauer/Kanduth-Kristen/Grün/Hofer,* Die Ärzte-GmbH Rz 129; *Haberer/Krejci,* Gesellschaftsrecht Allgemeiner Teil² Rz 285.

mündlich oder konkludent abgeschlossen werden. Anders als der Gesellschaftsvertrag liegt der Syndikatsvertrag nicht in der Urkundensammlung des Firmenbuches auf[340].

Die mangelnden Publizitätserfordernisse führen zur Frage, ob Syndikatsverträge – wie Gesellschaftsverträge – der jeweils zuständigen Ärztekammer (Zahnärztekammer) offenzulegen sind. Eine Vorlagepflicht besteht expressis verbis lediglich für den Gesellschaftsvertrag (§ 52a Abs 6 und Abs 7 ÄrzteG, § 26 Abs 6 und Abs 7 ZÄG). Gesellschafter unterliegen nach den genannten Bestimmungen allerdings der generellen Verpflichtung zur Einhaltung der berufs- und standesrechtlichen Pflichten, deren Prüfung den Kammern obliegt, sodass eine teleologische Interpretation für eine Vorlagepflicht spricht[341]. In der Praxis wird eine Offenlegungspflicht infolge der Formfreiheit freilich schwierig sein,

Unterschiede zwischen Gesellschafts- und Syndikatsvertrag bestehen auch in der Rechtsnatur. Der Syndikatsvertrag ist grundsätzlich als **Gesellschaft bürgerlichen Rechts** zu qualifizieren[342]. Als reine Innengesellschaft ist die Gesellschaft auf das Verhältnis ihrer Gesellschafter untereinander beschränkt. Dem Syndikatsvertrag kommt eine rein schuldrechtliche Wirkung zu. Es sind folglich ausschließlich die Vertragspartner des Syndikatsvertrags gebunden, nicht jedoch die Gruppenpraxis selbst[343]. Ein (Syndikats-) vertragswidriges Stimmverhalten eines Gesellschafters wäre sohin dennoch wirksam[344]. Die Beendigung von Syndikatsverträgen erfolgt nach den §§ 1208 ff ABGB. Bei unbefristeten Syndikatsvereinbarungen kann die ordentliche Kündigung ausnahmsweise ausgeschlossen oder beschränkt werden (§ 1209 Abs 2 ABGB). Damit soll die (ansonsten bestehende) hier von den Gesellschaftern regelmäßig nicht gewollte Möglichkeit einer ordentlichen Kündigung vermieden werden. Syndikatsverträge können aber auch befristet eingegangen werden, wobei eine Auflösung (außerordentliche Kündigung) diesfalls ohnehin nur aus wichtigem Grund möglich ist[345].

---

340 *Fantur,* Die neue Ärzte-GmbH aus Sicht des Vertragserrichters, GES 2010/4, 157; *Haberer/Krejci,* Gesellschaftsrecht Allgemeiner Teil² Rz 288.

341 *Karollus,* Vergesellschaftung von Ärzten und Zahnärzten, in *Resch/Wallner,* Handbuch Medizinrecht³ Rz 70.

342 Vgl etwa RIS-Justiz RS0117681; *Weber,* Unternehmens- und Gesellschaftsrecht⁵, 132.

343 Vgl RIS-Justiz RS0059854; RIS-Justiz RS0049389.

344 Vgl RIS-Justiz RS0079236.

345 Vgl RIS-Justiz RS0117681; *Haberer/Krejci,* Gesellschaftsrecht Allgemeiner Teil² Rz 287.

E. Primärversorgungseinheit (PVE)

Das Grundkonzept der Primärversorgung hat seine Wurzeln im britischen **Dawson Report**[346] aus 1920[347]. Ein *„Primary Health Centre"* ist demnach eine für heilende und vorbeugende medizinische Dienste ausgestattete Einrichtung, die hauptsächlich mit – von Pflegedienstmitarbeitern unterstützten – Allgemeinärzten besetzt ist. Im Unterschied zum *„Secondary Health Centre"*, welches hauptsächlich mit Fachärzten und Spezialisten besetzt ist, haben diese im *„Primary Health Centre"* nur Unterstützungsfunktion[348].

Internationale Bedeutung erlangte die Primärversorgung durch die World Health Organization (WHO) und den United Nations International Children's Emergency Fund (UNICEF), die beginnend mit der **Erklärung von Alma-Ata**[349] im Jahr 1978 die Etablierung und den Ausbau der Primärversorgung als erstes Element eines kontinuierlichen Gesundheitsprozesses des Einzelnen, der Familie und der Gemeinschaft mit dem nationalen Gesundheitssystem forcieren. Das Ziel der Stärkung der Primärversorgung als Eckpfeiler eines nachhaltigen Gesundheitssystems wurde zuletzt in der **Erklärung von Astana**[350] aus dem Jahr 2018 bekräftigt.

In Österreich erfolgte bereits 1978 ein Bekenntnis zur Alma-Ata-Deklaration[351], allein der Beginn mit der Umsetzung sollte bis zur Gesundheitsreform 2013[352] dauern.

---

346 The Dawson report on the future provision of medical and allied services 1920: an interim report to the Minister of Health, https://archive.kingsfund.org.uk/concern/published_works/000018795?lokale=fr (abgerufen am 20.11.2025).

347 Vgl zur historischen Entwicklung auf internationaler Ebene: *Bukor et al,* Primärversorgung in Österreich, in *Aigner/Kletečka/Kletečka-Pulker/Memmer (Hrsg),* HB Medizinrecht, IV.9/283f.

348 The Dawson report on the future provision of medical and allied services 1920: an interim report to the Minister of Health, https://archive.kingsfund.org.uk/concern/published_works/000018795?lokale=fr (abgerufen am 20.11.2025) 6, 15.

349 Declaration of Alma-Ata, https://iris.who.int/bitstream/handle/10665/347879/WHO-EURO-1978-3938-43697-61471-eng.pdf?sequence=1 (abgerufen am 20.11.2025) 1f und Report of the International Conference on Primary Health Care, https://iris.who.int/bitstream/handle/10665/39228/9241800011.pdf?sequence=1 (abgerufen am 20.11.2025) 3f.

350 Declaration of Astana, Global Conference on Primary Health Care, From Alma-Ata towards universal health coverage and the Sustainable Development Goals, Astana, Kazakhstan, 25 and 26 October 2018, https://iris.who.int/bitstream/handle/10665/328123/WHO-HIS-SDS-2018.61-eng.pdf?sequence=1 (abgerufen am 20.11.2025) 5.

351 *Ivansits/Prinzinger,* Rechtspolitische und juristische Aspekte einer Primärversorgung in Österreich, RdM 2015/46, 44; *Hauptverband der österreichischen Sozialversicherungsträger (Hrsg),* Primärversorgung in Österreich, SozSi 2014, 110.

352 Bundesgesetz, mit dem ua ein Bundesgesetz zur partnerschaftlichen Zielsteuerung-Gesundheit (Gesundheits-Zielsteuerungsgesetz – G-ZG) erlassen wird sowie das Bundesgesetz über Krankenanstalten und Kuranstalten, das Gesundheitsqualitätsgesetz, das Ärztegesetz 1998 et al geändert werden (Gesundheitsreformgesetz 2013), BGBl I 2013/81, kundgemacht am 23.5.2013.

Deren Ziel war die *„Stärkung der Primärversorgung nach internationalem Vorbild auch im niedergelassenen Bereich“*[353]. Die auf diversen Vereinbarungen der Zielsteuerungspartner Bund, Länder und Sozialversicherungsträger basierende Reform führte zu einer zersplitteten Darstellung von Regelungen zur Primärversorgung, ua in der Vereinbarung gemäß Art 15a B-VG Zielsteuerung-Gesundheit[354], dem Gesundheitsreformgesetz 2013[355] oder den Bundes- und Landeszielsteuerungsverträgen[356]. Diese konnte auch mit dem Gesundheitsreformumsetzungsgesetz 2017[357] nicht gänzlich beseitigt werden, zumal das damit erlassene Primärversorgungsgesetz (PrimVG[358]) in § 1 auf die Legaldefinition der Primärversorgung in § 3 Z 9, nunmehr Z 16[359], Gesundheits-Zielsteuerungsgesetz (G-ZG[360]) verweist.

Als Erstkontaktstelle bei Gesundheitsproblemen soll die **Primärversorgung** (Primary Health Care) der umfassenden Grundversorgung mit dem Ziel der Koordination des Versorgungsprozesses und der Gewährleistung einer ganzheitlichen und kontinuierlichen Betreuung unter Berücksichtigung gesellschaftlicher Bedingungen dienen (§ 3 Z 16 G-ZG).

Mit dem am 3.8.2017 kundgemachten PrimVG erfolgte schließlich die faktische, auf dem durch die Bundes-Zielsteuerungskommission am 30.6.2014 beschlossenen Konzept *„Das Team rund um den Hausarzt“*[361] gründende **Umsetzung** der Primärversorgung **in Primärversorgungseinheiten**[362]. Die damit notwendigerweise

---

353 ErläutRV 2243 BlgNR 24. GP 19.

354 BGBl I 2013/200, kundgemacht am 15.10.2013.

355 Siehe FN 352; BGBl I 2013/81, kundgemacht am 23.5.2013.

356 *Bukor et al,* Primärversorgung in Österreich, in *Aigner/Kletečka/Kletečka-Pulker/Memmer (Hrsg),* HB Medizinrecht, IV.9/284.

357 Bundesgesetz, mit dem ein Bundesgesetz über die Primärversorgung in Primärversorgungseinheiten (Primärversorgungsgesetz – PrimVG) erlassen und das Gesundheits-Zielsteuerungsgesetz, das Allgemeine Sozialversicherungsgesetz, das Gewerbliche Sozialversicherungsgesetz, das Bauern-Sozialversicherungsgesetz, das Beamten-Kranken- und Unfallversicherungsgesetz, das Unterbringungsgesetz, das Krankenanstalten- und Kuranstaltengesetz, das Gesundheitstelematikgesetz 2012, das Gesundheits- und Krankenpflegegesetz, das Hebammengesetz, das Medizinische Assistenzberufe-Gesetz und das Medizinischer Masseur- und Heilmasseurgesetz geändert werden (Gesundheitsreformumsetzungsgesetz 2017 – GRUG 2017), BGBl I 2017/131, kundgemacht am 2.8.2017.

358 BGBl I 2017/131 idgF.

359 Die Legaldefinition findet sich seit der Novelle BGBl I 2023/191, kundgemacht am 31.12.2023, nicht mehr in § 3 Z 9 G-ZG, sondern in Z 16 leg cit.

360 Bundesgesetzes zur partnerschaftlichen Zielsteuerung-Gesundheit, BGBl I 2017/26 idgF.

361 IA 2255/A, abgedruckt im AB 1714 BlgNR 25. GP 2.

362 *Ivansits/Prinzinger,* Rechtspolitische und juristische Aspekte einer Primärversorgung in Österreich, RdM 2015/46, 44f. Diese beklagten, dass *„das ursprüngliche Leitmotiv der Patientenorientierung“* infolge des gegen die Reform bestehenden Widerstands der Ärztekammer, die ua ins Treffen führte, dass eine Primärversorgung durch die Hausärzte bereits davor praktiziert wurde, durch den Focus auf *„Das Team um den Hausarzt“* eine

einhergehende Strukturveränderung soll langfristig, ohne Eingriff in bestehende Strukturen oder Verträge unter gleichzeitiger Aufwertung der Allgemeinmedizin erfolgen. Ein weiterer Eckpunkt der Reform ist die Brückenfunktion der Primärversorgungseinheiten zur Pflege[363].

1. Definition und Abgrenzung

Bei einer Primärversorgungseinheit handelt es sich nach § 2 Abs 1 PrimVG um eine durch verbindliche und strukturierte Zusammenarbeit gemäß dem – ihre Leistungen und ihre Organisation iSd § 6 PrimVG regelnden – Versorgungskonzept nach außen **als Einheit auftretende Erstanlaufstelle** im Gesundheitsversorgungssystem. Ihre Aufgabe besteht in der Bereitstellung von Angeboten zur Gesundheitsförderung und Krankheitsprävention und zur umfassenden Behandlung von akuten und chronischen Erkrankungen sowie in der Koordination der für eine gesamtheitliche und kontinuierliche Gesundheitsvorsorge und Krankenversorgung erforderlichen Maßnahmen. Nach § 3 PrimVG erfüllen Errichtung und Betrieb von Primärversorgungseinheiten wichtige öffentliche Interessen[364] zur Erbringung muliprofessioneller und interdisziplinärer Gesundheitsdienstleistungen.

Die Primärversorgungseinheit ist – wie die Gruppenpraxis – dann **Behandlungsgesellschaft** (Behandlungsrechtsträger)[365], wenn sie selbst gegenüber den Patienten auftritt, die Behandlungsleistungen erbringt und Partner des Behandlungsvertrags ist. Dies ist etwa bei Primärversorgungseinheiten in der Rechtsform einer GmbH oder OG der Fall. Demgegenüber ist das jeweils behandelnde Mitglied Partner des Behandlungsvertrags, wenn ein Verein oder eine Genossenschaft als Rechtsträger einer Primärversorgungseinheit auftritt[366].

Im Unterschied zu den ebenfalls als Erstanlaufstellen im niedergelassenen Bereich dienenden **Ordinationen** und **Spitalsambulanzen** ist eine Primärversorgungseinheit zum Zweck eines einheitlichen Außenauftritts und als Ansprechpartner der Sozialversicherung (insb betreffend Leistungsportfolio und Honoraraufteilung)[367]

Abschwächung erfahren musste.

[363] IA 2255/A, abgedruckt im AB 1714 BlgNR 25. GP 2.

[364] Dazu zählen nach § 3 Abs 2 und 3 PrimVG ua die Verbesserung der Verfügbarkeit und Erreichbarkeit für Patienten, ein erweitertes medizinisches Leistungsangebot, die Sicherung der Versorgung sowie die Attraktivierung der Rahmenbedingungen für die beteiligten Berufsgruppen durch Erweiterung der Kooperationsformen.

[365] *Karollus*, Vergesellschaftung von Ärzten und Zahnärzten, in *Resch/Wallner*, Handbuch Medizinrecht³ Rz 104 weist darauf hin, dass es sich beim Rechtsträger einer PVE – im Gegensatz zu einer Gruppenpraxis – nicht immer um eine Gesellschaft handelt, weshalb der Begriff „*Behandlungsgesellschaft*" zu eng und stattdessen „*Behandlungsrechtsträger*" zu bevorzugen sei.

[366] *Bukor et al*, Primärversorgung in Österreich, in *Aigner/Kletečka/Kletečka-Pulker/Memmer (Hrsg)*, HB Medizinrecht, IV.9/293.

[367] IA 2255/A, abgedruckt im AB 1714 BlgNR 25. GP 3.

mit eigener Rechtspersönlichkeit im Sinne einer Rechtsfähigkeit[368] ausgestattet (§ 2 Abs 4 Satz 1 PrimVG).

Weiters muss sie im Regionalen Strukturplan Gesundheit (RSG) abgebildet sein und über einen auf dem Sachleistungsprinzip beruhenden **Primärversorgungsvertrag** verfügen (§ 2 Abs 4 Satz 2 PrimVG).

Unterschiede bestehen auch in der Zusammensetzung:

Primärversorgungseinheiten bestehen aus einem Kernteam und Primärversorgungspartnern[369]. Das **Kernteam** setzt sich aus mindestens zwei Ärzten für Allgemeinmedizin und mindestens einem Angehörigen des gehobenen Dienstes für Gesundheits- und Krankenpflege sowie – orts- und bedarfsabhängig – zusätzlich aus mindestens einem Facharzt für Kinder- und Jugendheilkunde zusammen (§ 2 Abs 2 PrimVG).

Alternativ darf das ärztliche Kernteam – abhängig von den Vorgaben im jeweiligen Regionalen Strukturplan Gesundheit (RSG) – ausschließlich aus mindestens zwei Fachärzten für Kinder- und Jugendheilkunde (§ 2 Abs 2 Z 1 PrimVG) oder aus mindestens einem Facharzt für Kinder- und Jugendheilkunde und einem Arzt für Allgemeinmedizin bestehen (§ 2 Abs 2 Z 2 PrimVG).

Orts- und bedarfsabhängig ist eine verbindliche und strukturierte Einbindung von **Primärversorgungspartnern** zulässig. Als solche kommen weitere Angehörige von Gesundheits- und Sozialberufen sowie Einrichtungen, in denen diese beschäftigt werden, wie bspw Fachärzte für Frauenheilkunde und Geburtshilfe, Hebammen, Psychologen, Psychotherapeuten oder Angehörige der Gesundheits- und Krankenpflege in Betracht. Auch eine Kooperation mit öffentlichen Apotheken, Krankenanstalten, Schulen oder Rettungsdiensten[370] ist möglich (§ 2 Abs 3 PrimVG).

2. Die Gründungsschritte im Überblick

Die Gründungsschritte einer Primärversorgungseinheit unterscheiden sich nach dem entsprechend den örtlichen Verhältnissen[371] ausgewählten **Primärversor-**

---

368 Vgl dazu den Hinweis von *Karollus,* Vergesellschaftung von Ärzten und Zahnärzten, in *Resch/Wallner,* Handbuch Medizinrecht[3] Rz 110. Diesem zufolge kommt eine Ausstattung mit eigener Rechtspersönlichkeit üblicherweise nur juristischen Personen zu, wodurch eine Gruppenpraxis in der Rechtsform einer OG nicht als Rechtsträger einer Primärversorgungseinheit in Frage käme. Zur Vermeidung dieses ungewollten Ergebnisses spricht sich *Karollus* daher für eine teleologische Reduktion des § 2 Abs 4 Satz 1 PrimVG im Sinne einer eigenen Rechtsfähigkeit, also der Fähigkeit, selbst Träger von Rechten und Pflichten zu sein, aus. Die Fähigkeit, (Behandlungs-) Verträge im eigenen Namen abzuschließen, bliebe somit erhalten.

369 IA 2255/A, abgedruckt im AB 1714 BlgNR 25. GP 4.

370 IA 2255/A, abgedruckt im AB 1714 BlgNR 25. GP 4; *Ivansits,* Die rechtliche Stellung nichtärztlicher Gesundheitsberufe in der Primärversorgung, RdM 2018/122, 173.

371 Die gesetzliche Anordnung, wonach Primärversorgungseinheiten entsprechend den örtlichen Verhältnissen einzurichten sind, ermöglicht laut *Karollus,* Vergesellschaftung von Ärzten und Zahnärzten, in *Resch/Wallner,* Handbuch Medizinrecht[3] Rz 107 (FN 409)

gungstypus. Nach § 2 Abs 5 PrimVG kann eine Primärversorgungseinheit entweder als Primärversorgungseinheit an einem Standort oder als Netzwerk an mehreren Standorten eingerichtet sein.

Die Führung einer **standortgebundenen Primärversorgungseinheit** ist expressis verbis nur in der Organisationsform einer Gruppenpraxis oder eines selbständigen Ambulatoriums möglich (§ 2 Abs 5 Z 1 PrimVG). Bei Gruppenpraxen sieht § 52a Abs 1 ÄrzteG als zulässige Rechtsformen die OG und die GmbH vor[372], während für selbständige Ambulatorien keine Rechtsformbeschränkung besteht[373].

Nach § 2 Abs 5 Satz 2 PrimVG ist die Bildung eines an mehreren Standorten eingerichteten **Netzwerks** nur aus freiberuflich tätigen Ärzten, Gruppenpraxen sowie nicht-ärztlichen Angehörigen anderer Gesundheits- und Sozialberufe oder deren Trägerorganisationen zulässig (§ 2 Abs 5 Z 2 PrimVG). Als Rechtsform eines Netzwerks führt der Gesetzgeber in § 2 Abs 5 Z 2 PrimVG bspw einen Verein an. Wird ein Netzwerk in der Betriebsform einer dislozierten Gruppenpraxis oder vernetzten Einzelordinationen geführt, wäre auch eine Genossenschaft möglich[374].

a) Gründung einer PVE in Form einer Gruppenpraxis

Nach § 9 Abs 2 Satz 1 PrimVG erfordert die Gründung einer Primärversorgungseinheit in der Rechtsform einer Gruppenpraxis – abweichend von § 52b ÄrzteG[375] – die Erfüllung folgender Voraussetzungen:

- Abbildung der Primärversorgungseinheit im RSG
- Vorliegen einer vorvertraglichen Zusage der ÖGK zum Abschluss eines Primärversorgungsvertrags als Ergebnis eines Auswahlverfahrens gemäß §§ 14 oder 14a PrimVG
- Eintragung in das Firmenbuch
- Eintragung in die Ärzteliste

Die Aufnahme der ärztlichen Tätigkeit durch die Primärversorgungseinheit darf erst nach Feststellung der Erfüllung der genannten drei Voraussetzungen mit **Bescheid** durch den jeweils zuständigen Landeshauptmann und der anschließenden Eintragung in die Ärzteliste als weitere (vierte) Voraussetzung erfolgen (§ 9 Abs 2 Satz 2 PrimVG). Im Rahmen des Eintragungsverfahrens ist der Ärztekammer neben dem Firmenbuchauszug und dem Gesellschaftsvertrag auch die Bestätigung über den Abschluss der Berufshaftpflichtversicherung gem § 52d ÄrzteG iVm § 13 PrimVG vorzulegen[376]:

mwN keine Wahlfreiheit zwischen den beiden Primärversorgungstypen.

372 Dazu oben Kapitel II. D. 2. a).

373 Vgl IA 2255/A, abgedruckt im AB 1714 BlgNR 25. GP 4.

374 IA 2255/A, abgedruckt im AB 1714 BlgNR 25. GP 6.

375 Zu den in § 52b ÄrzteG geregelten allgemeinen Voraussetzungen für die Gründung einer Gruppenpraxis siehe Kapitel II. D. 2.

376 Zur Eintragung einer Gruppenpraxis in die Ärzteliste siehe bereits Kapitel II. D. 2. c).

Eine **Ausnahme** vom Erfordernis der Feststellung der Voraussetzungen durch den Landeshauptmann gilt in den Fällen des § 52b Abs 1 Z 2 lit a ÄrzteG, wenn jeder Gesellschafter bereits einen Einzelvertrag mit der ÖGK hat oder die zu gründende Gruppenpraxis bereits im Stellenplan vorgesehen ist und zusätzlich die Voraussetzungen des § 52b Abs 2 ÄrzteG gegeben sind[377]. Da die Gründungsvoraussetzungen gemäß ÄrzteG vorab erfüllt sind, ergeht kein Zulassungsbescheid und sieht § 9 Abs 2 Satz 2 PrimVG diesfalls lediglich die Eintragung in die Ärzteliste vor.

Ein Zulassungsverfahren mit Bedarfsprüfung, wie dies § 52c ÄrzteG vorsieht, ist bei Primärversorgungseinheiten jedenfalls nicht durchzuführen. § 9 Abs 3 PrimVG schließt die Anwendbarkeit von § 52c ÄrzteG aus, da für Primärversorgungseinheiten ohnedies eine Planung und Beschlussfassung durch die Landeszielsteuerungskommission sowie ein Auswahlverfahren gemäß §§ 14 oder 14a PrimVG vorgesehen ist[378].

b) Gründung einer PVE in Form eines selbständigen Ambulatoriums

Für die Gründung einer Primärversorgungseinheit in der Rechtsform eines selbständigen Ambulatoriums sieht § 10 Z 1 und 2 PrimVG folgende **Besonderheiten** vor:

- Erteilung einer Errichtungsbewilligung bei Abbildung der Primärversorgungseinheit im RSG
- Vorliegen einer vorvertraglichen Zusage der ÖGK zum Abschluss eines Primärversorgungsvertrags als Ergebnis eines Auswahlverfahrens gemäß §§ 14 oder 14a PrimVG
- Erteilung der Betriebsbewilligung bei Erfüllung der Voraussetzungen des § 3b Abs 1 oder 2 KAKuG

Abweichend von § 3a Abs 2 Z 1 sowie § 3a Abs 3, 5 und 7 KAKuG ist eine Errichtungsbewilligung bereits dann zu erteilen, wenn die Primärversorgungseinheit im RSG **abgebildet** ist und – nach Durchführung eines Auswahlverfahrens – zusätzlich eine vorvertragliche Zusage der ÖGK zum Abschluss eines Primärversorgungsvertrags vorliegt[379]. Hinsichtlich der Erteilung der **Betriebsbewilligung** wird auf die Voraussetzungen des § 3b Abs 1 oder 2 KAKuG[380] verwiesen. Nicht anzuwenden ist § 6 KAKuG betreffend die Regelung des inneren Betriebs einer Krankenanstalt durch die Anstaltsordnung (§ 10 Z 2 Satz 2 PrimVG). Die Verpflichtung zum Abschluss einer Haftpflichtversicherung regelt § 13 PrimVG.

---

377 Dazu im Detail Kapitel II. D. 2. b) aa).

378 IA 2255/A, abgedruckt im AB 1714 BlgNR 25. GP 7.

379 IA 2255/A, abgedruckt im AB 1714 BlgNR 25. GP 7.

380 Dementsprechend ist eine Betriebsbewilligung zu erteilen, wenn insb eine Errichtungsbewilligung vorliegt, die erforderlichen medizinischen Apparate und technischen Einrichtungen vorhanden sind und ein geeigneter Arzt als verantwortlicher Leiter des ärztlichen Dienstes namhaft gemacht wurde.

c) Gründung einer PVE in Form eines Netzwerks

Für die Gründung eines Netzwerks sieht das PrimVG keine Sonderbestimmungen vor, da die Protagonisten bereits vorab die jeweils erforderlichen Gründungsschritte erfüllen mussten (bspw Kassenvertrag, Haftpflichtversicherung, Eintragung in die Ärzteliste). Es sind daher lediglich die gesetzlich erforderlichen Gründungsschritte der gewählten Rechtsform (zB Verein oder Genossenschaft) einzuhalten.

3. Besondere Bestimmungen

In den §§ 9 und 10 PrimVG sind Sonderbestimmungen für Primärversorgungseinheiten in Form von Gruppenpraxen und in Form von selbständigen Ambulatorien vorgesehen.

a) PVE in Form von Gruppenpraxen

Für Primärversorgungseinheiten in Form von Gruppenpraxen bleiben grundsätzlich die Bestimmungen des ÄrzteG über Gruppenpraxen[381] anzuwenden. Das PrimVG sieht in § 9 allerdings besondere Bestimmungen für die Gründung sowie für Errichtung und Betrieb von Primärversorgungseinheiten in Form von Gruppenpraxen vor. Diese Besonderheiten sind auch im Gesellschaftsvertrag zu berücksichtigen.

aa) Standorte

Nach § 9 Abs 1 PrimVG ist § 52a Abs 4 ÄrzteG, der Berufssitz und Standorte einer Gruppenpraxis regelt, anzuwenden. Dies allerdings mit der Maßgabe, dass die Anzahl der Standorte einer Primärversorgungseinheit, deren Träger eine Gruppenpraxis ist, die Anzahl der an der Gruppenpraxis beteiligten ärztlichen Gesellschafter überschreiten darf. Eine Primärversorgungseinheit darf maW mehr Standorte als ärztliche Gesellschafter haben. Beide Bestimmungen setzen die Erreichbarkeit einer wesentlichen Verbesserung des Versorgungsangebots im Einzugsgebiet voraus, wenn mehrere Standorte geführt werden. Auf eine Verbesserung iSd Kriterien des § 52c Abs 2 ÄrzteG (zB hinsichtlich der örtlichen Verhältnisse und Verkehrsverbindungen, der Auslastung bestehender Anbieter von sozialversicherungsrechtlich erstattungsfähigen Leistungen oder der Öffnungszeiten) verweist ausdrücklich nur das PrimVG[382].

---

[381] Dazu bereits Kapitel II. D.

[382] *Karollus,* Vergesellschaftung von Ärzten und Zahnärzten, in *Resch/Wallner,* Handbuch Medizinrecht^3 Rz 111.

bb) Errichtung und Betrieb einer PVE als multiprofessionelle Gruppenpraxis

Zur Förderung der Neugründung von Primärversorgungseinheiten[383] ermöglicht § 9 Abs 1a PrimVG eine **Erweiterung des Gesellschafterkreises** von Primärversorgungseinheiten in Form einer Gruppenpraxis.

Im Unterschied zu § 52a Abs 3 Z 1 ÄrzteG, der den Gesellschafterkreis einer Gruppenpraxis auf Ärzte beschränkt, ist es nach § 9 Abs 1a Satz 1 PrimVG – bei Erfüllung der in § 9 Abs 1c PrimVG genannten Voraussetzungen (dazu gleich) – zulässig, neben Ärzten auch Angehörige anderer gesetzlich geregelter, freiberuflich ausübbarer Gesundheitsberufe als Gesellschafter zu beteiligen (**multiprofessionelle oder gemischte Gruppenpraxis**)[384].

Die Etablierung eines multiprofessionellen Gesellschafterkreises veranlasste den Gesetzgeber zu folgenden Klarstellungen[385]:

Zum einen sind die Regelungen des ÄrzteG über Gruppenpraxen unter Berücksichtigung der Sonderbestimmungen des § 9 Abs 1c PrimVG anzuwenden (§ 9 Abs 1a Satz 2 PrimVG).

Zum anderen ordnet die Grundsatzbestimmung des § 9 Abs 1b PrimVG ausdrücklich an, dass multiprofessionelle Gruppenpraxen nicht als Krankenanstalten in der Betriebsform eines selbständigen Ambulatoriums gelten, vorausgesetzt es werden die Beschränkungen des § 52a Abs 3 Z 8 ÄrzteG betreffend die Anstellung von Angehörigen anderer Gesundheitsberufe eingehalten. Dementsprechend dürfen nur so viele Angehörige anderer Gesundheitsberufe angestellt werden, als dafür keine Anstaltsordnung erforderlich ist. Die Zulässigkeitsgrenzen werden durch Verhältniszahlen zwischen den Gesellschaftern und den angestellten Angehörigen anderer Gesundheitsberufe definiert[386].

Bei Errichtung und Betrieb einer Primärversorgungseinheit in Form einer multiprofessionellen Gruppenpraxis sind die in § 9 Abs 1c genannten **Zulässigkeitsvoraussetzungen**, die Abweichungen von einzelnen Bestimmungen des § 52a und des § 52d ÄrzteG regeln, zu beachten:

- Im Unterschied zu Gruppenpraxen iSd § 52a Abs 1 Z 1 ÄrzteG ist der Betrieb einer OG nicht zulässig. Primärversorgungseinheiten in Form einer multiprofessionellen Gruppenpraxis sind auf die Rechtsform der **GmbH** beschränkt (§ 9 Abs 1c Z 1 PrimVG).
- § 52a Abs 2 Satz 2 ÄrzteG, der die ausschließliche **Mitgliedschaft** der Gesellschafter **in den Ärztekammern der Bundesländer** anordnet, gilt nur für ärztliche Gesellschafter (§ 9 Abs 1c Z 2 PrimVG).

[383] ErläutRV 2087 BlgNR 27. GP 3. Diesen zufolge ändert die Multiprofessionalität nichts an der Kompetenz der ÖÄK zum Abschluss des Primärversorgungs-Gesamtvertrags.

[384] ErläutRV 2087 BlgNR 27. GP 3.

[385] ErläutRV 2087 BlgNR 27. GP 3.

[386] Näheres dazu in Kapitel II. D. 3. j).

- Der **Gesellschafterkreis** darf – abweichend von § 52a Abs 3 Z 1 ÄrzteG – auch Angehörige anderer Gesundheitsberufe umfassen. Voraussetzung ist, dass diese die Berechtigung zur freiberuflichen Berufsausübung besitzen und entweder iSd § 2 Abs 2 PrimVG im Kernteam der Primärversorgungseinheit oder iSd § 2 Abs 3 PrimVG hauptberuflich[387] als Primärversorgungspartner tätig sind (§ 9 Abs 1c Z 3 PrimVG).
- Die **Kapitalmehrheit** (über 50%) und ein bestimmender Einfluss bei der **Willensbildung** kommt ausschließlich den ärztlichen Gesellschaftern zu[388] (§ 9 Abs 1c Z 4 PrimVG).
- Die **Berufsbefugnis** der Primärversorgungseinheit in Form einer multiprofessionellen Gruppenpraxis ergibt sich – abweichend von § 52a Abs 3 Z 4 ÄrzteG – aus der Berufsberechtigung der an ihr beteiligten Gesellschafter, also der Ärzte und Angehörigen anderer gesetzlich geregelter Gesundheitsberufe (§ 9 Abs 1c Z 5 PrimVG).
- Für den **zulässigen Tätigkeitsbereich (Unternehmensgegenstand)** gelten (mit den für die Primärversorgung notwendigen Abweichungen) ähnliche Beschränkungen wie in § 52a Abs 3 Z 5 lit a ÄrzteG. Zulässig sind dementsprechend nur die Ausübung von Tätigkeiten im Rahmen der Berufsbefugnis der Primärversorgungseinheit in Form einer multiprofessionellen Gruppenpraxis einschließlich Hilfstätigkeiten und mit der Berufsbefugnis im direkten Zusammenhang stehende Tätigkeiten von angestellten Angehörigen anderer Gesundheitsberufe (§ 9 Abs 1c Z 6 PrimVG).
- Nach § 52a Abs 5 Satz 3 ÄrzteG hindert die vorübergehende **Einstellung oder Untersagung der Berufsausübung** bis zur Dauer von sechs Monaten Ärzte nicht an der Zugehörigkeit zur Gesellschaft. Diese Bestimmung gilt sinngemäß für Gesellschafter, die Angehörige anderer Gesundheitsberufe sind (§ 9 Abs 1c Z 7 PrimVG). Um in einem solchen Fall die Geschäftsführungs- und Vertretungsbefugnis entziehen zu können, bedarf es einer entsprechenden Vorsorge im Gesellschaftsvertrag[389].
- Die gemäß § 52a Abs 6 Satz 1 ÄrzteG in den Gesellschaftsvertrag aufzunehmende **Verpflichtung zur Einhaltung des ÄrzteG** (insb Anmeldungspflicht samt Vorlage des Gesellschaftsvertrages und gegebenenfalls des Zulassungsbescheids als Gruppenpraxis) gilt nur für die ärztlichen Gesellschafter (§ 9 Abs 1c Z 8 PrimVG).
- Die Primärversorgungseinheit in Form einer multiprofessionellen Gruppenpraxis muss entsprechend § 52d Abs 2 ÄrzteG über eine **Berufshaftpflichtversicherung** mit einer Mindestversicherungssumme in Höhe von zwei Millionen Euro zur Deckung sämtlicher Schadenersatzansprüche aus ihrer Tätigkeit verfügen.

---

[387] ErläutRV 2087 BlgNR 27. GP 4.

[388] Die Regelung des § 9 Abs 1c Z 4 PrimVG über die Mehrheitsverhältnisse orientiert sich an § 21c Z 11 Rechtsanwaltsordnung, RGBl 1868/96 idgF, ErläutRV 2087 BlgNR 27. GP 4.

[389] Dazu bereits Kapitel II. D. 3. e).

§ 52d Abs 3 Satz 1 ÄrzteG, demgemäß die Versicherung bei einer Gruppenpraxis-GmbH auch Schadenersatzansprüche zu decken hat, die gegen einen Arzt auf Grund seiner Gesellschafterstellung bestehen, gilt sinngemäß für Gesellschafter, die Angehörige anderer Gesundheitsberufe sind (§ 9 Abs 1c Z 9 PrimVG).

b) PVE in Form von selbständigen Ambulatorien

Abhängig von der gewählten Rechtsform sind bei Errichtung und Betrieb von Primärversorgungseinheiten in Form von selbständigen Ambulatorien zusätzlich zu den dafür vorgesehenen zwingenden gesetzlichen Regelungen oder Mindestinhalten von Gesellschaftsverträgen noch die besonderen Bestimmungen des § 10 PrimVG zu beachten:

aa) Arzneimittelkommission

Nach § 10 Z 3 PrimVG ist – abweichend von § 40 Abs 1 lit c iVm § 19a KAKuG – keine Arzneimittelkommission einzurichten. Diese Bestimmung gründet hauptsächlich auf dem Umstand, dass die Verabreichung von Arzneimitteln in der ambulanten Versorgung nicht im Vordergrund steht. Die Beschaffung in Apotheken erfolgt nach Verschreibung durch die Primärversorgungseinheit durch die Patienten selbst[390].

bb) Ärztliche Leitung

Die ärztliche Leitung von Primärversorgungseinheiten in Form von selbständigen Ambulatorien begründet einen **Berufssitz** (§ 9 Abs 4 PrimVG).

Nach § 10 Z 4 Satz 1 PrimVG besteht für den ärztlichen Leiter die Verpflichtung zur **hauptberuflichen persönlichen Berufsausübung**. Das Erfordernis der persönlichen Berufsausübung ist bereits in § 49 Abs 2 ÄrzteG geregelt. Hinsichtlich des ärztlichen Leiters wird es va durch § 7 Abs 2 KAKuG, der eine Vertretung durch einen geeigneten Arzt bei Verhinderung des ärztlichen Leiters anordnet sowie durch § 7 Abs 5 KAKuG, wonach die Bestellung des ärztlichen Leiters der Genehmigung durch die jeweilige Landesregierung bedarf, unterstrichen[391].

Das Kriterium der Hauptberuflichkeit ist insofern beachtlich, als § 7 Abs 2 KAKuG eine solche nur für Krankenanstalten, deren Größe dies erfordert, anordnet. Als Begründung für die strengere Behandlung von ärztlichen Leitern einer Primärversorgungseinheit in Form eines selbständigen Ambulatoriums im Unterschied zu ärztlichen Leitern von Krankenanstalten führen die Materialien[392] die Verhinderung

[390] *Cerha,* § 10 PrimVG in *Neumayr/Resch/Wallner (Hrsg),* Gmundner Kommentar zum Gesundheitsrecht^2 Rz 18.

[391] Vgl *Cerha,* § 10 PrimVG in *Neumayr/Resch/Wallner (Hrsg),* Gmundner Kommentar zum Gesundheitsrecht^2 Rz 22.

[392] Nach IA 2255/A, abgedruckt im AB 1714 BlgNR 25. GP 7 soll die Verhinderung von Mehrfachfunktionen *„im Sinne einer personenzentrierten Primärversorgung“* normiert werden.

von Mehrfachfunktionen an. Diese Begründung vermag mit Blick auf § 52a Abs 3 Z 6 ÄrzteG, der die Gesellschafter einer Gruppenpraxis (nur) zur maßgeblichen persönlichen Berufsausübung[393] verpflichtet, nicht zu überzeugen. Der mit der Hauptberuflichkeit einhergehende Eingriff in die Erwerbsausübungsfreiheit ist mit der Verhinderung von Mehrfachfunktionen alleine sachlich wohl nicht zu verteidigen, zumal fraglich ist, ob eine hauptberufliche ärztliche Leitung bei allen Primärversorgungseinheiten zeitlich notwendig und wirtschaftlich tragbar ist[394]. Vor diesem Hintergrund wäre, wie bei Gruppenpraxen, die gesetzliche Anordnung einer (bloß) maßgeblichen Berufsausübung und der Anordnung von Abweichungen im Gesamtvertrag bei Bedarf überzeugender gewesen. Jedenfalls wird eine teleologische Reduktion der Bestimmung im Sinne einer maßgeblichen statt hauptberuflichen Berufsausübung zu überlegen sein.

cc) Gesellschafterkreis

Der Gesellschafterkreis einer Primärversorgungseinheit in Form eines selbständigen Ambulatoriums besteht gem § 10 Z 4 Satz 2 PrimVG ausschließlich aus gemeinnützigen[395] Anbietern gesundheitlicher oder sozialer Dienste, gesetzlichen Krankenversicherungsträgern (ÖGK, SVS, BVAEB) und Gebietskörperschaften (Bund, Länder, Gemeinden[396]) bzw von diesen eingerichteten Körperschaften und Fonds. Diese **Einschränkung** begründen die Materialien[397] insb damit, dass die Garantie einer sozialen Absicherung der Allgemeinheit und die Bereitstellung leistbarer medizinischer Dienstleistungen Aufgabe des Staates sei. Ob dieses Ziel durch die Beschränkung des Gesellschafterkreises erreichbar ist, erscheint fraglich, zumal dieses grundsätzlich bereits durch das Auswahlverfahren gewährleistet ist[398]. In der Lit[399] wird die Beschränkung des Gesellschafterkreises vor dem Hintergrund

393 Dazu bereits Kapitel II. B. 3. i).

394 Vgl dazu *Cerha,* § 10 PrimVG in *Neumayr/Resch/Wallner (Hrsg),* Gmundner Kommentar zum Gesundheitsrecht² Rz 21.

395 Nach IA 2255/A, abgedruckt im AB 1714 BlgNR 25. GP 7 ist Gemeinnützigkeit iSd § 35 BAO zu verstehen. Nach § 35 Abs 1 BAO ist der Zweck gemeinnützig, wenn er der Förderung der Allgemeinheit dient. Auf den Gemeinnützigkeitsbegriff des § 16 KAKuG (betreffend gemeinnützige Krankenanstalten, deren Betrieb nicht die Gewinnerzielung bezweckt) wird nicht zurückgegriffen. Dazu *Cerha,* § 10 PrimVG in *Neumayr/Resch/Wallner (Hrsg),* Gmundner Kommentar zum Gesundheitsrecht² Rz 25.

396 Auf Gemeindeebene gehören dazu nach IA 2255/A, abgedruckt im AB 1714 BlgNR 25. GP 7 auch Gemeindeverbände; aA sind *Cerha,* § 10 PrimVG in *Neumayr/Resch/Wallner (Hrsg),* Gmundner Kommentar zum Gesundheitsrecht² Rz 23 mwN und *Potacs/Scholz,* Ambulatorien und Gruppenpraxen, in *Schrattbauer/Pfeil,* Organisation guter PatientInnenversorgung, 37 (FN 52).

397 IA 2255/A, abgedruckt im AB 1714 BlgNR 25. GP 7.

398 Umfassend *Cerha,* § 10 PrimVG in *Neumayr/Resch/Wallner (Hrsg),* Gmundner Kommentar zum Gesundheitsrecht² Rz 27.

399 *Cerha,* § 10 PrimVG in *Neumayr/Resch/Wallner (Hrsg),* Gmundner Kommentar zum Gesundheitsrecht² Rz 27; *Potacs/Scholz,* Ambulatorien und Gruppenpraxen, in *Schratt-*

der Niederlassungs- und Erwerbsfreiheit sowie des Gleichheitssatzes kritisch gesehen.

4. Bezeichnungsschutz und Informationspflicht

Nach § 12 Abs 1 PrimVG dürfen nur Primärversorgungseinheiten, die nach den Bestimmungen des PrimVG eingerichtet sind, die **Bezeichnung *„Primärversorgungseinheit"*** führen. Die im Rahmen der Definition der Primärversorgung in § 3 Z 16 G-ZG verwendete Bezeichnung *„Primary Health Care"* ist vom Wortlaut des § 12 Abs 1 PrimVG nicht umfasst. Bei irreführenden Bezeichnungen könnte allerdings ein Verstoß gegen das UWG vorliegen[400].

Die Bezeichnung *„Primärversorgungseinheit"* ist in den **Firmenwortlaut** der Rechtsträger aufzunehmen. Bei Primärversorgungseinheiten in Form von selbständigen Ambulatorien ist die Erfüllung der Voraussetzungen des § 10 PrimVG erforderlich, zumindest muss eine vorvertragliche Zusage der ÖGK zum Abschluss eines Primärversorgungsvertrags vorliegen (§ 10 Z 1 PrimVG). Bei Primärversorgungseinheiten in Form von Gruppenpraxen ist, abgesehen von den Voraussetzungen des § 9 PrimVG, für die Firmenbezeichnung zusätzlich § 52a Abs 2 ÄrzteG zu beachten. Die Bezeichnung als *„Primärversorgungseinheit"* ist dementsprechend durch den Namen zumindest eines Gesellschafters und die vertretenen Fachrichtungen zu ergänzen[401].

Zudem treffen Primärversorgungseinheiten die in § 12 Abs 2 PrimVG geregelten **Informationspflichten** hinsichtlich:

- **Leistungsangebot und Verfügbarkeit**
  Die Patienten sind gemäß § 12 Abs 2 Z 1 PrimVG über das Leistungsangebot der Primärversorgungseinheit zu informieren. Die Beschreibung des Leistungsspektrums iSd § 6 Abs 1 Z 1 lit b PrimVG hat zur Wahrung der Patientensicherheit[402] vollständig zu sein. Zur Gewährleistung der Ortsüblichkeit und leichten Zugänglichkeit dieser Informationen kommt bspw deren Veröffentlichung auf der hauseigenen Website, ein Aushang oder das Auflegen von Broschüren in Betracht[403]. Weiters ist über die zeitliche Verfügbarkeit iSd § 6 Abs 1 Z 2 lit c PrimVG, also zur Sicherstellung der Betreuungskontinuität von chronisch und multimorbid

bauer/Pfeil, Organisation guter PatientInnenversorgung, 38.

400 Vgl *Karollus,* Vergesellschaftung von Ärzten und Zahnärzten, in *Resch/Wallner,* Handbuch Medizinrecht³ Rz 122; *Cerha,* § 12 PrimVG in *Neumayr/Resch/Wallner (Hrsg),* Gmundner Kommentar zum Gesundheitsrecht² Rz 2.

401 Zum Firmenwortlaut umfassend: *Cerha,* § 12 PrimVG in *Neumayr/Resch/Wallner (Hrsg),* Gmundner Kommentar zum Gesundheitsrecht² Rz 2.

402 IA 2255/A, abgedruckt im AB 1714 BlgNR 25. GP 8.

403 *Cerha,* § 12 PrimVG in *Neumayr/Resch/Wallner (Hrsg),* Gmundner Kommentar zum Gesundheitsrecht² Rz 3.

Erkrankten, zu informieren. Damit soll auch der Grundsatz der freien Arztwahl unterstützt werden[404].

- **Vertragspartner des Behandlungsvertrags**
  Für Patienten hat gemäß § 12 Abs 2 Z 2 PrimVG leicht erkennbar zu sein, wer Partner des Behandlungsvertrags ist (die Primärversorgungseinheit oder die einzelnen Leistungsanbieter). Dies ist insb bei Primärversorgungs-Netzwerken, die nicht in Form einer dislozierten Gruppenpraxis geführt werden, von Bedeutung. Im Gegensatz zu (dislozierten) Gruppenpraxen (vgl § 52a Abs 1 ÄrzteG) sind Primärversorgungs-Netzwerke gem § 2 Abs. 5 Z 2 PrimVG (zB Vereine oder Genossenschaften) nicht selbständig berufsbefugt. Partner des Behandlungsvertrages ist daher der behandelnde Arzt[405].
- **Weitergabe der Gesundheitsdaten**
  Den Patienten ist offenzulegen, dass die erforderlichen Gesundheitsdaten an andere, in den Behandlungsfall eingebundene Behandler innerhalb der Primärversorgungseinheit weitergegeben werden (§ 12 Abs 2 Z 3 PrimVG). In Primärversorgungs-Netzwerken besteht für Patienten die Möglichkeit, Widerspruch gegen die Verwendung ihrer Gesundheitsdaten einzulegen.
  In standortgebundenen Primärversorgungseinheiten iSd § 2 Abs 5 Z 1 PrimVG existiert demgegenüber keine Widerspruchsmöglichkeit. Die Lit[406] leitet daraus eine Zulässigkeit der Weitergabe der Gesundheitsdaten vor dem Hintergrund der Notwendigkeit von Fallbesprechungen in interdisziplinären bzw multiprofessionellen Teams ab.

5. Der Primärversorgungsvertrag

Unter dem Titel *„Verträge mit der Primärversorgungseinheit"* regelt § 8 PrimVG die Ausgestaltung der Vertragsbeziehungen **zwischen** der **Primärversorgungseinheit** als Leistungsanbieter **und** den **Krankenversicherungsträgern**[407]. Die Titulierung ist angesichts der möglichen Vertragspartner und der mannigfachen inhaltlichen Gestaltungsmöglichkeiten von Verträgen mit einer Primärversorgungseinheit freilich zu weit gefasst. Den Mat[408] zufolge soll damit lediglich die Beibehaltung des Systems der Gestaltung der Vertragsbeziehungen zwischen den Vertragspartnern *„auf privatrechtlicher Basis"* betont werden.

Eine Beschränkung auf sozialversicherungsrechtliche Aspekte ergibt sich neben den Legaldefinitionen des § 7 PrimVG (bezüglich Primärversorgungsvertrag, Gesamt-, Einzel- und Sonderverträgen) aus § 8 PrimVG, der ausschließlich Regelungen über

[404] So ausdrücklich IA 2255/A, abgedruckt im AB 1714 BlgNR 25. GP 8.
[405] IA 2255/A, abgedruckt im AB 1714 BlgNR 25. GP 8.
[406] *Karollus,* Vergesellschaftung von Ärzten und Zahnärzten, in *Resch/Wallner,* Handbuch Medizinrecht^3 Rz 118; *Bukor et al,* Primärversorgung in Österreich, in *Aigner/Kletečka/Kletečka-Pulker/Memmer (Hrsg),* HB Medizinrecht, IV.9/292f.
[407] Vgl IA 2255/A, abgedruckt im AB 1714 BlgNR 25. GP 6.
[408] IA 2255/A, abgedruckt im AB 1714 BlgNR 25. GP 6.

den Primärversorgungsvertrag enthält und betreffend die Vertragsinhalte auf das ASVG Bezug nimmt. Die folgende Darstellung konzentriert sich entsprechend § 8 PrimVG auf den Primärversorgungsvertrag.

a) Definition und Abgrenzung

Der **Primärversorgungsvertrag** regelt die Beziehungen der Krankenversicherungsträger zu einer Primärversorgungseinheit (§ 7 Z 2 iVm § 8 Abs 1 Satz 1 PrimVG) und verpflichtet diese zur Erbringung von ärztlicher Hilfe und nichtärztlichen Gesundheitsleistungen entsprechend dem Sachleistungsprinzip. Diesem zufolge werden die von den versicherten Patienten beanspruchten Versicherungsleistungen von der jeweiligen Primärversorgungseinheit mit den Krankenversicherungsträgern verrechnet.

Die Grundlage dieses Vertrags bildet der **Primärversorgungs-Gesamtvertrag** für Primärversorgungseinheiten[409] – sofern diese nicht in der Organisationsform von selbständigen Ambulatorien betrieben werden – zwischen dem Dachverband der Sozialversicherungsträger und der Österreichischen Ärztekammer. Dessen Inhalt ist zugleich Inhalt des Primärversorgungsvertrags (wie auch der Einzelverträge)[410].

Insbesondere folgende, zu regelnde Gegenstände unterscheiden ihn von anderen Gesamtverträgen:

- Mindestleistungsspektrum gemäß den §§ 4 bis 6 PrimVG,
- Rechte und Pflichten der Vertragspartner nach § 8 Abs 3 und 5 PrimVG sowie
- Regelungen über die Grundsätze der Vergütung und der Ausgestaltung der Honorarvereinbarungen (§ 342b Abs 2 Z 1 bis 4 ASVG).

Neben diesen Besonderheiten beinhaltet der Primärversorgungs-Gesamtvertrag auch allgemeine Regelungsgegenstände, wie sie sich auch in anderen Gesamtverträgen finden (zB Verwendung der e-card, Ökonomieprinzip bei Behandlungen oder der Festlegung von Altersgrenzen teilnehmender Ärzte)[411].

Bei Nicht-Zustandekommen eines Primärversorgungs-Gesamtvertrags oder Eintritt eines vertragslosen Zustands besteht die Möglichkeit, die Beziehungen zwischen Krankenversicherungsträgern und Primärversorgungseinheiten – sofern diese nicht in der Organisationsform von selbständigen Ambulatorien betrieben werden – in einem **Primärversorgungs-Sondervertrag** zu regeln (§ 7 Z 4 iVm § 342c Abs 13 ASVG).

Im Falle des Betriebs einer Primärversorgungseinheit als Netzwerk – mit Ausnahme einer Gruppenpraxis mit dislozierten Standorten – ist der Abschluss eines

---

409 Der Titel des § 342b ASVG lautet: *„Primärversorgungs-Gesamtvertrag für Primärversorgungseinheiten betreffend ärztliche Hilfe und dessen Inhalt“.*

410 *Bukor et al,* Primärversorgung in Österreich, in *Aigner/Kletečka/Kletečka-Pulker/Memmer (Hrsg),* HB Medizinrecht, IV.9/294.

411 IA 2255/A, abgedruckt im AB 1714 BlgNR 25. GP 6.

Primärversorgungs-Einzelvertrages möglich. Dieser regelt die Beziehungen der Krankenversicherungsträger zu den an einer Primärversorgungseinheit teilnehmenden freiberuflich tätigen Ärzten hinsichtlich der ärztlichen Leistungen (§ 7 Z 3, § 8 Abs 5 PrimVG).

b) Voraussetzungen eines wirksamen Vertragsabschlusses

Die Invertragnahme einer Primärversorgungseinheit setzt ein Auswahlverfahren nach §§ 14 bzw 14a PrimVG voraus. Nach § 8 Abs 2 PrimVG zählt zu den Voraussetzungen eines wirksamen Vertragsabschlusses weiters, dass die Primärversorgungseinheit im RSG abgebildet ist und ein Versorgungskonzept iSd § 6 PrimVG vorliegt. Darüber hinaus sind im Primärversorgungsvertrag jedenfalls die für die Beziehung zu den Krankenversicherungsträgern wesentlichen Anforderungen an die Primärversorgungseinheit und deren Leistungsumfang gemäß den §§ 4 bis 6 PrimVG zu vereinbaren. Die Primärversorgungseinheit ist diesen schließlich für die Leistungserbringung verantwortlich (§ 8 Abs 2 letzter Satz PrimVG).

aa) Auswahlverfahren für Primärversorgungseinheiten

Nach § 14 Abs 2 PrimVG setzt die Einleitung des Auswahlverfahrens zunächst die Konkretisierung der im RSG enthaltenen Planungsvorgaben[412] für die Primärversorgung durch die Gesamtvertragsparteien[413] voraus. Dies geschieht im **Stellenplan** nach § 342 Abs 1 Z 1 ASVG, der ua die örtliche Verteilung der Vertragsärzte, Vertrags-Gruppenpraxen und Primärversorgungseinheiten beinhaltet.

Die Auswahl für die Invertragnahme der Primärversorgungseinheit soll bei Einigung der ÖGK und der jeweiligen Landesärztekammer im Verhandlungsweg grundsätzlich in einem **zweistufigen Verfahren**[414] erfolgen:

In einem **ersten Schritt** hat eine Einladung durch die ÖGK in Abstimmung mit den anderen Krankenversicherungsträgern zu erfolgen. Die Einladung hat den Vorgaben des RSG insb betreffend Leistungsangebot und Planungszeitraum sowie den Anforderungen der §§ 4 bis 6 PrimVG und des § 342c ASVG zu folgen und ist öffentlich kundzumachen (§ 14 Abs 2 PrimVG). Adressaten sind die bisherigen

---

[412] Gemäß § 21 Abs 3 Z 2 G-ZG beinhaltet der RSG bspw die Festlegung der Kapazitätsplanung, Anzahl und örtliche Verteilung der Leistungserbringer und Konkretisierung der Versorgungsaufträge.

[413] Das sind der Dachverband der Sozialversicherungsträger und die Österreichische Ärztekammer, siehe dazu auch Kapitel II. A. 2. a).

[414] IA 2255/A, abgedruckt im AB 1714 BlgNR 25. GP 9. *Wallner,* Medizinrecht², 150 spricht unter Berücksichtigung der Abweichungen iSd § 14 Abs 3 PrimVG generell von einem *„dreistufigen Prozess“*. Diese Ansicht resultiert aus einer Aufsplittung des (hier im ersten Schritt dargestellten) Adressatenkreises in die zunächst einzuladenden Kassenärzte und die erst danach (bei mangelndem Interesse der Kassenärzte) einzuladenden Allgemein- und Kinderärzte ohne Kassenvertrag.

Vertragspartner der Krankenversicherungsträger[415], also Vertragsärzte und Vertrags-Gruppenpraxen für Allgemeinmedizin bzw Kinder- und Jugendheilkunde, deren Planstellen im Stellenplan für die konkrete Primärversorgungseinheit vorgesehen sind. Deren Bewerbung kann abhängig von den RSG-Vorgaben, falls erforderlich, auch gemeinsam[416] mit weiteren berufsberechtigten Ärzten aus den Fachgebieten Allgemeinmedizin und gegebenenfalls Kinder- und Jugendheilkunde erfolgen (§ 14 Abs 2 Z 1 PrimVG)[417].

Falls anlässlich der Einladung keine geeigneten Bewerbungen vorliegen, kommen in einem **zweiten Schritt** die Bewerbungen aller anderen Bewerbergruppen zum Zug (§ 14 Abs 2 Z 2 PrimVG).

Die **Bewertung** der Bewerbungen hat – ebenso wie die Einladung – durch die ÖGK in Abstimmung mit den anderen Krankenversicherungsträgern zu erfolgen. Bei Bewertungen im Rahmen der ersten Stufe des Auswahlverfahrens (§ 14 Abs 2 Z 1 PrimVG) ist zudem das Einvernehmen mit der zuständigen Landesärztekammer herzustellen (§ 14 Abs 4 PrimVG).

Die **Auswahl** erfolgt unabhängig von der Organisationsform der Primärversorgungseinheit nach den Grundsätzen der Gleichheit, Objektivität und Nicht-Diskriminierung (§ 14 Abs 1 PrimVG). Ein wesentliches Auswahlkriterium ist die Einhaltung der in der Einladung genannten Vorgaben. Als weitere Kriterien sind insbesondere das Versorgungskonzept nach § 6 PrimVG, die Reihungskriterien-Verordnung bzw die darauf basierenden Richtlinien sowie – im Falle eines Vorgehens gemäß dem zweiten Schritt (§ 14 Abs 2 Z 2 PrimVG) – die Stellungnahme der jeweils örtlich zuständigen Landesärztekammer und gesetzlichen Vertretung der Privatkrankenanstalten heranzuziehen (§ 14 Abs 5 PrimVG). Darüber hinaus ist die Sicherstellung der Vielfalt der Primärversorgungs-Anbieter und die Vermeidung von, die Versorgungssituation beherrschenden Eigentümerstrukturen, wesentlich. Das maßgebliche Bewertungsschema ist im Sinne einer größtmöglichen Transparenz bereits in der Einladung offenzulegen (§ 14 Abs 5 Satz 3 und 4 PrimVG).

Nach § 14 Abs 6 PrimVG sind schließlich alle Bewerber nachweislich über das **Ergebnis** zu informieren.

---

415 Der Vorrang der bestehenden Vertragspartner gründet auf dem Prinzip der Versorgungskontinuität und bezweckt zudem auch die Vermeidung von Doppelstrukturen, ErläutRV 2087 BlgNR 27. GP 5.

416 IA 2255/A, abgedruckt im AB 1714 BlgNR 25. GP 9.

417 Abweichungen sieht § 14 Abs 3 PrimVG für den Fall, dass binnen sechs Monaten nach Abbildung der Primärversorgungseinheit im RSG keine Einigung über die Umsetzung im Stellenplan erfolgt, vor. Diesfalls ist eine Bewertung zunächst der Bewerbungen von Vertragsärzten der im RSG ausgewiesenen Versorgungsregion vorgesehen. *Wallner,* Medizinrecht[2], 150 spricht hier von einem *„dreistufigen Prozess"*. Eine weitere Abweichung zu Abs 2 Z 1 leg cit enthält § 14 Abs 3a PrimVG für neu geschaffene Planstellen für Primärversorgungseinheiten.

bb) Verkürztes Auswahlverfahren

Mit dem verkürzten Auswahlverfahren nach § 14a PrimVG wurde eine beschleunigte Invertragnahme von Primärversorgungseinheiten zur Verhinderung einer ärztlichen Unterversorgung[418] eingeführt[419].

Es kommt dann zur Anwendung, wenn zumindest zwei Planstellen aus den Fachgebieten Allgemeinmedizin bzw Kinder- und Jugendheilkunde innerhalb einer Versorgungsregion[420] zeitgleich mindestens ein halbes Jahr unbesetzt sind (§ 14a Abs 1 PrimVG). Diesfalls hat die ÖGK in Abstimmung mit den anderen Krankenversicherungsträgern – jedoch ohne ein Einvernehmen mit der Ärztekammer herstellen zu müssen – die jeweilige Landes-Zielsteuerungskommission zu verständigen und innerhalb von zwei Monaten ab einem positiven Errichtungsbeschluss für eine Primärversorgungseinheit eine Einladung zur Bewerbung öffentlich kundzumachen (§ 14a Abs 2 PrimVG)[421].

Der Adressatenkreis ist zwar unbeschränkt, das Auswahlverfahren erfolgt aber, wie jenes nach § 14 Abs 2 PrimVG, zweistufig. Bei der Auswahl genießen die Bewerbungen von Vertragspartnern und Wahlärzten bzw Wahl-Gruppenpraxen für Allgemeinmedizin und Kinder- und Jugendheilkunde (allenfalls ergänzt durch weitere berufsberechtigte Ärzte aus den Fachgebieten Allgemeinmedizin und gegebenenfalls Kinder- und Jugendheilkunde) in der im RSG ausgewiesenen Versorgungsregion allerdings eine Vorrangstellung. Nur falls keine geeigneten Bewerbungen vorliegen, sind in einem zweiten Schritt auch hier die Bewerbungen aller anderen Bewerbergruppen heranzuziehen (§ 14a Abs 4 PrimVG).

cc) Anforderungen an die PVE und Leistungsumfang

In § 4 PrimVG sind **Mindestanforderungen** an die Primärversorgungseinheit, die deren Versorgungsauftrag definieren, geregelt. Dazu zählen jedenfalls folgende Angebote:

- Wohnortnahe Versorgung, gute Erreichbarkeit (Verkehrsanbindung, Telemedizin sowie Einbindung bzw Kooperation mit telefonischen Diensten, zB der Gesundheitshotline 1450[422]), barrierefreier Zugang, aber auch die Durchführung von Hausbesuchen.
- Bedarfsgerechte Öffnungszeiten (einschließlich Tagesrandzeiten) mit Anwesenheit von Ärzten jedenfalls unter der Woche und – je nach den regionalen Gege-

[418] ErläutRV 2087 BlgNR 27. GP 6.

[419] Mit BGBl I 2023/81, kundgemacht am 19.7.2023.

[420] Bei Versorgungsregionen handelt es sich um *„kleinflächigere Gebiete"* als der RSG vorsieht, *„anhand deren Planung eine wohnortnahe Versorgung im Bereich der Primärversorgung sichergestellt werden soll"*, IA 2255/A, abgedruckt im AB 1714 BlgNR 25. GP 9.

[421] ErläutRV 2087 BlgNR 27. GP 6f.

[422] IA 2255/A, abgedruckt im AB 1714 BlgNR 25. GP 5.

benheiten – auch in Form einer Akutversorgung an Wochenenden und Feiertagen.

- Außerhalb der Öffnungszeiten: Organisation der Erreichbarkeit für Akutfälle (in Form einer Zusammenarbeit mit anderen Gesundheitseinrichtungen, eventuell auch mit Bereitschaftsdiensten).
- Sicherstellung der Behandlungs- und Betreuungskontinuität sowie einer Ablauforganisation zwischen den Versorgungsstufen (zB zwischen Allgemeinmedizinern und Spezialisten) und für die Zusammenarbeit mit anderen Versorgungsbereichen (zB mit Physiotherapeuten).
- Bestehen der erforderlichen Ausstattung (medizinisch-technische Instrumente, Apparate).
- Teilnahme an nationalen Programmen zu Vorsorge, Screening und integrierter Versorgung.

Der **Leistungsumfang** der Primärversorgungseinheit hat im Sinne einer einheitlichen Zusammenarbeit eines Kernteams unter Einbindung von Primärversorgungspartnern (iSd § 2 Abs 1 bis 3 PrimVG) eine – sich im Rahmen der jeweiligen berufsrechtlichen Befugnisse bewegende – breite diagnostische, therapeutische und pflegerische Kompetenz mit Zusatzkompetenzen abzudecken (§ 5 Abs 1 Satz 1 PrimVG). Die Zusatzkompetenzen[423] umfassen insb die Versorgung bestimmter Personengruppen (zB Kinder, Jugendliche, ältere oder chronisch kranke Personen), das Arzneimittelmanagement (speziell der Prüfung von Zweckmäßigkeit, Neben- und Wechselwirkungen) sowie die Gesundheitsförderung und Prävention (§ 5 Abs 1 Z 1 bis 6 PrimVG). Jedenfalls haben Primärversorgungseinheiten, die medizinische Sinn- und Zweckmäßigkeit vorausgesetzt, die abschließende Durchführung von Akutbehandlungen und Langzeittherapien chronisch Kranker zu gewährleisten (§ 5 Abs 3 PrimVG).

dd) Versorgungskonzept

Eine Primärversorgungseinheit hat zur Sicherstellung der in den §§ 4 und 5 PrimVG enthaltenen Anforderungen und des Leistungsumfangs über ein Versorgungskonzept zu verfügen (§ 6 Abs 1 Satz 1 PrimVG) und dieses im Rahmen der Bewerbung vorzulegen. Im Versorgungskonzept sollen die Versorgungsaufgaben bezüglich der Bevölkerung im Einzugsgebiet konkretisiert werden[424].

Betreffend **Leistungen** hat das Versorgungskonzept neben der Beschreibung der Versorgungsziele des Teams und des von diesem verbindlich zu erbringenden Leistungsspektrums insbesondere auch die Sicherstellung der Betreuungskontinuität von chronisch und multimorbid Kranken zu regeln (§ 6 Abs 1 Z 1 PrimVG).

Betreffend **Organisation** ist die Aufbau- und Ablauforganisation der Zusammenarbeit im Team und mit anderen Versorgungsbereichen festzulegen. Zudem sind

423 Zum Ganzen vgl IA 2255/A, abgedruckt im AB 1714 BlgNR 25. GP 5.

424 IA 2255/A, abgedruckt im AB 1714 BlgNR 25. GP 5.

Regelungen zur Arbeits- und Aufgabenverteilung und – speziell bei Primärversorgungseinheiten in Form von Netzwerken – zur Abstimmung der Öffnungs- und Anwesenheitszeiten, Rufbereitschaft, Vertretung und örtlichen Erreichbarkeit der Teammitglieder und zum gemeinsamen Außenauftritt erforderlich (§ 6 Abs 1 Z 2 PrimVG). Neben den in § 6 Abs 1 Z 2 PrimVG genannten Bereichen der Aufbau- und Ablauforganisation können noch andere Regelungen in das Konzept aufgenommen werden (arg *„insbesondere"*). Als Bsp sind Team- und Fallbesprechungen, abgestimmte Fort- und Weiterbildungen des Teams, die Implementierung eines Qualitäts- und Fehlermanagementsystems oder die Einführung einer standardisierten Dokumentation zu nennen[425].

Bei **Änderungen des Versorgungskonzepts** nach Abschluss des Primärversorgungsvertrags stellt sich die Frage, wie vorzugehen ist. Nach § 6 Abs 2 PrimVG ist zu differenzieren[426]: Sind wesentliche Änderungen, die keiner Vereinbarung im Primärversorgungsvertrag bedürfen, beabsichtigt – wovon im Wesentlichen Änderungen der Regelungen über die Aufbau- und Ablauforganisation oder die Aufgabenverteilung[427] betroffen sind – besteht eine bloße Anzeigepflicht gegenüber den zuständigen Krankenversicherungsträgern. Aus § 6 Abs 2 PrimVG lässt sich e contrario folgern, dass wesentliche Änderungen, die einer Vereinbarung im Primärversorgungsvertrag bedürfen – wie dies zB betreffend Versorgungsziele, Leistungsspektrum oder Öffnungszeiten[428] der Fall ist – nur im Einvernehmen mit den zuständigen Krankenversicherungsträgern geändert werden dürfen. Andernfalls würde eine Vertragsverletzung vorliegen[429]. Andere (unwesentliche) Änderungen, wie zB ein neues Corporate Design, bedürfen keiner Anzeige an oder Vereinbarung mit den Krankenversicherungsträgern.

c) Form und Inhalt

Nach § 8 Abs 2 PrimVG hat der Primärversorgungsvertrag die für die Vertragsbeziehungen zu den Krankenversicherungsträgern wesentlichen Inhalte des Versorgungskonzepts zu umfassen (vgl dazu auch § 6 Abs 2). Dieser Umfang spricht für eine schriftliche Abfassung des Vertrages[430]. Abgesehen davon empfiehlt sich die **Schriftlichkeit** stets zum Beweis des Vertragsinhalts sowie zum Zweck der Rechtssicherheit der Vertragsparteien.

---

[425] IA 2255/A, abgedruckt im AB 1714 BlgNR 25. GP 5.

[426] Vgl zum Ganzen: *Bukor et al,* Primärversorgung in Österreich, in *Aigner/Kletečka/Kletečka-Pulker/Memmer (Hrsg),* HB Medizinrecht, IV.9/289.

[427] *Bukor et al,* Primärversorgung in Österreich, in *Aigner/Kletečka/Kletečka-Pulker/Memmer (Hrsg),* HB Medizinrecht, IV.9/289.

[428] *Bukor et al,* Primärversorgung in Österreich, in *Aigner/Kletečka/Kletečka-Pulker/Memmer (Hrsg),* HB Medizinrecht, IV.9/289. Vgl dazu auch § 5 Abs 2 Primärversorgungs-Gesamtvertrag (Stammfassung) abgeschlossen am 24.4.2019.

[429] IA 2255/A, abgedruckt im AB 1714 BlgNR 25. GP 6.

[430] Vgl IA 2255/A, abgedruckt im AB 1714 BlgNR 25. GP 6.

Der konkrete **Inhalt des Primärversorgungsvertrags** bestimmt sich nach der Betriebsform der Primärversorgungseinheit. § 8 Abs 1 PrimVG unterscheidet ausdrücklich zwischen Gruppenpraxis, selbständigem Ambulatorium und Netzwerk. Der Grund für diese Differenzierung zwischen den Betriebsformen liegt darin, dass die verschiedenen Strukturen einer Primärversorgungseinheit eine unterschiedliche Regelungsdichte erfordern[431].

Der Primärversorgungsvertrag einer **in der Betriebsform einer Gruppenpraxis** geführten Primärversorgungseinheit hat die durch die ärztlichen und nicht-ärztlichen Gesundheitsberufe zu erbringenden Leistungen einschließlich der Honorierung[432] zu beinhalten (§ 8 Abs 3 Z 1 und Z 3 PrimVG). Als Beispiele für weitere Gegenstände des Primärversorgungsvertrags, die im Zusammenhang mit der Erbringung ärztlicher Hilfe stehen, nennt Z 2 leg cit Regelungen über die Verwendung der e-card, Untersuchungen im Rahmen des Mutter-Kind-Passes oder Vorsorgeuntersuchungen. Falls betreffend die Erbringung ärztlicher Hilfe kein Primärversorgungs-Gesamtvertrag nach § 342b ASVG als Inhalt des Primärversorgungsvertrags in Betracht kommt[433], ist ein Primärversorgungs-Sondervertrag abzuschließen (§ 8 Abs 3 letzter Satz PrimVG).

Bei Primärversorgungseinheiten in der **Betriebsform selbständiger Ambulatorien** hat der Primärversorgungsvertrag das Leistungsspektrum sowie die wechselseitigen Rechte und Pflichten der Vertragspartner, die auch eine Zusammenarbeit mit dem chef- und kontrollärztlichen Dienst der Sozialversicherungsträger umfassen, zu beinhalten. Der Vertragsgestaltung sind der Erstattungskodex[434] und die Richtlinien über die Berücksichtigung ökonomischer Grundsätze bei der Krankenbehandlung[435] und über die ökonomische Verschreibweise von Heilmitteln und Heilbehelfen zugrundezulegen (§ 8 Abs 4 PrimVG).

Der Primärversorgungsvertrag einer als **Netzwerk** geführten Primärversorgungseinheit hat – wie bei jener in der Betriebsform der Gruppenpraxis – die Regelungen des § 8 Abs 1 bis 3 PrimVG zu beinhalten. Für die am Netzwerk mit ihren Ordi-

---

431 IA 2255/A, abgedruckt im AB 1714 BlgNR 25. GP 6.

432 Basierend auf den Vorgaben des Gesamtvertrags nach 342b ASVG. Falls Leistungen der nicht-ärztlichen Gesundheitsberufe weder von den Pauschalen iSd § 342b Abs 3 und 4 ASVG noch von der Honorierung des ärztlichen Primärversorgungs-Gesamtvertrags oder dessen Anhängen umfasst sein sollten, ist entsprechend IA 2255/A, abgedruckt im AB 1714 BlgNR 25. GP 6 eine Vereinbarung über deren Honorierung im Primärversorgungsvertrag erforderlich.

433 Dies ist gem § 7 Z 4 PrimVG bei Nicht-Zustandekommen eines Primärversorgungs-Gesamtvertrags oder bei Eintritt eines vertragslosen Zustands der Fall.

434 Erstattungskodex der Sozialversicherung für die Abgabe von Arzneispezialitäten auf Rechnung eines Sozialversicherungsträgers im niedergelassenen Bereich gem § 30b Abs 1 Z 4 ASVG.

435 Einschließlich der Anwendbarkeit von Behandlungsmethoden erst nach Bewilligung durch den chef- und kontrollärztlichen Dienst der Sozialversicherungsträger (§ 30a Abs 1 Z 9 ASVG).

nationen beteiligten freiberuflich tätigen Ärzte sieht § 8 Abs 5 PrimVG die Möglichkeit vor, inhaltlich dem Primärversorgungs-Gesamtvertrag gem § 342b ASVG entsprechende, aufeinander abgestimmte Primärversorgungs-Einzelverträge abzuschließen. Diese sind integrativer Bestandteil des Primärversorgungsvertrags und als solches von seinem Bestehen abhängig (§ 8 Abs 5 Satz 3 PrimVG). Dementsprechend verbleibt die Verantwortung für die Leistungserbringung gegenüber den Krankenversicherungsträgern bei der Primärversorgungseinheit[436].

d) Beendigung des Primärversorgungsvertrages

Nach § 8 Abs 6 PrimVG iVm § 342c Abs 4 ASVG **erlischt** das Vertragsverhältnis zwischen einer Primärversorgungseinheit in der Betriebsform einer Gruppenpraxis oder eines Netzwerkes und einem Krankenversicherungsträger ipso iure bei Erfüllung eines der in § 8 Abs 6 Z 1 bis 7 PrimVG taxativ aufgezählten Tatbestände. Dazu zählen:

- die Auflösung einer der Vertragsparteien (Krankenversicherungsträger oder Primärversorgungseinheit),
- das Inkrafttreten gesetzlicher Vorschriften zur Einschränkung der Tätigkeit der Krankenversicherungsträger, wodurch auch die Tätigkeit der Primärversorgungseinheit gegenstandslos wird,
- bestimmte, genau bezeichnete rechtskräftige strafgerichtliche Verurteilungen[437],
- wiederholte rechtskräftige Urteile eines Zivilgerichts[438] sowie
- das Erreichen der festgelegten Altersgrenze mit Ablauf des jeweiligen Kalendervierteljahres.

Das Erlöschen des Primärversorgungsvertrags führt zum Erlöschen der Primärversorgungs-Einzelverträge (§ 342c Abs 5 ASVG).

Die Primärversorgungseinheit kann das Erlöschen des Primärversorgungsvertrags im Fall einer straf- oder zivilgerichtlichen Verurteilung sowie im Fall des Erreichens

[436] IA 2255/A, abgedruckt im AB 1714 BlgNR 25. GP 6.

[437] Nach § 342c Abs 4 Z 4 ASVG sind dies die rechtskräftige Verurteilung eines Gesellschafters der Primärversorgungseinheit, eines dort freiberuflich tätigen Arztes oder Angehörigen eines sonstigen Gesundheitsberufs zu einer mehr als einjährigen Freiheitsstrafe wegen einer oder mehrerer strafbarer Vorsatztaten (lit a leg cit) oder – unabhängig vom Strafmaß – wegen einer mit Bereicherungsvorsatz begangenen gerichtlich strafbaren Handlung (lit b leg cit). § 342c Abs 4 Z 5 ASVG nennt als weiteren Erlöschungsgrund eine rechtskräftige strafgerichtliche Verurteilung wegen groben Verschuldens im Zusammenhang mit der Ausübung des Arzt- oder eines sonstigen Gesundheitsberufs. Bei den in Z 4 und 5 leg cit geregelten Gründen ist zu beachten, dass die Rechtsfolge des Erlöschens des Primärversorgungsvertrags nicht gemäß § 44 Abs 2 StGB nachgesehen werden kann (§ 342c Abs 4 letzter Satz ASVG).

[438] Nach § 342c Abs 4 Z 6 ASVG handelt es sich dabei um Urteile, in welchen ein Verschulden eines Gesellschafters, einer freiberuflich tätigen Person oder der Primärversorgungseinheit im Zusammenhang mit der Ausübung der vertraglichen Tätigkeit festgestellt wird.

der Altersgrenze (§ 342c Abs 4 Z 4 bis 7 leg cit) durch Ausschluss des Betroffenen bzw Beendigung des Dienstverhältnisses einer angestellten Person verhindern. Die erneute Aufnahme oder Einstellung einer solcherart ausgeschlossenen Person wäre nur mit Zustimmung der zuständigen Sozialversicherungsträger möglich (§ 342c Abs 4 Satz 3 und 4 ASVG).

Bei Primärversorgungseinheiten in der Betriebsform einer Gruppenpraxis oder eines dislozierten Gruppenpraxis-Netzwerks normiert § 342c Abs 6 ASVG einen weiteren Auflösungsgrund bei Verlust oder Fehlen der ärztlichen Berufsberechtigung. Das Erlöschen des Primärversorgungsvertrags führt auch hier zum Erlöschen der Einzelverträge.

Nach § 342c Abs 7 ASVG besteht für die Vertragspartner neben dem Erlöschen die Möglichkeit, den Primärversorgungsvertrag (den Einzelvertrag) schriftlich unter Einhaltung der Kündigungsfrist[439] und unter Angabe von Gründen[440] zu **kündigen**. Die Vertragskündigung gegenüber der ÖGK bewirkt zugleich die Vertragsauflösung mit den anderen Krankenversicherungsträgern. Vorab ist ein Schlichtungsversuch, dem die zuständige Ärztekammer beizuziehen ist, durchzuführen.

Eine Kündigungsanfechtung bei der Landesschiedskommission ist binnen zwei Wochen möglich. Bei Vertrags- oder Berufspflichtverletzungen (iSd § 342c Abs 8 Z 1 ASVG) und bei Nichterfüllung der im Primärversorgungsvertrag vereinbarten Leistungen (iSd § 342c Abs 8 Z 2 ASVG) kann die Primärversorgungseinheit die Kündigung (wie bei der Auflösung) durch Ausschluss des Betroffenen bzw Beendigung des Dienstverhältnisses einer angestellten Person verhindern (§ 342c Abs 8 ASVG).

F. Krankenanstalten

Im Vergleich zu den Gesundheitsunternehmen des niedergelassenen (extramuralen) Bereichs weisen Krankenanstalten die höchste Komplexitätsstufe betreffend Organisation auf. Dies spiegelt sich in entsprechenden gesetzlichen Vorgaben für Funktionen, Einrichtungen, Strukturen sowie Patientensicherheit wider. Das Krankenanstaltenrecht normiert die zur Sicherstellung einer ordnungsgemäßen Gesundheitsversorgung der Bevölkerung einzuhaltenden Mindeststandards[441], die konkrete

439 Die Kündigungsfrist beträgt drei Monate, lediglich bei Wegfall oder wesentlicher Änderung des Auswahlverfahrens nach § 14 PrimVG ist zum Ende des Kalendervierteljahres zu kündigen (§ 342c Abs 7 ASVG).

440 Als Kündigungsgründe nennt § 342c Abs 8 ASVG wiederholte nicht unerhebliche oder schwerwiegende Vertrags- oder Berufspflichtverletzungen (Z 1 leg cit), Nichterfüllung der vereinbarten auf Kosten der Krankenversicherung zu erbringenden Leistungen (Z 2 leg cit), Änderung der Organisation oder des Versorgungskonzepts, wenn dies im Widerspruch zu den vereinbarten Planungsvorgaben steht (Z 3 leg cit) und Wegfall der dem Auswahlverfahren zu Grunde gelegten Voraussetzungen oder wesentliche Änderung derselben (Z 4 leg cit).

441 *Wallner*, Medizinrecht², 134.

Ausgestaltung des inneren Betriebs erfolgt in den Anstaltsordnungen. Bereits die Gründung von Krankenanstalten unterliegt einem nach Anstaltsart differenzierten Zulassungsverfahren und wird der laufende Betrieb im Rahmen der sanitären Aufsicht durch die Bezirksverwaltungsbehörden überwacht (§ 60 Abs 1 KAKuG).

Die Kenntnis der jeweils unterschiedlichen Zwecken dienenden Betriebsformen, der Gründungsschritte sowie der Aufbau- und Ablauforganisation ist für die Vertragsgestaltung, sei es etwa im Zusammenhang mit der Gründung, der Zusammenarbeit mit anderen Krankenanstalten oder Einheiten oder für die Gestaltung der Dienstverträge unerlässlich. Demgemäß konzentriert sich dieses Kapitel auf die Grundlagen des Krankenanstaltenrechts.

Die innermurale Organisation ist geprägt durch arbeitsteilige Prozesse mit vertikaler und horizontaler Arbeitsteilung. Wenngleich Arbeitsverträge hier nicht inhaltlich behandelt werden, so ist in einem Exkurs doch auf die für eine funktionierende Zusammenarbeit wesentlichen Weisungszusammenhänge und die Delegation einzugehen.

Zu den in privatrechtlichen Verträgen zu regelnden rechtlichen Beziehungen zwischen Krankenanstalten und Krankenversicherungsträgern gem §§ 148 f ASVG siehe Kapitel II. A. 2.c).

1. Definition und Abgrenzung

Nach der **Legaldefinition** des § 1 KAKuG sind Krankenanstalten[442] Einrichtungen, die zur Durchführung folgender Aufgaben bestimmt sind:

- Feststellung und Überwachung des Gesundheitszustands durch Untersuchung,
- Vornahme operativer Eingriffe,
- Vorbeugung,
- Besserung und Heilung von Krankheiten durch Behandlung,
- Entbindung,
- Maßnahmen der medizinischen Fortpflanzungshilfe,
- Bereitstellung von Organen zum Zweck der Transplantation sowie
- ärztliche Betreuung und besondere Pflege von chronisch Kranken.

Dieser Leistungskatalog ist per se als Definition freilich völlig unzureichend, zumal die darin aufgelisteten medizinischen Tätigkeiten auch im niedergelassenen Bereich erbracht werden können[443].

---

[442] Die in § 1 Abs 1 KAKuG in Klammer angeführte Bezeichnung „*Heil- und Pflegeanstalten*“ ist für eine Definition der Krankenanstalten wenig hilfreich. Es handelt sich dabei um einen weiteren Begriff, der neben Krankenanstalten auch Hebammenpraxen erfasst. Näheres siehe *Stöger,* § 1 KAKuG in *Neumayr/Resch/Wallner (Hrsg),* Gmundner Kommentar zum Gesundheitsrecht[2] Rz 3.

[443] *Stöger,* § 1 KAKuG in *Neumayr/Resch/Wallner (Hrsg),* Gmundner Kommentar zum Gesundheitsrecht[2] Rz 1; *Heissenberger,* Krankenanstaltenrecht, in *Aigner/Kletečka/Kletečka-Pulker/Memmer (Hrsg),* HB Medizinrecht, IV.1/4.

Eine **Abgrenzung zum niedergelassenen Bereich** wird, abgesehen von den zu berücksichtigenden kompetenzrechtlichen Vorgaben des Art 12 Abs 1 Z 1 B-VG (Grundsatzgesetzgebung des Bundes, Ausführungsgesetzgebung der Länder)[444], folglich nur anhand anderer (berufsrechtlicher) Kriterien gelingen. Dazu zählen bspw **fachliche Weisungsfreiheit** oder **freie Arztwahl**, die nur im niedergelassenen Bereich, nicht jedoch in Krankenanstalten zu gewährleisten sind[445]. Für eine Krankenanstalt spricht weiters die Überschreitung jenes Organisationsgrades, den ein einzelner Arzt (und die Hilfskräfte, für die er verantwortlich ist) nicht mehr lege artis iSd Einhaltung der berufsrechtlichen Regeln bewältigen kann[446].

Als Abgrenzungskriterium wird in der Lit[447] im Hinblick auf § 2 Abs 3 KAKuG, der die Abgrenzung von Krankenanstalten und Ordinationen regelt, insb das **Ausmaß der Organisation** hervorgehoben. Nach dieser Bestimmung unterliegen jene Einrichtungen den krankenanstaltenrechtlichen Vorschriften, in denen mehrere Patienten zugleich behandelt werden können und die aufgrund ihrer Organisationdichte und -struktur eine Anstaltsordnung erfordern.

Die Unterscheidung gestaltet sich speziell zwischen Gruppenpraxen und Krankenanstalten in der Betriebsform von selbständigen Ambulatorien im Einzelfall mitunter schwierig und kann nur anhand der skizzierten **Typusmerkmale** getroffen werden[448].

Bei Berücksichtigung der genannten Kriterien lassen sich Krankenanstalten zusammenfassend als Einrichtungen, in denen medizinische Leistungen iSd § 1 KAKuG durch arbeitsteiliges Zusammenwirken im Rahmen einer anstaltsmäßigen Organisation erbracht werden, definieren[449].

Keine Krankenanstalten iSd § 1 KAKuG sind ex lege Gruppenpraxen[450]. Weiters ausgenommen sind forensisch-therapeutische Zentren (früher: Anstalten für geistig

---

444 *Kopetzki,* Verfassungsrechtliche Probleme der Abgrenzung zwischen Ordination und Ambulatorium im Lichte der ärztegesetzlichen Entwicklungen, RdM 2020/278, 239 weist betreffend die Abgrenzung zwischen Ordinationen und Krankenanstalten in der Betriebsform selbständiger Ambulatorien auf *„kompetenzrechtlichen Fesseln"* hin.

445 Zur Abgrenzung zwischen Ambulatorien und Gruppenpraxen eingehend *Potacs/Scholz,* Ambulatorien und Gruppenpraxen, in *Schrattbauer/Pfeil,* Organisation guter PatientInnenversorgung, 33f.

446 *Mazal,* Gruppenpraxis versus Anstaltsbegriff, RdM 2000, 129 (Editorial).

447 Vgl *Kopetzki,* Krankenanstaltenrecht, in *Holoubek/Potacs (Hrsg),* Handbuch öffentliches Wirtschaftsrecht I[4], 464f; *Wallner,* Medizinrecht[2], 130; *Stöger,* § 1 KAKuG in *Neumayr/Resch/Wallner (Hrsg),* Gmundner Kommentar zum Gesundheitsrecht[2] Rz 4.

448 *Mazal,* Gruppenpraxis versus Anstaltsbegriff, RdM 2000, 129 (Editorial); *Potacs/Scholz,* Ambulatorien und Gruppenpraxen, in *Schrattbauer/Pfeil,* Organisation guter PatientInnenversorgung, 32.

449 Vgl *Wallner,* Medizinrecht[2],130.

450 Vgl dazu auch § 52 Abs 3 ÄrzteG, wonach eine Gruppenpraxis keine Organisationsdichte und -struktur einer Krankenanstalt in der Betriebsform eines selbständigen Ambulatoriums aufweisen darf.

abnorme Rechtsbrecher), Krankenabteilungen in Justizanstalten, Erste-Hilfe-Einrichtungen in Betrieben, arbeitsmedizinische Zentren, Kuranstalten, die Agentur für Gesundheit und Ernährungssicherheit, medizinische Versorgungseinrichtungen in Betreuungseinrichtungen für Asylwerber sowie die anlässlich der COVID-19 Pandemie eingefügten Versorgungseinrichtungen für Erkrankte und Krankheitsverdächtige für die Dauer der Pandemie (§ 2 Abs 2 KAKuG).

2. Betriebsformen

Das KAKuG beschränkt sich nicht auf die in § 1 genannte Definition von Krankenanstalten, sondern schafft in § 2 eine Einteilung in mögliche Betriebsformen, denen es jeweils einen eigenen Zweck zuordnet[451] und die in weitere Organisationseinheiten unterteilt werden können. Dementsprechend lassen sich folgende Arten von Krankenanstalten unterscheiden[452]:

a) Allgemeine Krankenanstalten

Nach § 2 Abs 1 Z 1 KAKuG handelt es sich dabei um Krankenanstalten für Personen, ohne dass nach Geschlecht, Alter oder der Art der ärztlichen Betreuung iSd § 1 leg cit unterschieden wird. Innerhalb der allgemeinen Krankenanstalten differenziert § 2a Abs 1 KAKuG je nach Versorgungsstufe bzw Ausstattungsgrad weiter zwischen folgenden **Typen**:

- **Standardkrankenanstalten**
  Diese haben aus zumindest zwei Abteilungen[453], eine davon für Innere Medizin, zu bestehen und zumindest eine ambulante Basisversorgung für chirurgische und/oder unfallchirurgische Akutfälle zu gewährleisten. Zudem müssen von Fachärzten bespielte Einrichtungen für Anästhesiologie, Röntgendiagnostik und Vornahme von Obduktionen vorhanden sein. In weiteren dem Anstaltszweck und Leistungsangebot entsprechenden medizinischen Sonderfächern ist eine ärztliche Betreuung durch Konsiliarärzte zu sichern (§ 2a Abs 1 lit a KAKuG).
- **Schwerpunktkrankenanstalten**
  Diese haben aus Abteilungen zumindest für Augenheilkunde und Optometrie, Chirurgie, Frauenheilkunde und Geburtshilfe, Hals-, Nasen- und Ohrenheilkunde, Innere Medizin, Kinder- und Jugendheilkunde, Neurologie, Orthopädie und Traumatologie, Psychiatrie und Psychotherapeutische Medizin sowie Urologie zu bestehen. Weiters müssen von Fachärzten bespielte Einrichtungen für Anäs-

[451] Vgl bereits ErläutRV 164 BlgNR 8. GP 5; *Kletečka-Pulker/Grimm/Memmer/Stärker/Zahrl,* Grundzüge des Medizinrechts, 114.

[452] Zur Unterscheidung von Krankenanstalten nach Versorgungspflicht und Finanzierung siehe bereits Kapitel II. D. 1.

[453] Abteilungen sind gem § 2b Abs 1 KAKuG zeitlich uneingeschränkt zu betreibende bettenführende Einrichtungen, die die jederzeitige Verfügbarkeit fachärztlicher Akutversorgung anstaltsbedürftiger Personen im jeweiligen Sonderfach sicherzustellen haben.

thesiologie, Hämodialyse, Strahlendiagnostik und -therapie, Nuklearmedizin, Physikalische Medizin sowie für Intensivpflege (inklusive Intensivpflege für Neonatologie und Pädiatrie) vorhanden sein. Eine Betreuung im Sonderfach Mund-, Kiefer- und Gesichtschirurgie hat entsprechend dem Bedarf durch eigene Einrichtungen oder durch Konsiliarärzte zu erfolgen. In weiteren dem Anstaltszweck und Leistungsangebot entsprechenden medizinischen Sonderfächern ist eine ärztliche Betreuung durch Konsiliarärzte zu sichern. Zudem müssen eine Anstaltsapotheke, ein Pathologisches Institut sowie ein Institut für medizinische und chemische Labordiagnostik geführt werden (§ 2a Abs 1 lit b KAKuG).

- **Zentralkrankenanstalten**
  Diese haben mit grundsätzlich allen dem jeweiligen Stand der medizinischen Wissenschaft entsprechenden spezialisierten Einrichtungen ausgestattet zu sein (§ 2a Abs 1 lit c KAKuG).

b) Sonderkrankenanstalten

Das sind gemäß § 2 Abs 1 Z 2 KAKuG Krankenanstalten für die Untersuchung und Behandlung von Personen mit bestimmten Krankheiten (bspw orthopädische oder psychiatrische Krankenhäuser, Unfallkrankenhäuser) oder von Personen bestimmter Altersstufen (zB Kinderkrankenhäuser) oder für bestimmte Zwecke (zB Geburtskliniken, Heeresspitäler)[454].

c) Pflegekrankenanstalten für chronisch Kranke

Es handelt sich dabei um Krankenanstalten für die Versorgung von Personen, die ärztlicher Betreuung und besonderer Pflege bedürfen (§ 2 Abs 1 Z 3 KAKuG). Der primäre Zweck ist im Gegensatz zu Alters- und Pflegeheimen sohin die ärztliche Betreuung[455].

d) Sanatorien

Sanatorien sind Krankenanstalten, die durch ihre besondere Ausstattung höheren Ansprüchen hinsichtlich Verpflegung und Unterbringung entsprechen (§ 2 Abs 1 Z 4 KAKuG). Es besteht insofern eine Überschneidung mit Sonderkrankenanstalten, als Sanatorien bisweilen auch über eine Genehmigung als Sonderkrankenanstalt verfügen[456].

---

454 Zu den Bsp: *Bundesministerium für Soziales, Gesundheit, Pflege und Konsumentenschutz (Hrsg),* Klassifikation der österreichischen Krankenanstalten, Seite 5, www.sozialministerium.at (abgerufen am 20.11.2025).

455 *Wallner,* Medizinrecht², 131.

456 *Bundesministerium für Soziales, Gesundheit, Pflege und Konsumentenschutz (Hrsg),* Klassifikation der österreichischen Krankenanstalten, Seite 6, www.sozialministerium.at (abgerufen am 20.11.2025).

e) Selbständige Ambulatorien

Bei den bereits mehrfach erwähnten selbständigen Ambulatorien handelt es sich ebenfalls um eine Betriebsform einer Krankenanstalt. Im Vergleich zu anderen Einrichtungen sind sie **organisatorisch selbständig** und **nicht bettenführend**. Ihr Zweck liegt in der Untersuchung oder Behandlung von Personen, die keiner stationären Aufnahme in Anstaltspflege bedürfen. Für die Einordnung als selbständiges Ambulatorium ist eine angemessene Zahl von Betten, die zur Durchführung ambulanter diagnostischer und therapeutischer Maßnahmen erforderlich ist, jedoch nicht hinderlich. Zulässig[457] ist auch die Durchführung von Hausbesuchen im Einzugsgebiet (§ 2 Abs 1 Z 5 KAKuG). Selbständige Ambulatorien sind bspw Institute für physikalische Medizin, Labordiagnostik, Diagnosezentren oder Zahnambulatorien[458].

Eine **Besonderheit** selbständiger Ambulatorien als nicht bettenführende Einrichtungen ist, dass die Finanzierung der erbrachten Leistungen im Unterschied zu anderen Krankenanstalten nicht gemäß LKF- oder PRIKRAF-System erfolgt, sondern in Gesamtverträgen geregelt ist[459]. Zudem bestehen Besonderheiten im Zulassungsverfahren (insb bei Bedarfsprüfungen) selbständiger Ambulatorien (vgl §§ 3 ff KAKuG und unten Abschnitt c) dieses Kapitels).

Diese Unterschiede im Vergleich zu anderen Krankenanstalten rechtfertigen die Frage, weshalb selbständige Ambulatorien im KAKuG geregelt sind. Erklären lässt sich dies mit der historischen Zuordnung selbständiger Ambulatorien zu Heil- und Pflegeanstalten iSd Versteinerungstheorie[460].

Abzugrenzen sind selbständige Ambulatorien von Anstaltsambulatorien gem § 26 KAKuG für die ambulante Untersuchung und Behandlung[461], die in öffentlichen Krankenanstalten gem § 2 Abs 1 Z 1 und Z 2 KAKuG (also in Allgemeinen Krankenanstalten und in Sonderkrankenanstalten) einzurichten sind[462]. Diese können als Fach-, Spezial-, Akut- oder Termin-Ambulanzen geführt werden (§ 6 Abs 7 Z 5 KAKuG). Zur Abgrenzung von Gruppenpraxen siehe Kapitel II. D. 1.

---

457 Vgl dazu jedoch § 3a Abs 7 KAKuG, wonach verpflichtende Hausbesuche in der Errichtungsbewilligung festzulegen sind.

458 Bundesministerium für Soziales, Gesundheit, Pflege und Konsumentenschutz/Kataster der selbstständigen Ambulatorien, www.sozialministerium.at (abgerufen am 20.11.2025).

459 Siehe dazu Kapitel II. A. 2. c).

460 Vgl *Stöger*, § 2 KAKuG in *Neumayr/Resch/Wallner (Hrsg)*, Gmundner Kommentar zum Gesundheitsrecht[2] Rz 2.

461 Bspw zur Leistung Erster ärztlicher Hilfe, zur Anwendung von Behelfen, die außerhalb der Anstalt nicht verfügbar sind, zur Befunderhebung vor Aufnahme in Anstaltspflege, iZm Organ-, Gewebe- und Blutspenden, klinischen Prüfungen, Fortpflanzungsmedizin oder Vorsorgeuntersuchungen (§ 26 Abs 1 und 2 KAKuG).

462 Nach § 26 Abs 3 KAKuG kann der Verpflichtung zur ambulanten Betreuung auch durch Kooperationsverträge mit anderen Krankenanstaltenträgern, mit Gruppenpraxen oder anderen ärztlichen Kooperationsformen entsprochen werden.

f) Militärische Krankenanstalten

Diese werden vom Bund betrieben und dienen der Erfüllung der Aufgaben des Bundesheeres (§ 2 Abs 1 Z 6 KAKuG). Im Gegensatz zu anderen Krankenanstalten bedürfen Militärkrankenanstalten **keiner Errichtungsbewilligung** mit Bedarfsprüfungsverfahren. Die Festlegung von Anzahl und Standorten erfolgt durch den zuständigen Bundesminister (§ 42d KAKuG). Militärische Krankenanstalten können in der Betriebsform einer bettenführenden Krankenanstalt oder eines selbständigen Ambulatoriums geführt werden[463].

3. Die Gründungsschritte im Überblick

Falls der Rechtsträger einer Krankenanstalt nicht bereits existiert, wie zB die Gebietskörperschaften, hat – ähnlich wie bei Gruppenpraxen und den überwiegenden Formen von Primärversorgungseinheiten – zunächst dessen (zB gesellschaftsrechtliche, vereinsmäßige) Gründung entsprechend den dafür anzuwendenden Vorschriften (zB Gesellschafts- oder Vereinsrecht) zu erfolgen. Der zu diesem Zweck abzuschließende **Gesellschaftsvertrag** bzw die Gründungsvereinbarung eines Vereins unterliegen grundsätzlich keinen medizinrechtlichen Sondervorschriften, weshalb hier nicht näher auf diese Verträge einzugehen ist.

Die Errichtung einer Krankenanstalt wie auch die Aufnahme des Krankenhausbetriebs bedürfen grundsätzlich einer **behördlichen Bewilligung**. Neben den im Krankenanstaltenrecht vorgesehenen Bewilligungen sind weitere Genehmigungen einzuholen (zB Baubewilligung)[464]. Nach der Gründung obliegt die Prüfung des laufenden Anstaltsbetriebs der **sanitären Aufsicht** durch die Bezirksverwaltungsbehörden (§§ 60 ff KAKuG).

a) Krankenanstaltenträger

Im Unterschied etwa zu einer Gruppenpraxis, die selbst Rechtsträger der Gruppenpraxis-GmbH, FlexCo oder OG ist, steht hinter einer Krankenanstalt regelmäßig ein eigener Rechtsträger. Die **Krankenanstalt** ist **als Teil des Trägers** bzw der Trägergesellschaft selbst nicht rechtsfähig[465].

Krankenanstaltenträger ist, wem **Errichtung, Verwaltung und Betrieb** einer Krankenanstalt obliegen (vgl §§ 15, 39 Abs 1 KAKuG). Als Träger kommen grundsätzlich alle physischen wie juristischen Personen in Betracht. Eine Ausnahme besteht

---

[463] Vgl *Heissenberger,* Krankenanstaltenrecht, in *Aigner/Kletečka/Kletečka-Pulker/Memmer (Hrsg),* HB Medizinrecht, IV.1/7; *Stöger,* § 2 KAKuG in *Neumayr/Resch/Wallner (Hrsg),* Gmundner Kommentar zum Gesundheitsrecht^2 Rz 2.

[464] Eine gewerbebehördliche Genehmigung ist nicht einzuholen, da die GewO nicht anzuwenden ist. Zum Ganzen: *Kopetzki,* Krankenanstaltenrecht, in *Holoubek/Potacs (Hrsg),* Handbuch öffentliches Wirtschaftsrecht I^4, 480.

[465] *Kopetzki,* Krankenanstaltenrecht, in *Holoubek/Potacs (Hrsg),* Handbuch öffentliches Wirtschaftsrecht I^4, 474 mwN.

bei öffentlichen Krankenanstalten. Nach § 15 KAKuG können deren Träger ausschließlich juristische Personen sein, da nur diesen das Öffentlichkeitsrecht (dazu unten Abschnitt d) dieses Kapitels) verliehen werden kann[466].

Aktuell treten folgende Rechtssubjekte als **Krankenanstaltenträger** auf: Bund, Länder, Gemeinden, Gemeindeverbände, Sozialversicherungsträger, sondergesetzlich errichtete öffentlich-rechtliche Träger, kirchliche Rechtsträger, Vereine, Gesellschaften des Handelsrechts und physische Personen[467].

b) Errichtungs- und Betriebsbewilligung für bettenführende Krankenanstalten

Die Gründung einer bettenführenden Krankenanstalt setzt eine Errichtungsbewilligung voraus. Bevor der Betrieb aufgenommen werden darf, hat zudem eine Betriebsbewilligung vorzuliegen. Nach § 3 Abs 1 KAKuG bedürfen Errichtung und Betrieb der Bewilligung der jeweils zuständigen Landesregierung. Bei Änderung der Verhältnisse oder bei Mängeln können Errichtungs- und Betriebsbewilligungen schließlich abgeändert oder zurückgenommen werden.

aa) Errichtungsbewilligung

Im Antrag auf Erteilung der Errichtungsbewilligung sind der Anstaltszweck und das beabsichtigte Leistungsangebot zu bezeichnen und diverse Nachweise (dazu gleich) zu erbringen.

Nach § 3 Abs 2 KAKuG haben insbesondere folgende **Voraussetzungen** für die Erteilung einer Errichtungsbewilligung vorzuliegen:

- Vorliegens eines Bedarfs (positive Bedarfsprüfung)
- Nachweis von Eigentumsrecht oder sonstiger Rechte zur Benützung der für die Anstalt in Aussicht genommenen Betriebsanlage
- Nachweis, dass das als Krankenanstalt geplante oder vorhandene Gebäude den bau-, feuer- und gesundheitspolizeilichen Vorschriften entspricht
- Nachweis, dass gegen den Bewerber keine Bedenken bestehen
- Im Fall der Ausschreibung eines Kassenvertrags für den geplanten Standort der Krankenanstalt zusätzlich: Vorliegen einer Vertragszusage der Sozialversicherung[468].

Besonders einzugehen ist auf die Voraussetzung des Bedarfs der neuen Krankenanstalt, der im Rahmen einer **Bedarfsprüfung** zu ermitteln ist. Als Folge der Entscheidung des EuGH („*Hartlauer*"-Urteil)[469] wurde zwecks Gleichbehandlung

[466] *Kopetzki,* Krankenanstaltenrecht, in *Holoubek/Potacs (Hrsg),* Handbuch öffentliches Wirtschaftsrecht I^4, 472ff.

[467] Für alle: *Kletečka-Pulker/Grimm/Memmer/Stärker/Zahrl,* Grundzüge des Medizinrechts, 117.

[468] Vgl *Wallner,* Medizinrecht^2, 144f.

[469] EuGH 10.3.2009, C-169/07, *Hartlauer Handelsgesellschaft mbH/Wiener Landesregie-*

dieser Bereiche nicht nur ein mit den Regelungen für selbständige Ambulatorien harmonisiertes Zulassungsverfahren für Gruppenpraxen eingeführt, sondern erfolgte auch eine Modernisierung der Bedarfsprüfung von bettenführenden Krankenanstalten[470]. Begründet wird die Notwendigkeit einer Bedarfsprüfung in § 3 Abs 2 lit a KAKuG mit der Aufrechterhaltung von Qualität und Zugänglichkeit der Gesundheitsversorgung und ihrer Finanzierung aus öffentlichen Mitteln[471].

Ein **Bedarf** an einer bettenführenden Krankenanstalt ist dann gegeben, wenn durch den angegebenen Anstaltszweck und das geplante Leistungsangebot *„im Hinblick auf das bereits bestehende Versorgungsangebot öffentlicher, privater gemeinnütziger und sonstiger bettenführender Krankenanstalten mit Kassenverträgen“* ein Nachweis der wesentlichen Verbesserung des Versorgungsangebots gelingt, wobei die Planungsergebnisse des RSG als Prüfungskriterien (zB Bevölkerungsstruktur und -dichte, Auslastung bestehender stationärer Einrichtungen) zu berücksichtigen sind (vgl § 3 Abs 2 lit a iVm Abs 2c KAKuG).

Zur Prüfung, ob ein Bedarf gegeben ist, kann im Bewilligungsverfahren ein **Gutachten** der Gesundheit Österreich GmbH oder eines vergleichbaren Instituts eingeholt werden. § 3 Abs 2d KAKuG ermöglicht es dem Antragsteller zudem, den Bedarf bereits vorab feststellen zu lassen.

Im Verfahren zur Erteilung der Errichtungsbewilligung und im Verfahren, in dem der Bedarf vorab festgestellt wird, haben die betroffenen Sozialversicherungsträger **Parteistellung**. Sie haben damit auch die Befugnis, Stellungnahmen und Rechtsmittel einzubringen. Die Wirtschaftskammer als gesetzliche Interessenvertretung privater Krankenanstalten hat lediglich die Möglichkeit, eine Stellungnahme abzugeben (§ 3 Abs 6 KAKuG).

In folgenden Fällen ist **keine Bedarfsprüfung** durchzuführen:

- wenn das geplante Leistungsangebot die Erbringung ausschließlich sozialversicherungsrechtlich nicht erstattungsfähiger Leistungen vorsieht (zB ästhetische Operationen[472]), wozu die ÖGK zu hören ist (§ 3 Abs 2a Satz 1 und 2 KAKuG)
- wenn bereits eine Errichtungsbewilligung erteilt wurde und die Verlegung des Standortes innerhalb desselben Einzugsgebietes erfolgt (§ 3 Abs 2a Satz 3 KAKuG)
- wenn der verfahrensgegenständliche Leistungsumfang in den Verordnungen gemäß § 23 oder § 24 G-ZG geregelt ist, maW der Bedarf betreffend Fondskrankenanstalten bereits bei der Planung im ÖSG, RSG oder im Krankenanstaltenplan geprüft wurde[473] (§ 3 Abs 2b KAKuG).

---

rung, Oberösterreichische Landesregierung. Siehe dazu bereits Abschnitt D. dieses Kapitels

470 ErläutRV 779 BlgNR 24. GP 1f.

471 *Wallner,* Medizinrecht^2, 144f.

472 Vgl *Wallner,* Medizinrecht^2, 144f.

473 *Heissenberger,* Krankenanstaltenrecht, in *Aigner/Kletečka/Kletečka-Pulker/Memmer (Hrsg),* HB Medizinrecht, IV.1/13.

Keiner Errichtungsbewilligung bedürfen allgemeine Krankenanstalten, deren Träger Krankenversicherungsträger sind. Nach § 3 Abs 5 KAKuG ist ihre Errichtung der Landesregierung lediglich anzuzeigen. Diesfalls sind bei Betriebsbewilligungen dieselben Voraussetzungen wie bei bettenführenden Krankenanstalten einzuhalten, jene betreffend Errichtungsbewilligungen freilich ausgenommen.

bb) Betriebsbewilligung

Nach § 3 Abs 4 KAKuG haben für eine Bewilligung zum Betrieb einer Krankenanstalt insbesondere folgende **Voraussetzungen** vorzuliegen:

- Vorliegen einer Errichtungsbewilligung
- Vorhandensein der für den unmittelbaren Betrieb erforderlichen medizinischen Apparate und technischen Einrichtungen (unter Einhaltung der sicherheits- und gesundheitspolizeilichen Vorschriften und Erfüllung der Vorgaben der Verordnungen im ÖSG, RSG oder im Krankenanstaltenplan gemäß § 23 oder § 24 G-ZG)
- Erfüllung der vorgesehenen Strukturqualitätskriterien
- Unbedenklichkeit der für den inneren Betrieb der Krankenanstalt vorgesehenen Anstaltsordnung (dazu unten, Abschnitt 4. dieses Kapitels)
- Namhaftmachung eines geeigneten Arztes als verantwortlichen Leiter des ärztlichen Dienstes und von fachlich geeigneten Personen als verantwortliche Ärzte für die Leitung der einzelnen Abteilungen und sonstigen Organisationseinheiten sowie Glaubhaftmachung, dass auch die übrige erforderliche personelle Ausstattung gesichert sein wird
- Nachweis des Abschlusses einer Haftpflichtversicherung, sofern es sich um eine Krankenanstalt handelt, die nicht durch eine Gebietskörperschaft, eine sonstige Körperschaft öffentlichen Rechts oder durch eine juristische Person, die im Eigentum einer Gebietskörperschaft oder Körperschaft öffentlichen Rechts steht, betrieben wird.

cc) Abänderung oder Zurücknahme von Errichtungs- und Betriebsbewilligungen

Nach § 12 Abs 1 KAKuG ist eine Abänderung oder Zurücknahme der Errichtungsbewilligung von Krankenanstalten, einzelnen Abteilungen oder anderen Organisationseinheiten vorzunehmen:

- bei Wegfall einer Bewilligungsvoraussetzung (insb durch Änderung des Landeskrankenanstaltenplanes) oder
- bei nachträglichem Hervorkommen eines bereits ursprünglich bestehenden oder noch fortdauernden Mangels.

Eine Abänderung oder Zurücknahme der **Betriebsbewilligung** von Krankenanstalten, einzelnen Abteilungen oder anderen Organisationseinheiten ist nach § 12 Abs 2 KAKuG erforderlich:

- bei Wegfall einer Bewilligungsvoraussetzung oder bei nachträglichem Hervorkommen eines bereits ursprünglich bestehenden oder noch fortdauernden Mangels
- bei Unterbrechung des Betriebs oder Auflassung der Krankenanstalt.

§ 12 Abs 3 KAKuG sieht darüber hinaus die Möglichkeit der Zurücknahme der Betriebsbewilligung von Krankenanstalten, einzelnen Abteilungen oder anderen Organisationseinheiten vor:

- bei Nicht-Behebung sonstiger schwerwiegender Mängel trotz Aufforderung innerhalb einer festgesetzten Frist.

c) Besonderheiten des Zulassungsverfahrens für selbständige Ambulatorien

Selbständige Ambulatorien bedürfen, wie bettenführende Krankenanstalten, einer Errichtungs- und Betriebsbewilligung. Für die Errichtungsbewilligung gelten dieselben Voraussetzungen wie für bettenführende Krankenanstalten, im Detail bestehen allerdings Abweichungen bei der Bedarfsprüfung.

Ein **Bedarf** eines neuen selbständigen Ambulatoriums ist nicht nur dann zu bejahen, wenn – wie bei bettenführenden Krankenanstalten – durch den angegebenen Anstaltszweck und das geplante Leistungsangebot ein Nachweis der wesentlichen Verbesserung des Versorgungsangebots im Hinblick auf das bereits bestehende Versorgungsangebot bettenführender Krankenanstalten mit Kassenverträgen gelingt. Ein Bedarf ist darüber hinaus gegeben, wenn im Hinblick auf das Versorgungsangebot durch Ambulanzen und kasseneigene Einrichtungen, niedergelassene Ärzte, Gruppenpraxen und selbstständige Ambulatorien jeweils mit Kassenverträgen, bei selbstständigen Zahnambulatorien auch im Hinblick auf niedergelassene Zahnärzte, Dentisten und zahnärztliche Gruppenpraxen jeweils mit Kassenverträgen, ein Nachweis der wesentlichen Verbesserung des Versorgungsangebots – jeweils bezogen auf das Einzugsgebiet – gelingt (§ 3a Abs 2 Z 1 KAKuG). Die Planungsergebnisse des RSG sind als Prüfungskriterien ebenfalls zu berücksichtigen (vgl § 3a Abs 2 Z 1 iVm Abs 3 KAKuG).

Zur Prüfung, ob ein Bedarf gegeben ist bzw zur Vorabfeststellung eines Bedarfs, ist[474] im Bewilligungsverfahren ein **Gutachten** der Gesundheit Österreich GmbH oder eines vergleichbaren Instituts sowie eine begründete Stellungnahme des jeweiligen Landesgesundheitsfonds hinsichtlich des Bedarfs einzuholen (§ 3a Abs 5 KAKuG).

Im Verfahren zur Erteilung der Errichtungsbewilligung und im Verfahren, in dem der Bedarf vorab festgestellt wird, haben die betroffenen Sozialversicherungsträger **Parteistellung**. Sie haben damit auch die Befugnis, Stellungnahmen und Rechtsmittel einzubringen. Anders als bei bettenführenden Krankenanstalten haben nicht

[474] Nach dem Wortlaut des § 3 Abs 2d KAKuG ist die Einholung der Gutachten bei bettenführenden Krankenanstalten dagegen nicht zwingend (arg: „*kann*" eingeholt werden). Eine Stellungnahme des Landesgesundheitsfonds ist nicht erforderlich.

nur die Wirtschaftskammer als gesetzliche Interessenvertretung privater Krankenanstalten, sondern auch die konkret zuständige Landesärztekammer und die Österreichische Zahnärztekammer bei selbstständigen Zahnambulatorien die Möglichkeit einer Stellungnahme (§ 3a Abs 8 KAKuG).

Die Fälle, in denen nach § 3a Abs 4 KAKuG **keine Bedarfsprüfung** durchzuführen ist, entsprechen jenen der bettenführenden Krankenanstalten.

Anders als bei bettenführenden Krankenanstalten (konkret: allgemeine Krankenanstalten, deren Träger Krankenversicherungsträger sind), die keiner Errichtungsbewilligung bedürfen, sondern für die lediglich Anzeigepflicht besteht, gibt es bei selbständigen Ambulatorien **keine Ausnahmen von der Errichtungsbewilligung**.

Die Voraussetzungen für die Erteilung einer **Betriebsbewilligung** (§ 3b KAKuG) – mit Ausnahme der für selbständige Ambulatorien nicht vorgesehenen Strukturqualitätskriterien – entsprechen jenen für bettenführende Krankenanstalten.

d) Sonderbestimmungen für öffentliche und private Krankenanstalten

Das Hauptstück C des KAKuG enthält besondere Bestimmungen für öffentlichen Krankenanstalten, das Hauptstück D für private Krankenanstalten. Diese sind zusätzlich zu den für alle Krankenanstalten geltenden Hauptstücken A und B anzuwenden.

aa) Öffentliche Krankenanstalten

Als öffentliche Krankenanstalt definiert § 14 KAKuG Allgemeine Krankenanstalten, Sonderkrankenanstalten und Pflegeanstalten für chronisch Kranke, denen das **Öffentlichkeitsrecht** verliehen wurde.

Nach § 15 KAKuG sind folgende **Voraussetzungen für die Verleihung des Öffentlichkeitsrechts** zu erfüllen, ohne dass ein Anspruch auf dessen Verleihung besteht:

- Erfüllung der Vorgaben der jeweiligen Verordnung gemäß § 23 oder § 24 G-ZG
- Gemeinnützigkeit
- Gewährleistung der Erfüllung der im KAKuG auferlegten Pflichten sowie des gesicherten Bestands und zweckmäßigen Betriebs der Krankenanstalt
- Verwaltung und Betrieb durch einen der taxativ aufgelisteten Rechtsträger (Bund, Bundesland, Gemeinde, sonstige Körperschaft öffentlichen Rechts, Stiftung, öffentlichen Fonds, andere juristische Person oder Vereinigung von juristischen Personen)
- Falls der Krankenanstaltenträger keine Gebietskörperschaft ist, zusätzlich: Nachweis, dass der Rechtsträger über die für den gesicherten Betrieb der Krankenanstalt nötigen Mittel verfügt.

Das Kriterium der **Gemeinnützigkeit** ist dann zu bejahen, wenn der Betriebszweck nicht in der Gewinnerzielung liegt, die Aufnahme von Patienten *„nach Maßgabe* *der Anstaltseinrichtungen*“[475] und so lange erfolgt, als es ihr (ausschließlich wesentlicher) Gesundheitszustand nach dem Ermessen des behandelnden Arztes erfordert, gleiche LKF-Gebühren für gleiche Leistungen derselben Gebührenklasse festgelegt sind, (mit Ausnahme etwaiger Sonderklassegebühren) keine Entlohnung der Anstaltsbediensteten erfolgt und die Zahl der Sonderklasse-Betten nicht mehr als 25% der für die Anstaltspflege bereitstehenden Betten beträgt (vgl § 16 Abs 1 KAKuG).

Die **Verleihung des Öffentlichkeitsrechts** erfolgt durch die Landesregierung und ist zu verlautbaren. Das Erfordernis der Überprüfung des Öffentlichkeitsrechts gilt auch für die Erweiterung (zB durch neue Abteilungen oder Organisationseinheiten), Verlegung oder für sonstige erhebliche Veränderungen einer öffentlichen Krankenanstalt (§ 17 KAKuG).

Der Wegfall oder das Hervorkommen eines ursprünglich bestehenden und noch andauernden Mangels einer der in § 15 KAKuG genannten Voraussetzungen führt zum **Entzug** des Öffentlichkeitsrechts. Eine Rücknahme der Errichtungs- oder Betriebsbewilligung führt zum Verlust des Öffentlichkeitsrechts (§ 36 KAKuG).

Zur Sicherung der öffentlichen Krankenanstaltspflege ist jedes Bundesland verpflichtet, selbst öffentliche Krankenanstalten zu errichten und zu betreiben. Alternativ haben die Bundesländer die Möglichkeit, vertragliche Vereinbarungen mit Rechtsträgern anderer Krankenanstalten zur Sicherstellung der Krankenanstaltspflege für anstaltsbedürftige[476] Personen abzuschließen (vgl § 18 Abs 1 KAKuG).

Aus dem Öffentlichkeitsrecht resultieren **diverse Rechtsfolgen** für öffentliche Krankenanstalten, die sie zugleich von privaten Krankenanstalten unterscheiden[477]. Dazu zählt bspw die Verpflichtung, für anstaltsbedürftige und insb für unabweisbar kranke Personen eine ausreichende Anzahl an Betten in der allgemeinen Gebührenklasse zur Verfügung zu stellen (§ 18 Abs 3 KAKuG), die Verpflichtung zur ununterbrochenen Aufrechterhaltung des Anstaltsbetriebs (§ 35 Abs 1 KAKuG) sowie der Anspruch auf Abrechnung der Gebühren nach dem LKF-System mit dem Landesgesundheitsfonds (§§ 27 ff KAKuG) bzw der Anspruch auf Deckung zumindest der Hälfte des Betriebsabgangs (§ 34 KAKuG).

---

475 Nach § 16 Abs 1 lit b iVm § 22 Abs 2 KAKuG sind bei der Aufnahme von Patienten der Anstaltszweck und der Einrichtungsumfang zu berücksichtigen, wobei unabweisbar kranke Patienten in jeder Krankenanstalt aufgenommen werden müssen und öffentliche Krankenanstalten zusätzlich eine Aufnahmepflicht von sozialversicherten Patienten trifft.

476 Anstaltsbedürftig sind Personen, deren Zustand die Aufnahme in Krankenanstaltspflege erfordert, Personen, die ein Sozialversicherungsträger oder ein Gericht zum Zweck einer Befundung oder Begutachtung in die Krankenanstalt einweist, gesunde Personen zur Vornahme klinischer Prüfungen von Arzneimitteln oder Medizinprodukten sowie Personen zur Vornahme von Maßnahmen der Fortpflanzungsmedizin (§ 22 Abs 3 KAKuG).

477 Zum Ganzen: *Kopetzki,* Krankenanstaltenrecht, in *Holoubek/Potacs (Hrsg),* Handbuch öffentliches Wirtschaftsrechts I^4, 546; *Fischl,* Private Krankenanstalten, in *Resch/Wallner,* Handbuch Medizinrecht^3 Rz 2.

Besteht keine Anstaltsapotheke, muss ein hinlänglicher **Arzneimittelvorrat** vorhanden sein. Der Vorrat muss der von der Arzneimittelkommission erstellten Liste entsprechen und die in der konkreten Krankenanstalt gewöhnlich erforderlichen Arzneimittel umfassen (§ 20 Abs 1 KAKuG).

Es hat zudem eine **öffentliche Ausschreibung** der in § 21 KAKuG genannten Stellen für Ärzte in Leitungsfunktionen (Abteilungen, Departments, Fachschwerpunkten, Prosekturen, Ambulanzen), für Konsiliarärzte und für den Leiter der Anstaltsapotheke stattzufinden[478].

Weiters gelten für öffentliche Krankenanstalten – im Vergleich zu den für alle Krankenanstalten bestehenden allgemeinen Pflichten[479] – besondere Bestimmungen für **Aufnahme** und Entlassung von Pfleglingen. Nach § 22 Abs 2 KAKuG besteht Aufnahmepflicht nicht nur bei unabweisbar Kranken[480], sondern auch bei Personen, für die Leistungsansprüche aus der sozialen Krankenversicherung bestehen. Eine Einschränkung erfährt die Aufnahmepflicht durch die in Satz 2 leg cit normierte Berücksichtigung des Anstaltszwecks und den Umfang der Anstaltseinrichtungen. Bei Platzmangel in der allgemeinen Gebührenklasse ist ein unabweisbar Kranker ohne Verrechnung von Mehrkosten in die Sonderklasse aufzunehmen (§ 22 Abs 5 KAKuG). Die Aufnahme von Begleitpersonen regelt § 23 Abs 2 KAKuG, demzufolge bspw ein Säugling und seine Mutter gemeinsam in Anstaltspflege zu nehmen sind, wenn entweder der Säugling oder die Mutter anstaltsbedürftig ist.

Die **Entlassung** erfolgt, wenn der Pflegling keiner Anstaltspflege mehr bedarf. Bei der Entlassung ist ein Entlassungsbrief auszustellen (§ 24 Abs 1 und 2 KAKuG). Falls der Pflegling sich nicht selbst überlassen werden kann, ist rechtzeitig vor der Entlassung der Sozialhilfeträger zu verständigen (Abs 3 leg cit). Falls eine vorzeitige Entlassung gewünscht wird, hat der behandelnde (Zahn-) Arzt über die nachteiligen Folgen aufzuklären und dies schriftlich zu dokumentieren. Nicht zulässig ist eine vorzeitige Entlassung bei behördlicher Einweisung des Pfleglings, zB aufgrund des Tuberkulosegesetzes[481] (§ 24 Abs 4 KAKuG).

Die Anstaltspflege in öffentlichen und in gemeinnützigen privaten Krankenanstalten erfolgt in zwei Klassen, der allgemeinen Gebührenklasse oder der Sonderklas-

[478] Davon ausgenommen sind Stellen, die aufgrund der einschlägigen Hochschulvorschriften besetzt werden (§ 21 Abs 2 KAKuG).

[479] Dazu gehört bspw, dass unbedingt notwendige ärztliche Hilfe nicht verweigert werden darf (§ 23 Abs 1 KAKuG), die Verpflichtung vor jeder Entlassung durch Untersuchung festzustellen, ob der Pflegling geheilt, gebessert oder ungeheilt entlassen wird (§ 24 Abs 1 letzter Satz KAKuG) oder die den Entlassungsbrief betreffenden Regeln (§ 24 Abs 2 KAKuG).

[480] Unabweisbar krank sind nach § 22 Abs 4 KAKuG Personen, die aufgrund bestehender Lebensgefahr oder der Gefahr einer sonstigen schweren Gesundheitsschädigung sofortiger Anstaltsbehandlung bedürfen, Frauen vor einer unmittelbar bevorstehenden Entbindung und Personen, die gem Sondervorschriften von einer Behörde eingewiesen wurden.

[481] Bundesgesetz vom 14. März 1968 zur Bekämpfung der Tuberkulose, BGBl 1968/127

se[482]. Das KAKuG geht bei sozialversicherten Pfleglingen primär von einer Aufnahme in die allgemeine Gebührenklasse aus (vgl § 16 Abs 1, § 18 Abs 3 KAKuG). Die Finanzierung der Anstaltspflege als Sachleistung erfolgt nach dem **LKF-System** (dazu bereits Kapitel II. A. 2. c), wodurch ein Honoraranspruch der Krankenanstalt gegenüber den Patienten entfällt. Den stationär aufgenommenen Patienten ist vom Krankenanstaltenträger lediglich ein Kostenbeitrag zu verrechnen (§ 27a KAKuG). Zur Sonderklasse siehe unten, Kapitel III. C. 2.

Die §§ 37 ff KAKuG enthalten Sonderbestimmungen für öffentliche Sonderkrankenanstalten für Psychiatrie und psychiatrische Abteilungen in öffentlichen Krankenanstalten. Diese betreffen insb organisatorische Besonderheiten, die mit einer Anhaltung in geschlossenen Bereichen[483] einhergeht.

bb) Private Krankenanstalten

Im Unterschied zu öffentlichen Krankenanstalten besitzen private Krankenanstalten nach der Legaldefinition des § 39 Abs 1 KAKuG kein Öffentlichkeitsrecht. Ihre Errichtung und ihr Betrieb haben, anders als bei öffentlichen Krankenanstalten, nicht nur durch gesetzlich vorgegebene Rechtsträger zu erfolgen, sondern sind auch durch physische Personen zulässig. Die sich aus der Aufnahme in eine Privatklinik ergebenden Rechte und Pflichten gründen auf den Bestimmungen des bürgerlichen Rechts, die krankenanstaltenrechtlichen Regeln sind nur eingeschränkt anzuwenden (§ 39 Abs 1 und 2 KAKuG). Die Sonderbestimmungen der §§ 37 ff KAKuG gelten auch für private Sonderkrankenanstalten für Psychiatrie und psychiatrische Abteilungen in privaten Krankenanstalten (§ 41 KAKuG).

Bei Heranziehung des Öffentlichkeitsrechts als (ausschließlichem) Unterscheidungskriterium zwischen öffentlichen und privaten Krankenanstalten ist insofern Vorsicht geboten, als Privatkliniken auch in Form einer gemeinnützigen[484] Krankenanstalt betrieben werden können, wodurch sie den Beschränkungen des § 16 KAKuG[485] unterliegen. **Private gemeinnützige Krankenanstalten** werden regelmäßig als öffentliche Krankenanstalten einzuordnen sein, da sie Teil der Kranken-

idgF; *Heissenberger,* Krankenanstaltenrecht, in *Aigner/Kletečka/Kletečka-Pulker/Memmer (Hrsg),* HB Medizinrecht, IV.1/45.

482 Vgl *Kopetzki,* Krankenanstaltenrecht, in *Holoubek/Potacs (Hrsg),* Handbuch öffentliches Wirtschaftsrecht I^4, 553.

483 Insb gemäß dem BG über die Unterbringung psychisch kranker Personen in Krankenanstalten (Unterbringungsgesetz – UbG), BGBl 1990/155 idgF oder dem BG vom 26. März 1969 über den Vollzug der Freiheitsstrafen und der mit Freiheitsentziehung verbundenen vorbeugenden Maßnahmen (Strafvollzugsgesetz – StVG), BGBl 1969/144 idgF.

484 Bei der Gemeinnützigkeit handelt es sich, wie unter Abschnitt aa) dieses Kapitels beschrieben, um eine der Voraussetzungen für die Verleihung des Öffentlichkeitsrechts gem § 15 KAKuG.

485 Dazu zählen insb: keine Gewinnerzielungsabsicht, Aufnahmepflicht von Pfleglingen, Verrechnung der gesetzlichen Gebühren, Einhaltung des Bettenschlüssels von nicht mehr als 25% Sonderklasse-Betten im Verhältnis zur allgemeinen Gebührenklasse.

anstaltenplanung sind und die Abrechnung der Leistungen über den Landesgesundheitsfonds erfolgt (vgl § 27b KAKuG)[486].

Die **Wesensmerkmale** von Privatkliniken ergeben sich aus den Unterscheidungskriterien zu öffentlichen Krankenanstalten. Dazu zählt bspw, dass Privatkliniken nicht verpflichtet sind, ein transparentes Wartelistenregime einzurichten (§ 5 Abs 2 KAKuG gilt nur für öffentliche und private gemeinnützige Krankenanstalten). Zudem besteht grundsätzlich keine Verpflichtung zur Aufnahme anstaltsbedürftiger Personen[487], eine unbedingt notwendige erste ärztliche Hilfe darf allerdings nicht verweigert werden (§ 40 Abs 1 lit c iVm § 23 Abs 1 KAKuG). Eine Ausnahme besteht für Privatkliniken, die von einer Gebietskörperschaft betriebenen werden. Diese können in jenen Bundesländern, in denen keine ausreichende Versorgung durch öffentliche Krankenanstalten gegeben ist, zu einer Aufnahme anstaltsbedürftiger Personen verpflichtet werden (§ 40 Abs 1 lit a iVm § 22 Abs 2, 3 und 4 KAKuG).

In Privatkliniken – ausgenommen private gemeinnützige Krankenanstalten – ist keine allgemeine Gebührenklasse einzurichten. Hinsichtlich der Finanzierung ist zu unterscheiden:

Die Finanzierung der Anstaltspflege in privaten gemeinnützigen Fondskrankenanstalten erfolgt nach dem **LKF-System**. Bei öffentlichen und privaten gemeinnützigen Krankenanstalten, die keine Fondskrankenanstalten sind, und bei Patienten in nicht über den Landesgesundheitsfonds abrechnenden Fondskrankenanstalten, ist von den Landesgesetzgebern zu regeln, ob eine Abgeltung der Leistungen der allgemeinen Gebührenklasse nach dem LKF-System oder durch Pflegegebühren erfolgt (§ 28 Abs 2 KAKuG)[488].

Bei nicht gemeinnützig geführten Privatkliniken ist weiter zu differenzieren. Die Abrechnung der Leistungen erfolgt entweder nach dem **PRIKRAF-System**, bei dem Patienten bzw deren private Zusatzkrankenversicherung die nicht vom Privatkrankenanstalten-Finanzierungsfonds getragenen Leistungen zu bezahlen haben oder im Wege einer **Direktverrechnung** mit dem Patienten oder dessen privater Krankenversicherung (dazu bereits Kapitel II. A. 2. c).

e) Exkurs: Universitätskliniken

In Österreich treten Medizinische Universitäten oder Privathochschulen nicht als Träger auf, betreiben sohin keine eigenen Krankenanstalten[489]. Die Erfüllung der Forschungs- und Lehraufgaben bzw die Erbringung (zahn-) ärztlicher Leistungen

[486] *Fischl,* Private Krankenanstalten, in *Resch/Wallner,* Handbuch Medizinrecht^3 Rz 2.

[487] Eine Aufnahmepflicht besteht allerdings für private gemeinnützige Krankenanstalten (§ 40 Abs 1 lit c iVm § 16 Abs 1 lit b und § 22 Abs 2 KAKuG).

[488] *Kopetzki,* Krankenanstaltenrecht, in *Holoubek/Potacs (Hrsg),* Handbuch öffentliches Wirtschaftsrecht I^4, 566.

[489] *Kletečka-Pulker/Grimm/Memmer/Stärker/Zahrl,* Grundzüge des Medizinrechts, 217.

im Klinischen Bereich (zum Begriff siehe unten) ist folglich nur durch eine Verschränkung mit öffentlichen Krankenanstalten realisierbar.

Für **Privathochschulen** (bspw Fakultät für Medizin der Sigmund Freud Privat Universität Wien, Danube Private University Krems) ist die zur Aufgabenerfüllung erforderliche Zusammenarbeit mit Krankenanstalten mangels Regelungen im PrivHG[490] ausschließlich durch Abschluss entsprechender **Kooperationsverträge** möglich. In diesen können neben organisatorischen Details (zB Organisationseinheiten, deren Aufgabenbereichen) bspw auch Personalagenden geregelt werden[491].

Anders als bei Privathochschulen sieht das UG[492] für öffentliche **Medizinische Universitäten** bzw Universitäten mit Medizinischen Fakultäten im Klinischen Bereich ausdrücklich ein Zusammenwirken mit öffentlichen Krankenanstalten vor (§ 29 Abs 1 leg cit).

Der **Klinische Bereich** besteht gemäß § 31 Abs 1 UG aus Einrichtungen, die funktionell gleichzeitig Organisationseinheiten einer öffentlichen Krankenanstalt sind. Für den Nichtklinischen Bereich bleibt mangels gesetzlicher Definition nur eine Restzuständigkeit (Einrichtungen, die nicht zugleich Organisationseinheiten einer öffentlichen Krankenanstalt sind)[493].

Das UG gliedert den Klinischen Bereich in folgende Organisationseinheiten: Universitätskliniken und Klinische Institute. Diese unterscheiden sich insofern, als Forschungs- und Lehraufgaben sowie die Erbringung (zahn-) ärztlicher Leistungen in **Universitätskliniken** *„unmittelbar am Menschen"* und in **Klinischen Instituten** *„mittelbar für den Menschen"* erfolgen (§ 31 Abs 1 und 2 UG). Eine weitere Unterteilung in Klinische Abteilungen ist zulässig (Abs 3 leg cit).

Die Universitätskliniken (zB Allgemeines Krankenhaus der Stadt Wien, Universitätsklinikum St. Pölten, LKH-Universitätsklinikum Graz, Kepler Universitätsklinikum Linz oder Universitätskliniken-Landeskrankenhaus Innsbruck) sind in der Betriebsform einer **Zentralkrankenanstalt** iSd § 2a Abs 1 lit c KAKuG zu führen.

Als universitäre Einrichtung und als Organisationseinheit einer öffentlichen Krankenanstalt kommt Universitätskliniken und Klinischen Instituten eine **organisatorische Doppelstellung** zu. Durch die Übernahme der universitätseigenen Aufgaben der Forschung und Lehre sowie der (zahn-) medizinischen Patientenversorgung in den Krankenanstalten, erfüllen sie zudem eine **funktionelle** Doppelstellung. Sie unterliegen damit universitäts-, krankenanstalten- und berufsrechtlichen Bestimmungen. Diese Doppelstellung ist darüber hinaus **personalrechtlich** sichergestellt.

490 Bundesgesetz über Privathochschulen (Privathochschulgesetz – PrivHG), BGBl I 2020/77 idgF.

491 Vgl *Grimm,* Universitätskliniken, in *Aigner/Kletečka/Kletečka-Pulker/Memmer (Hrsg),* HB Medizinrecht, IV.7/233.

492 Bundesgesetz über die Organisation der Universitäten und ihre Studien (Universitätsgesetz 2002 – UG), BGBl I 2002/120 idgF.

493 Vgl *Kletečka-Pulker/Grimm/Memmer/Stärker/Zahrl,* Grundzüge des Medizinrechts, 217.

§ 29 Abs 4 Z 1 UG verpflichtet Medizinische Universitäten und Universitäten mit Medizinischen Fakultäten ihre (zahn-) ärztlichen Arbeitnehmer – neben deren Forschungs- und Lehraufgaben – mit der Mitwirkung an der Patientenversorgung im Klinischen Bereich zu beauftragen. Die Bestimmung stellt klar, dass diese Mitwirkung funktionell dem Krankenanstaltenträger, nicht der Universität, zuzurechnen ist, ohne dass dieser ein direktes Weisungsrecht gegenüber den der Universität zugehörigen Ärzten hätte[494].

Infolge ihrer Doppelstellung haben Universitätskliniken **zwei Rechtsträger**: Universität und Krankenanstaltenträger. Dementsprechend ist die Universität Verantwortungsträger für den Bereich Forschung und Lehre, während die (haftungs-) rechtliche Verantwortlichkeit für die Patientenversorgung im Klinischen Bereich dem Krankenanstaltenträger obliegt (vgl § 29 Abs 1 Z 1 UG).

Eine Doppelstruktur mit zwei Rechtsträgern erfordert freilich detaillierte Regeln, um Synergieeffekte zu erzielen. Diese können in einer **Kooperationsvereinbarung** festgelegt werden. Nach § 29 Abs 5 UG iVm § 3c KAKuG hat die Vereinbarung jedenfalls Regelungen über die Koordination der Zusammenarbeit der einzelnen Organisationseinheiten, die Festlegung der wechselseitigen Leistungen und des für die universitäre Forschung und Lehre jedenfalls aufzuwendenden Zeitaufwandes von mindestens 30% der Normalarbeitszeit bezogen auf einen Durchrechnungszeitraum von 26 Wochen zu beinhalten. Es können auch Vereinbarungen über den Einsatz fachlich geeigneter Bediensteter des Krankenanstaltenträgers für die Erfüllung der universitären Forschungs- und Lehraufgaben im Klinischen Bereich getroffen werden (§ 29 Abs 9 UG)[495].

Weitere Sondervorschriften für Universitätskliniken enthält Teil II. des KAKuG, welcher – anders als die bisher behandelten krankenanstaltenrechtlichen Normen – unmittelbar anwendbares Bundesrecht enthält:

- Im Unterschied zu § 22 Abs 2 KAKuG, dürfen auch **nicht-anstaltsbedürftige** Personen zu Unterrichts- oder Forschungszwecken aufgenommen werden. Ebenso zulässig ist eine längere Versorgung (§ 43 KAKuG). Die Pflegegebühren bzw tatsächlichen Kosten für die Unterbringung werden in diesen Fällen vom Bund ersetzt (§ 55 Z 3 KAKuG).
- Die Heranziehung von Pfleglingen zu **Unterrichtszwecken** ist unter der Voraussetzung, dass es unschädlich für den Gesundheitszustand ist und eine Zustimmung vorliegt, gestattet. Sie hat zu unterbleiben, wenn eine Zustimmung

[494] Zum Ganzen: *Kletečka-Pulker/Grimm/Memmer/Stärker/Zahrl,* Grundzüge des Medizinrechts, 218ff. Diese sprechen von einer *„Form der partiellen gesetzlichen Arbeitskräfteüberlassung“* (*ibidem,* 220) und weisen darauf hin, dass Dienstaufsicht und dienstrechtliche Weisungsbefugnis dem Rektor obliegen, während die Fachaufsicht (ohne Weisungsbefugnis) dem Krankenanstaltenträger zukommt (*ibidem,* 226). Vgl dazu auch *Windisch-Graetz,* Darf der Krankenanstaltenträger auf die Arbeitsleistung von UniversitätsärztInnen in der Krankenbehandlung *„verzichten“*? RdM 2016/139, 281 und 283ff.

[495] Vgl *Kletečka-Pulker/Grimm/Memmer/Stärker/Zahrl,* Grundzüge des Medizinrechts, 226f.

aufgrund des Gesundheitszustandes nicht in Betracht kommt (zB bei Bewusstlosigkeit[496]) und ein Widerspruch vorliegt (§ 44 KAKuG).

- Abweichend von den für öffentliche und gemeinnützige Krankenanstalten geltenden Regeln, wonach Patienten nur Pflege- und Sondergebühren durch den Krankenanstaltenträger verrechnet werden dürfen, (zahn-) ärztliche Mitarbeiter jedoch keine Honoraransprüche gegenüber Patienten haben, ist in Universitätskliniken eine **Vereinbarung von besonderen Honoraren** zulässig. § 46 KAKuG gestattet es den Vorständen von Universitätskliniken und den Leitern von Klinischen Abteilungen eine zivilrechtliche Honorarvereinbarung mit Patienten abzuschließen. Als Vertragspartner auf Patientenseite kommen ausschließlich Patienten der Sonderklasse bzw solche, die auf eigene Kosten eine Ambulanz aufsuchen, in Betracht. Eine weitere Voraussetzung ist, dass diese Patienten eine persönliche Behandlung durch den Klinikvorstand oder den Leiter der Klinischen Abteilung wünschen (Abs 1 leg cit).
- Die den öffentlichen Krankenanstalten aus der Lehr- und Forschungstätigkeit entstehen **Mehrkosten** werden vom Bund ersetzt (§ 55 Z 1 und 2 KAKuG). Eine Vergütung kann auch für die Inanspruchnahme von Anstaltspersonal und -einrichtungen aus Anlass von wissenschaftlichen Arbeiten im Auftrag Dritter beansprucht werden (§ 46 Abs 3 KAKuG).
- Eine weitere, allerdings in Teil I. des KAKuG normierte Besonderheit, betrifft die Berücksichtigung der Bedürfnisse von Forschung und Lehre in der **Anstaltsordnung**. Nach § 6 Abs 4 KAKuG ist das Rektorat der Medizinischen Universität bzw Universität mit Medizinischer Fakultät vor der Genehmigung einer Anstaltsordnung vom Krankenanstaltenträger zu hören.

f) Exkurs: Angliederungsverträge

Nach § 19 Abs 1 und 2 KAKuG besteht für Rechtsträger öffentlicher Krankenanstalten (**Hauptanstalt**) – vorbehaltlich der von den Landesgesetzgebern zu erlassenden Zulässigkeitsvorschriften und der Genehmigung der Landesregierung – die Möglichkeit, Angliederungsverträge mit dem Träger einer anderen, im selben oder in einem anderen Bundesland liegenden öffentlichen oder privaten Krankenanstalt zu schließen.

Der Vertragsgegenstand besteht gem § 19 Abs 1 KAKuG in der stationären bzw ambulanten Behandlung von Patienten der Hauptanstalt in der Krankenanstalt des anderen Trägers (der **angegliederten Anstalt**). Die Behandlung in der angegliederten Anstalt erfolgt *„unter ärztlicher Aufsicht und auf Rechnung der Hauptanstalt"*.

---

496 *Kopetzki,* Krankenanstaltenrecht, in *Holoubek/Potacs (Hrsg),* Handbuch öffentliches Wirtschaftsrecht I^4, 568. Dieser führt als Begründung für die Zulässigkeit der Heranziehung eines bspw bewusstlosen Pfleglings zu Unterrichtszwecken die Sicherstellung der Ausbildung in der Intensivmedizin an, gibt jedoch zu bedenken, dass dies im Widerspruch zu Art 20 Patientencharta (Unzulässigkeit der Heranziehung zu Forschungs- und Unterrichtszwecken ohne ausdrückliche Zustimmung) steht.

Organisations- und damit haftungsrechtlich wesentlich ist, dass die in der angegliederten Krankenanstalt untergebrachten Patienten gem § 19 Abs 3 leg cit **als Patienten der Hauptanstalt** gelten.

4. Anstaltsordnung

Die Gesundheitsversorgung im innermuralen Bereich wird durch die im KAKuG und in den Landesausführungsgesetzen normierten Rahmenbedingungen, ergänzt durch eine auf den jeweiligen Anstaltsbetrieb angepasste Anstaltsordnung, sichergestellt. Eine Anstaltsordnung, gegen die keine Bedenken bestehen, ist **Voraussetzung für** die Erteilung der **Betriebsbewilligung** (§ 3 Abs 4 KAKuG).

Regelungsgegenstand der Anstaltsordnung ist der innere Betrieb der Krankenanstalt. § 6 Abs 1 KAKuG gibt dementsprechende durch die Landesgesetzgebung näher auszugestaltende Mindestinhalte vor. Dazu gehören organisatorische Regelungen (zB Aufgaben und Einrichtungen der Krankenanstalt), Betriebsformen (zB Ambulanzen, Tageskliniken, interdisziplinäre Bereiche), Grundzüge der Verwaltung und Regelungen über die Dienstobliegenheiten der Beschäftigten ebenso wie die Widmung von Räumlichkeiten für das Rauchen und von Bereichen, in denen Assistenz- und Therapiehunde aus Hygienegründen nicht mitgenommen werden dürfen. Weiters beinhalten Anstaltsordnungen Verhaltensanordnungen für Patienten und Besucher. Für Universitätskliniken sind darüber hinaus die Bedürfnisse der Forschung und Lehre zu berücksichtigen (§ 6 Abs 4 KAKuG).

Die **Rechtsnatur** von Anstaltsordnungen ist umstritten, wobei sich zwei Argumentationslinien[497] hervorheben lassen:

Einerseits wird von einer zivilrechtlichen Einordnung ausgegangen. Dieser zufolge sind Anstaltsordnungen als Allgemeine Geschäftsbedingungen (**AGB**) und damit als Vertragsschablonen, zB für Dienstverträge mit Klinikpersonal oder für Behandlungsverträge mit Patienten, die ein Zustandekommen eines Vertrags voraussetzen, bzw als den AGB gleichzusetzende Hausordnungen zu qualifizieren. Als problematisch wird dabei insb gesehen, dass Anstaltsordnungen auch für Besucher gelten (vgl § 6 Abs 1 lit f KAKuG), mit denen unstrittig kein Vertragsverhältnis zustande kommt und dass Dienstverträge (deren Vertragsschablone) damit der Genehmigung der Landesregierung unterliegen würden (vgl § 6 Abs 5 KAKuG).

Anderseits erfolgt eine Einordnung als **Verordnung** (und damit als Hoheitsakt). Dabei dürften die für Verordnungen erforderlichen Voraussetzungen der inhaltlich ausreichenden Bestimmtheit, basierend auf den krankenanstaltenrechtlichen Regeln und der gehörigen Kundmachung, unproblematisch sein (vgl den zwingenden Regelungsinhalt des § 6 Abs 1 KAKuG sowie die Publizitätsvorschrift des Abs 6

497 Zum Ganzen: *Larcher,* Welche rechtliche Qualität haben Verhaltensvorschriften in Anstaltsordnungen von Krankenanstalten? RdM 2012/146, 288ff; *Kopetzki,* Krankenanstaltenrecht, in *Holoubek/Potacs (Hrsg),* Handbuch öffentliches Wirtschaftsrecht I^4, 519f, jeweils mwN.

leg cit). Fraglich ist insb, ob Krankenanstaltenträger, wie eine Verwaltungsbehörde, überhaupt Verordnungen erlassen dürfen.

Die Anstaltsordnung (wie auch ihre Änderungen) sind genehmigungspflichtig. Die **Genehmigung** erfolgt durch die Landesregierung (§ 6 Abs 5 KAKuG). Bei Unikliniken sind der Krankenanstaltenträger und das Rektorat der Universität vor der Genehmigung der Anstaltsordnung zu hören (§ 6 Abs 4 KAKuG). Die genehmigte Anstaltsordnung ist dem Krankenhauspersonal und den Patienten in den für diese erforderlichen Teilbereichen (Organisation, Widmung von Räumlichkeiten und Bereichen) zugänglich zu machen (§ 6 Abs 6 KAKuG).

5. Besondere gesetzliche Vorgaben

Die hierarchisch geprägte interne Organisation von Krankenanstalten ist gesetzlich vorgegeben, wobei nicht alle im KAKuG genannten Organisationseinheiten auch in jeder Anstalt eingerichtet sein müssen, zB Anstaltsapotheken (vgl § 20 KAKuG). Weiters kann die Landesgesetzgebung bspw die Einrichtung einer Ethikkommission oder Arzneimittelkommissionen für mehrere Krankenanstalten vorsehen (§ 8c Abs 1 Satz 2, § 19a Abs 1 Satz 2 KAKuG).

a) Leitungsorgane

An der Spitze der Organisation steht der **Krankenanstaltenträger**, konkret die betreibende Gesellschaft oder Körperschaft öffentlichen Rechts als geschäftsführendes Organ[498], dem die Wirtschaftsführung (bei öffentlichen Krankenanstalten oder Fondskrankenanstalten unter Aufsicht der Landesregierung) obliegt (§ 7 Abs 1 letzter Satz iVm § 11 KAKuG).

Der Rechtsträger hat für die Einhaltung der gesetzlichen Vorgaben Vorsorge zu treffen, durch Schaffung der erforderlichen Einrichtungen, aber auch durch Gewährleistung einer funktionierenden Ablauforganisation im intramuralen Bereich. Dies geschieht insb durch die Sicherstellung der jederzeitigen Erreichbarkeit ärztlicher Hilfe (§ 8 Abs 1 KAKuG), durch Ermöglichung der erforderlichen Fortbildung der Anstaltsärzte, des nicht-ärztlichen Personals und der Ausbildung der Turnusärzte (§ 8 Abs 1 Z 9 und 10, § 8 Abs 4 und § 11d KAKuG), durch regelmäßige Ermittlung des erforderlichen Personalbedarfs (§ 8d KAKuG) sowie durch Gewährleistung der Patientensicherheit (zB § 8 Abs 2 und 3 KAKuG) oder durch Einhaltung der Werbebeschränkungen (§ 13 KAKuG).

Auf der hierarchisch gesehen unterhalb des Rechtsträgers liegenden Ebene finden sich den Bereichen ärztlicher Dienst, Pflege und Verwaltung entsprechend **drei Leitungsorgane**, die Mitglieder des geschäftsführenden Organs des Krankenanstaltenträgers in Personalunion sein können[499]. Diese stehen gleichberech-

[498] *Wallner,* Medizinrecht², 135.

[499] *Stöger,* § 6a KAKuG in *Neumayr/Resch/Wallner (Hrsg),* Gmundner Kommentar zum Gesundheitsrecht² Rz 1.

tigt[500] nebeneinander, ihre jeweiligen Bereiche sind allerdings organisatorisch und damit hierarchisch weiter untergliedert.

Als **Leiter des ärztlichen Dienstes** ist für jede Krankenanstalt ein berufsrechtlich[501] geeigneter Arzt zu bestellen (§ 7 Abs 1 und 3 KAKuG). Diese Leitungsfunktion ist hauptberuflich auszuüben, wenn die Größe der Krankenanstalt dies erforderlich macht. Zudem ist für den Fall der Verhinderung des Leiters dessen Vertretung durch einen geeigneten Stellvertreter vorzusehen (§ 7 Abs 2 KAKuG). Die Bestellung des ärztlichen Leiters bedarf gemäß § 7 Abs 5 KAKuG der Genehmigung der Landesregierung. Bei Errichtung einer Krankenanstalt ist die Genehmigung zugleich mit der Betriebsbewilligung zu erteilen, sonst vor Dienstantritt (§ 7 Abs 5 letzter Satz KAKuG).

Als **Leiter des Pflegedienstes** ist für Krankenanstalten mit bettenführenden Abteilungen gemäß § 11a Abs 1 KAKuG ein geeigneter Angehöriger der gehobenen Dienste für Gesundheits- und Krankenpflege zu bestellen. Auch diese Leitungsfunktion ist hauptberuflich auszuüben, wenn dies die Größe der Krankenanstalt erfordert. Für den Fall der Verhinderung des Pflegedienstleiters ist eine Vertretung durch einen Stellvertreter vorzusehen (§ 11a Abs 1 und 2 KAKuG).

Zusätzlich ist als drittes Führungsorgan für jede Krankenanstalt ein verantwortlicher **Leiter der wirtschaftlichen, administrativen und technischen Angelegenheiten** zu bestellen. Neben der Verwaltungsleitung ist auch die Bestellung des erforderlichen, hierarchisch untergeordneten und damit weisungsgebundenen Verwaltungspersonals erforderlich. Weiters ist für die Aus- und Weiterbildung des Verwaltungsleiters samt Mitarbeitern vorzusorgen (§ 11 Abs 1 KAKuG).

b) Kollegiale Führung

§ 6a Abs 1 KAKuG ermöglicht die Einrichtung einer aus den drei Führungskräften (ärztlicher Leiter, Pflegedienstleiter und Verwaltungsleiter)[502] bestehenden kollegialen Führung. Ob von dieser Möglichkeit Gebrauch gemacht wird, entscheidet der Landesgesetzgeber[503].

Zu den gesetzlich normierten Aufgaben der kollegialen Führung gehören die Sicherstellung umfassender Qualitätssicherungsmaßnahmen (§ 5b Abs 3 KAKuG) und die Berichterstattung über die Ermittlung des Personalbedarfs an die Landesregierung (§ 8d KAKuG). Weitere Zuständigkeiten können die jeweiligen Landesgesetze und die Anstaltsordnungen vorsehen. Auf informeller Ebene kann die kolle-

500 Vgl *Wallner*, Kompetenzen der ärztlichen Leitung von Krankenanstalten (I), RdM 2016/116, 168.

501 Der Leiter muss zur Ausübung des ärztlichen Berufes berechtigt sein (vgl § 3 ÄrzteG).

502 In Universitätskliniken mit kollegialer Führung ist der Rektor oder ein Universitätsprofessor den Sitzungen als Berater beizuziehen (§ 6a Abs 2 KAKuG).

503 Aktuell sehen alle Landeskrankenanstaltengesetze eine kollegiale Führung vor.

giale Führung zur Lösung von Konflikten der Leitungsorgane, die nicht durch eine Weisung des Rechtsträgers beendet werden, beitragen[504].

Die kollegiale Führung[505] besitzt lediglich Beratungs-, Informations- und Koordinationsfunktion, zur Entscheidung ist das Kollegialorgan selbst nicht befugt. Die Entscheidungs- und damit Leitungsbefugnis kommt den Mitgliedern der kollegialen Führung in den eigenen Wirkungsbereichen zu, wodurch sich die genannten Funktionen der kollegialen Führung praktisch auf den Verwaltungsbereich reduzieren. Letztlich wird dabei allerdings die explizite Beschränkung des § 7 Abs 1 letzter Satz KAKuG zu berücksichtigen sein. Demnach hat der ärztliche Leiter das Verfügungsrecht des Krankenanstaltenträgers in wirtschaftlichen Angelegenheiten zu beachten.

c) Ärztlicher Dienst

Für die Führung der hierarchisch dem ärztlichen Leiter nachgeordneten, **weiteren Organisationseinheiten** (Abteilungen, Departments oder Fachschwerpunkte für die Behandlung bestimmter Krankheiten, Laboratorien, Ambulatorien oder Prosekturen) kommen ausschließlich Fachärzte des jeweiligen medizinischen Sonderfaches (bei Nicht-Bestehen eines Sonderfaches: Ärzte mit entsprechender fachlicher Qualifikation) in Betracht (§ 7 Abs 4 KAKuG iVm § 31 Abs 3 ÄrzteG).

Der ärztliche Leiter einer bettenführenden Abteilung oder einer Organisationseinheit[506], dem zumindest zwei selbständig berufsberechtigte Ärzte unterstellt sind, darf gemäß § 43 Abs 6 ÄrzteG die Berufsbezeichnung ***„Primararzt"*** oder ***„Primarius"*** führen. Dies gilt auch für den zahnärztlichen Leiter eines Instituts, dem zumindest fünf selbständig berufsberechtigte Angehörige des zahnärztlichen Berufs unterstellt sind (§ 5 Abs 5 ZÄG).

aa) Organisationseinheiten

Als weitere Organisationseinheiten für den ärztlichen Dienst sind **fachbezogene Organisationsformen** einzurichten. Diese grenzen sich entsprechend den jeweiligen medizinischen Sonderfächern voneinander ab. Innerhalb der Organisations-

---

504 *Steiner,* Die kollegiale Führung im Krankenanstaltenrecht, RdM 2013/34, 45 und 49. Dieser bezeichnet die kollegiale Führung mangels Zuweisung entscheidender Aufgaben als eine *„inhaltslose Einrichtung"*.

505 Zur kollegialen Führung eingehend: *Stöger,* § 6a KAKuG in *Neumayr/Resch/Wallner (Hrsg),* Gmundner Kommentar zum Gesundheitsrecht² Rz 1 und 2 mwN; *Steiner,* Die kollegiale Führung im Krankenanstaltenrecht, RdM 2013/34, 44ff.

506 *Wallner,* Führung der Berufsbezeichnung *„Primararzt"* für die Leiter reduzierter Organisationsformen? RdM 2015/3, 11f weist darauf hin, dass nur die fachliche Letztverantwortung innerhalb der Organisationseinheit zur Führung der Berufsbezeichnung berechtigt. Demzufolge steht – nicht eigenständig geführten – dislozierten Wochen- oder Tageskliniken kein Primarius vor.

form besteht ein hierarchischer Aufbau[507]. Nach § 2b KAKuG ist die Einrichtung folgender Organisationsformen vorgesehen:

- **Abteilungen:** Bettenführende, zeitlich uneingeschränkt zu betreibende Einrichtungen, in denen eine jederzeitige fachärztliche Akutversorgung sicherzustellen ist (§ 2b Abs 1 KAKuG).
- **Departments:** Innerhalb einer Fachabteilung einer Krankenanstalt einzurichtende, bettenführende, zeitlich uneingeschränkt zu betreibende Einrichtungen für Remobilisation, Nachsorge und Akutgeriatrie (Mindestbettenanzahl: 15) sowie für Psychosomatik und Kinder- und Jugendpsychosomatik (Mindestbettenanzahl: 12) und mindestens drei Fachärzten (§ 2b Abs 1 Z 1 KAKuG).
- **Fachschwerpunkte:** In Standardkrankenanstalten ergänzend zu Abteilungen und in Schwerpunktkrankenanstalten als Ersatz von Abteilungen einzurichtende, bettenführende (8 bis 14 Betten), zeitlich eingeschränkt zu betreibende Einrichtungen mit eingeschränktem Leistungsangebot[508] einschließlich Akutversorgung mit mindestens zwei Fachärzten. Während der Betriebszeiten ist eine Rufbereitschaft einzurichten, außerhalb der Betriebszeiten ist eine Weiterbetreuung von Patienten durch Partner- oder Mutterabteilungen sicherzustellen (§ 2b Abs 1 Z 2 KAKuG).
- **Dislozierte Wochenkliniken:** In Standard- und Schwerpunktkrankenanstalten ergänzend zu Abteilungen einzurichtende, bettenführende, zeitlich eingeschränkt zu betreibende Einrichtungen mit eingeschränktem Leistungsangebot (Basisversorgung) zur Durchführung von Behandlungen mit kurzer Verweildauer. Während der Betriebszeiten ist eine Rufbereitschaft einzurichten, eine Weiterbetreuung von Patienten durch Partner- oder Mutterabteilungen außerhalb der Betriebszeiten ist bei Bedarf sicherzustellen (§ 2b Abs 1 Z 3 KAKuG).
- **Dislozierte Tageskliniken:** An Standorten von Standard- und Schwerpunktkrankenanstalten ohne vollstationäre bettenführende Einrichtung (Abteilung, Department oder Fachschwerpunkt) desselben Sonderfaches ergänzend einzurichtende, bettenführende, zeitlich eingeschränkt zu betreibende Einrichtungen mit eingeschränktem Leistungsangebot (tagesklinisch elektiv erbringbare Leistungen). Während der Betriebszeiten ist eine Rufbereitschaft einzurichten, eine Weiterbetreuung von Patienten durch Partner- oder Mutterabteilungen außerhalb der Betriebszeiten ist bei Bedarf sicherzustellen (§ 2b Abs 1 Z 4 KAKuG).

Neben den aufgelisteten sind weitere Organisationsformen möglich. Fachschwerpunkte sowie dislozierte Wochen- und Tageskliniken können eigenständig bleiben

[507] *Stöger,* Die krankenanstaltenrechtlichen Organisationsformen nach der Novelle 2018, RdM 2020/276, 208.

[508] *Stöger,* Die krankenanstaltenrechtlichen Organisationsformen nach der Novelle 2018, RdM 2020/276, 216 bezeichnet Fachschwerpunkte als Standardfall einer *„reduzierten Organisationsform“*. Vgl zum Ganzen den kritischen Artikel von *Stärker,* Eigenartigkeiten im Krankenanstaltenbereich, RdM 2016/42, 50f.

und nur hinsichtlich Qualitätssicherung, Komplikationsmanagement, Sicherung der Nachsorge sowie ärztlicher Ausbildung als **Partnerabteilung** einer Abteilung derselben Fachrichtung in einer anderen Krankenanstalt geführt werden (§ 2b Abs 3 Z 1 KAKuG). Alternativ können sie als nicht eigenständiger **Satellit einer Mutterabteilung** in einer anderen Krankenanstalt bzw an einem anderen Standort (§ 2b Abs 3 Z 2 KAKuG) oder im Rahmen von **standortübergreifenden Abteilungen** eingerichtet werden (§ 2b Abs 3 Z 3 KAKuG).

In Schwerpunkt- oder Zentralkrankenanstalten ist die Errichtung spezialisierter **Referenzzentren** zur Erbringung komplexer Leistungen (zB der Herzchirurgie) im Rahmen der bettenführenden Organisationsstrukturen möglich (§ 2c KAKuG).

Darüber hinaus besteht die Möglichkeit, in den Anstaltsordnungen eine weitere Untergliederung der genannten Organisationsformen gem § 2b KAKuG in **Betriebsformen** festzulegen. Im Gegensatz zu den Organisationsformen, die entsprechend den Sonderfächern hierarchisch aufgebaut sind, betreffen Betriebsformen den Betrieb der in einer Krankenanstalt bereits eingerichteten Organisationsformen[509]. Als solche Betriebsformen kommen gem § 6 Abs 7 KAKuG insbesondere in Betracht:

- interdisziplinäre Bereiche zur Behandlung von Patienten aus verschiedenen Sonderfächern (Z 1 leg cit),
- Wochenstationen: fachspezifisch oder interdisziplinär geführte Bettenbereiche für stationäre Behandlungen von Patienten, deren Entlassung innerhalb der Betriebszeit zu erwarten ist (Z 2 leg cit)
- Tagesstationen: fachspezifisch oder interdisziplinär geführte Bettenbereiche für die Behandlung von Patienten, deren Aufnahme und Entlassung am selben Tag erfolgen kann (Z 3 leg cit)
- interdisziplinäre Aufnahme- bzw Notfallstationen: Bettenbereiche für die Erst- oder Kurzaufnahmen im Not- oder Akutfall für eine Höchstdauer von 36 Stunden (Z 4 leg cit)
- Anstaltsambulatorien gem § 26 KAKuG: der Betrieb ist als Fach-, Spezial- oder Akutambulanz mit uneingeschränkten oder eingeschränkten Öffnungszeiten bzw als Termin-Ambulanz mit eingeschränkten Öffnungszeiten möglich (§ 6 Abs 7 Z 5 leg cit).

Es sind nicht nur die Organisationseinheiten, sondern auch die personelle Ausstattung des ärztlichen Dienstes für den laufenden Betrieb zu sichern. Der ärztliche Dienst einer allgemeinen Krankenanstalt ist so einzurichten, dass (zahn-) ärztli-

[509] Dazu im Detail: *Stöger,* Die krankenanstaltenrechtlichen Organisationsformen nach der Novelle 2018, RdM 2020/276, 221ff. Dieser weist darauf hin, dass Spezialambulanzen als (Teil-) Einheit und unter der Leitung einer Abteilung (und damit als Betriebsform) oder als eigenständige Organisationseinheit und unter eigener Leitung eingerichtet sein können (*ibidem,* 211).

che Hilfe **jederzeit sofort erreichbar ist**[510]. § 8 Abs 1 KAKuG sieht dafür nach Krankenanstalten-Typen bzw nach Organisationseinheiten[511] abgestufte Anwesenheitspflichten vor.

bb) Exkurs: Weisung und Delegation

Die hierarchische Struktur der Krankenanstalten geht mit **Weisungszusammenhängen** einher. Dies führt zur Frage, welche Leitungsorgane Weisungen erteilen dürfen und welche Mitarbeiter daran gebunden sind. Dem **Krankenanstaltenträger** kommt – obwohl er als Dienstgeber die haftungsrechtliche Verantwortung für seine Beschäftigten trägt – lediglich eine eingeschränkte Weisungsbefugnis gegenüber Angehörigen von Gesundheitsberufen, speziell gegenüber dem Leiter des ärztlichen Dienstes, zu. Diese Einschränkung erklärt sich aus dem Berufsrecht[512], wonach die selbständige Ausübung der Gesundheitsberufe grundsätzlich weisungsfrei erfolgt (vgl § 3 Abs 2 ÄrzteG, § 23 ZÄG, § 14 Abs 1 GuKG, § 2 Abs 2 HebG). Die selbständige Berufsausübung besteht in der eigenverantwortlichen Ausführung der den Gesundheitsberufen aufgrund ihrer Ausbildung konkret vorbehaltenen Tätigkeiten und geht mit einer fachlichen Weisungsfreiheit einher.

Die Erteilung von fachlichen Weisungen des Krankenanstaltenträgers an den Leiter des ärztlichen Dienstes bzw an den Pflegeleiter ist damit ausgeschlossen, hinsichtlich

---

510 Die jederzeitige sofortige Erreichbarkeit ist im Sinne einer *„dauernden Anwesenheit"* für selbständig berufsberechtigte Ärzte, also nicht für die noch in Ausbildung befindlichen Turnusärzte zu verstehen. (vgl VwGH 31.7.2020, Ra 2020/11/0086; VwGH 4.5.2023, Ra 2022/11/0207).

511 Nach § 8 Abs 1 KAKuG ist in Zentralkrankenanstalten ist eine ständige Anwesenheit von Fachärzten jener Sonderfächer, die auch in Schwerpunktkrankenanstalten zu bespielen sind, sowie in jenen Sonderfächern, die für ein akutes Komplikationsmanagement erforderlich sind, zu gewährleisten (Z 1 leg cit).
In Schwerpunktkrankenanstalten ist die ständige Anwesenheit eines Facharztes für Anästhesiologie und Intensivmedizin, Chirurgie, Innere Medizin, Frauenheilkunde und Geburtshilfe, Kinder- und Jugendheilkunde, Neurochirurgie, Psychiatrie Neurologie und Unfallchirurgie bzw Orthopädie und Traumatologie in den jeweiligen Abteilungen und Organisationseinheiten sicherzustellen (Z 2 leg cit). In den übrigen Fächern kann in Zentral- und Schwerpunktkrankenanstalten eine Rufbereitschaft für den Nachtdienst und vorübergehend im Wochenend- und Feiertagsdienst eingerichtet werden (Z 1 und 2 leg cit).
In Standardkrankenanstalten ist im Nacht-, Wochenend- und Feiertagsdienst eine jederzeitige sofortige notfallmedizinische Versorgung durch einen Facharzt für Anästhesiologie und Intensivmedizin oder Chirurgie oder Innere Medizin oder Unfallchirurgie zu gewährleisten. In den übrigen Zeiten ist eine dauernde Anwesenheit von Fachärzten der in Betracht kommenden Sonderfächer vorzusehen (Z 3 leg cit).
Die Anwesenheitspflichten für Fachschwerpunkte, dislozierte Wochen- und Tageskliniken und selbständige Ambulatorien sind in § 8 Abs 1 Z 5 bis 7 KAKuG geregelt.

512 Zur fachlichen Weisungsfreiheit bei selbständiger Berufsausübung siehe bereits Kapitel II. A. 1.a).

der dem geschäftsführenden Organ des Rechtsträgers obliegenden wirtschaftlich-organisatorischen Entscheidungen verbleibt diesem jedoch eine Weisungsbefugnis[513].

Die grundsätzliche fachliche Weisungsfreiheit von Ärzten (Angehörigen nichtärztlicher Gesundheitsberufe) führt zur Frage, ob eine Bindung an Weisungen des **ärztlichen Leiters** besteht. Dazu ist zunächst zu klären, in welchen Bereichen dem ärztlichen Leiter Entscheidungsbefugnis und damit Verantwortung, die ihn erst zu Weisungen an die ihm hierarchisch unterstellten Leiter der weiteren Organisationseinheiten[514] berechtigt, zukommt.

Die Zuständigkeit des ärztlichen Leiters erstreckt sich gem § 7 Abs 1 KAKuG neben der Organisation und Aufsicht über die ärztlichen Mitarbeiter (zB Einhaltung der gesetzlichen Vorschriften betreffend Organisation des ärztlichen Dienstes, Führung der Krankengeschichte, Aus- und Fortbildung und der Anstaltsordnung) auf Aufgaben im Zusammenhang mit der ärztlichen Behandlung der Patienten (zB Gewährleistung der jederzeitigen Erreichbarkeit ärztlicher Hilfe, Erfüllung gesetzlicher Meldepflichten, Einhaltung der Hygienevorschriften)[515]. Zusätzlich unterstehen dem ärztlichen Leiter – mit Ausnahme der Pflegeberufe – organisatorisch regelmäßig auch die nicht-ärztlichen Gesundheitsberufe[516]. Dem ärztlichen Leiter kommt sohin eine umfänglich auf diese Zuständigkeiten beschränkte fachliche und organisatorische Weisungsbefugnis zu[517].

Der dem ärztlichen Leiter unterstellte **Abteilungsleiter** (Leiter einer anderen Organisationseinheit) ist – wie bereits oben, Abschnitt a) dieses Kapitels ausgeführt – lediglich an organisatorische Weisungen des ärztlichen Leiters gebunden, zB bei Entscheidungen betreffend die Organisation des ärztlichen Dienstes[518]. Anderes gilt im Zusammenhang mit der konkreten Abteilungsführung (zB der Erstellung der Dienstpläne)[519] und der Behandlung der Patienten. Diesfalls trägt der Abteilungsleiter die medizinische Letztverantwortung und unterliegt folglich auch keiner fachlichen Weisungsbindung, gleichwohl ist er berufsrechtlich verpflichtet, die Regeln der lex artis einzuhalten[520].

---

513 Vgl dazu *Wallner,* Kompetenzen der ärztlichen Leitung von Krankenanstalten (II), RdM 2016/140, 289 und 294.

514 Dazu unten, Abschnitt c) dieses Kapitels.

515 *Wallner,* Kompetenzen der ärztlichen Leitung von Krankenanstalten (I), RdM 2016/116, 170.

516 *Wallner,* Medizinrecht[2], 135.

517 *Wallner,* Kompetenzen der ärztlichen Leitung von Krankenanstalten (I), RdM 2016/116, 171.

518 *Wallner,* Kompetenzen der ärztlichen Leitung von Krankenanstalten (II), RdM 2016/140, 291.

519 *Wallner,* Kompetenzen der ärztlichen Leitung von Krankenanstalten (II), RdM 2016/140, 291.

520 Vgl *Wallner,* Zulässigkeit von Weisungen an Ärzte, RdM 2014/150, 228f.

Bei vertikaler Arbeitsteilung innerhalb einer, mit nachgeordneten Ärzten derselben Fachrichtung besetzten Organisationseinheit (zB einer Abteilung für Innere Medizin), erfährt die fachliche Weisungsfreiheit allerdings eine Einschränkung durch das Krankenanstaltenrecht als lex specialis zu § 3 Abs 2 ÄrzteG. Die dem Leiter einer Abteilung oder sonstigen Organisationseinheit als Verantwortlichem **unterstellten Ärzte** sind diesem gegenüber bei der Behandlung von Patienten (fachlich) weisungsgebunden[521]. Die berufsrechtliche Selbständigkeit zwingt Anstaltsärzte allerdings zur Prüfung der ihnen erteilten Weisungen. Entsprechen diese nicht der lex artis, ist gemäß dem Diskursmodell und sofern zeitlich möglich, zunächst das Gespräch mit dem Vorgesetzten zu suchen. Als ultima ratio wird die Weisung zwecks Schadensvermeidung zu verweigern sein[522]. Infolge der mit unterschiedlichen Leitern besetzten Kompetenzbereiche sind Anstaltsärzte sohin unmittelbar dem Abteilungsleiter (dem Leiter einer sonstigen Organisationseinheit) unterstellt, während sie mittelbar dem ärztlichen Leiter, dem eine insb auf die Aus- und Fortbildung beschränkte Weisungsbefugnis zukommt, unterstehen[523].

Die Weisungsbefugnis des **Pflegedienstleiters** ist, wie beim ärztlichen Leiter, durch die krankenanstaltenrechtlich zugewiesenen Zuständigkeiten begrenzt.

Im Rahmen der Zusammenarbeit mit Pflegeberufen ist die Frage nach ärztlichen Anordnungsbefugnissen (**Delegation**) bzw nach der Zulässigkeit der Übertragung von ärztlichen Tätigkeiten an Angehörige anderer Gesundheitsberufe im Einzelfall iSd § 49 Abs 3 ÄrzteG zu beantworten.

Nach § 49 Abs 3 ÄrzteG iVm § 15 Abs 1 GuKG trägt der Arzt die **Anordnungsverantwortung** (zB betreffend die Verabreichung von Arzneimitteln), während die **Durchführungsverantwortung** hinsichtlich der Kompetenzen des gehobenen Dienstes für Gesundheits- und Krankenpflege bei medizinischer Diagnostik und Therapie nach ärztlicher Anordnung (vormals mitverantwortlicher Tätigkeitsbereich) beim diplomierten Gesundheits- und Krankenpflegepersonal liegt. Einer ärztlichen Aufsicht bedarf es aufgrund der Ausbildung des Pflegpersonals nicht und ist eine solche im GuKG auch nicht angeordnet. Ähnlich dem Diskursmodell ist auch das diplomierten Gesundheits- und Krankenpflegepersonal bei für Patienten potentiell schädlichen Anordnungen zur Kontaktaufnahme und Warnung, letztlich zur Weigerung verpflichtet. Das GuKG enthält keine Vorgaben hinsichtlich des anordnenden Arztes. Nach § 3 ÄrzteG ist eine selbstständige Ausübung des ärztlichen Berufs und damit eine Anordnungsbefugnis Ärzten für Allgemeinmedizin und Fachärzten vorbehalten. Die in Ausbildung befindlichen Turnusärzte sind aus-

[521] Vgl *Wallner,* Kompetenzen der ärztlichen Leitung von Krankenanstalten (II), RdM 2016/140, 291 und 294.

[522] *Boninsegna* in *Boninsegna/Ernst/Schrader (Hrsg),* Ärztliche Tätigkeit und Recht, 25f.

[523] Dazu *Boninsegna* in *Boninsegna/Ernst/Schrader (Hrsg),* Ärztliche Tätigkeit und Recht, 26.

schließlich zu Tätigkeiten unter Anleitung und Aufsicht der Ausbildungsärzte berechtigt, mithin leitet sich ihre Anordnungsbefugnis von den Ausbildern ab[524].

Der **Verwaltungsleiter** ist in seinem Bereich zu Weisungen an das hierarchisch untergeordnete Verwaltungspersonal berechtigt.

d) Weitere Funktionen und Einrichtungen

Zusätzlich zu den bereits genannten sieht das KAKuG noch weitere Funktionen und Einrichtungen vor. Diese werden im Folgenden kurz vorgestellt.

- **Qualitätssicherungskommission:** durch den Rechtsträger bettenführender Krankenanstalten einzurichtende, unter der Leitung einer fachlich geeigneten Person stehende Einrichtung. Die Durchführung der Maßnahmen zur Qualitätssicherung und zur Wahrung der Patientensicherheit sind von der kollegialen Führung sicherzustellen. (§ 5b KAKuG).
- **Krankenhaushygieniker:** zur Wahrung der Belange der Hygiene für jede Krankenanstalt zu bestellender Facharzt für Hygiene und Mikrobiologie oder sonst geeigneter, selbständig berufsberechtigter Arzt (Hygienebeauftragter) bzw in bettenführenden Krankenanstalten aus Krankenhaushygieniker oder Hygienebeauftragtem, Hygienefachkraft und weiteren dafür bestellten Angehörigen des ärztlichen und des nichtärztlichen Dienstes zu bildendes Hygieneteam. Die Aufgaben des Hygieneteams umfassen alle Maßnahmen, die der Erkennung, Überwachung, Verhütung und Bekämpfung nosokomialer Infektionen und der Gesunderhaltung dienen (§ 8a KAKuG).
- **Technischer Sicherheitsbeauftragter:** fachlich geeignete Person zur Wahrnehmung der technischen Sicherheit und des einwandfreien Funktionierens der verwendeten medizinisch-technischen Geräte und technischen Einrichtungen (zB durch regelmäßige Überprüfungen, Beseitigung festgestellter Mängel, Hinzuziehung bei Neuanschaffungen und bei Planungen für Anstaltsbauten). Die Bestellung ist der Landesregierung anzuzeigen (§ 8b KAKuG).
- **Ethikkommission:** aus je einem Arzt, Facharzt, Angehörigen des gehobenen Dienstes für Gesundheits- und Krankenpflege, Juristen, Pharmazeuten, Patientenvertreter, Person mit biometrischer Expertise, einem Vertreter einer repräsentativen Behindertenorganisation sowie einem Seniorenvertreter und einer in Angelegenheiten der Seelsorge oder Ethik kompetenten Person besetzte Einrichtung. Zu den Aufgaben der Ethikkommission zählt die Beurteilung der klinischen Prüfungen von Arzneimitteln und Medizinprodukten, der Anwendung neuer medizinischer Methoden und Nicht-interventioneller Studien, der angewandten medizinischen Forschung und der Durchführung von Pflegeforschungsprojekten (§ 8c KAKuG).
- **Kinder- und Opferschutzgruppen:** aus Vertretern des ärztlichen Dienstes[525], des Pflegedienstes und aus Personen zur psychologischen Betreuung oder psy-

[524] *Kletečka-Pulker/Grimm/Memmer/Stärker/Zahrl,* Grundzüge des Medizinrechts, 163ff.

[525] Bei Kinderschutzgruppen: ein Facharzt für Kinder- und Jugendheilkunde oder ein Fach-

chotherapeutischen Versorgung bestehende Einrichtung. Zu den Aufgaben einer Kinderschutzgruppe gehören: Früherkennung von Gewalt an oder Vernachlässigung von Kindern, Sensibilisierung der in Betracht kommenden Berufsgruppen für Gewalt an Kindern sowie Früherkennung von häuslicher Gewalt an minderjährigen Opfern. Die Aufgaben einer Opferschutzgruppe umfassen insb: Früherkennung von häuslicher Gewalt und die Sensibilisierung der in Betracht kommenden Berufsgruppen für die Thematik (§ 8e KAKuG).

- **Blutdepot:** zur Lagerung und Verteilung von Blut und Blutbestandteilen sowie zur Durchführung von Kompatibilitätstests je nach Leistungsangebot in bettenführenden Krankenanstalten einzurichtende, von einem fachlich geeigneten Facharzt zu leitende Einrichtung (§ 8f KAKuG).
- **Einrichtungen zum Sammeln und zur Abgabe von Muttermilch:** diese können in allgemeinen Krankenanstalten mit Abteilungen für Frauenheilkunde und Geburtshilfe und fachentsprechenden Sonderkrankenanstalten betrieben werden (§ 8g KAKuG).
- **Psychologische Betreuung und psychotherapeutische Versorgung:** eine ausreichende Versorgung auf diesem Gebiet ist in Krankenanstalten, deren Anstaltszweck und Leistungsangebot dies erfordert, anzubieten (§ 11b KAKuG).
- **Supervision:** nach Anstaltszweck und Leistungsangebot in Betracht kommende Krankenanstalten haben entsprechend belasteten Mitarbeitern die Teilnahme an einer berufsbegleitenden Supervision während ihrer Dienstzeit zu ermöglichen (§ 11c KAKuG).
- **Patientenvertretungen:** zur Prüfung allfälliger Beschwerden und zur Wahrnehmung der Patienteninteressen einzurichtende Patientensprecher, unabhängige Ombudseinrichtungen oder ähnliche Vertretungen (§ 11e KAKuG).
- **Arzneimittelkommission:** diese ist zwecks Auswahl und Einsatz von Arzneimitteln für eine oder mehrere Krankenanstalten einzurichten (§ 19a KAKuG).
- **Anstaltsapotheke und Arzneimittelvorrat:** die Bewilligung des Betriebs einer Anstaltsapotheke ist für öffentliche und gemeinnützige private Krankenanstalten möglich (§ 36 Abs 1 ApoG). Besteht keine Anstaltsapotheke in einer öffentlichen Krankenanstalt, ist ein in der konkreten Anstalt gewöhnlich erforderlicher Vorrat anzulegen (§ 20 Abs 1 KAKuG).

e) Behandlung der Patienten

Die bislang vorgestellten Einrichtungen und Funktionen basieren auf Vorschriften zur Wahrung der Patientensicherheit bzw der Patientenrechte. Darüber hinaus sieht das Krankenanstaltenrecht Vorschriften vor, die im Rahmen der Behandlung von Patienten anzuwenden sind. Es handelt sich dabei genau genommen nicht um Rech-

arzt für Kinderchirurgie. Bei Opferschutzgruppen: je nach Leistungsangebot ein Facharzt für Unfallchirurgie sowie ein Facharzt für Frauenheilkunde und Geburtshilfe, jedenfalls zwei Ärzte (§ 8e Abs 3 und 6 KAKuG).

te der Patienten[526]. Adressat der gesetzlichen Verpflichtungen ist der Krankenanstaltenträger, dem die Einhaltung der Vorgaben obliegt.

Nach § 5a Abs 1 KAKuG sind Patienten[527] unter Berücksichtigung von Anstaltszweck und Leistungsangebot über ihre **Patientenrechte** zu informieren und ist auch deren Ausübung zu ermöglichen. Zu den Rechten der Patienten zählen bspw das Recht auf Aufklärung und Einwilligung, das Recht auf Einsicht in die Krankengeschichte, Besuch zu erhalten und Vertrauenspersonen zu kontaktieren oder die ausreichende Wahrung der Intimsphäre in Mehrbetträumen.

Die Träger von öffentlichen und privaten gemeinnützigen Krankenanstalten sind darüber hinaus verpflichtet, bei Überschreiten einer jeweils vierwöchigen Wartezeit für elektive Operationen sowie für Fälle invasiver Diagnostik ein **transparentes Wartelistenregime** einzurichten. Die Verpflichtung bezieht sich zumindest auf die Sonderfächer Augenheilkunde und Optometrie, Orthopädie und orthopädische Chirurgie sowie Neurochirurgie. Auf Verlangen sind die für den Eingriff vorgemerkten Personen über die Wartezeit zu informieren (§ 5a Abs 2 und 3 KAKuG).

Falls Leistungen nicht durch einen inländischen Sozialversicherungs- oder Krankenfürsorgeträger übernommen werden bzw nicht über den Landesgesundheitsfonds abgerechnet werden, haben Krankenanstaltenträger ihren Patienten klare **Preisinformationen** zu geben (§ 5a Abs 4 KAKuG).

Die (zahn-) ärztliche Behandlung hat nach den Grundsätzen und **anerkannten Methoden** der (zahn-) medizinischen Wissenschaft zu erfolgen (§ 8 Abs 2 KAKuG). Darunter fallen anerkannte Methoden der Schulmedizin sowie neue medizinische Methoden[528], deren Anwendung gem § 8c Abs 1 Z 2 KAKuG allerdings einer vorherigen Beurteilung durch die Ethikkommission bedarf. Im Unterschied zu extramural tätigen Ärzten, die gem §§ 42, 49 Abs 1 ÄrzteG bei Anwendung alternativer oder schulmedizinischer Verfahren *„nach Maßgabe der ärztlichen Wissenschaft und Erfahrung sowie unter Einhaltung der bestehenden Vorschriften und der fachspezifischen Qualitätsstandards"* zu behandeln bzw zu betreuen haben, wird die Anwendung komplementär- oder alternativmedizinischer Methoden im intramuralen Bereich sohin restriktiver gehandhabt[529].

Bei der Patientenbehandlung unterliegen Anstaltsärzte, sofern sie nicht bereits berufs- oder dienstrechtlich dazu verpflichtet sind, der **Verschwiegenheitspflicht** des § 9 KAKuG. Inhaltlich umfasst die Verpflichtung alle im Rahmen der Berufsaus-

---

526 *Heissenberger,* Krankenanstaltenrecht, in *Aigner/Kletečka/Kletečka-Pulker/Memmer (Hrsg),* HB Medizinrecht, IV.1/21.

527 Das KAKuG verwendet vielfach noch immer die Bezeichnung *„Pfleglinge"*.

528 Dabei handelt es sich um in Österreich noch nicht angewandte und noch einer Überprüfung bedürfende Methoden, die infolge von Forschungsergebnissen und Erfahrungen eine Verbesserung der Versorgungsqualität erwarten lassen (§ 8c Abs 3 KAKuG).

529 Vgl *Kopetzki,* Krankenanstaltenrecht, in *Holoubek/Potacs (Hrsg),* Handbuch öffentliches Wirtschaftsrecht I[4], 524 mwN; *Heissenberger,* Krankenanstaltenrecht, in *Aigner/Kletečka/Kletečka-Pulker/Memmer (Hrsg),* HB Medizinrecht, IV.1/30.

übung bekannt gewordenen, *„den Gesundheitszustand betreffenden Umstände“* sowie *„die persönlichen, wirtschaftlichen und sonstigen Verhältnisse“* (Abs 1 leg cit). Ausnahmen von der Verschwiegenheitspflicht bestehen, wenn ein öffentliches Interesse die Offenlegung rechtfertigt (§ 9 Abs 3 KAKuG).

Die Krankenanstalten sind zur umfassenden Dokumentation verpflichtet, sie haben **Krankengeschichten und sonstige Vormerkungen** über Aufnahme und Entlassung der Patienten zu führen (§ 10 KAKuG). In den Krankengeschichten sind Anamnese, Zustand bei Aufnahme, Krankheitsverlauf, angeordnete und erbrachte medizinische, therapeutische und pflegerische Leistungen einschließlich Medikation sowie die Aufklärung zu dokumentieren. Die verpflichtende Aufbewahrungsdauer beträgt mindestens 30 Jahre, für Röntgenbilder und ambulante Behandlungsleistungen mindestens 10 Jahre (§ 10 Abs 1 Z 3 KAKuG). Die Patienten haben im Umgekehrten ein Recht auf Einsicht in ihre Krankengeschichte (§ 10 Abs 1 Z 4a leg cit).

III. Ausgewählte Verträge mit Patienten

A. Behandlungsvertrag

Der Behandlungsvertrag bildet die rechtliche Grundlage der Arzt-Patient-Beziehung, in deren Mittelpunkt die medizinische Behandlung steht. Der dem Tatbestand der eigenmächtigen Heilbehandlung iSd § 110 StGB entstammende Heilbehandlungsbegriff umfasst der Lit[530] zufolge die Gesamtheit der medizinischen (zahn-) ärztlichen Leistungen: Prophylaxe, Diagnose, Therapie und Schmerzlinderung. In Anlehnung an § 110 StGB enthält § 252 Abs 2 Satz 2 ABGB eine umfassende Definition **medizinischer Behandlungen** als *„eine von einem Arzt oder auf seine Anordnung hin vorgenommene diagnostische, therapeutische, rehabilitative, krankheitsvorbeugende oder geburtshilfliche Maßnahme"*. Zur Durchführung dieser Maßnahme bedarf es einer **Indikation**, also eines medizinischen Grundes, der die konkrete Behandlung für den Patienten objektiv erforderlich macht[531].

Eine im Rahmen des Behandlungsvertrags vorgenommene medizinische Behandlung bedarf zu ihrer Zulässigkeit der Einwilligung, die dem Patienten nur nach ärztlicher Aufklärung möglich ist. Dieses auch als informed consent bekannte Konzept wird aufgrund seiner enormen praktischen Bedeutung in einem eigenen Abschnitt III. B. behandelt, womit zugleich verdeutlicht wird, dass die Einwilligung in eine Behandlung vom Abschluss des Behandlungsvertrags zu unterscheiden ist.

1. Definition und Abgrenzung

Der Behandlungsvertrag ist ein synallagmatischer (ein aus wechselseitigen Rechten und Pflichten bestehender) zivilrechtlicher Vertrag zwischen einem Behandler (zB niedergelassener Arzt, Hebamme, Psychologe, Gruppenpraxis, Krankenanstaltenträger) und seinem Patienten, dessen Gegenstand die Erbringung von **Gesundheitsleistungen** (zB Diagnose, Heilbehandlung, kosmetischer Eingriff) ist.

Als Behandlungsvertrag wird im Grunde nur die Vertragsbeziehung zwischen Patienten und Behandlern im niedergelassenen Bereich bezeichnet, während ein Spitalsaufenthalt den Abschluss eines **Krankenhausaufnahmevertrags** bedarf. Eine stationäre Aufnahme in eine Krankenanstalt erfordert neben der Behandlung di-

530 Für alle: *Michel-Kwapinski/Oshidari,* Strafgesetzbuch[15], § 110 StGB Rz 1; *Bertel* in *Foregger/Nowakowski,* Wiener Kommentar zum Strafgesetzbuch[2] § 110 StGB Rz 6 weist darauf hin, dass kosmetische Operationen oder Eingriffe zu Forschungszwecken dagegen keine Heilbehandlungen iSd § 110 StGB sind. Sie wären als Körperverletzung strafbar, sofern sie nicht durch die Einwilligung des Patienten gerechtfertigt sind.

531 Vgl *Neumayr,* Einleitung ABGB in *Neumayr/Resch/Wallner (Hrsg),* Gmundner Kommentar zum Gesundheitsrecht[2] Rz 6 unter Hinweis auf die Definition der Indikation in § 3 Abs 1 Z 4 ÄsthOpG.

verse andere Leistungen, wie bspw Beherbergung, Pflege oder Verköstigung von Patienten, die vom Terminus Behandlungsvertrag begrifflich nicht umfasst wären.

Im Gegensatz zu Behandlungs- und Krankenhausaufnahmeverträgen, die zumindest hinsichtlich der Behandlung Gemeinsamkeiten aufweisen, steht beim **Heimvertrag** die Betreuung und Pflege im Vordergrund (dazu unten, Abschnitt E. dieses Kapitels).

Der Abschluss eines Behandlungsvertrags (Krankenhausaufnahmevertrags) setzt, wie alle zivilrechtlichen Rechtsgeschäfte[532], ganz allgemein die Geschäftsfähigkeit der vertragschließenden Parteien, Ernstlichkeit sowie Freiheit der Willenserklärung von Irrtum und Zwang, Möglichkeit und Erlaubtheit des Inhalts, uU Einhaltung von Formvorschriften und übereinstimmende Willenserklärungen voraus.

Vom Abschluss des Behandlungsvertrags (Krankenhausaufnahmevertrags) ist die **Einwilligung in die konkrete Behandlung**, welche auf die Entscheidungsfähigkeit (vormals Einsichts- und Urteilsfähigkeit) des Patienten abzielt, streng zu **unterscheiden** (dazu unten, Abschnitt III. B. dieses Kapitels).

Gesundheitsleistungen, die aufgrund eines Behandlungsvertrags bzw Krankenhausaufnahmevertrags erbracht werden, sind von jenen Fällen abzugrenzen, in denen eine Behandlung **ohne** Abschluss eines **Behandlungsvertrags** erfolgt. Beispiele[533] für eine derartige Ausnahmesituation sind:

- **Notfälle**
  Bei einem Notfall kann mit dem Patienten zB aufgrund von Bewusstlosigkeit, Minderjährigkeit oder Abwesenheit eines Erwachsenenvertreters kein Behandlungsvertrag abgeschlossen werden. Es erfolgt daher ein Rückgriff auf die Regeln der **Geschäftsführung ohne Auftrag**. Demnach besteht ein Ersatzanspruch des Behandlers für den notwendigen und zweckmäßigen Behandlungsaufwand, auch wenn dessen Einsatz ohne Nutzen für den Patienten blieb (§ 1036 ABGB).
- **Unterbringung in einer psychiatrischen Abteilung**
  Die Unterbringung in einer Krankenanstalt oder Abteilung für Psychiatrie oder für Kinder- und Jugendpsychiatrie erfolgt in Form einer Anhaltung in einem geschlossenen Bereich oder einer sonstigen Beschränkung der Bewegungsfreiheit (§ 2 Abs 1 iVm § 2 Abs 3 Z 2 und 3 UbG). Diesfalls liegt ein öffentlich-rechtliches Rechtsverhältnis vor[534].

---

[532] Vgl dazu im Detail *Riedler* in *Schwimann/Kodek (Hrsg),* ABGB Praxiskommentar[5], Band 5, § 865 ABGB, Rz 8ff; *Rummel* in *Rummel/Lukas,* ABGB[4] § 869 Rz 2ff (Stand 1.11.2014, rdb.at) und *Reischauer* in *Rummel,* ABGB[3] § 1299 Rz 23c (Stand 1.1.2007, rdb.at).

[533] *Kletečka-Pulker,* Rechtsgrundlagen der Behandlung, in *Aigner/Kletečka/Kletečka-Pulker/Memmer (Hrsg),* HB Medizinrecht, I.1/25; *Wallner,* Medizinrecht[2], 195f.

[534] Vgl *Wallner,* Medizinrecht[2], 196 mwN.

Die drei Voraussetzungen der Unterbringung sind eine **psychische Erkrankung**, eine damit zusammenhängende ernstliche und erhebliche **Gefährdung** des eigenen Lebens oder der eigenen Gesundheit oder des Lebens oder der Gesundheit anderer. Weiters die **Alternativlosigkeit** der Unterbringung, dh dass eine ausreichende Behandlung oder Betreuung in anderer Weise als in einer psychiatrischen Abteilung ausscheidet (§ 3 UbG).
Personen, bei denen die Unterbringungsvoraussetzungen mutmaßlich vorliegen, sind von der Polizei regelmäßig einem Arzt zur Untersuchung vorzuführen (§ 9 Abs 1 UbG). Eine **Unterbringung ohne Verlangen** des Patienten[535] bedarf einer Untersuchung durch einen im öffentlichen Sanitätsdienst stehenden Arzt, einen Polizeiarzt oder einen vom Landeshauptmann ermächtigten Arzt sowie einer Bescheinigung der Unterbringungsvoraussetzungen durch diesen (§ 8 Abs 1 UbG). Dem Arzt obliegt die nachweisliche Abklärung, ob die Unterbringung alternativlos ist. Zudem die Anführung expliziter Gründe für das Vorliegen einer psychischen Krankheit, mit der eine Selbst- bzw Fremdgefährdung einhergeht und die Angabe von Gründen, weshalb die Abwendung dieser Gefährdung einer Aufnahme in eine psychiatrische Abteilung bedarf (§ 8 Abs 3 und 4 UbG). Nach Aufnahme in eine psychiatrische Abteilung ist unverzüglich das Gericht zu verständigen. Dieses hat nach Prüfung der Unterbringungsvoraussetzungen über die Zulässigkeit der Unterbringung zu entscheiden (§ 17 ff UbG).

2. Rechtsnatur

Der Behandlungsvertrag ist ein gesetzlich nicht geregelter[536], zivilrechtlicher Vertrag, der die Rechtsgrundlage des Verhältnisses zwischen Patienten und Behandlern[537] mit wechselseitigen Rechten und Pflichten, unter anderem Diagnostik, Aufklärung und Behandlung lege artis, bildet[538].

---

535 Die in den §§ 4 ff UbG geregelte Unterbringung auf Verlangen wäre dagegen kein Fall einer Behandlung ohne Behandlungsvertrag.

536 Vgl den kritischen Artikel von *Kopetzki,* Brauchen wir eine Regelung des Behandlungsvertrags im ABGB? RdM 2012/55 (Editorial), 81. Dieser kommt infolge der (damaligen) Einführung von vertragstypischen Rechten und Pflichten des Behandlungsvertrags in das deutsche BGB zum Schluss, dass diese Regelung kein Vorbild für das ABGB darstellt. Begründend führt *Kopetzki* aus, dass eine umfassende Rsp vorliege und eine vertragsrechtliche Regelung keine Geltung für Behandlungsverhältnisse habe, bei denen kein Vertrag abgeschlossen wird (bspw bei öffentlich-rechtlichem Zwang oder mangels Geschäftsfähigkeit eines Patienten).

537 Der Terminus *„Behandler"* ist hier als Synonym für all jene Rechtssubjekte, zB niedergelassene Ärzte, Gruppenpraxen oder Krankenanstaltenträger zu verstehen, die als Vertragspartner des Patienten in Betracht kommen (dazu auch Abschnitt A. 4. dieses Kapitels).

538 Vgl RIS-Justiz RS0021335.

Die hL[539] und stRsp[540] ordnen den Behandlungsvertrag grundsätzlich als **freien Dienstvertrag** ein. Für diesen gesetzlich ebenfalls nicht geregelten Vertrag ist charakteristisch, dass sich der freie Dienstnehmer zur Arbeitsleistung im Rahmen eines Dauerschuldverhältnisses verpflichtet und ein Bemühen schuldet, ohne jedoch persönlich abhängig oder an Weisungen gebunden zu sein[541]. Der freie Dienstvertrag vereint damit Elemente von Dienstvertrag (Dauerschuldverhältnis, Bemühen bei Leistungserbringung) und Werkvertrag (persönliche Unabhängigkeit) iSd §§ 1151 ff ABGB.

Die Rechtsnatur des Behandlungsvertrags lässt sich jedoch nicht immer mit einem freien Dienstvertrag erklären. In jenen Fällen, in denen der Behandler einen auf seinem technischen und handwerklichen Geschick basierenden Erfolg schuldet[542], ist der Behandlungsvertrag als **Werkvertrag**[543] zu qualifizieren. Dazu muss ein konkreter Erfolg (zB Fertigung und Einpassen von Zahnersatz[544]) vereinbart worden sein, der unabhängig von *„physiologischen und psychologischen“*[545] Umständen auf Seiten des Patienten zu verwirklichen ist und sich sohin von der (zahn-) ärztlichen Behandlungstätigkeit unterscheiden lässt[546]. Nach den §§ 1165 ff iVm § 1151 Abs 1 ABGB liegt ein Werkvertrag vor, wenn die Herstellung eines Werkes gegen Entgelt übernommen wird, wobei der Werkunternehmer zur persönlichen Ausführung des Werkes oder zur Ausführung unter seiner persönlichen Verantwortung

539 So bereits *Engljähringer,* Ärztlicher Behandlungsvertrag, ÖJZ 1993, 493. Dieser zufolge scheitert eine Einordnung von Behandlungsverträgen unter Dienstverträge gem §§ 1151 ff ABGB angesichts der Tatsache, dass dann Patienten als Dienstgeber auftreten, Weisungen erteilen, Arbeitsmaterial wie auch eine betriebliche Organisation bereitstellen müssten. Vgl im Gegensatz dazu *Völkl-Torggler,* Die Rechtsnatur des ärztlichen Behandlungsvertrages, JBl 1984, 78f, die anknüpfend an die damalige Rsp generell von einer Qualifikation des Behandlungsvertrages als Werkvertrag ausgeht und den Erfolg im Sinne einer Ausführung der Behandlung lege artis versteht.

540 Als Bsp: RIS-Justiz RS0021339; RIS-Justiz RS0021759.

541 Vgl RIS-Justiz RS0021518.

542 Vgl OGH 12.3.1991, 5 Ob 514/91; OGH 18.7.2002, 10 Ob 209/02m; OGH 15.6.2016, 4 Ob 96/16w.

543 Als Werkvertrag ist der Behandlungsvertrag bspw bei Fertigung und Einpassen von Zahnersatz (OGH 12.3.1991, 5 Ob 514/91), gemäß *Kletečka-Pulker,* Rechtsgrundlagen der Behandlung, in *Aigner/Kletečka/Kletečka-Pulker/Memmer (Hrsg),* HB Medizinrecht, I.1/4 auch bei *„Anfertigung von Prothesen, orthopädischen Einlagen, Erheben eines EEG- oder EKG Befundes, Anlegen eines Gipsverbandes“* zu qualifizieren.

544 OGH 12.3.1991, 5 Ob 514/91.

545 OGH 4.7.1991, 6 Ob 558/91.

546 *Engljähringer,* Ärztlicher Behandlungsvertrag, ÖJZ 1993, 493 = *dieselbe,* Ärztliche Aufklärungspflicht vor medizinischen Eingriffen, 45. Für *Mazal,* Freier Dienstvertrag oder Werkvertrag? ecolex 1997, 278, ist es vertragstypisch aber nicht obligat, *„den Werkvertragstypus immer mit dem Bestehen einer Erfolgsverbindlichkeit zu verbinden“*. Insofern entscheidet, ähnlich wie beim Dienstvertrag, nach *Gruber-Risak/Pfeil* in *Schwimann/ Kodek (Hrsg),* ABGB Praxiskommentar[5], Band 7, § 1151 ABGB, Rz 36 erst *„das Überwiegen“* der im Text angeführten Merkmale über die Qualifikation als Werkvertrag.

verpflichtet ist. Im Gegensatz zum (freien) Dienstvertrag schuldet der Behandler als Werkunternehmer kein bloßes Bemühen, sondern einen Erfolg, und ist an Weisungen gebunden. Ist das Werk im Zeitpunkt der Übergabe mangelhaft, stehen dem Patienten unter den Voraussetzungen des § 932 ABGB verschuldensunabhängige Gewährleistungsbehelfe zur Verfügung. Zudem unterliegt der Behandler der Warnpflicht des § 1168a ABGB[547].

Ein Behandlungsvertrag besteht zumeist aus unterschiedlichen Leistungen. Die Entscheidung über die Rechtsnatur des Behandlungsvertrags bedarf daher einer Prüfung jeder einzelnen (zahn-) ärztlichen Leistung[548]. Dies mit der Konsequenz, dass der Behandlungsvertrag häufig als ein, aus Elementen des Werk- und des freien Dienstvertrags **gemischter Vertrag**[549] zu qualifizieren sein wird.

Bei stationärer Aufnahme in eine Krankenanstalt kommen zu den im Rahmen des Behandlungsvertrags zu erbringenden Leistungen noch weitere hinzu, bspw Beherbergung, Verköstigung und Pflege. Der **Krankenhausaufnahmevertrag** ist aufgrund der zu erbringenden vielfältigen Leistungen stets ein aus Merkmalen diverser Verträge (zB freier Dienst- oder Werkvertrag, Beherbergungsvertrag, Kaufvertrag) bestehender gemischter Vertrag[550].

3. Form und Zeitpunkt des Zustandekommens

Für Behandlungsverträge (Krankenhausaufnahmeverträge) bestehen **keine Formvorschriften**, der Vertragsabschluss kann schriftlich, mündlich oder konkludent erfolgen. In der Praxis wird der Vertragsinhalt zumeist weder schriftlich festgehalten, noch besprochen, sondern ergibt sich aus dem Verhalten von Behandler und Patient. Kommt darin ein übereinstimmender Wille zum Ausdruck, liegt ein schlüssiger (konkludenter) Vertragsabschluss vor[551].

Besondere Vorschriften enthalten die Landes-Krankenanstaltengesetze für die Aufnahme in die Sonderklasse. Diese betreffen allerdings regelmäßig nicht den Leistungsinhalt, sondern sehen als Aufnahmebedingung ein Verlangen des Patienten in Form einer schriftlichen Erklärung, die auch eine Verpflichtung zur Bezahlung der Sondergebühren beinhaltet, vor[552] (dazu unten, Kapitel III. C. 2.).

---

547 Vgl OGH 24.10.2023, 7 Ob 122/23a; RIS-Justiz RS0021759.

548 *Krejci/Böhler* in *Rummel/Lukas/Geroldinger,* ABGB^4 §1166 Rz 15 (Stand 1.8.2022, rdb.at) sowie *Engljähringer,* Ärztlicher Behandlungsvertrag, ÖJZ 1993, 493 = *dieselbe,* Ärztliche Aufklärungspflicht vor medizinischen Eingriffen, 45.

549 Als Bsp: RIS-Justiz RS0021338 (Wurzelbehandlung und Zahnprothese).

550 Vgl OGH 22.03.2018, 4 Ob 208/17t.

551 *Wallner,* Medizinrecht^2, 196. *Kletečka-Pulker,* Rechtsgrundlagen der Behandlung, in *Aigner/Kletečka/Kletečka-Pulker/Memmer (Hrsg),* HB Medizinrecht, I.1/17 weist richtig darauf hin, dass bei einem Schweigen des Patienten Vorsicht geboten ist, da einem Schweigen nicht die Bedeutung eines Einverständnisses beigemessen werden darf.

552 *Kopetzki,* Krankenanstaltenrecht, in *Holoubek/Potacs (Hrsg),* Handbuch öffentliches Wirtschaftsrecht I^4 553f mwN.

Davon zu unterscheiden sind jene gesetzlichen Regelungen, die etwaige Formvorschriften für die Einwilligung in die Behandlung vorsehen, zB schriftliche Einwilligung in die Durchführung einer ästhetischen Operation (§ 6 Abs 2 ÄsthOpG)[553].

In der Praxis kommen vermehrt Allgemeine Geschäftsbedingungen **(AGB)**, die bspw den Leistungsumfang, Vertretungsmöglichkeiten oder die Datenschutz-Einwilligungserklärung beinhalten, als Unterstützung beim schriftlichen Abschluss von Behandlungsverträgen (Krankenhausaufnahmeverträgen) zum Einsatz[554]. Bei Anwendung von Vertragsschablonen bedarf es jedoch der Prüfung[555]:

- ob die AGB zum Inhalt des konkreten Behandlungsvertrags wurden (vgl § 863 ABGB);
- ob diese Bestimmungen enthalten, die für den Patienten nachteilig sind, mit denen der Patient nach dem Erscheinungsbild der AGB nicht rechnen musste und auf die er auch nicht eigens hingewiesen wurde (§ 864a ABGB);
- ob die AGB zu Lasten des Patienten Abweichungen von gesetzlichen Bestimmungen enthalten (§ 879 ABGB), wobei für Patienten als Verbraucher auch das Transparenzgebot des § 6 Abs 3 KSchG zu berücksichtigen ist, bspw ob die Vertragsbestimmungen verständlich sind oder dem Bestimmtheitsgebot entsprechen.

Infolge des meist schlüssigen Abschlusses des Behandlungsvertrags stellt sich die Frage nach dem **Zeitpunkt seines Zustandekommens**. Kontaktiert bspw ein Patient mit der Bitte um Terminvergabe eine Arztpraxis und nennt man ihm daraufhin Datum und Uhrzeit[556] oder betritt der Patient eine Ordination, wo ihm ein Platz im Wartezimmer zugewiesen wird, so könnten bereits diese Verhaltensweisen gemäß der *„Übung des redlichen Verkehrs"* nach § 863 Abs 2 iVm § 914 ABGB[557] als Vertragsabschluss gewertet werden. Unter Berücksichtigung bspw von § 52a Abs 5 Satz 2 ÄrzteG, wonach nur Gesellschafter zum Abschluss von Behandlungsverträgen für eine Gruppenpraxis berechtigt sind, wäre eine derartige Ansicht jedoch inkonsequent[558]. Der Behandlungsvertrag kommt beim **Erstkontakt mit dem Behandler** zustande. Dies gilt auch, wenn es sich dabei um einen Erstkontakt handelt, der lediglich der Abklärung, ob es überhaupt zu einer Behandlung beim betreffen-

553 Zur Abgrenzung Abschluss des Behandlungsvertrages – Einwilligung in die Behandlung vgl *Kletečka*, Einwilligung, in *Aigner/Kletečka/Kletečka-Pulker/Memmer (Hrsg)*, HB Medizinrecht, I.4/133. Vgl dazu auch Kapitel III. B. 2.).

554 Näheres dazu und zu den Anwendungsmöglichkeiten: *Bittighofer* in *Boninsegna/Ernst/Schrader (Hrsg)*, Ärztliche Tätigkeit und Recht, 204ff.

555 *Neumayr*, Einleitung ABGB in *Neumayr/Resch/Wallner (Hrsg)*, Gmundner Kommentar zum Gesundheitsrecht[2] Rz 7.

556 Vgl *Pircher*, Das Verhältnis der Einwilligung zum Behandlungsvertrag, RdM 1999, 172.

557 *Rummel* in *Rummel/Lukas*, ABGB[4] § 863 Rz 1 (Stand 1.11.2014, rdb.at).

558 *Karollus*, Vergesellschaftung von Ärzten und Zahnärzten, in *Resch/Wallner*, Handbuch Medizinrecht[3] Rz 57a, demzufolge der Behandlungsvertrag *„erst beim Erstkontakt mit dem Arzt zustande kommt"*.

den Behandler kommen wird, dient[559]. Schließlich ist von einem Vertragsschluss auszugehen, auch wenn den Parteien der Abschluss eines Behandlungsvertrages samt all seinen Rechtsfolgen nicht eindeutig bewusst ist. Ihnen muss nur klar sein, (durchsetzbare) Rechtswirkungen erzeugt zu haben[560].

4. Vertragspartner

Der Abschluss eines Behandlungsvertrags erfolgt zwischen **Behandler und Patient** als Vertragspartner. Als Behandler kommen neben (Zahn-) Ärzten und anderen Angehörigen von Gesundheitsberufen (Hebammen, Psychologen, Physiotherapeuten etc) die in Kapitel II. dargestellten Gesundheitsbetriebe in Betracht.

Neben der vertraglichen Behandler-Patient-Beziehung ist infolge der für Erwerbstätige geltenden Versicherungspflicht[561] der gesetzlich geregelte sozialversicherungsrechtliche Hintergrund (dazu bereits Kapitel II. A. 2) von praktischer Bedeutung. Verwirklicht sich beim pflichtversicherten Patienten ein Versicherungsfall[562], ist der **Sozialversicherungsträger** entsprechend dem Sachleistungsprinzip zur organisa-

---

559 *Kletečka-Pulker,* Rechtsgrundlagen der Behandlung, in *Aigner/Kletečka/Kletečka-Pulker/Memmer (Hrsg),* HB Medizinrecht, I.1/15f hält als Rechtsgrundlagen eines Erstgespräches einen *„eigenen Beratungsvertrag"* oder ein *„vorvertragliches Schuldverhältnis"* für möglich, kommt dann aber zum Schluss, dass *„von einem einheitlichen, von Anfang an bestehenden Behandlungsvertrag ausgegangen werden"* soll. Vgl im Gegensatz dazu *Pircher,* Das Verhältnis der Einwilligung zum Behandlungsvertrag, RdM 1999, 174 mwN. Diese erachtet den abgeschlossenen Behandlungsvertrag solange als schwebend unwirksam bis die Einwilligung in die Behandlung erfolgt. Bei Nicht-Eintreten der aufschiebenden Bedingung (Einwilligung) soll folglich kein wirksamer Vertrag vorliegen. Dieser Ansicht ist nicht zu folgen, da eine Einwilligung in die Behandlung nicht Zulässigkeitsvoraussetzung des Behandlungsvertrages, sondern der konkreten Behandlung ist. Vgl dazu auch *Mazal,* Rechtsfragen der ärztlichen Behandlung von Zeugen Jehovas, in *Mazal,* Grenzfragen der ärztlichen Behandlung, 30 und *Ofner,* Rechtsfragen zum Abschluss des Behandlungsvertrages in *Bernat et al (Hrsg),* Festschrift Christian Kopetzki, 454ff.

560 In diesem Sinne der gemäßigten Rechtsfolgentheorie folgend: *Engljähringer,* Ärztlicher Behandlungsvertrag, ÖJZ 1993, 489 = *dieselbe,* Ärztliche Aufklärungspflicht vor medizinischen Eingriffen, 30f.

561 So sind bspw Arbeitnehmer nach ASVG, Gewerbetreibende nach GSVG, Freiberufler nach FSVG, Landwirte nach BSVG und Beamte nach B-KUVG pflichtversichert. Vgl *Windisch-Graetz,* Grundlagen des Arbeits- und Sozialrechts für Gesundheitsberufe, in *Aigner/Kletečka/Kletečka-Pulker/Memmer (Hrsg),* HB Medizinrecht, IV.3/140f.

562 Bei einem Versicherungsfall handelt es sich um den Eintritt eines Ereignisses (zB Krankheit, Schwangerschaft), für das seitens der Krankenversicherungsträger durch Bereitstellung eines Leistungskataloges vorgesorgt ist. Zu beachten ist freilich, dass Versicherungsbeiträge leistende Patienten nur die im Katalog enthaltenen Leistungen auf Kosten des Versicherungsträgers beanspruchen können. Vgl *Stellamor/Steiner,* HB I, 65f und *Windisch-Graetz,* Grundlagen des Arbeits- und Sozialrechts für Gesundheitsberufe, in *Aigner/Kletečka/Kletečka-Pulker/Memmer (Hrsg),* HB Medizinrecht, IV.3/117ff.

torischen Bereitstellung der Krankenbehandlung durch ärztliche Hilfe, Heilmittel und Heilbehelfe verpflichtet (vgl §§ 133 ff ASVG)[563].

Da die Behandlung nicht ausschließlich in eigenen Einrichtungen des Sozialversicherungsträgers erfolgen kann, bedient sich dieser diverser Vertragspartner (zB Kassenärzte, Vertragsgruppenpraxen, Krankenanstaltenträger)[564]. In diesen Fällen besteht die Beziehung zwischen dem Versicherungsträger und dem Behandler als Kassen-Vertragspartner vornehmlich aus der **Abgeltung des Honoraranspruches** gegen Erbringung der Sachleistung. Darüber hinaus ist die Inanspruchnahme von Wahlärzten durch den versicherten Patienten möglich[565]. In diesem Fall kann der sozialversicherte Patient, sofern die in Anspruch genommene medizinische Leistung vom Sachleistungsangebot des gesetzlichen Krankenversicherungsträgers umfasst ist, eine Erstattung von höchstens 80% des Betrages, der bei Konsultation eines Kassenvertrags-Behandlers vom Versicherungsträger aufzuwenden gewesen wäre, begehren (vgl § 131 Abs 1 ASVG).

Zur Frage nach einem allgemeinen Kontrahierungszwang siehe bereits Kapitel I. D., zur Aufnahmeverpflichtung von Krankenanstalten siehe Kapitel II. F. 3. d).

a) Behandler

Der Grundtypus des Behandlungsvertrages findet sich im Praxisbetrieb der Angehörigen von Gesundheitsberufen. Die Vertragspartner heißen dementsprechend Behandler (zB Arzt, Angehöriger des zahnärztlichen Berufs) und Patient. Daran vermag auch der Einsatz von Hilfspersonen nach § 49 Abs 2 Satz 2 ÄrzteG (zB Ordinationsgehilfen) oder Famulanten gem § 49 Abs 4 ÄrzteG nichts zu ändern, ebenso wenig wie das Tätigwerden von Turnusärzten im Rahmen von Lehrpraxen (vgl § 3 Abs 3 Z 3 ÄrzteG)[566].

Die in Kapitel II. dargestellten Formen der ärztlichen Zusammenarbeit erfordern freilich eine Unterscheidung der Vertragspartner des Patienten:

- **Ordinations- und/oder Apparategemeinschaft**

Die Tätigkeit von Ordinations- und/oder Apparategemeinschaften ist nicht auf die Behandlung der Patienten gerichtet und ist die Gemeinschaft folglich nicht Partner

---

563 *Engljähringer,* Ärztliche Aufklärungspflicht vor medizinischen Eingriffen, 17f.

564 *Bydlinski,* Verträge über ärztliche Leistungen, in *Rechberger/Welser (Hrsg),* Festschrift für Winfried Kralik, 352f mwN ordnet die Verpflichtung des Kassenarztes gegenüber dem Krankenversicherungsträger (den versicherten Patienten zu behandeln) als Vorvertrag zugunsten Dritter ein.

565 Vgl zum Ganzen *Engljähringer,* Ärztliche Aufklärungspflicht vor medizinischen Eingriffen, 16ff, 26 und 34 sowie *Windisch-Graetz,* Grundlagen des Arbeits- und Sozialrechts für Gesundheitsberufe, in: *Aigner/Kletečka/Kletečka-Pulker/Memmer (Hrsg),* HB Medizinrecht, IV.3/132ff.

566 Vgl *Kletečka-Pulker,* Rechtsgrundlagen der Behandlung, in *Aigner/Kletečka/Kletečka-Pulker/Memmer (Hrsg),* HB Medizinrecht, I.1/8.

des Behandlungsvertrags. Der Abschluss des Behandlungsvertrags erfolgt zwischen dem Patienten und dem jeweils behandelnden (Zahn-) Arzt oder der Gruppenpraxis, mit der die Ordinations- und/oder Apparategemeinschaft gem § 52 Abs 3 ÄrzteG begründet wurde[567].

- **Gruppenpraxis**

Im Gegensatz zur Ordinations- und/oder Apparategemeinschaft tritt die Gruppenpraxis selbst – und nicht die an dieser als Gesellschafter beteiligten Ärzte oder Angehörigen des zahnärztlichen Berufs – gegenüber den Patienten auf und erbringt die Behandlungsleistungen. Die Gruppenpraxis ist damit Partner des Behandlungsvertrags. Der die Behandlungsleistung erbringende Gesellschafter ist Erfüllungsgehilfe gem § 1313a ABGB[568].

- **Primärversorgungseinheit**

Bei Primärversorgungseinheiten hat der Partner des Behandlungsvertrags (die Primärversorgungseinheit oder die einzelnen Leistungsanbieter) für Patienten leicht erkennbar zu sein (§ 12 Abs 2 Z 2 PrimVG). Diese gesetzliche Anordnung erfordert folgende, den unterschiedlichen Organisationsformen Rechnung tragende Differenzierung[569]:

Primärversorgungseinheiten in der Rechtsform einer Gruppenpraxis oder eines selbständigen Ambulatoriums (vgl § 2 Abs 5 Z 1 PrimVG) treten selbst gegenüber dem Patienten auf und erbringen Behandlungsleistungen. Sie sind folglich auch Partner des Behandlungsvertrags.

Im Gegensatz dazu sind Primärversorgungseinheiten, deren Rechtsträger ein Verein oder eine Genossenschaft ist (Primärversorgungs≈-Netzwerke iSd § 2 Abs 5 Z 2 PrimVG), nicht selbständig berufsbefugt. Der Behandlungsvertrag kommt mit dem jeweils behandelnden (zahn-) ärztlichen Mitglied zustande[570].

---

567 *Krauskopf,* § 25 ZÄG, in *Neumayr/Resch/Wallner,* Gmundner Kommentar zum Gesundheitsrecht² Rz 3; *Wallner,* Handbuch Ärztliches Berufsrecht², 88; *Schneider,* Zusammenarbeit, Rechtsformgestaltung, Gruppenpraxen, in *Aigner/Kletečka/Kletečka-Pulker/Memmer (Hrsg),* HB Medizinrecht, IV.2/60; *Karollus,* Vergesellschaftung von Ärzten und Zahnärzten, in *Resch/Wallner,* Handbuch Medizinrecht³ Rz 96.

568 Vgl *Zahrl,* Die Ärzte-GmbH (II), RdM 2011/61, 78; *Karollus,* Vergesellschaftung von Ärzten und Zahnärzten, in *Resch/Wallner,* Handbuch Medizinrecht³ Rz 5; *Ratka,* § 52 ÄrzteG, in *Stöger/Zahrl (Hrsg),* ÄrzteG, 258.

569 Zum Ganzen: *Karollus,* Primärversorgungseinheiten, in *Resch/Wallner,* Handbuch Medizinrecht³ Rz 104; *Bukor et al,* Primärversorgung in Österreich, in *Aigner/Kletečka/Kletečka-Pulker/Memmer (Hrsg),* HB Medizinrecht, IV.9/293.

570 Vgl auch IA 2255/A, abgedruckt im AB 1714 BlgNR 25. GP 8.

- **Krankenanstalt**

Die Versorgung in einer Krankenanstalt erfolgt ambulant oder stationär. Aufgrund des mit der Versorgung verbundenen Inhalts des konkreten Vertragsverhältnisses ist auch hier eine Unterscheidung geboten:

Erfolgt die Versorgung **ambulant**, wie dies insb bei Krankenanstalten in der Betriebsform eines selbständigen Ambulatoriums gem § 2 Abs 1 Z 7 KAKuG oder bei Anstaltsambulatorien, die als Fach-, Spezial-, Akut- oder Termin-Ambulanzen geführt werden (§ 26 KAKuG iVm § 6 Abs 7 Z 5 KAKuG), der Fall ist, kommt ein Behandlungsvertrag zwischen dem Patienten und dem Träger der Krankenanstalt zustande.

Bei **stationärer** Behandlung schließen Patient und Krankenanstaltenträger einen Krankenhausaufnahmevertrag[571] (zum Krankenhausaufnahmevertrag und seinen Arten siehe Kapitel III. C.).

b) Patient

Der Abschluss des Behandlungsvertrags (Krankenhausaufnahmevertrags) ist, wie bereits erwähnt, infolge unterschiedlicher Anknüpfungspunkte streng von der Einwilligung in die konkrete Behandlung zu unterscheiden. Während ein gültiger Vertragsabschluss die Geschäftsfähigkeit der Vertragsparteien voraussetzt, bedarf die Einwilligung der Entscheidungsfähigkeit (dazu unten, Abschnitt III. B. 2. dieses Kapitels). Zur Behandlung ohne Behandlungsvertrag siehe oben, Abschnitt III. A. 1., zur Behandlung ohne Einwilligung siehe Abschnitt III. B. 2. c).

Als **Geschäftsfähigkeit** wird die Fähigkeit, *„sich durch eigenes Handeln rechtsgeschäftlich zu berechtigen und zu verpflichten“* (§ 865 Abs 1 ABGB) bezeichnet, sie wird bei entscheidungsfähigen **Volljährigen**[572] (Erwachsenen) gesetzlich vermutet. Die Volljährigkeit tritt mit Vollendung des 18. Lebensjahres ein. Der Volljährige ist selbst zum Abschluss des Behandlungsvertrags berechtigt.

Volljährigen, deren Entscheidungsfähigkeit *„aufgrund einer psychischen Krankheit oder einer vergleichbaren Beeinträchtigung“* eingeschränkt ist (§ 239 Abs 1 ABGB), fehlt es an der Geschäftsfähigkeit (§ 865 Abs 3 ABGB). Für diese Personen

[571] Dieser wird va in Deutschland auch als totaler Krankenhausaufnahmevertrag bezeichnet und enthält zusätzlich zu den auch im Behandlungsvertrag enthaltenen Elementen von Dienst- und Werkvertrag (Behandlung, Pflege), auch solche der Miete (Krankenzimmer) sowie des Kaufes (Nahrung). Vgl *Engljähringer,* Ärztlicher Behandlungsvertrag, ÖJZ 1993, 496 = *dieselbe,* Ärztliche Aufklärungspflicht vor medizinischen Eingriffen, 52.

[572] Nach § 24 ABGB ist entscheidungsfähig, *„wer die Bedeutung und die Folgen seines Handelns im jeweiligen Zusammenhang verstehen, seinen Willen danach bestimmen und sich entsprechend verhalten kann“.*

schließt ein **Erwachsenenvertreter**[573] oder ein **Vorsorgebevollmächtigter**[574] den Behandlungsvertrag ab, sofern dies von seinem Wirkungsbereich umfasst ist. Sollte der Abschluss von Behandlungsverträgen außerhalb des Wirkungsbereichs liegen, ist – sofern nicht ein Notfall vorliegt – ein einstweiliger Erwachsenenvertreter gem § 120 Abs 1 AußStrG[575] zu bestellen bzw gem § 117 Abs 1 AußStrG ein Verfahren über die Bestellung eines gerichtlichen Erwachsenenvertreters einzuleiten.

Bei **Minderjährigen** (Personen bis zur Vollendung des 18. Lebensjahres) erfolgt der Abschluss des Behandlungsvertrags in der Regel durch den **gesetzlichen Vertreter**. Im Einzelnen ist zu unterscheiden:

- **Kinder** bis zur Vollendung des 7. Lebensjahres sind geschäftsunfähig, ein Vertragsabschluss durch diese selbst wäre gänzlich unwirksam (§ 865 Abs 4 ABGB). Der Abschluss des Behandlungsvertrags hat stets durch den gesetzlichen Vertreter zu erfolgen. Die gesetzliche Vertretung kommt grundsätzlich beiden (mit der Obsorge betrauten) Eltern zu, wobei für die Wirksamkeit des Vertragsabschlusses die Zustimmung eines Elternteils ausreichend ist (§ 167 Abs 1 ABGB).
  Falls der gesetzliche Vertreter den Abschluss eines Behandlungsvertrags verweigert oder falls einander widersprechende Erklärungen der Eltern als gesetzliche Vertreter vorliegen, kann der behandelnde Arzt die Entziehung der Obsorge betreffend medizinische Angelegenheiten bei Gericht anregen, wenn es sonst zu einer Gefährdung des Kindeswohls kommen würde[576].
- **Unmündige Minderjährige** (Personen zwischen dem 7. und dem 14. Lebensjahr) sind beschränkt geschäftsfähig. Der Abschluss von Behandlungsverträgen zählt jedoch nicht zu jenen Rechtsgeschäften, die von diesem Personenkreis *„üblicherweise geschlossen"* werden und *„eine geringfügige Angelegenheit des täglichen Lebens"* betreffen (§ 865 Abs 4 iVm § 170 Abs 3 ABGB). Zudem liegt selbst bei grundsätzlich möglicher Versicherungsdeckung nicht von vornherein ein *„bloß zu ihrem Vorteil gemachtes Versprechen"* iSd § 865 Abs 2 ABGB vor,

[573] Die Vertretung durch einen Erwachsenenvertreter (vormals Sachwalter) ist dann erforderlich, wenn die möglichst selbständige Besorgung der eigenen Angelegenheiten bzw die Unterstützung zB durch die Familie, nahestehende Personen, Pflegeeinrichtungen etc nicht mehr ausreicht (§ 239 ABGB). Die Erwachsenenvertretung ist in Form einer gewählten, gesetzlichen oder gerichtlichen Erwachsenenvertretung möglich (vgl § 240 Abs 1 ABGB). Vgl dazu auch Abschnitt B. 2. b) aa) dieses Kapitels betreffend die Einwilligung.

[574] Die Errichtung einer Vorsorgevollmacht bedarf der Geschäftsfähigkeit. Die Vorsorgevollmacht bezweckt die Festlegung des Wirkungsbereichs eines selbst gewählten Vorsorgebevollmächtigten für den Fall einer eventuell später eintretenden eigenen Entscheidungsunfähigkeit. Sie wird im Fall des durch ein ärztliches Zeugnis zu bescheinigenden Verlusts der Entscheidungsfähigkeit im ausgewählten Geltungsbereich wirksam.

[575] Bundesgesetz über das gerichtliche Verfahren in Rechtsangelegenheiten außer Streitsachen (Außerstreitgesetz), BGBl I 2003/111 idgF.

[576] Vgl *Kletečka-Pulker,* Rechtsgrundlagen der Behandlung, in *Aigner/Kletečka/Kletečka-Pulker/Memmer (Hrsg),* HB Medizinrecht, I.1/18.

da Selbstbehalte bestehen könnten oder die medizinische Leistung nicht von der Leistungspflicht des Krankenversicherungsträgers umfasst sein könnte. Der Vertragsabschluss wird daher, wie bei Kindern, durch den gesetzlichen Vertreter erfolgen[577].

- **Mündige Minderjährige** (Personen zwischen dem 14. und dem 18. Lebensjahr) sind ebenfalls beschränkt geschäftsfähig, sodass der Behandlungsvertrag für diese Personengruppe zumeist durch den gesetzlichen Vertreter abgeschlossen wird.

Nach § 170 Abs 2 ABGB können mündige Minderjährige, die bereits beruflich tätig sind bzw eine Lehrlingsentschädigung erhalten, insoweit über ihr eigenes Einkommen verfügen und sich verpflichten, als die Befriedigung ihrer Lebensbedürfnisse dadurch nicht gefährdet wird. Der mündige Minderjährige wird diesfalls grundsätzlich selbst Partner des Behandlungsvertrags.

Ein Vertragsabschluss durch den gesetzlichen Vertreter wäre bei erwerbstätigen mündigen Minderjährigen wiederum dann erforderlich, wenn die Befriedigung der eigenen Lebensbedürfnisse des mündigen Minderjährigen durch etwaig anfallende Kosten (zB Selbstbehalte, nicht durch eine private Zusatzkrankenversicherung gedeckte Wahlarztleistungen) gefährdet wäre[578].

5. Vertragsinhalt

Der Behandlungsvertrag beinhaltet als synallagmatischer Vertrag wechselseitige gesetzlich normierte Rechte und Pflichte von Behandler und Patient[579]. Diese finden sich im Wesentlichen im Berufsrecht (zB ÄrzteG, ZÄG, GuKG, HebG), im Krankenanstaltenrecht (zB KAKuG, Landeskrankenanstaltengesetze), in Materiengesetzen (zB ÄsthOpG, FMedG, UbG), in zivil- und strafrechtlichen Bestimmungen sowie in der zwischen dem Bund und den einzelnen Bundesländern gem Art 15a V-BG jeweils abgeschlossenen Vereinbarung zur Sicherstellung der Patientenrechte (Patientencharta).

Beide Parteien treffen dem Recht der jeweils anderen Partei korrespondierende **Hauptleistungspflichten**, die den Behandlungsvertrag typischerweise charakterisieren[580] (näheres dazu in Abschnitt a) und b) dieses Kapitels). Die Hauptleistungspflicht des Behandlers besteht in der medizinischen Behandlung lege artis, welcher ein gleichlautendes Recht des Patienten gegenübersteht. Die Hauptleistungspflicht des Patienten ist die Bezahlung der Honorarnote bzw Vorlage der e-card bei Besuch

577 Dazu bereits *Kerschner,* Behandlungsverträge bei minderjährigen Patienten, RdM 2013/138, 216; ebenso *Wallner,* Medizinrecht², 205.

578 Vgl *Wallner,* Medizinrecht², 205.

579 Zum Ganzen: *Prutsch,* Die ärztliche Aufklärung, 30ff; *Memmer,* Rechte und Pflichten – Patient und Behandler, in *Aigner/Kletečka/Kletečka-Pulker/Memmer (Hrsg),* HB Medizinrecht, I.2/27ff.

580 Vgl RIS-Justiz RS0017049, wonach Hauptpflichten *„für die betreffende Vertragstype charakteristisch sind"* und Nebenpflichten auch Schutz- und Sorgfaltspflichten umfassen.

eines Vertragsarztes, der eine entsprechende Honorarforderung des Behandlers gegenübersteht. Zusätzlich zu den Hauptleistungspflichten existieren zahlreiche vertragliche **Nebenleistungspflichten**[581], die in Abschnitt c) bis h) dieses Kapitels im Überblick dargestellt werden.

a) Behandlung lege artis

Nach § 49 Abs 1 Satz 1 ÄrzteG, § 16 ZÄG sind (Zahn-) Ärzte zur gewissenhaften Betreuung von Gesunden und Kranken ohne nach der Person des Patienten zu unterscheiden, verpflichtet. Die Behandlung hat lege artis, dh nach den Grundsätzen *„der ärztlichen Wissenschaft und Erfahrung sowie unter Einhaltung der bestehenden Vorschriften und der fachspezifischen Qualitätsstandards"*, unter Wahrung des Wohls der Kranken und zum Schutz der Gesunden zu erfolgen. Sie stellt eine Hauptleistungspflicht dar (§ 49 Abs 1 Satz 2 ÄrzteG).

Der Behandler hat eine im Behandlungszeitpunkt von kompetenten Ärztekollegen **anerkannte Behandlungsmethode** anzuwenden. Dass ein anderer Arzt eine andere (ebenfalls anerkannte) Methode bevorzugt hätte, schadet nicht. Eine Methode ist als fachgerecht zu qualifizieren, solange diese von einer anerkannten medizinischen Schule vertreten wird. Der vom (Zahn-) Arzt einzuhaltende Sorgfaltsmaßstab bestimmt sich sohin nach dem Stand der medizinischen Wissenschaft im Behandlungszeitpunkt[582].

Für den behandelnden Arzt gilt das **Prinzip der Therapiefreiheit**[583]. Dies bedeutet, dass dem Behandler selbst die Entscheidung obliegt, welche von mehreren möglichen Methoden bzw Maßnahmen im Ergebnis am besten für den Patienten geeignet ist.

Um eine Behandlung gemäß der lex artis gewährleisten zu können und die Anwendung veralteter Methoden durch den Behandler oder eine Unkenntnis von neuesten Entwicklungen oder Behandlungsalternativen zu vermeiden, besteht eine fachliche **Fortbildungspflicht** (zB § 49 Abs 1 ÄrzteG, §§ 17, 42 ZÄG, § 1299 ABGB). § 11d KAKuG normiert eine Fortbildungspflicht für das nicht-ärztliche Klinikpersonal.

Bei Aufnahme in eine Krankenanstalt ist zudem § 8 Abs 2 KAKuG, der ebenfalls eine Behandlung von Patienten entsprechend den Grundsätzen und anerkannten Methoden der (zahn-) medizinischen Wissenschaft normiert, einzuhalten. Das Behandlungsniveau orientiert sich, anders als im niedergelassenen Bereich, jedoch nicht am Sorgfaltsmaßstab eines pflichtgemäß handelnden Durchschnittsarztes[584],

---

[581] Dazu bereits *Prutsch,* Die ärztliche Aufklärung, 30.

[582] Vgl RIS-Justiz RS0026324; RIS-Justiz RS0038202; OGH 30.7.2015, 10 Ob 50/15y; OGH 17.1.2018, 6 Ob 233/17h; OGH 20.12.2023, 6 Ob 155/23x.

[583] OGH 29.4.2021, 2 Ob 49/21a. Vgl jedoch *Kopetzki,* Patientenwille versus lex artis – was gilt im Konfliktfall? RdM 2023/1 (Editorial), der aufzeigt, dass *„die Einhaltung des medizinischen Standards bis zu einem gewissen Grad abbedungen werden kann".*

[584] Vgl OGH 23.5.2024, 4 Ob 36/24h.

sondern am **Spezialisierungsgrad** der Klinik, wobei auch diesfalls eine Patientenversorgung nach den im In- und Ausland anerkannten medizinischen Behandlungsmethoden geboten ist[585].

b) Exkurs: Kontrahierungszwang

Bei drohender Lebensgefahr darf einem Patienten die **unbedingt notwendige erste Hilfe** von einem Behandler nicht verweigert werden (zB § 23 Abs 1 iVm § 40 Abs 1 KAKuG betreffend öffentliche oder private Krankenanstalten, § 48 ÄrzteG betreffend niedergelassene Ärzte).

Aus der Verpflichtung, erste Hilfe in einer Notfallsituation zu leisten, lässt sich freilich kein allgemeiner **Kontrahierungszwang**[586] ableiten. Für Behandler (Krankenanstaltenträger) besteht keine Verpflichtung, einen Behandlungsvertrag mit sämtlichen vorstellig werdenden Patienten abzuschließen.

Dies eröffnet die Möglichkeit, Behandlungen abzulehnen, vorausgesetzt es besteht kein Vertrag mit einem Krankenversicherungsträger, der wiederum Behandlungspflichten vorsieht. Eine gesetzliche **Aufnahmeverpflichtung** entsprechend dem Anstaltszweck normiert § 22 Abs 2 KAKuG für öffentliche Krankenanstalten bei unabweisbar Kranken und bei Personen, für die Leistungsansprüche aus der sozialen Krankenversicherung bestehen. § 40 Abs 1 lit c iVm § 16 Abs 1 lit b und § 22 Abs 2 KAKuG sieht eine entsprechende Verpflichtung für private gemeinnützige Krankenanstalten vor[587].

Im gegebenen Zusammenhang ist auch auf **Gewissensklauseln** hinzuweisen, bspw das Recht des Behandlers, die Durchführung von Schwangerschaftsabbrüchen gem § 97 Abs 2 StGB[588], sofern diese nicht zur Rettung der Schwangeren aus einer anders nicht abwendbaren Lebensgefahr erforderlich sind, zu verweigern. Ein weiteres Bsp ist die Verweigerung der Aufklärung oder der Mitwirkung an der Errichtung einer Sterbeverfügung gem § 2 Abs 1 StVfG[589]. § 97 Abs 3 StGB und § 2 Abs 2 StVfG sehen zugleich Diskriminierungsverbote für den sich weigernden Behandler wie auch den an einem – gem § 97 Abs 1 Z 1 StGB innerhalb der ersten drei Monate nach Beginn der Schwangerschaft und nach erfolgter ärztlicher Beratung – straflosen Schwangerschaftsabbruch teilnehmenden Behandler bzw für einen an der Errichtung einer Sterbeverfügung Teilnehmenden vor[590].

---

585 OGH 29.4.2021, 2 Ob 49/21a (Niveau der Arzneimittelversorgung).

586 *Wallner*, Medizinrecht², 198f. Dieser weist darauf hin, dass auch bei Kassenärzten eine Behandlungsablehnung möglich ist, zB wegen unangebrachten Verhaltens des Patienten oder mangelnden Kapazitäten.

587 Zu Krankenanstalten: Kapitel F. 3. d).

588 Bundesgesetz vom 23. Jänner 1974 über die mit gerichtlicher Strafe bedrohten Handlungen (Strafgesetzbuch), BGBl 1974/60 idgF.

589 Bundesgesetz über die Errichtung von Sterbeverfügungen (Sterbeverfügungsgesetz), BGBl I 2021/242 idgF.

590 Zu Gewissensklauseln und Diskriminierungsverboten: *Memmer*, Rechte und Pflichten –

c) Honoraranspruch

Beim Honoraranspruch des Behandlers handelt es sich um eine Hauptleistungspflicht aus dem Behandlungsvertrag[591]. Der Patient hat diese Verpflichtung als Partner des Behandlungsvertrags grundsätzlich selbst zu erfüllen. Eine Deckung des Honoraranspruchs durch einen gesetzlichen Sozialversicherungsträger kommt allerdings bei Besuch eines Behandlers mit Kassenvertrag in Betracht. Diesfalls legitimiert die Vorlage der e-card durch den gesetzlich krankenversicherten Patienten zur Inanspruchnahme der medizinischen Leistung auf Kosten des gesetzlichen Krankenversicherungsträgers[592].

Nach der stRsp[593] unterscheiden sich Behandlungsverträge hinsichtlich der Entgeltlichkeit nicht von anderen synallagmatischen Verträgen[594]. Argumentiert wird dies mit den Beweggründen für die Entwicklung der ärztlichen Aufklärungspflicht. Diese gründet nicht auf der vertraglichen Kostentragungspflicht, sondern auf den mit ärztlichen Eingriffen in die körperliche Unversehrtheit einhergehenden Besonderheiten (dazu unten, Kapitel III. B.). Im Ergebnis trifft Ärzte hinsichtlich der Kosten daher auch **keine** besondere vertragliche **Aufklärungs- oder Warnpflicht**[595], davon ausgenommen sind Aufklärungspflichten in sondergesetzlichen Bestimmungen (zB im ZÄG und im ÄSthOpG, dazu gleich).

Für Angehörige des zahnärztlichen Berufs sieht § 18 Abs 1 Z 5 ZÄG bspw eine **Aufklärungsverpflichtung** über die **Kosten der zahnärztlichen Behandlung** vor. Diese hat insb die Information, welche Behandlungskosten der Sozialversicherungsträger übernimmt und welche Kosten vom Patienten selbst zu bezahlen sind, zu beinhalten (§ 18 Abs 2 ZÄG). Falls wesentliche Behandlungskosten[596] anfallen, bei Übersteigen der in den Autonomen Honorar-Richtlinien der Österreichischen Zahnärztekammer festgelegten Honorarhöhe oder auf Verlangen des Patienten ist

---

Patient und Behandler, in *Aigner/Kletečka/Kletečka-Pulker/Memmer (Hrsg),* HB Medizinrecht, I.2/64f.

591 Vgl zum Ganzen *Memmer,* Rechte und Pflichten – Patient und Behandler, in *Aigner/Kletečka/Kletečka-Pulker/Memmer (Hrsg),* HB Medizinrecht, I.2/67ff.

592 Zum sozialversicherungsrechtlichen Hintergrund siehe Kapitel II. A. 2.

593 OGH 25.10.2017, 3 Ob 125/17d; RIS-Justiz RS0026413 (T14); RIS-Justiz RS0038176 (T13).

594 Nach § 1486 Z 6 ABGB verjähren Honorarforderungen aus Behandlungsverträgen, wie jene von Hebammen, Tierärzten, Rechtsanwälten oder Notaren binnen 3 Jahren ab Übermittlung der Honorarnote bzw ab dem Zeitpunkt, an dem deren Übermittlung dem Behandler möglich gewesen wäre. Vgl *Bydlinski M./Thunhart* in *Rummel/Lukas/Geroldinger,* ABGB[4] § 1486 Rz 34 (Stand 31.5.2024, rdb.at).

595 Bsd deutlich: OGH 25.10.2017, 3 Ob 125/17d.

596 Wesentliche Behandlungskosten gem § 18 Abs 4 ZÄG sind solche in Höhe von 70% der von der Statistik Austria nominell, monatlich und netto je Arbeitnehmer ermittelten Löhne und Gehälter. Diese sind von der ZÄK jeweils bis 1. Oktober mit Verordnung bekanntzugeben.

eine Aufklärung in Form eines schriftlichen Heil- und Kostenplans verpflichtend (§ 18 Abs 3 ZÄG).

Ähnliche Regelungen wie das ZÄG enthält das ÄsthOpG. Dieses sieht eine **Aufklärungspflicht** des Arztes über sämtliche **Kosten des ästhetischen Eingriffs** einschließlich erwartbarer Folgekosten, eine Information über die nicht von einem Sozialversicherungsträger, sondern vom Patienten selbst zu tragenden Kosten sowie – unter den oben für Zahnbehandlungen genannten Voraussetzungen[597] – eine Aufklärung in Form eines schriftlichen Kostenplans vor (§ 5 Abs 1 Z 9, Abs 6 bis 9 ÄsthOpG).

Eine Aufklärungs- oder Warnpflicht über die Behandlungskosten enthält weder das ÄrzteG noch das KAKuG. Art 16 Abs 5 Patientencharta normiert zwar eine allgemeine Informationsverpflichtung über voraussichtlich auf den Patienten zukommende Kosten, die Vertragspartner des Behandlungsvertrags sind jedoch nicht Adressaten dieser zwischen dem Bund und den einzelnen Bundesländern abgeschlossenen Vereinbarung[598].

Nach § 5a Abs 4 KAKuG sind die **Krankenanstaltenträger** allerdings zu **klaren Preisinformationen** gegenüber Patienten zu verpflichten, soweit diese im Aufnahmezeitpunkt vorhersehbar sind und nicht von einem Krankenfürsorge- oder Sozialversicherungsträger übernommen werden.

Hinsichtlich der sich aus einer Aufnahme in eine **private Krankenanstalt** ergebenden Rechte und Pflichten verweist § 39 Abs 2 KAKuG auf die zivilrechtlichen Bestimmungen. Bei Fehlen einer Vereinbarung über die Höhe des Honorars kommt sohin die gesetzliche Vermutung des § 1152 ABGB zum Tragen, wonach ein angemessenes Entgelt als zwischen den Parteien vereinbart gilt. Zum Honoraranspruch bei Geschäftsführung ohne Auftrag im Notfall gem § 1036 ABGB siehe Kapitel III. A. 1., zum Arzthonorar in der Sonderklasse siehe Kapitel III. C. 2.

d) Einwilligung nach Aufklärung

Die (zahn-) ärztliche Aufklärung ist Voraussetzung einer wirksamen Einwilligung in die Behandlung (zB § 8 Abs 3 KAKuG, § 110 StGB). Inhaltlich zielt die Aufklärung als wohl bekannteste vertragliche Nebenpflicht insb auf Diagnose, Behandlungsablauf und Risiken, mögliche Alternativen sowie Kosten ab (§ 18 Abs 1

[597] Die Voraussetzungen einer Aufklärung in Form eines schriftlichen Kostenplans entsprechen jenen des § 18 Abs 3 ZÄG: Anfall wesentlicher Behandlungskosten (das sind 70% der von der Statistik Austria nominell, monatlich und netto je Arbeitnehmer ermittelten und von der ÖÄK jeweils bis 1. Oktober mit Verordnung bekanntzugebenden Löhne und Gehälter), Übersteigen der in der privatärztlichen Honorarordnung der jeweiligen Ärztekammer festgelegten Honorarhöhe oder Verlangen des Patienten (§ 5 Abs 6 bis 8 ÄsthOpG).

[598] Selbst falls es sich beim Behandler um eine von Bund oder Ländern als Träger betriebene Krankenanstalt handelt, kann der Patient die Information über Kosten nicht einfordern, da er nicht Adressat der Patientencharta ist.

ZÄG). Zumeist beschränken sich die gesetzlichen Regelungen auf die bloße Festlegung einer Aufklärungspflicht bzw eines Patientenrechts auf Aufklärung (zB § 51 Abs 1 ÄrzteG, § 5a Abs 1 Z 2 und 3 KAKuG). Zu den von der hL und Rsp entwickelten Aufklärungsgrundsätzen siehe Kapitel III. B.

e) Dokumentation

Die Dokumentation ist eine vertragliche Nebenpflicht und wurde zudem in zahlreichen gesetzlichen Bestimmungen geregelt (zB § 51 ÄrzteG, § 19 ZÄG, §§ 3e Abs 3, 3f Abs 3, 8f Abs 3, 10, § 24 Abs 5 KAKuG). Eine ordnungsgemäße Dokumentation hat **Beweisfunktion** und sichert die **Betreuungskontinuität** im arbeitsteiligen Prozess.

Der **Inhalt** der (zahn-) ärztlichen Dokumentation bzw der Krankengeschichte über einen stationären Klinikaufenthalt umfasst Anamnese, Diagnose, Patientenaufklärung, erbrachte Leistungen und Medikation (vgl § 19 Abs 1 ZÄG). In Krankenanstalten sind darüber hinaus auch Pflegeleistungen sowie psychologische, psychotherapeutische und medizinisch-technische Leistungen in der Krankengeschichte zu dokumentieren (§ 10 Abs 1 Z 2 lit b KAKuG). Weiters sind eine allfällige Patientenverfügung sowie ein allfälliger Widerspruch gegen eine Heranziehung zu Unterrichtszwecken oder gegen eine Organentnahme nach dem Tod in die Krankengeschichte aufzunehmen (§ 10 Abs 1 Z 7 und 8 KAKuG). In den – nach einem stationären Krankenhausaufenthalt auszustellenden – Entlassungsbriefen finden sich die für die nachfolgende Betreuung notwendigen Angaben sowie Anordnungen bzw Empfehlungen für die weitere Therapie und Medikation (§ 24 Abs 2 KAKuG).

Im niedergelassenen Bereich und bei ambulanter Betreuung in Krankenanstalten ist die Dokumentation zumindest für 10 Jahre aufzubewahren (§ 51 Abs 3 ÄrzteG, § 19 Abs 3 ZÄG, § 10 Abs 1 Z 3 KAKuG). Bei stationärem Aufenthalt in Krankenanstalten hat die **Aufbewahrungsdauer** für Krankengeschichten mindestens 30 Jahre zu betragen (§ 10 Abs 1 Z 3 KAKuG).

Mit der Dokumentationspflicht des Behandlers korrespondiert das Recht des Patienten auf **Einsicht** in die (zahn-) ärztliche Dokumentation bzw in die Krankengeschichte. Die Gewährung von Einsicht und die Herstellung von Kopien erfolgt auf Verlangen des Patienten bzw des gesetzlichen Vertreters (§ 51 Abs 1 ÄrzteG, § 19 Abs 2 ZÄG, §§ 5a Abs 1 Z 1, 10 Abs 1 Z 4a KAKuG). Eine Einschränkung des Einsichtsrechts durch das therapeutische Privileg (dazu Kapitel III. B. 1. d) bb) ist in der Lit anerkannt[599].

[599] *Wallner,* Therapeutisches Privileg – zwischen Ehrlichkeit und Menschlichkeit, RdM 2023/45, 208. Vgl zum Ganzen auch *Memmer,* Rechte und Pflichten – Patient und Behandler, in *Aigner/Kletečka/Kletečka-Pulker/Memmer (Hrsg),* HB Medizinrecht, I.2/42f.

f) Verschwiegenheit

Die behandlungsvertragliche Verschwiegenheitsverpflichtung[600] umfasst alle im Rahmen der Berufsausübung durch den Patienten anvertraute oder sonst bekannt gewordene persönliche, wirtschaftliche und gesundheitliche Umstände.

Die Einhaltung der Verschwiegenheitspflicht ist derart essentiell, dass diese mehrfachgesetzlich abgesichert ist, ua in § 54 Abs 1 ÄrzteG, § 21 Abs 1 ZÄG, § 9 Abs 1 KAKuG sowie in der zwischen dem Bund und den einzelnen Bundesländern gem Art 15a V-BG jeweils abgeschlossenen Vereinbarung zur Sicherstellung der Patientenrechte (Art 13 Abs 1 Patientencharta). Weiters findet sich die Verschwiegenheitspflicht in folgenden Bestimmungen: § 121 StGB (Tatbestand der Verletzung von Berufsgeheimnissen), § 1328a Abs 1 ABGB (Recht auf Wahrung der Privatsphäre), Art 8 Abs 1 EMRK (Recht auf Achtung des Privat- und Familienlebens), Art 20 Abs 3 B-VG (Amtsverschwiegenheit) und § 1 Abs 1 DSG[601] (Grundrecht auf Datenschutz).

In besonderen Fällen sehen dienst- und berufsrechtliche Vorschriften eine **Durchbrechung der Verschwiegenheitspflicht** vor (vgl § 9 Abs 2 KAKuG). Dies ist bspw bei einer Entbindung von der Verschwiegenheitspflicht durch den Patienten, bei gesetzlich vorgeschriebenen Meldepflichten über den Gesundheitszustand (zB bei begründetem Verdacht, dass eine schwere Körperverletzung, Misshandlung, Vergewaltigung oder der Tod durch eine gerichtlich strafbare Handlung herbeigeführt wurde), bei unbedingt erforderlicher Geheimnisoffenbarung zum Schutz höherwertiger Interessen (öffentliche Gesundheitspflege, Rechtspflege), bei erforderlichen Mitteilungen oder Befunden an die Sozialversicherungs- oder sonstigen Kostenträger im zur Aufgabenerfüllung nötigen Umgang der Fall (§ 54 Abs 2 ÄrzteG, § 21 Abs 2 ZÄG).

g) Information über Patientenrechte

Zusätzlich zur ärztlichen Aufklärung vor Einwilligung haben Patienten das Recht, Informationen über die ihnen zustehende Rechte zu erhalten (§ 5a Abs 1 Z 1 KAKuG). Beispiele für entsprechende, va im Krankenanstaltenbereich geltende, (weitere) Patientenrechte sind:

- Recht auf möglichst verständliche und schonungsvolle Erteilung medizinischer Informationen durch einen selbständig berufsberechtigten Arzt gegenüber dem Patienten selbst oder gegenüber einer Vertrauensperson (§ 5a Abs 1 Z 3 KAKuG)

600 Dazu eingehend *Kletečka-Pulker,* Schweige-, Anzeige- und Meldepflichten, in *Aigner/Kletečka/Kletečka-Pulker/Memmer (Hrsg),* HB Medizinrecht, I.6/193ff.

601 Bundesgesetz zum Schutz natürlicher Personen bei der Verarbeitung personenbezogener Daten (Datenschutzgesetz), BGBl I 1999/165 idgF.

- Recht auf Besuchs- und Kontaktmöglichkeiten sowie – bei Verschlechterung des Gesundheitszustands – Recht auf Kontakt mit Vertrauenspersonen außerhalb der Besuchszeiten (§ 5a Abs 1 Z 4 KAKuG)
- Möglichkeit, auf Wunsch seelsorgerische Betreuung bzw psychologische Unterstützung zu erhalten (§ 5a Abs 1 Z 5 und 6 KAKuG)
- Recht auf ausreichende Wahrung der Intimsphäre in Mehrbetträumen (§ 5a Abs 1 Z 7 KAKuG)
- Recht auf Sicherstellung eines würdevollen Sterbens und Kontakt mit Vertrauenspersonen (§ 5a Abs 1 Z 9 KAKuG, § 49a Abs 1 ÄrzteG)
- Recht auf möglichst kindergerechte Ausstattung bei der Betreuung von Kindern (§ 5a Abs 1 Z 11 KAKuG)
- Recht, sich zur Prüfung allfälliger Beschwerden oder zur Wahrnehmung ihrer Interessen an Patientenvertretungen (vgl § 11e KAKuG) zu wenden.

h) Compliance des Patienten

Mit den Aufklärungs- und Informationspflichten des Behandlers geht die Compliance, also das Recht auf Kooperation des Patienten hinsichtlich der medizinischen Behandlung, einher. Dies bedeutet, dass es dem Patienten obliegt, den Behandler bei der Anamnese bspw über Vorerkrankungen oder über die Einnahme von Medikamenten zu **informieren**, widrigenfalls ihn bei einem Schadenseintritt ein Mitverschulden trifft, welches den Behandler von einer Haftung (teilweise oder gänzlich) exkulpiert[602].

Zudem hat der Patient nach Einwilligung in die Behandlung auch die für diese erforderlichen medizinischen Maßnahmen zu **dulden** und den Heilungserfolg – nach Aufklärung über die durchzuführende Therapie und die Bedeutung der Mitwirkung an dieser[603] – durch ein entsprechendes, schadenvermeidendes Verhalten (zB Durchführung von Bewegungsübungen nach einer Unterschenkeloperation[604]) zu **unterstützen**. Schließlich umfasst die Compliance die Obliegenheit des Patienten, einen allfälligen Schaden nicht zu vergrößern bzw diesen zu verringern (**Schadens minderungsobliegenheit**)[605].

6. Beendigung

Für Behandlungsverträge gelten die allgemeinen Beendigungsmöglichkeiten (insb Erfüllung, Kündigung oder Tod einer Vertragspartei)[606]. Die Unterscheidung zwi-

602 Vgl OGH 19.12.2019, 6 Ob 179/19w.

603 Zur therapeutischen Aufklärung siehe Kapitel III. B. 1. d) bb).

604 OGH 23.3.2000, 10 Ob 24/00b; vgl auch OGH 27.2.2002, 3 Ob 17/02z.

605 Zum Ganzen: *Memmer,* Rechte und Pflichten – Patient und Behandler, in *Aigner/Kletečka/Kletečka-Pulker/Memmer (Hrsg),* HB Medizinrecht, I.2/46ff.

606 *Kletečka-Pulker,* Rechtsgrundlagen der Behandlung, in *Aigner/Kletečka/Kletečka-Pulker/Memmer (Hrsg),* HB Medizinrecht, I.1/25ff.

schen Zielschuldverhältnissen, die mit ihrer Erfüllung enden und Dauerschuldverhältnissen, deren Dauer befristet oder unbefristet sein kann, ist nicht in jedem Fall eindeutig[607]. Die stRsp[608] geht im Zweifel davon aus, dass der gesamte Krankheitsfall den Vertragsgegenstand bildet, keinesfalls die isolierte Betrachtung jedes Behandlungsabschnitts.

Die **Erfüllung**[609] einer konkreten medizinischen Leistung als Zielschuldverhältnis (zB Vorsorgeuntersuchung) setzt generell eine Behandlung lege artis entsprechend dem vereinbarten Vertragsinhalt – nicht die Heilung des Patienten – voraus. Bei der Entlassung aus einer Krankenanstalt[610] sind zudem ein Entlassungsschein und ein Entlassungsbrief mit Angaben, Empfehlungen und Anordnungen für eine allfällige weitere medizinische Betreuung auszustellen (vgl § 24 Abs 2 KAKuG).

Strebt der Patient die ordentliche **Kündigung** des Behandlungsvertrages an, so bedarf dies lediglich des Widerrufes seiner Einwilligung in die Behandlung. Falls dem Patienten die Fortsetzung des Behandlungsvertrags hinsichtlich einer länger dauernden Behandlung nicht mehr zumutbar ist, besteht weiters die Möglichkeit einer Vertragsauflösung aus wichtigem Grund (zB wegen berechtigtem Vertrauensverlust in den Behandler[611]). Auch der Spitalspatient kann gemäß § 24 Abs 4 KAKuG – mit Ausnahme von Fällen behördlicher Einweisung – seine vorzeitige Entlassung begehren. Diesfalls ist der Behandler zur Aufklärung über die gesundheitlichen Auswirkungen dieses Wunsches verpflichtet und hat eine Niederschrift aufzunehmen, die vom Patienten zu unterfertigen ist (sog Revers). Diese Aufklärungspflicht gilt kraft behandlungsvertraglicher Schutz- und Sorgfaltspflichten ebenso für einen freiberuflich tätigen Arzt[612].

Der Honoraranspruch des Behandlers bleibt bei Kündigung durch den Patienten grundsätzlich aufrecht. Der Behandler muss sich jedoch anrechnen lassen, was er sich durch das Unterbleiben der Behandlung ersparen oder durch Übernahme eines anderen Eingriffs (anstelle des von der Kündigung betroffenen) erwerben konnte oder was er durch Nichtübernahme einer anderen Behandlung absichtlich versäum-

607 Weiterführend: *Pletzer,* Vor- und nachvertragliche Pflichten beim Behandlungsvertrag, RdM 2014/151, 233ff mwN.

608 Vgl OGH 3.4.2008, 8 Ob 34/08w (Wiederbestellung des Klägers nach Vorliegen des MRI-Befundes, womit vom Bestand des Behandlungsvertrags und damit von einer Vertragsübernahme durch den neuen Rechtsträger der behandelnden Krankenanstalt auszugehen ist).

609 *Kletečka-Pulker,* Rechtsgrundlagen der Behandlung, in *Aigner/Kletečka/Kletečka-Pulker/Memmer (Hrsg),* HB Medizinrecht, I.1/26.

610 Zur Entlassung aus Krankenanstalten vgl Kapitel II. F. 3 d) aa).

611 OGH 28.9.2020, 8 Ob 50/20s (Komplikation infolge Zahnbehandlung, deren Behebung einen stationären Krankenhausaufenthalt und eine Operation erforderlich machten).

612 *Kletečka-Pulker,* Rechtsgrundlagen der Behandlung, in *Aigner/Kletečka/Kletečka-Pulker/Memmer (Hrsg),* HB Medizinrecht, I.1/26f; *Pletzer,* Vor- und nachvertragliche Pflichten beim Behandlungsvertrag, RdM 2014/151, 234; *Wallner,* Medizinrecht^2, 199.

te (§ 1168 Abs 1 ABGB analog). Bei außerordentlicher Kündigung aus wichtigem Grund entfällt der Honoraranspruch[613].

Mutatis mutandis ist eine Kündigung des Behandlungsvertrages freilich auch seitens des Behandlers möglich. Diesen Schritt wird der Behandler etwa bei Verweigerung der Mitwirkung an der Behandlung durch den Patienten erwägen. Der Patient ist über den Rücktritt von der Behandlung rechtzeitig zu informieren (§ 50 Abs 1 ÄrzteG, § 38 ZÄG)[614].

B. Informed consent

Grundidee der informed consent Doktrin[615] ist, dass der Durchführung einer medizinischen Maßnahme stets ein Entscheidungsfindungsprozess zwischen Arzt und Patient, der auch[616] die ärztliche Aufklärung beinhaltet, voranzugehen hat. Der ursprünglich aus der anglo-amerikanischen Diskussion stammende Ausdruck betont stärker das Gemeinsame in der Entscheidungsfindung[617] zwischen Arzt und Patient als es die deutschen Termini *„Einwilligung nach Aufklärung"*[618] vermögen.

Nach österreichischem Recht wurde, dem Konzept des informed consent folgend, die ärztliche Aufklärung, welche ihrem Wesen nach zugleich Patientenrecht und Ärztepflicht ist, als Ausdruck des **Selbstbestimmungsrechts** des Patienten[619] und – Notfälle und zwangsweise Behandlungen ausgenommen – als unumgängliche Prämisse der Einwilligung[620] postuliert.

---

613 *Verbunkic,* Der Ausgleichsanspruch des Behandlers für entfallene Behandlungsleistungen, ecolex 2020, 681f; *Kletečka-Pulker,* Rechtsgrundlagen der Behandlung, in *Aigner/Kletečka/Kletečka-Pulker/Memmer (Hrsg),* HB Medizinrecht, I.1/26f.

614 *Memmer,* Rechte und Pflichten – Patient und Behandler, in *Aigner/Kletečka/Kletečka-Pulker/Memmer (Hrsg),* HB Medizinrecht, I.2/66.

615 Bsd deutlich *Berg (Hrsg),* Informed consent Legal Theory and Clinical Practice², 11f.

616 Die theoretischen Ansätze der informed consent Doktrin finden sich in Ethik, Recht und der Arzt – Patient – Beziehung. Für alle: *Berg (Hrsg),* Informed consent Legal Theory and Clinical Practice², 3.

617 Zum Versuch, den Bedeutungsinhalt der englischen bzw deutschen Begrifflichkeiten *„informed consent"* bzw *„Einwilligung"* und *„Aufklärung"* zu erläutern, vgl *Elkeles,* Die schweigsame Welt von Arzt und Patient Einwilligung und Aufklärung in der Arzt – Patienten – Beziehung des 19. und frühen 20. Jahrhunderts, in: *Jütte (Hrsg),* Medizin, Gesellschaft und Geschichte, 64.

618 Zu dieser Übersetzung, vgl für viele: *Willinger,* Ethische und rechtliche Aspekte der ärztlichen Aufklärungspflicht, 35.

619 Für alle: *Wallner,* Medizinrecht², 216.

620 Anstatt vieler: *Kletečka,* Einwilligung, in *Aigner/Kletečka/Kletečka-Pulker/Memmer (Hrsg),* HB Medizinrecht, I.4/132ff; *Kletečka-Pulker/Grimm/Memmer/Stärker/Zahrl,* Grundzüge des Medizinrechts, 35ff.

Dem liegen folgende rechtliche Überlegungen zugrunde: Aus zivilrechtlicher Sicht[621] ist jeder medizinische Eingriff als **Körperverletzung** iSd §§ 1293 ff iVm §§ 1325 ff ABGB zu qualifizieren, während im Strafrecht zwischen Heilbehandlungen und anderen Behandlungen zu differenzieren ist. Heilbehandlungen, worunter va Behandlungen zum Zweck der Therapie, Diagnose wie Prophylaxe zu verstehen sind, verwirklichen nach hM bei medizinischer Indikation und Durchführung lege artis selbst bei fehlender Einwilligung oder bei Misslingen des Eingriffs nicht einmal den Tatbestand eines Körperverletzungsdelikts[622]. Allein bei medizinisch nicht indizierten Eingriffen ist – wie im Zivilrecht – der Tatbestand des jeweils in Betracht kommenden Körperverletzungsdelikts (§§ 83 ff StGB) erfüllt. Die dadurch indizierte Rechtswidrigkeit kann folglich nur durch eine gültige Einwilligung des Betroffenen (etwa nach § 1325 ABGB oder § 90 StGB) gerechtfertigt werden. Aus strafrechtlicher Sicht sei darüber hinaus angemerkt, dass auch die Vornahme von Heilbehandlungen eine Einwilligung des Patienten voraussetzt, ihr fehlen aber lediglich eine Strafbarkeit gem § 110 StGB bewirkt[623].

Als Voraussetzungen[624] einer wirksamen Einwilligung, die als höchstpersönliches Recht, geknüpft an die konkrete Entscheidungsfähigkeit des Patienten, zu charakterisieren ist, sind somit **Einwilligungsfähigkeit**, hinreichende **Aufklärung** und **Einwilligungserklärung** zu nennen.

Der Arzt ist folglich verpflichtet, vor Beginn einer Behandlung die ihm entsprechend der informed consent Doktrin auferlegten rechtlichen Verpflichtungen einzuhalten. Festzuhalten bleibt indes, dass die Aufklärung des Patienten als Bringschuld[625] des Arztes anzusehen ist. Da die Aufklärung der Einwilligung voranzugehen hat, ist sie gleichzeitig deren inhaltliche Determinante. Dies bedeutet, dass bei unzureichen-

---

621 *Harrer/Wagner* in *Schwimann/Kodek (Hrsg),* ABGB Praxiskommentar[4], Band 6, § 1300 ABGB, Rz 63 (mit kritischen Anmerkungen zur Qualifikation als Körperverletzung); ebenso *Reischauer* in *Rummel,* ABGB[3] § 1299 Rz 23a (Stand 1.1.2007, rdb.at).

622 Zur hM und zum strafrechtlichen Heilbehandlungsbegriff: *Burgstaller* in *Foregger/Nowakowski,* Wiener Kommentar zum Strafgesetzbuch[2] § 83 StGB Rz 30ff. Vgl dazu auch die im Detail abweichende Meinung von *Bertel* in *Foregger/Nowakowski,* Wiener Kommentar zum Strafgesetzbuch[2] § 110 StGB Rz 1ff, wonach medizinisch indizierte Heilbehandlungen zwar nicht den Tatbestand des § 83 StGB erfüllen, ein Misslingen eines solchen Eingriffs allerdings zu einer Strafbarkeit gem § 88 StGB führt.

623 Zum Ganzen aus strafrechtlicher Sicht: *Burgstaller* in *Foregger/Nowakowski,* Wiener Kommentar zum Strafgesetzbuch[2] § 90 StGB Rz 87ff. Aus zivilrechtlicher Sicht: *Harrer/Wagner* in *Schwimann/Kodek (Hrsg),* ABGB Praxiskommentar[4], Band 6, § 1300 ABGB, Rz 63 und *Reischauer* in *Rummel,* ABGB[3] § 1299 Rz 23a und 23b (Stand 1.1.2007, rdb.at).

624 Zum Ganzen *Kopetzki,* Einwilligung und Einwilligungsfähigkeit, in *Kopetzki (Hrsg),* Einwilligung und Einwilligungsfähigkeit, 1ff.

625 *Baumann,* Recht → Ethik → Medizin, 81.

der Aufklärung auch die Einwilligung des Patienten in die Behandlung unwirksam wird[626].

Zusammenfassend lässt sich festhalten, dass das Wesen der Aufklärung im Konzept des informed consent nur durch Gesamtschau der zugrundeliegenden theoretischen Zugänge deutlich wird, diese Ansatzpunkte aber nur in abgeschwächter Form[627] Eingang in die rechtliche Normierung gefunden haben. Dies bedeutet allerdings nicht, dass ihnen bei Auslegung der diesbezüglichen rechtlichen Verpflichtungen innerhalb der Beziehung zwischen Arzt und Patient nicht doch eine gewisse Indizwirkung zukommen kann.

1. Ärztliche Aufklärung

Die inhaltliche Ausgestaltung der ärztlichen Aufklärungspflicht, ihre zentralen Fragenstellungen und ihr Konzept sind nur mittels Betrachtung der stRsp und Lehre zugänglich. Zur besseren Übersicht empfiehlt sich eine Einteilung des Aufklärungsrechts in *„6 große W"*[628], die auch das strukturelle Gerüst dieses Abschnitts bilden, konkret also: **wer, wen, worüber, wieweit, wann und wie**[629] aufzuklären hat.

a) Aufklärungspflichtiger Behandler

Die Frage, wer als behandelnder Arzt und damit als Aufklärungspflichtiger in Betracht kommt, ist gemäß dem vertragsrechtlichen Grundsatz – der jeweilige **Vertragspartner des Patienten** ist **Schuldner der Aufklärung**[630] (dazu bereits oben, Abschnitt III. A. 4. a) – zu beantworten. Dieser Ansatz erfordert vor allem im innermuralen Bereich organisationsrechtliche Vorkehrungen seitens des Krankenanstaltenträgers, um die eigene Aufklärungsverpflichtung auf die im Spital tätigen Ärzte aufteilen zu können.

---

626 Für alle: *Deutsch/Spickhoff*, Medizinrecht[7] Rz 434.

627 Vgl *Berg (Hrsg)*, Informed consent Legal Theory and Clinical Practice[2], 12.

628 Zu den *„6 großen W"* der Aufklärung siehe *Bergmann*, Aufklärung in der arbeitsteiligen Medizin, in: *Arbeitsgemeinschaft Rechtsanwälte im Medizinrecht e.V. (Hrsg)*, Risiko Aufklärung, 105.

629 Zur Person des Aufklärungspflichtigen (wer?) siehe Abschnitt a), zum Adressaten der Aufklärung (wen?) siehe Abschnitt b), zum Gegenstand der Aufklärung (worüber?) siehe Abschnitt c), zur Reichweite der Aufklärung (wieweit?) siehe Abschnitt d), zum Zeitpunkt der Aufklärung (wann?) siehe Abschnitt e) und zur Form der Aufklärung (wie?) siehe Abschnitt f) dieses Kapitels.

630 So auch die Rsp, zB OGH 31.1.1995, 4 Ob 509/95 mwN.

aa) Aufklärung als ärztliche Berufspflicht

Die Aufklärung zählt zu den ärztlichen Vorbehaltstätigkeiten[631]. Eine Delegation auf nicht-ärztliches Personal[632] wird von der hM[633] und Rsp[634] als unzulässig qualifiziert, da für die Vornahme der Aufklärung medizinisch-wissenschaftliche Kenntnisse, die eine Universitätsausbildung erfordern, nötig sind. Die Aufklärung ist somit eine **persönliche Berufspflicht des Arztes** bzw des Angehörigen des zahnärztlichen Berufes (vgl § 49 Abs 2 ÄrzteG, § 24 Abs 1 ZÄG)[635].

Diese Ansicht wird in den meisten Fällen zutreffend sein, doch bleibt die Frage, ob Fallkonstellationen existieren, die bei Einzelfallprüfung zu einem anderen Ergebnis führen. Zu denken ist hier zB an die Aufklärungspflicht bei Verschreibung eines Medikamentes, die nicht nur dem Arzt, sondern auch dem Hersteller[636] obliegt und an die wirtschaftliche Aufklärung (dazu unten Abschnitt III. B. c) bb), die vom nicht-ärztlichen Personal übernommen werden könnte.

Die Aufklärung ist allerdings **keine höchstpersönliche Berufspflicht** des behandelnden Arztes, sodass eine Delegation der Aufklärung an andere Ärzte zulässig ist. Eine andere Auslegung des § 49 Abs 2 Ärzte bzw des § 24 Abs 1 ZÄG[637] würde

---

[631] So bereits *Giesen,* Arzthaftungsrecht[4], 256, der die Aufklärung, obwohl sich diese nicht unter den in § 2 Abs 2 ÄrzteG (§ 4 Abs 2 bis 4 ZÄG) aufgelisteten Tätigkeiten befindet, als *„genuin ärztliche"* Verpflichtung beschreibt.

[632] Dazu zählen auch Famulanten. § 49 Abs 4 ÄrzteG berechtigt diese in Ausbildung stehenden Medizinstudenten nur zur *„unselbständigen Ausübung"* der in Abs 5 leg cit taxativ aufgelisteten Tätigkeiten (zB Anamnese, Blutdruckmessung, Blutabnahme) *„unter Anleitung und Aufsicht der ausbildenden Ärzte"*. Daran vermag auch die in Abs 5 Z 5 leg cit vorgesehene Möglichkeit zur Vornahme einzelner weiterer Tätigkeiten nichts zu ändern. In diesem Ausbildungsstadium wird zumeist wohl noch ein zu geringes Qualifikationsniveau für die Durchführung eines ordnungsgemäßen Aufklärungsgesprächs vorliegen.

[633] Vgl statt vieler die Anmerkungen von *Kopetzki* zu OGH 23.6.1994, 6 Ob 555/94, RdM 1995, 16; *Engljähringer,* Ärztliche Aufklärungspflicht vor medizinischen Eingriffen, 136; *Giesen,* Arzthaftungsrecht[4], 258.

[634] OGH 23.6.1994, 6 Ob 555/94, RdM 1995, 16 *(Kopetzki)*. Der OGH äußert sich nicht zur Frage der (Un-) Zulässigkeit einer Delegation der Aufklärung auf Nicht-Ärzte, sondern stellt darauf ab, dass der Patient (hier vom Oberarzt) *„aus fachkundigem Mund in Kenntnis gesetzt"* wurde.

[635] Zur persönlichen und unmittelbaren Berufsausübung siehe Kapitel I. C. 3. c).

[636] Dazu bereits *Deutsch/Spickhoff,* Medizinrecht[7] Rz 448.

[637] Aus dem Gesetzeswortlaut, wonach die Berufsausübung persönlich und eine Zusammenarbeit mit anderen Ärzten lediglich *„erforderlichenfalls"* (§ 49 Abs 2 ÄrzteG) bzw *„allenfalls"* (§ 24 Abs 1 ZÄG) zu erfolgen habe, könnte geschlossen werden, dass das Berufsrecht eine höchstpersönliche Aufklärung seitens des Behandlers präferiert und eine Delegation auf ärztliche Kollegen nur im Ausnahmefall zulässig sein soll. Bei Anwendung der teleologischen Interpretation ist der Terminus *„persönlich"* jedoch nicht im Sinne von *„höchstpersönlich"* zu verstehen. Dieses Ergebnis stimmt auch mit der Rsp überein, vgl OGH 23.6.1994, 6 Ob 555/94.

jegliche, für den modernen Medizinbetrieb unerlässlich gewordene Arbeitsteilung unmöglich machen.

Nach § 49 Abs 2 ÄrzteG haben Ärzte ihren Beruf nicht nur *„persönlich"*, sondern auch ***„unmittelbar"*** auszuüben, was zur Frage nach der Zulässigkeit von telemedizinischen Distanzberatungen führt. Entgegen der früheren Meinung, geht die hL[638] von der Notwendigkeit einer weiten Auslegung des Begriffs *„unmittelbar"* aus, wodurch die Ausübung des Arztberufes auch ohne direkten Kontakt zum Patienten möglich wird. Es sind hier vor allem Fallkonstellationen denkbar, in welchen bspw ein mit der Krankengeschichte seines Patienten bestens vertrauter Arzt eine Beratung am Telefon oder per Videokonferenz durchführt, Untersuchungsergebnisse mitteilt und die weitere Vorgehensweise bespricht oder Patienten Fragen via e-mail stellen, die ihnen in virtuellen Sprechstunden beantwortet werden.

Zu beachten ist allerdings, dass jegliche Distanz zum Patienten dem Arzt besondere Sorgfalt abverlangt, dh er im Zweifelsfall über die Richtigkeit oder Vollständigkeit der vorliegenden Informationen weitere Fragen zu stellen oder die **Distanzberatung** einzustellen hat. Zur Ermittlung genauer Grenzen der Zulässigkeit von Distanzberatungen bedarf es einer Einzelfallprüfung nach den Regeln der lex artis[639]. Unter den genannten Bedingungen ist eine Auskunftserteilung durch den Arzt auch am Telefon (zB über die Gesundheits-Hotline 1450) oder via Internet möglich. Schließlich erleichtert der beschriebene rechtliche Zugang nicht nur den Kontakt zum Arzt, sondern erspart Patienten auch den, meist mit Wartezeiten verbundenen Arztbesuch.

bb) Ärztliche Aufklärung im Rahmen vertikaler Arbeitsteilung

Innerhalb des ärztlichen Dienstes einer Krankenanstalt erfolgt zunächst eine Zuteilung des Patienten zur zuständigen Abteilung (Organisationseinheit)[640], deren Leiter zur Aufklärung verpflichtet ist. Eine weitere Delegierung der Aufklärungspflicht an einen anderen Arzt kann im Rahmen der vertikalen Arbeitsteilung innerhalb der Abteilung insb aus Gründen der Effektivität[641], Organisation oder zur Sicherstellung der Ausbildung der Turnusärzte zweckmäßig sein.

---

638 Nachweise bereits bei *Nentwich,* Digitalisierung der Medizin, RdM 1997, 177f.

639 Vgl die Argumentation von *Kopetz,* Die telefonische Beratung – eine ärztliche Tätigkeit, ÖÄZ 1990, 31ff, wonach *„an die Sorgfaltspflicht des Arztes ein strenger Maßstab anzulegen ist"*. Diesem folgend: *Nentwich,* Digitalisierung der Medizin, RdM 1997, 178, der außerdem auf die Möglichkeit der Gefahrenbeherrschung als zweite Argumentationslinie hinweist und *Thiele,* Rechtsfragen der medizinischen Online-Beratung, RdM 2003, 73.

640 Die Grundlage dieser Zuordnung bilden allgemeine Dispositionen des ärztlichen Leiters, die auf den krankenanstaltenrechtlichen Vorschriften, der Anstaltsordnung, den Vorgaben des Trägers etc basieren. Die Ausarbeitung organisatorischer Detailvorgaben einschließlich präziser Über- und Unterordnungsverhältnisse sowie der Dienst- und Operationspläne obliegt den Leitern der jeweiligen Abteilungen (Departments etc).

641 *Zwiehoff,* Strafrechtliche Aspekte des Organisationsverschuldens, MedR 2004, 370.

Delegation bedeutet[642] Übertragung der Aufklärungskompetenz von einem dazu befugten Behandler (Spitalsträger, Arzt) auf einen hierarchisch zumeist[643] nachgeordneten ärztlichen Mitarbeiter, der diese in der Folge als eigene Verpflichtung – die entsprechende (Handlungs- bzw Ausführungs-) Verantwortung eingeschlossen – wahrzunehmen hat. Die Gesamtverantwortung (einschließlich Weisungsbefugnis) verbleibt indes weiter beim Delegierenden, wobei auch eine Rückübernahme[644] der Aufgabe durch diesen möglich ist.

Eine Delegation innerhalb des hierarchisch organisierten ärztlichen Dienstes ist grundsätzlich an folgenden **Schnittstellen** (vgl § 7 Abs 4 KAKuG) denkbar: An jenen zwischen Ärzten, die zur selbständigen Berufsausübung befugt sind (Ärzte mit ius practicandi gem § 3 Abs 1 und 2 ÄrzteG) und an jenen zwischen Ärzten mit ius practicandi und Turnusärzten. Turnusärzte befinden sich in der Ausbildung zum Arzt für Allgemeinmedizin oder zum Facharzt. Sie sind nicht nur arbeitsrechtlich[645], sondern auch berufsrechtlich unselbständig, dh ihr Tätigwerden erfolgt *„unter Anleitung und Aufsicht der ausbildenden Ärzte"* (§ 3 Abs 3 ÄrzteG).

Weitere Schnittstellen ergeben sich aus dem ärztlichen Berufsrecht. Dieses knüpft die Berechtigung zur Führung von Berufsbezeichnungen (zB Facharzt für Innere Medizin) an die Erfüllung bestimmter Voraussetzungen[646] (vgl § 43 Abs 2 ÄrzteG), lässt aber sonstige Bestimmungen über die Führung von Amtstiteln (zB *„Universitätsprofessor"* oder *„Assistenzarzt"* gem § 43 Abs 1 ÄrzteG iVm § 166 Abs 1 oder § 185 Abs 2 BDG 1979[647]) unberührt. Der Gesetzeswortlaut scheint allerdings etwas zu eng, da die dienstrechtliche Stellung eines Arztes abgesehen von Amtstiteln auch durch Funktionsbezeichnungen (zB *„Oberarzt"* gem Anlage 1 zu § 8

---

642 Bsd deutlich *Zwiehoff,* Strafrechtliche Aspekte des Organisationsverschuldens, MedR 2004, 370; ähnlich *Kern/Laufs,* Die ärztliche Aufklärungspflicht, 12f, welche der Delegation zunächst eine pflichtbefreiende Wirkung zuschreiben, diese jedoch insofern einschränken, als sie dem Delegierenden die Erfüllung gewisser Verantwortlichkeiten (insb für Auswahl und Kontrolle) aufbürden.

643 Eine Delegation der Aufklärungspflicht an gleichgeordnete Mitarbeiter ist zwar grundsätzlich möglich, doch würden schnell die Grenzen der Sonderfachbeschränkung des § 31 Abs 3 ÄrzteG erreicht bzw überschritten werden.

644 *Mazal,* Arbeitskräfteüberlassung, 62 empfiehlt (allerdings im Zusammenhang mit einer Delegation von Arbeitgeberbefugnissen durch den Überlasser an den Beschäftiger), die Befugnisse von Delegierendem und Delegierten entsprechend zu koordinieren, da mit einer Delegation grundsätzlich nur die Erteilung, nicht aber Aufgabe von Rechtsmacht verbunden ist.

645 Die Tätigkeit als Turnusarzt erfolgt arbeitsrechtlich unselbständig, also *„im Rahmen von Arbeitsverhältnissen"* (vgl § 7 Abs 1 und § 8 Abs 1 ÄrzteG).

646 Ärzte für Allgemeinmedizin und Fachärzte haben neben den in § 4 Abs 2 und 3 ÄrzteG aufgelisteten allgemeinen und besonderen Erfordernissen (zB Eigenberechtigung, Vertrauenswürdigkeit, gesundheitliche Eignung), eine Eintragung in die Ärzteliste gem § 27 ÄrzteG vorzuweisen.

647 Bundesgesetz vom 27. Juni 1979 über das Dienstrecht der Beamten (Beamten-Dienstrechtsgesetz 1979), BGBl 1979/333 idgF.

W-BedG[648] oder § 2 Z 4 NÖ SÄG 1992[649]) umschrieben sein kann[650]. Die Ermittlung konkreter Schrittstellen eines Gesundheitsbetriebs erfolgt sohin anhand der jeweiligen Aufbauorganisation.

Der Gesetzgeber regelt die Möglichkeit einer Delegierung der Aufklärungsverpflichtung nicht ausdrücklich. Ihre **rechtliche Grundlage** findet die Delegation neben dem ärztlichen Berufsrecht vor allem in den zivilrechtlichen Bestimmungen zum Bevollmächtigungsvertrag[651] (§§ 1002 ff ABGB)[652]. Aus den Rechtsgrundlagen lassen sich diverse **Anforderungen**[653] an eine ordnungsgemäße Delegation im innermuralen Bereich, die neben klaren abteilungsinternen Absprachen ganz allgemein auch eine koordinierte Kompetenzverteilung umfassen, ableiten:

- **Delegationsfähigkeit**

Die Vertretungstauglichkeit[654] (Delegationsfähigkeit) der Aufklärung als bloß persönliche (nicht höchstpersönliche) Berufspflicht des Arztes ist zweifellos zu bejahen (so bereits Abschnitt B. 1. a) aa) dieses Kapitels).

- **Delegationskompetenz**

Zudem muss der Behandler zur Übertragung der eigenen Verpflichtung berechtigt sein[655]. Ansatzpunkt dieser Delegationskompetenz ist die in der Aufbauorganisation festgelegte Hierarchie, wobei das Berufsrecht den Kreis der zur Delegation an Turnurärzte berechtigten, ausbildenden Ärzte in Krankenanstalten insofern ein-

---

648 Wiener Bedienstetengesetz, LGBl 2017/33 idgF.

649 NÖ Spitalsärztegesetz 1992, LGBl 9410-0 idgF.

650 In diesem Sinne wohl auch *Aigner et al (Hrsg),* Ärztegesetz 1998³, 111, die im Kommentar zu § 43 Abs 1 ÄrzteG beispielhaft auch Bezeichnungen gemäß landesdienstrechtlichen Normen anführen.

651 Vgl – allerdings zur Übertragung des Weisungsrechts – bereits *Bydlinski,* Arbeitsrechtskodifikation und allgemeines Zivilrecht, 123f. Allgemein zur Stellvertretung etwa auch *Hartlieb/Zollner* in *Rummel/Lukas/Geroldinger,* ABGB⁴ § 1002 Rz 3, 6f, 40ff (Stand 1.8.2022, rdb.at). Im Außenverhältnis zwischen Krankenanstaltenträger und Patienten ist davon auszugehen, dass der bevollmächtigte Arzt im Namen des Spitalsträgers (als Partner des Behandlungsvertrages, den zugleich die Letztverantwortung für eine ordnungsgemäße Aufklärung trifft) den Patienten aufklären darf.

652 Speziell mit Blick auf eine abteilungsinterne Delegation der eigenen Aufklärungsverpflichtung eines Abteilungsleiters auf einen hierarchisch untergeordneten Arzt liegt eine weitere Vollmachtserteilung vor (Untervollmacht). Näheres bei *Hartlieb/Zollner* in *Rummel/Lukas/Geroldinger,* ABGB⁴ § 1002 Rz 36 (Stand 1.8.2022, rdb.at).

653 Für Viele: *Rieger (Hrsg),* Lexikon des Arztrechts, 640/16.

654 Vgl dazu auch *Hartlieb/Zollner* in *Rummel/Lukas/Geroldinger,* ABGB⁴ § 1002 Rz 49 (Stand 1.8.2022, rdb.at).

655 Dies beruht auf dem allgemeinen zivilrechtlichen Grundsatz nemo plus iuris transferre potest quam ipse habet.

schränkt, als es den Leiter jener Abteilung, in der Turnusärzte ausgebildet werden, als Ausbildungsverantwortlichen vorsieht (vgl § 11 Abs 3 ÄrzteG).

- **Qualifikation des Delegierten**

Eine weitere Prämisse betrifft die Qualifikation des Delegierten (desjenigen Arztes, der die Aufklärung letztlich vornehmen soll). Der delegierende Arzt hat sich nach hM[656] ganz allgemein davon zu überzeugen, ob der Delegierte über das für eine ordnungsgemäße Aufklärung über den bevorstehenden Eingriff erforderliche Fachwissen verfügt und mit patientenspezifischen Besonderheiten vertraut ist (**Vergewisserungspflicht**). Bei Beurteilung des Ausbildungsstandes des jeweiligen Turnusarztes werden dabei zunächst die im Rasterzeugnis[657] unter Berücksichtigung der Ausbildungsdauer festzuhaltenden bislang *„vermittelten Kenntnisse, Erfahrungen und Fertigkeiten"* (§ 26 Abs 1 ÄrzteG) zu beachten sein[658].

- **Vertrauen**

In Anbetracht bestehender Abweichungen im Qualifikationsniveau der Mitglieder eines hierarchisch organisierten Teams liegt der Hauptanwendungsbereich des Vertrauensgrundsatzes im Bereich der horizontalen Arbeitsteilung[659]. Dennoch ist dem **Vertrauensgrundsatz** eine begrenzte Geltung bei vertikalem Zusammenwirken nicht abzusprechen.

Überträgt ein Arzt die eigene Aufklärungsverpflichtung auf einen Kollegen, so darf er – ausgenommen dessen mangelnde Eignung bzw ein Fehlverhalten wären offen-

---

656 Für alle: *Heidinger,* Die ärztliche Aufklärungspflicht in der Rechtsprechung des Obersten Gerichtshofes, in *Harrer/Graf (Hrsg),* Ärztliche Verantwortung und Aufklärung, 28 oder *Deutsch/Spickhoff,* Medizinrecht[7] Rz 480. Die genannten Kriterien sind ebenso aus den, von der Rsp an eine ordnungsgemäße Aufklärung gestellten Anforderungen ableitbar, dazu Kapitel III. B. 1. *Kern/Laufs,* Die ärztliche Aufklärungspflicht, 12f sprechen sich im Falle *„besonders risikoreiche[r]"* Eingriffe zudem ausdrücklich für eine Aufklärung durch den Operateur selbst aus.

657 Nach Absolvierung eines im Rasterzeugnis verzeichneten Ausbildungsschrittes, hat der jeweils ausbildende Arzt die Feststellung, *„dass die Ausbildung im jeweiligen Ausbildungsfach mit oder ohne Erfolg zurückgelegt worden ist"* hinzuzufügen und dieses zu unterfertigen (§ 26 Abs 2 ÄrzteG). Die Erlassung von Vorgaben hinsichtlich *„Ausgestaltung und Form"* von Rasterzeugnissen sowie auch Ausbildungsbüchern als integrative Bestandteile obliegt gem Abs 3 leg cit der ÖÄK durch Verordnung. Soweit diese keine Verordnung erlässt, ist der Gesundheitsminister gem § 24 Abs 1 Z 5 ÄrzteG subsidiär dafür zuständig.

658 Zur Lehre, die aus einer Mitwirkung an entsprechenden Eingriffen resultierende Erfahrungen des Turnusarztes als Kriterium berücksichtigt wissen will, vgl *Wimmer,* Rechtsfragen im Turnusarztverhältnis, 106 mwN.

659 Als Bsp: OLG Wien 22.3.1983, 25 Bs 49/83 (horizontale Arbeitsteilung im Operationsteam, Anwendbarkeit des Vertrauensgrundsatzes).

sichtlich[660] – auf eine den Kenntnissen und Fertigkeiten entsprechende sorgfaltsgemäße Vornahme des Aufklärungsgespräches (eine ordnungsgemäße Dokumentation eingeschlossen) seitens des Delegierten vertrauen. Umgekehrt dürfen Turnusärzte im Vertrauen auf die ordnungsgemäße Anleitung (vgl § 3 Abs 3 ÄrzteG) durch den delegierenden Arzt tätig werden, es sei denn diese war erkennbar fehlerhaft[661].

- **Form der Delegation**

Die Delegierung der Aufklärungsverpflichtung unterliegt (wie die Bevollmächtigung) **keinen Formvorschriften**, sie kann mündlich, schriftlich oder konkludent erfolgen[662].

Die Dokumentationspflichten des § 10 Abs 1 Z 2 lit a KAKuG bzw des § 51 Abs 1 ÄrzteG bleiben indessen einzuhalten. Der Nachweis einer ordnungsgemäßen Aufklärung lässt sich wohl nur mit zusätzlichen Vermerken des Delegierenden ua über den Grund der Delegation, die Person des Delegierten samt Funktionsbezeichnung, Einhaltung der Vergewisserungspflicht über eine hinlängliche Qualifikation des Delegierten, Inhalt einer etwaigen Anleitung realisieren.

- **Vertretbarkeit der Delegation**

Bevor die Aufklärung an einen Kollegen übertragen wird, stellt sich zudem die Frage, ob eine Delegation im konkreten Fall überhaupt vertretbar ist oder anders formuliert, gibt es – abgesehen von einer persönlichen Betreuungszusage eines Arztes – Fallkonstellationen, in denen die Aufklärung aus Sicht des Berufsrechts **nicht delegiert werden darf?**

Maßstab und Grenze der Vertretbarkeit ärztlichen Handelns bilden ganz allgemein die als **lex artis**[663] bekannten Regeln der *„ärztlichen Wissenschaft und Erfahrung"* (§ 49 Abs 1 ÄrzteG). Diese umschreiben die Anforderungen an das Verhalten eines (delegierenden) Arztes, welche abhängig von Situation, Ressourcen und Patienten differieren können[664]. Der so eröffnete Handlungsspielraum, in dem das ärztliche

---

660 Vgl allgemein OLG Linz 11.12.1980, 8 Bs 352/80 (Facharzt für Unfallchirurgie darf sich auf den Bericht eines Turnusarztes, wonach der Patient *„psychisch unauffällig bezeichnet"* wird, nicht verlassen); OLG Innsbruck 3.12.1981, 4 Bs 248/81 (Krankenhausarzt muss vor Injektion den Inhalt der Ampulle überprüfen); OLG Wien 7.6.1990, 26 Bs 192/90 (keine Geltung des Vertrauensgrundsatzes zwischen Tutor und Famulant).

661 *Juen,* Arzthaftungsrecht[2], 175.

662 Vgl *Hartlieb/Zollner* in *Rummel/Lukas/Geroldinger,* ABGB[4] § 1002 Rz 28 (Stand 1.8.2022, rdb.at).

663 Grundlegend *Mazal,* Krankheitsbegriff und Risikobegrenzung, 268ff sowie *ders,* Rechtsfragen der ärztlichen Behandlung von Zeugen Jehovas, in *Mazal (Hrsg),* Grenzfragen der ärztlichen Behandlung, 35ff. Allgemein auch *Tag,* Der Körperverletzungstatbestand im Spannungsfeld zwischen Patientenautonomie und Lex artis, 209ff.

664 Zum Hinweis, dass die Grenzen der lex artis ex ante ausgelotet werden sollten: *Mazal,* Anmerkungen zur lex artis, RdM 2007/85, 129.

Vorgehen als sorgfaltsgemäß gilt, erfährt jedoch insofern eine Begrenzung, als der Delegierende seine Beweggründe, die ihn erstens zur Übertragung der eigenen Aufklärungsverpflichtung[665] und zweitens zur Auswahl des jeweiligen Delegierten veranlassten[666], klarzulegen hat.

- **Ablehnung einer Delegation**

Bei Unvertretbarkeit der Delegation und bei mangelnder Qualifikation des Delegierten verbietet sich zweifellos eine Übertragung der eigenen Aufklärungsverpflichtung. Zum selben Ergebnis würde auch eine Ablehnung durch den gewünschten Delegierten führen, weshalb das Erfordernis der **Nicht-Ablehnung** gleichsam als negative Voraussetzung zu nennen ist.

Sollte sich der Delegierte (was wohl allenfalls auf Turnusärzte am Beginn ihrer post-promotionellen Ausbildung zutreffen wird) überfordert fühlen, der Aufgabe nachzukommen, hat er deren Übernahme abzulehnen, um sich nicht wegen **Einlassungsfahrlässigkeit** verantworten zu müssen. Aus diesem berufsrechtlichen Weigerungsrecht bzw der entsprechenden haftungsrechtlichen Pflicht darf allerdings nicht auf ein endgültiges Ablehnungsrecht dienstvertraglich geschuldeter Aufklärungsgespräche aus berufsrechtlichen Gründen geschlossen werden. Vielmehr hat sich der Mitarbeiter einer **Nachschulung** zu unterziehen, um die geforderte Aufgabe künftig verrichten zu können[667].

- **Kontrolle**

Schließlich erfordert die Übertragung der Aufklärungszuständigkeit eine Kontrolle, ob der Delegierte den Patienten ordnungsgemäß aufklärte[668]. Diese ist keine Bedingung, sondern notwendige Konsequenz jeglicher Übertragung von eigenen Verpflichtungen. Sohin ist auch nicht die Kontrolle als solche, aber deren **organisatorische Sicherstellung** als Prämisse der Delegation zu verstehen.

Dies gilt grundsätzlich auch für Ärzte in Ausbildung, da die in § 3 Abs 3 ÄrzteG normierte ***„Aufsicht“*** angesichts ihrer ausschließlichen Erwähnung im Zusammenhang mit Turnusärzten keine Kongruenz mit der allgemeinen Dienst- und Fachauf-

[665] Diesfalls wird ein Verweis auf zeitliche bzw organisatorische Gründe oder auf eine Ausbildungsverpflichtung gegenüber Turnusärzten ausreichend sein.

[666] Um die Beweggründe für die Auswahlentscheidung nachvollziehbar zu machen, wird sich der delegierende Arzt insbesondere auf die Erfüllung seiner Vergewisserungspflicht (ob der Delegierte über das, für den bevorstehenden Eingriff erforderliche Fachwissen verfügt und mit patientenspezifischen Besonderheiten vertraut ist und nach welchen Kriterien die Beurteilung erfolgte), berufen dürfen.

[667] Bsd deutlich *Mazal,* Zum Schnittstellenmanagement im Krankenhaus, RdM 2000, 1.

[668] Vgl zur Notwendigkeit der Kontrolle *Bergmann,* Aufklärung in der arbeitsteiligen Medizin, in: *Arbeitsgemeinschaft Rechtsanwälte im Medizinrecht e.V. (Hrsg),* Risiko Aufklärung, 101 oder *Roggo,* Aufklärung des Patienten, 154.

sicht zeigt[669] und infolge inhaltlicher Übereinstimmung als Synonym für *„Kontrolle"* gedeutet werden darf.

Zur Bewertung, welche Intensität an Kontrolle (noch) vertretbar ist, bietet sich erneut ein Rückgriff auf die **lex artis** als Maßstab (dazu oben) an[670]. Mit Fortschreiten des Ausbildungsstandes wird die Aufsichtsintensität entsprechend dem Ausbildungsziel, Turnusärzte schrittweise an ein eigenständiges Arbeiten heranzuführen, generell abnehmen[671]. Die im Einzelfall vertretbare **Form** (zB bloße Nachfrage, Durchsicht der Dokumentation[672]) bzw das adäquate Maß an **Intensität** der Aufsicht lässt sich dennoch erst unter dem Blickwinkel der lex artis konkretisieren und ermitteln, ob Aufsicht konkret eine **Draufsicht** zu sein hat bzw welche **Distanz** zwischen Turnusarzt und beaufsichtigendem Ausbilder im Rahmen der lex artis vertretbar ist.

cc) Ärztliche Aufklärung im Rahmen horizontaler Arbeitsteilung

Die immer komplexer werdende Spezialisierung innerhalb der Medizin macht zunehmend eine Zusammenarbeit zwischen Fachärzten unterschiedlicher Disziplinen bzw in inter- oder multidisziplinären Behandlungsteams erforderlich. Im Gegensatz zur vertikalen Pflichtenaufteilung, die streng an hierarchische Strukturen gebunden und durch Weisungsabhängigkeit der beteiligten ärztlichen Mitarbeiter einer Organisationseinheit gekennzeichnet ist, prägen Vertrauen und Weisungsfreiheit[673] die **gleichrangige Kooperation** ärztlicher Kollegen **verschiedener Fachgebiete**[674] bei der Patientenaufklärung im horizontalen Bereich.

Die wesentlichen Instrumente der Gestaltung ärztlichen Zusammenwirkens im vertikalen Bereich (Delegation und Weisung[675]) sind im Rahmen der horizontalen

---

669 So bereits *Kopetzki,* Turnusärzte und Famulanten, 31.

670 Vgl etwa *Mazal,* Heranziehung von Hilfspersonen durch Ärzte – berufsrechtliche Aspekte, RdM 1996, 38. Insb den Hinweis, dass eine Aufsicht über Hilfspersonen nicht pauschal als Draufsicht gesehen werden darf, sondern sich auch bei diesen die Aufsichtsintensität stets nach den Regeln der ärztlichen Kunst bemisst.

671 Vgl *Pflüger,* Krankenhaushaftung und Organisationsverschulden, 133. Dieser spricht im gegebenen Zusammenhang (auf Basis der deutschen Rsp) vom Bestehen eines reziproken Stufenverhältnisses zwischen Ausbildungsstand und Überwachungspflicht.

672 Bei der Kontrolle wird auch Aufklärungsbögen eine Bedeutung zukommen, falls diese *„Punkt für Punkt"* mit dem Patienten besprochen wurden. Vgl OGH 14.4.1998, 10 Ob 137/98i.

673 Vgl OLG Wien 22.3.1983, 25 Bs 49/83 (horizontale Arbeitsteilung im Operationsteam, Anwendbarkeit des Vertrauensgrundsatzes); OGH 3.12.1992, 12 Os 123, 124/92 (kein Weisungsrecht unter Ärzten bei horizontaler Pflichtenaufteilung, hier zwischen Anästhesisten und Röntgenologen).

674 Zur Definition horizontaler Arbeitsteilung vgl etwa *Giesen,* Arzthaftungsrecht^4, 129.

675 Eine Delegation der Aufklärungspflicht ist unter Einhaltung der Sonderfachbeschränkung des § 31 Abs 3 ÄrzteG grundsätzlich möglich. Dagegen sind Weisungen bildlich gesprochen ausschließlich von oben nach unten, also in hierarchisch organisierten Ein-

Arbeitsteilung nur begrenzt einsetzbar. Eine interdisziplinäre Zusammenarbeit erfordert andere Gestaltungsmittel. Als solche sind vor allem **Information, Kommunikation** sowie **Koordination** zu nennen und auch die Bereitstellung hierfür erforderlicher organisatorischer Strukturen ist von Bedeutung[676].

Ein Zusammenwirken auf horizontaler Ebene kann ganz allgemein entweder fachlich zwischen Ärzten unterschiedlicher Fachrichtungen, zeitlich zwischen Tag- bzw Nachtdienst oder sektoral als Kooperation von stationären mit ambulanten Betreuungseinheiten gestaltet sein, wobei sich speziell krankenanstaltenintern eine Kombination dieser Formen finden wird. Diese von der Lehre[677] definierten elementarsten **Schnittstellen** lassen sich auch aus berufs-, krankenanstalten- und organisationsrechtlichen Regeln ableiten, weiter konkretisieren und schließlich auf die drei wesentlichen Bereiche medizinischer Versorgung anwenden: Auf die **innermurale** Arbeitsteilung (zB zwischen Fachärzten, Operationsteams, Abteilungen oder Schichten), auf die **sektorale** Zusammenarbeit zwischen niedergelassenen Haus- bzw Fachärzten oder Gesundheitsbetrieben (Gruppenpraxis, Primärversorgungseinheit) und Krankenanstalten und auf die **extramurale** Kooperation zwischen Gesundheitsbetrieben des niedergelassenen Bereichs[678].

Bei horizontaler Arbeitsteilung hat gemäß der stRsp[679] eine **permanente oder stufenweise Aufklärung** stattzufinden. Dies bedeutet, dass die Aufklärung in ihrer Gesamtheit nicht von jedem Arzt vorgenommen oder wiederholt werden muss. Vielmehr wird die Aufklärungspflicht auf den vom jeweiligen Arzt zu unternehmenden Behandlungsschritt beschränkt. Ein Ergebnis, das auch aus der Sonderfachbeschränkung des § 31 Abs 3 ÄrzteG ableitbar ist.

Im klassischen Exempel des Zusammenwirkens eines Chirurgen und eines Anästhesisten hat ersterer seinem Patienten eine operationsspezifische (Verlaufs- und Risiko-) Aufklärung zu erteilen, während sich der Anästhesist im Gespräch auf anästhesiespezifische Inhalte zu beschränken hat. Mit der hL[680] darf diesfalls von der Geltung des **Vertrauensgrundsatzes** inter partes als Korrelat zur Sonderfachbe-

heiten, möglich. Eine gewisse Auswirkung auf horizontale Ebenen wird insb generellen Weisungen, die Einfluss auf das Verhalten der weisungsgebundenen Ärzte haben, jedoch nicht abzusprechen sein.

676 IdS *Pflüger,* Krankenhaushaftung und Organisationsverschulden, 12.

677 Zu dieser Einteilung *Pflüger,* Krankenhaushaftung und Organisationsverschulden, 159.

678 Vgl *Hart,* Vertrauen, Kooperation und Organisation, in *Kern et al (Hrsg),* Humaniora Medizin – Recht – Geschichte, Festschrift für Adolf Laufs zum 70. Geburtstag, 853ff.

679 Vgl OGH 23.6.1982, 3 Ob 545/82; OGH 28.4.1993, 6 Ob 542/93; OGH 20.12.2023, 6 Ob 155/23x.

680 Für alle: *Wallner,* Handbuch Ärztliches Berufsrecht², 83. Auch die Rsp anerkennt die Geltung des Vertrauensgrundsatzes bei horizontaler Arbeitsteilung im Operationsteam, als Bsp: OLG Wien 22.3.1983, 25 Bs 49/83 (Operateur darf auf richtige Zählung der Perltücher seitens des instrumentierenden Dienstes vertrauen und haftet insoweit nicht für Fehler).

schränkung[681] ausgegangen werden. Dies bedeutet, dass sich die beteiligten Fachärzte auf eine sorgfältige bzw fachgerechte Aufgabenerfüllung seitens der Kollegen (der anderen Teammitglieder) verlassen dürfen. Zugleich zeigt der Vertrauensgrundsatz insofern Auswirkung auf die Haftung der involvierten Ärzte, als diese ein ordnungsgemäßes Aufklärungsgespräch einschließlich dessen Dokumentation speziell für ihren jeweiligen Fachbereich schulden, während Fehler anderer grundsätzlich nicht zurechenbar sind.

Obgleich die Zusammenarbeit von Fachärzten unterschiedlicher Disziplinen als Prototyp[682] für den Einsatz des Vertrauensprinzips im horizontalen Bereich gesehen werden kann, verliert dieses jedoch seine Anwendungsberechtigung bzw erfährt eine wesentliche **Einschränkung**, falls im konkreten Einzelfall eine **fehlende oder mangelhafte Aufklärung** seitens eines Beteiligten **offenkundig** wird[683].

Eine **weitere Einschränkung** des Vertrauensgrundsatzes resultiert schließlich aus der **Vergewisserungspflicht**. Dies bedeutet, dass sich der Behandler über den nach (Teil-) Aufklärung durch Kollegen bestehenden Informationsstand zu informieren hat, um eventuelle Informationsdefizite beim Patienten ausgleichen zu können. Allerdings kann aus dieser Obligation nicht zwingend eine (umfassende) wechselseitige inhaltliche Kontroll- und Nachreichpflicht abgeleitet werden[684]. Um dem Patienten vor Beginn einer mehrstufigen bzw arbeitsteiligen Behandlung einen Überblick über die einzelnen Etappen der Behandlung zu verschaffen, fordert die Lehre[685] in diesem Zusammenhang daher eine Überblicks- bzw Basisinformation von einem an der Behandlung beteiligten Arzt.

Im Einzelfall kann die Beschränkung der Aufklärungspflicht des Arztes auf den jeweils von ihm vorzunehmenden Behandlungsschritt (zB im Verhältnis Operateur und Anästhesist) zu diffizilen Abgrenzungsproblemen führen. Dies ist insb dann der Fall, wenn nicht nur der Kernbereich des eigenen Fachgebietes, sondern auch der Bereich eines anderen Sonderfaches tangiert wird. Dabei handelt es sich vorwiegend um jene Phänomene im Bereich der Risikoaufklärung, welche die *„allgemeine Operations-*

---

681 *Pflüger,* Krankenhaushaftung und Organisationsverschulden, 157.

682 *Hart,* Vertrauen, Kooperation und Organisation, in *Kern et al (Hrsg),* Humaniora Medizin – Recht – Geschichte, Festschrift für Adolf Laufs zum 70. Geburtstag, 858.

683 Offenkundigkeit bedeutet, dass eine gewisse Schwelle, wie dies etwa bei Bestehen von Zweifeln bzw einem entsprechenden Verdacht der Fall wäre, überschritten sein muss. Vgl *Brandstetter/Zahrl,* Die strafrechtliche Haftung des Arztes, RdM 1994, 21 sowie *Bergmann,* Aufklärung in der arbeitsteiligen Medizin, in: *Arbeitsgemeinschaft Rechtsanwälte im Medizinrecht e.V. (Hrsg),* Risiko Aufklärung, 98.

684 IdS auch *Engljähringer,* Ärztliche Aufklärungspflicht vor medizinischen Eingriffen, 138.

685 So zB *Heidinger,* Die ärztliche Aufklärungspflicht in der Rechtsprechung des Obersten Gerichtshofes, in *Harrer/Graf,* Ärztliche Verantwortung und Aufklärung, 27 und *Memmer,* Aufklärung, in *Aigner/Kletečka/Kletečka-Pulker/Memmer (Hrsg),* HB Medizinrecht, I.3/106/b.

und Anästhesiefähigkeit"[686] des Patienten anbelangen und folglich zum Aufgabenkreis beider Fachärzte (des Operateurs und des Anästhesisten) zählen. Diese werden letztlich nur unter dem Blickwinkel des Haftungsrechts beantwortbar sein.

b) Adressat der Aufklärung

Entsprechend dem Konzept des informed consent bedarf jede medizinische Behandlung der Rechtfertigung durch Einwilligung, welche (unter Wahrung des Selbstbestimmungsrechts des Patienten) nur nach hinreichender Aufklärung erteilt werden kann[687]. An dieser Stelle sind daher ganz allgemein zwei Grundsätze festzuhalten: Erstens ist der Patient selbst Adressat der Aufklärung und zweitens muss der Aufklärungsberechtigte zugleich einwilligungsfähig sein. Die Frage, wer aufzuklären ist, hängt folglich eng mit der Frage nach der Einwilligungsfähigkeit zusammen. Zum **Adressatenkreis** im Detail siehe daher Abschnitt III. B. 2. b).

Grundsätzlich ist der **Patient**, wie gesagt, selbst Adressat der Aufklärung. Die Verschwiegenheitsverpflichtung verbietet es dem Behandler, Angehörigen oder anderen Dritten (die nicht gesetzliche Vertreter oder Erwachsenenvertreter sind) den Patienten betreffende medizinische Informationen zu erteilen (vgl § 54 Abs 1 ÄrzteG, § 21 Abs 1 ZÄG, § 9 Abs 1 KAKuG). Ein Abweichen von diesem Grundsatz ist mit Einverständnis des Patienten freilich möglich (zB § 54 Abs 2 Z 3 ÄrzteG, § 21 Abs 2 Z 1 ZÄG, § 5a Z 3 KAKuG).

Dies gilt auch für **fremdsprachige Patienten**, bei denen vom Arzt ein sprachkundiger Mitarbeiter bzw ein Bekannter des Patienten[688] oder ein Dolmetscher[689] hinzuzuziehen ist. Dabei wird insbesondere bei Übersetzungen durch Bekannte eine gesonderte Einwilligung des Patienten vor deren Heranziehung zweckmäßig sein. Dann allerdings darf der aufklärende Arzt – sofern nicht etwas anderes offensichtlich wird – davon ausgehen, dass der Patient den Inhalt des Gespräches verstanden hat und die Übersetzung richtig war[690].

Ein weiterer Grundsatz ist, dass der Aufklärungsberechtigte zugleich einwilligungsfähig sein muss. Fehlt es dem Patienten an der Einwilligungsfähigkeit (Entscheidungsfähigkeit), ist der **gesetzliche Vertreter** des minderjährigen Patienten oder der **Erwachsenenvertreter** des volljährigen Patienten aufzuklären.

Einwilligungsfähigkeit und Aufklärungsberechtigung korrelieren insoweit, als eine Aufklärung grundsätzlich nur gegenüber derjenigen Person zu erfolgen hat, die zu einer wirksamen Einwilligung fähig ist. Dies soll freilich nicht bedeuten,

---

686 *Weissauer,* Einfluß von Organisation und Arbeitsteilung auf die ärztliche Aufklärung, in *Heim (Hrsg),* Ärztliche Aufklärungspflicht, 68.

687 Vgl für alle: RIS-Justiz RS0026499.

688 OGH 12.12.2002, 6 Ob 280/02y.

689 OGH 15.3.2001, 6 Ob 258/00k; OGH 11.7.2002, 6 Ob 127/02y.

690 Vgl OGH 12.12.2002, 6 Ob 280/02y und *Memmer,* Aufklärung, in *Aigner/Kletečka/Kletečka-Pulker/Memmer (Hrsg),* HB Medizinrecht, I.3/116.

dass gegenüber Patienten, welche die Einwilligungsfähigkeit nicht besitzen, eine Aufklärung generell unterlassen werden darf[691], doch sind diese Personen nicht zur Ausübung ihres Selbstbestimmungsrechts und schließlich zu einer gültigen Einwilligung fähig, weshalb ihnen strenggenommen auch keine Selbstbestimmungsaufklärung (sondern allenfalls eine therapeutische Aufklärung, vgl Abschnitt III. B. 1. c) dd) zu erteilen ist.

c) Gegenstand der Aufklärung

Die Lehre[692] war stets bestrebt, eine systematische Erfassung der Fülle von aufklärungsrechtlichen Einzelproblemen zu ermöglichen. Die präferierte Hauptgliederung in Selbstbestimmungs- und Sicherungsaufklärung übersieht jedoch, dass Aufklärungsarten (zB Organisations- und Qualitätsaufklärung) bestehen, die schon angesichts der primären Berücksichtigung von Vermögensinteressen nicht in diese Konzeption passen.

Worüber ein Arzt aufzuklären hat, lässt sich grundsätzlich in **drei Bereiche** unterteilen: In die Selbstbestimmungsaufklärung, die wirtschaftliche Aufklärung und in die therapeutische Aufklärung (Sicherungsaufklärung). Die mit der wirtschaftlichen Aufklärung in Zusammenhang stehende Organisations- und Qualitätsaufklärung wird in einem Exkurs behandelt.

aa) Selbstbestimmungsaufklärung

Die Selbstbestimmungsaufklärung zielt darauf ab, dem Patienten eine Entscheidungshilfe bezüglich einer vorgeschlagenen medizinischen Maßnahme und der Alternativen einzuräumen. Durch Vermittlung des notwendigen Wissens im Beratungsgespräch soll der Patient die Tragweite seiner Entscheidung (Einwilligung oder Ablehnung der Behandlung) überblicken können[693].

Inhaltlich nehmen die Rsp[694] und § 18 Abs 1 ZÄG eine weitere Unterteilung der Selbstbestimmungsaufklärung in folgende drei Fallgruppen vor: Diagnose-, Verlaufs- und Risikoaufklärung. Entsprechend der genannten Zielsetzung kommt der Risikoaufklärung wohl die größte Bedeutung zu[695].

- **Diagnoseaufklärung**

Um dem Patienten eine selbstbestimmte Behandlungsentscheidung zu ermöglichen, ist ihm das Untersuchungsergebnis **wahrheitsgemäß** zur Kenntnis zu bringen bzw

---

[691] Dazu *Kopetzki,* Grundriss des Unterbringungsrechts[3] Rz 601.

[692] Für alle: *Memmer,* Aufklärung, in *Aigner/Kletečka/Kletečka-Pulker/Memmer (Hrsg),* HB Medizinrecht, I.3/76ff.

[693] Vgl etwa OGH 23.2.1999, 4 Ob 335/98p oder OGH 13.2.2004, 7 Ob 15/04p; OGH 8.6.2010, 4 Ob 12/10h; OGH 27.9.2023, 9 Ob 47/23m.

[694] Für viele: OGH 29.1.2001, 3 Ob 87/00s und OGH 26.9.2003, 3 Ob 131/03s.

[695] IdS auch *Laufs,* Die ärztliche Aufklärungspflicht, in *Laufs/Uhlenbruck,* Handbuch des Arztrechts, 509: *„Hauptfeld gehört der Risikoaufklärung".*

ist ihm die Krankheit zu erläutern[696]. Obgleich von manchen, vorwiegend deutschen Autoren, bei schweren Krankheiten eine pauschale Einschränkung der Diagnoseaufklärung erwogen wird[697], geht die österreichische Rsp[698] davon aus, dass auch die Reichweite dieser Aufklärungsart nur mittels Einzelfallbeurteilung eruierbar ist. Zur Reichweite der Aufklärung und bsd zum therapeutischen Privileg siehe Abschnitt III. B. 1. d) bb) dieses Kapitels.

Über eine bloße **Verdachtsdiagnose** hat grundsätzlich keine Aufklärung stattzufinden[699]. Anderes gilt bei einer – von der Diagnoseaufklärung streng zu trennenden – **Aufklärung vor einem Diagnoseeingriff:**
Werden zur Abklärung eines Verdachtes weitere Eingriffe zum Zweck der Untersuchung nötig, ist der Patient über die vorzunehmenden Diagnosemaßnahmen aufzuklären, da nur so seine Entschlussmöglichkeit gewahrt werden kann[700]. Dient der Eingriff ausschließlich Diagnosezwecken, sind die Anforderungen an das Ausmaß der Aufklärung über mögliche Gefahren besonders streng[701].

Stellt die Diagnose den alleinigen Gegenstand eines sog **reinen Diagnosevertrages** dar, wie dies bei Einholung einer second opinion oder bei Vorsorgeuntersuchungen der Fall ist, hat zwecks Vertragserfüllung vollständig, uU auch über einen Verdacht

---

696 OGH 29.1.2001, 3 Ob 87/00s. Im Zusammenhang mit der Diagnoseaufklärung will *Haslinger,* Probleme der ärztlichen Aufklärung und Patienteneinwilligung, AnwBl 1994, 869 jedenfalls betont wissen, dass dem Patienten keine Falschauskünfte zu erteilen sind. Ebenso spricht sich *Memmer,* Aufklärung, in *Aigner/Kletečka/Kletečka-Pulker/Memmer (Hrsg),* HB Medizinrecht, I.3/78 für die *„Wahrheit am Krankenbett"* und gegen die *„barmherzige Lüge"* aus.

697 So präferiert *Laufs,* Die ärztliche Aufklärungspflicht, in *Laufs/Uhlenbruck,* Handbuch des Arztrechts, 509f bei schweren Erkrankungen oder infauster Diagnose eine Einschränkung bis hin zur Nichtaufklärung aus Rücksicht auf den Patienten und räumt dem Arzt auf Basis der deutschen Rsp die Möglichkeit ein, seine Ausdrucksweise danach zu wählen und bestimmte Krankheitsbezeichnungen zu vermeiden. Von diesem Ansatz soll lediglich dann abgewichen werden, wenn die Therapiebereitschaft des Patienten nur durch Aufklärung der vollen Diagnose geweckt werden kann. Insgesamt ist nach *Deutsch/Spickhoff,* Medizinrecht[7] Rz 436 nur *„in groben Zügen"* über die Diagnose zu informieren.

698 OGH 16.11.1999, 10 Ob 286/99b; OGH 13.2.2004, 7 Ob 15/04p; OGH 7.3.2006, 1 Ob 4/06d; OGH 30.5.2006, 5 Ob 121/06i; OGH 20.12.2023, 6 Ob 155/23x.

699 Als Bsp: OGH 7.3.2006, 1 Ob 4/06d.

700 Bsd deutlich OGH 23.1.1986, 6 Ob 683/84 (Aufklärung über Lumbalpunktion als Diagnosemaßnahme); OGH 13.7.1982, 5 Ob 521/82 (Aufklärung bei operativer Untersuchung zur Gewinnung einer Diagnose). Zur strengen Unterscheidung Diagnoseaufklärung – Aufklärung vor Diagnoseeingriff: *Laufs,* Die ärztliche Aufklärungspflicht, in *Laufs/Uhlenbruck,* Handbuch des Arztrechts, 509.

701 OGH 20.5.1998, 2 Ob 124/98v; OGH 16.9.2008, 1 Ob 80/08h. Vgl auch OGH 27.9.2006, 9 Ob 76/06a sowie OGH 23.1.1986, 6 Ob 683/84, wonach eine Ablehnung einer ausreichenden Aufklärung vor einer Diagnosemaßnahme mit dem Argument, der dafür erforderliche Personalaufwand sei nicht mehr vertretbar, unzulässig ist.

aufgeklärt zu werden[702], da gerade die Kenntnis des Befundes – als Grund für den Vertragsabschluss – entscheidend für das weitere Vorgehen des Patienten sein wird. Dies zeigt sich besonders deutlich, wenn eine zweite Meinung geschuldet wird. Zur Reichweite der Aufklärung und zum fragenden Patienten siehe Abschnitt B. 1. d) und Abschnitt B. 1. d) bb) dieses Kapitels.

- **Verlaufsaufklärung (Therapie- oder Behandlungsaufklärung)**

Die Verlaufsaufklärung vermittelt dem Patienten nötige Informationen, um die Tragweite des Für und Wider der vorgeschlagenen Behandlungsstrategien und der damit möglicherweise einhergehenden Belastungen zu überblicken und abwägen zu können. Sie ist ein wichtiger Baustein für die gemeinsame Entscheidungsfindung zwischen Arzt und Patient und bildet angesichts der beschriebenen Zielsetzung, gleichsam den **Mittelpunkt des Aufklärungsgesprächs**[703].

Dementsprechend beinhaltet[704] die Verlaufsaufklärung neben Informationen, ob das anzuwendende Verfahren dem Zweck der Diagnose, Therapie oder Prophylaxe dient[705] auch solche über *„Art und Schwere“*[706] sowie Dringlichkeitsgrad[707] der Behandlung und deren *„Wesen, Bedeutung und Tragweite“*[708]. Ebenfalls zu erörtern sind *„mögliche Gefahren und schädliche Folgen einer Behandlung“*[709], wie etwa

702 Gegenteiliger Meinung ist *Prutsch,* Die ärztliche Aufklärung, 133. Diese meint, dass die Diagnoseaufklärung auch hier eingeschränkt werden darf, indem der Arzt gewisse Krankheitsbezeichnungen vermeidet. Liegt es im Interesse des Patienten, darf er auf deren Mitteilung ganz verzichten.

703 Dazu etwa OGH 13.2.1986, 8 Ob 63/85; OGH 7.2.1989, 1 Ob 713/88; OGH 27.1.2009, 5 Ob 290/08w; OGH 9.2.2011, 5 Ob 9/11a; OGH 18.12.2017, 9 Ob 72/17d, wonach der Patient durch die ärztliche Aufklärung in die Lage versetzt werden soll, *„die Tragweite“* seiner Behandlungsentscheidung zu überblicken. Zum Ganzen vgl auch *Memmer,* Aufklärung, in *Aigner/Kletečka/Kletečka-Pulker/Memmer (Hrsg),* HB Medizinrecht, I.3/78ff. Ebenso *Engljähringer,* Ärztliche Aufklärungspflicht vor medizinischen Eingriffen, 183.

704 *Memmer,* Aufklärung, in *Aigner/Kletečka/Kletečka-Pulker/Memmer (Hrsg),* HB Medizinrecht, I.3/78.

705 Für alle: *Heidinger,* Die ärztliche Aufklärungspflicht in der Rechtsprechung des Obersten Gerichtshofes, in *Harrer/Graf,* Ärztliche Verantwortung und Aufklärung, 44. Ähnliches kann für die Rsp etwa aus OGH 16.11.1999, 10 Ob 286/99b oder OGH 30.5.2006, 5 Ob 121/06i abgeleitet werden.

706 Als Bsp: OGH 15.2. 1983, 5 Ob 557/81; OGH 7.2.1989, 1 Ob 713/88; OGH 25.1.1990, 7 Ob 727/89; OGH 12.9.1990, 1 Ob 651/90; OGH 23.3.2000, 10 Ob 24/00b; OGH 13.2.2004, 7 Ob 15/04p.

707 Vgl OGH 12.9.1990, 1 Ob 651/90.

708 OGH 18.10.1991, 8 Ob 620/91. Vgl auch OGH 26.1.1995, 6 Ob 502/95 (hinreichende Aufklärung über die *„Bedeutung des vorgesehenen ärztlichen Eingriffes und seine möglichen Folgen“*) und OGH 23.2.1999, 4 Ob 335/98p (*„Intensität des Eingriffs“*).

709 OGH 13.2.1986, 8 Ob 63/85; OGH 25.1.1990, 7 Ob 727/89; OGH 30.5.2006, 5 Ob 121/06i.

Narbenbildung, Erblindung, Sterilität, Schmerzbelastung oder Dauer einer Berufsunfähigkeit[710]. Darüber hinaus hat der Arzt auch über Erfolgsaussichten bzw Versagerquote einer geplanten Maßnahme[711] zu informieren.

Weiters hat der Arzt Informationen über adäquate **alternative Behandlungsmethoden** zu erteilen, insb wenn sich diese betreffend Risiko, Intensität, Behandlungsfolgen, Erfolgssicherheit, Schmerzbelastung oder kosmetischem Ergebnis von der vorgeschlagenen Methode unterscheiden. Arzt und Patient haben dabei gemeinsam eine Abwägung der Vor- und Nachteile der Behandlungsalternativen vorzunehmen, um dem Patienten zwecks Wahrung seines Selbstbestimmungsrechts eine echte Wahlmöglichkeit zu verschaffen[712]. Es ist bspw über eine konservative Behandlung als Alternative zur Operation[713] oder über alternative Operationsmethoden[714] aufzuklären, wenn auch diese indiziert[715] sind und Aussicht auf Erfolg haben. Im Gegensatz dazu ist der Arzt bei einem (indizierten) Behandlungswunsch nicht zur Aufklärung über Alternativen verpflichtet[716].

---

710 Zu vorhersehbaren (Neben-) Folgen der Behandlung vgl OGH 30.1.1996, 4 Ob 505/96 (Narbenbildung); OGH 15.12.1964, 8 Ob 342/64 (Erblindung); OGH 16.9.1985, 1 Ob 619/85 (Sterilität nach Uterusentfernung); OGH 12.8.2004, 1 Ob 139/04d (Dauer der Berufsunfähigkeit von vier bis acht Wochen).

711 OGH 26.1.1995, 6 Ob 502/95, RdM 1995, 69f (*Bernat*). Angemerkt sei, dass *Bernat,* aaO, entgegen den Ausführungen des OGH und der hier vertretenen Ansicht, die Aufklärung über Erfolgsaussicht bzw Versagerquote (hier: einer Sterilisation) nicht der Verlaufs-, sondern der therapeutischen Aufklärung (dazu unten Abschnitt III. B. 1. d) bb) dieses Kapitels zuordnet.

712 Umfassend: OGH 12.9.1990, 1 Ob 651/90 und OGH 7.9.1993, 10 Ob 503/93. Insb kommt es nicht darauf an, dass *„sich der vernünftige Patient nach der Empfehlung des Arztes richtet"*, weshalb die Frage, *„ob sich der Kläger bei ausreichender Aufklärung über die alternativen Behandlungsmethoden für eine andere Methode entschieden hätte"* nur im konkreten Einzelfall zu beurteilen ist: OGH 30.3.1999, 3 Ob 314/97s. Auf alternative Behandlungsmethoden ist va bei nicht dringlichen Eingriffen hinzuweisen, vgl OGH 23.2.1999, 4 Ob 335/98p.

713 Als Bsp: OGH 15.2.1983, 5 Ob 557/81 (Fortsetzung der konservativen Behandlung als weniger gefährliche, aber langwierige Methode vs Operation); OGH 7.9.1993, 10 Ob 503/93 (trotz bisher ineffizienter Salbenbehandlung wäre, neben der Operation, über eine andere konservative Methode – *„Ruhigstellung im Gipsverband"* – aufzuklären gewesen); vgl auch OGH 23.5.2000, 4 Ob 131/00v (Sectio vs Naturgeburt) und OGH 17.12.2003, 7 Ob 299/03a (Entbindungsmethoden).

714 OGH 16.9.1985, 1 Ob 619/85 (nachteilige vaginale Hysterektomie, für die sich Arzt entschied vs Bauchquerschnitt ohne Gebärmutterentfernung); OGH 30.3.1999, 3 Ob 314/97s (altbewährte Matti-Russe-Technik vs vorteilhaftere Schraubenosteosynthese).

715 OGH 30.5.2006, 5 Ob 121/06i: *„Mangels entsprechender Indikation muss der Arzt aber nicht stets von sich aus alle theoretisch in Betracht kommenden Behandlungs- oder/und Operationsmöglichkeiten mit dem Patienten erörtern, solange der Arzt eine Methode anwendet, die dem medizinischen Standard genügt"*.

716 OGH 29.1.2001, 3 Ob 87/00s.

Schließlich sind im Zuge der Verlaufsaufklärung auch Ausführungen über Folgen der **Unterlassung** einer Maßnahme, insb Hinweise auf deren Notwendigkeit und Risiken ihres Unterbleibens obligat, wobei diese abhängig von der Klarheit des Eintritts schädlicher Folgen und der Dringlichkeit der Behandlung im konkreten Fall *„umso ausführlicher und eindringlicher"*[717] zu gestalten sind.

- **Risikoaufklärung**

Neben der Verlaufsaufklärung kommt der mit dieser eng verbundenen Risikoaufklärung die wohl größte Bedeutung zu, zielt diese doch darauf ab, den Patienten über mögliche – der medizinischen Wissenschaft international im Zeitpunkt der Maßnahme bekannte – den vorgeschlagenen (alternativen) Methoden anhaftende, einschlägige Komplikationen, welche auch bei größtmöglicher Sorgfalt und Durchführung lege artis nicht gänzlich vermeidbar sind, in Kenntnis zu setzen[718]. Dies mit dem Ziel, dem Patienten eine Abwägung, ob er sich den mit der Maßnahme verbundenen Gefahren aussetzen möchte, zu ermöglichen. Um diese Zielsetzung erreichen zu können, hat die Aufklärung **spezifische Risiken** der medizinischen Maßnahme, wie auch solche auf Seiten des Patienten, zu umfassen. Nicht übersehen werden darf allerdings, dass – obgleich Hauptanwendungsbereich der Risikoaufklärung zweifellos invasive Eingriffe sein werden – die Aufklärungspflicht insbesondere auch bei medikamentöser Heilbehandlung[719] gilt.

Hinsichtlich eingriffsspezifischer Risiken sind vom Behandler Informationen zum **Häufigkeitsgrad** nicht restlos vermeidbarer Komplikationen zu erteilen, die sich allerdings nicht lediglich auf die Wiedergabe allgemeiner statistischer Wahrscheinlichkeiten beschränken, sondern dem Patienten vorrangig Auskunft über die konkrete Komplikationsdichte, in der konkreten Klinik, beim konkreten Arzt geben sollen[720].

Die Rsp konzentriert sich hingegen auf die Aufklärungspflicht über **typische Risiken** ärztlicher Maßnahmen[721]: *„Die Typizität ergibt sich nicht aus der Komplika-*

---

[717] OGH 13.3.1996, 7 Ob 521/96 (*„Warnpflicht des Zahnarztes"* vor kurzer Funktionsdauer einer festsitzenden Konstruktion). Vgl zur Aufklärung über eine Nichtbehandlung als behandlungsvertragliche Schuld auch OGH 7.3.2006, 5 Ob 165/05h (die Überweisung einer Schwangeren mit Aufforderung *„Sie gehen mir jetzt in die Risikoambulanz!"* ohne den Grund der Aufforderung und die Risiken ihrer Unterlassung zu erörtern, reicht somit nicht aus).

[718] Vgl OGH 25.5.1999, 1 Ob 91/99k (keine Beschränkung auf lokale Kenntnisse an einem Krankenhaus oder in einem bestimmten Land). Ebenso *Engljähringer,* Ärztliche Aufklärungspflicht vor medizinischen Eingriffen, 187 und *Laufs,* Die ärztliche Aufklärungspflicht, in *Laufs/Uhlenbruck,* Handbuch des Arztrechts, 511f, jeweils mwN.

[719] OGH 12.7.1990, 7 Ob 593/90.

[720] OGH 19.12.1984, 3 Ob 562/84 (Aufklärung über die *„konkreten Verhältnisse in der Klinik"* – für Herzoperation dieser Art besonders erfolgreiches Krankenhaus).

[721] Bspw: OGH 20.12.2023, 1 Ob 202/23x (Krebserkrankung infolge von Nierentransplantation); OGH 19.12.1984, 3 Ob 562/84 (Hirnschäden nach Herzoperation); OGH

tionshäufigkeit, sondern daraus, dass das Risiko speziell dem geplanten Eingriff anhaftet und auch bei Anwendung allergrößter Sorgfalt und fehlerfreier Durchführung nicht sicher zu vermeiden ist und den nicht informierten Patienten überrascht, weil er mit dieser Folge überhaupt nicht rechnet"[722].

Anders als typische Risiken sind nach der Rsp **allgemeine Risiken**, wie zB Thrombosen, Embolien oder Infektionsrisiken, die einer Maßnahme nicht typischerweise anhaften, sondern bei jedem invasiven Eingriff auftreten können, zu beurteilen. Zwar darf eine Aufklärung über diese allgemeinen Risiken, die dem Patienten im Allgemeinen bekannt sein werden, grundsätzlich unterbleiben[723]. Bei Eingriffen, die nicht vordringlich oder geboten sind (relativ indizierte oder nicht indizierte Eingriffe), ist jedoch auch über allgemein bekannte Risiken[724] aufzuklären, sofern die Wahrscheinlichkeit, dass diese eintreten, hoch ist[725]. Näheres zum Umfang der Aufklärung Abschnitt III. B. 1. d) dieses Kapitels.

Um dem Patienten eine echte Wahlmöglichkeit einzuräumen, hat der Arzt schließlich **Risiken aus der Sphäre des Patienten** selbst einzubeziehen und über den Einfluss dieser patientenspezifischen physischen Faktoren (bspw Alter, Vorschädigungen, Allergien[726]) sowie dem Arzt zuvor offenbarten berufli-

21.9.1989, 8 Ob 535/89 (Tetanie bei Kehlkopfoperation); OGH 31.1.1995, 4 Ob 509/95 (Durchtrennung des Ductus choledochus anlässlich operativer Entfernung der Gallenblase); OGH 11.1.1996, 2 Ob 505/96 (Lähmung des Nervus peronaeus nach Varizenoperation); OGH 3.9.1996, 10 Ob 2350/96 (Querschnittslähmung bei Operation eines Rückenmarkstumors); OGH 17.1.2001, 6 Ob 313/00h (Näseln nach Tonsillektomie); OGH 10.4.2008, 3 Ob 11/08a (intraoperative Wachheit). Nicht zur Aufklärung über typische Risiken gehört hingegen die Information über die „*Versagerquote*" einer Sterilisation: OGH 26.1.1995, 6 Ob 502/95, RdM 1995, 70 (*Bernat*), sie ist Teil der Verlaufsaufklärung.

722 OGH 25.1.1994, 1 Ob 532/94; OGH 31.1.1995, 4 Ob 509/95; OGH 28.3.2007, 7 Ob 21/07z.

723 OGH 7.9.1993, 10 Ob 503/93, RdM 1994, 27 (*Kopetzki*): „*Über ein allgemeines, mit jeder Operation verbundenes und als bekannt vorauszusetzendes Infektionsrisiko von 1 bis 2% muß der Patient nicht gesondert aufgeklärt werden*".

724 OGH 7.2.1989, 1 Ob 713/88: „*Ärztliche Aufklärungspflicht reicht umso weiter, je weniger der Eingriff aus der Sicht eines vernünftigen Patienten vordringlich oder gar geboten ist. [...] Hinzuweisen ist auch auf das allgemeine mit dem Eingriff verbundene Risiko*". OGH 12.11.1992, 8 Ob 646/92: „*Zwar ist bei der Beurteilung der Aufklärungspflicht nicht auf bestimmte statistische Werte abzustellen [...], doch muß von einem gewissenhaften Arzt doch verlangt werden, daß er bei einer nicht notwendigen Operatio den Patienten über ein Infektionsrisiko von immerhin 3,5 bis 5% aufklärt*".

725 Dazu mit Hinweis auf die schwankende Rsp betreffend allgemeine Risiken: *Memmer*, Aufklärung, in *Aigner/Kletečka/Kletečka-Pulker/Memmer (Hrsg)*, HB Medizinrecht, I.3/98f mwN.

726 OGH 18.10.1991, 8 Ob 620/91, *Hofmann*, Die Aufklärungspflicht des Arztes im Lichte der Rechtsprechung des Obersten Gerichtshofes, RZ 1998, 83 (Vorschädigung der Zähne bei Patienten im Alter zwischen 50 und 60 Jahren); OGH 7.8.1997, 8 Ob 230/97z, *Hofmann*, Die Aufklärungspflicht des Arztes im Lichte der Rechtsprechung des Obersten

chen oder anderen Lebensumständen[727] auf eine ärztliche Maßnahme aufzuklären.

bb) Wirtschaftliche Aufklärung

Die wirtschaftliche Aufklärung bezeichnet die Verpflichtung des Arztes, über **Behandlungskosten** und deren voraussichtliche (Nicht-) Übernahme durch den öffentlichen oder privaten Versicherungsträger zu informieren. Dieser Aufklärungsart kommt gerade bei budgetdefizitbedingter Schmälerung im Leistungsangebot der öffentlichen Krankenkasse besondere Relevanz zu[728].

Grundsätzlich sind mit der Rsp[729] *„besondere Aufklärungs- oder Warnpflichten"* über Behandlungskosten abzulehnen, da bei Behandlungsverträgen analog § 1152 ABGB ein *„angemessenes Entgelt als bedungen"* gilt. Nur der Belegarzt soll den Patienten über die Nichtübernahme der Kosten durch eine private Zusatzversicherung aufklären[730].

Darüber hinaus sehen die Landes-Krankenanstaltengesetze[731] entsprechende Aufklärungspflichten über Kosten gegenüber Sonderklassepatienten vor. Mit § 18 Abs 1 Z 5 und Abs 2 bis 5 ZÄG wurde eine Aufklärungsverpflichtung über Kosten und deren Übernahme durch einen Versicherungsträger in das zahnärztliche Berufsrecht aufgenommen. Da eine wirtschaftliche Aufklärung im ÄrzteG bislang keine

---

Gerichtshofes, RZ 1998, 82 (Penicillin-Allergie einer schwangeren Mutter, die zu anaphylaktischem Schock und schwerer Schädigung des Fötus führte); OGH 20.12.2023, 6 Ob 155/23x (im Einzelfalls sind *„Alter und (sonstiger) Zustand des Patienten"* zu berücksichtigen).

727 Als Beispiele sind Lähmungsgefahr der Hand eines Pianisten und Stimmbandlähmung bei Sängern zu nennen. Vgl dazu *Engljähringer,* Ärztliche Aufklärungspflicht vor medizinischen Eingriffen, 193f mN aus der deutschen Rsp. Ein Lebensumstand, der Auswirkungen auf die Risikoaufklärung haben kann, ist *„starkes Rauchen"*, vgl OGH 18.10.1991, 8 Ob 620/91, *Hofmann,* Die Aufklärungspflicht des Arztes im Lichte der Rechtsprechung des Obersten Gerichtshofes, RZ 1998, 83.

728 Vgl *Rieger (Hrsg),* Lexikon des Arztrechts, 640/8.

729 OGH 19.11.2002, 4 Ob 249/02z, RdM 2004, 88; OGH 25.10.2017, 3 Ob 125/17d.

730 LG Wien 4.11.1999, 34 R 400/99x zitiert bei *Kunz,* Belegarzt – Beleghebamme – Belegspital, in *Aigner/Kletečka/Kletečka-Pulker/Memmer (Hrsg),* HB Medizinrecht, IV.6/221. Dies mit der Begründung, dass die meisten Patienten hier wegen Bestehens einer Zusatzversicherung annehmen, keine zusätzlichen Kosten tragen zu müssen.

731 Eine Aufklärungspflicht ist vorgesehen in: § 49 Abs 4 Bgld. KAG 2000, § 50 Abs 4 K-KAO, § 33 Abs 2 NÖ KAG, § 45 Abs 4 Oö. KAG 1997, § 53 Abs 4 SKAG, § 66 Abs 4 StKAG, § 30 Tir KAG. Keine ähnlich lautenden Aufklärungsverpflichtungen im Rahmen der Bestimmungen über die Sonderklasse enthalten § 73 Abs 2 SpG (Vorarlberg), vgl aber § 30 Abs 2 lit b SpG und § 32 Wr. KAG, vgl aber § 17a Abs 7 Wr. KAG, wonach Patienten *„klare Preisinformationen"* zu erteilen sind. Vgl allgemein auch *Kopetzki,* Krankenanstaltenrecht, in *Holoubek/Potacs (Hrsg),* Handbuch öffentliches Wirtschaftsrecht I^4, 554.

Berücksichtigung fand, bleibt es speziell im niedergelassenen Bereich bei der analogen Anwendung von § 1152 ABGB.

Besonders mit Blick auf die umfassende Verpflichtung im zahnärztlichen Berufsrecht stellt sich allerdings die Frage, ob die Informationserteilung stets durch einen Arzt erfolgen muss. Eine Aufklärung über Kosten und deren Übernahme durch einen Versicherungsträger erfordert keine medizinisch-wissenschaftlichen Kenntnisse. Folglich ist hier der Einsatz von Hilfspersonen unter den Bedingungen des § 24 Abs 2 ZÄG (Handeln unter genauen Anordnungen und ständiger Aufsicht des Arztes) möglich.

cc) Exkurs: Organisations- und Qualitätsaufklärung

Um dem Patienten eine selbstbestimmte Entscheidung zu ermöglichen, ist neben der wirtschaftlichen Aufklärung auch eine Aufklärung über Organisation und Qualität in Betracht zu ziehen. Dabei handelt es sich nicht nur um Informationen über die Person des behandelnden Arztes, die apparative Ausstattung der Praxis bzw Klinik und dort angewandte Verfahren, sondern insb um die Auskunft, ob die geplante Maßnahme in einer anderen Einrichtung durch versiertere Kollegen oder mit moderneren Behandlungstechniken und Gerätschaften ausgeführt werden könnte[732].

Obgleich in diesen Fällen Informationsbedarf vorhanden ist, zeigt sich die Rsp bislang hinsichtlich einer ungefragten Organisations- bzw Qualitätsaufklärung in allgemeiner Form eher reserviert: Zwar konzediert der OGH[733] eine Aufklärungsverpflichtung über Behandlungsmethoden nach dem neuesten Stand unter gleichzeitiger Nennung der (Spezial-) Kliniken, in denen diese bereits praktiziert werden, wenn dadurch Verbesserungen hinsichtlich Erfolgssicherheit, Schmerzbelastung, Risiko, kosmetischem Ergebnis etc erzielbar sind und befürwortet eine Aufklärung, falls die verfügbare Personal- oder Geräteausstattung konkret unzureichend sein sollte. Doch weisen diese Fälle starke Ähnlichkeit mit der Aufklärung über alternative Behandlungsmethoden auf oder tangieren den Bereich der Risikoaufklärung.

Die Zurückhaltung der Rsp wird allerdings hinsichtlich der Frage, ob der Patient über die **Person des behandelnden Arztes** ungefragt aufzuklären ist, deutlich:

[732] Zur Definition wie zur Organisations- oder Qualitätsaufklärung insgesamt vgl *Pflüger,* Krankenhaushaftung und Organisationsverschulden, 115.

[733] Vgl OGH 12.9.1990, 1 Ob 651/90 (Narbenexcision vs Spezialbehandlung in einer anderen Klinik) und OGH 13.2.1986, 8 Ob 63/85 (Aufklärung *„über die fehlende Eignung eines Entbindungsheimes"* bei voraussichtlich kurz bevorstehender Frühgeburt, angesichts des uU fehlenden ärztlichen Beistandes und der begrenzten apparativen Ausstattung). Dazu auch ein Bsp aus der Lehre: Ist eine autologe Bluttransfusion medizinisch indiziert, so ist der Patient nicht nur über diese Möglichkeit, sondern auch darüber aufzuklären, in welchen Spitälern diese Methode angeboten wird. Es ist dem Patienten nämlich nicht zuzumuten, diese Möglichkeiten eo ipso zu recherchieren. Vgl *Gaisbauer,* Muß der Arzt den Patienten vor Bluttransfusionen über die Möglichkeit der Eigenblutspende aufklären? RdM 1997, 108.

Grundsätzlich ist die Möglichkeit des Patienten, seinen Arzt frei wählen zu können, auf den niedergelassenen Bereich beschränkt, während bei Krankenhausaufnahme allein die anstaltsinterne Organisation verbindlich und insofern auch nicht über die Person des behandelnden Arztes aufzuklären ist[734].

Ausnahmsweise soll – abgesehen etwa von einem entsprechenden Anspruch aus einem Behandlungsvertrag mit einem Belegarzt – dann Anderes gelten, wenn der Patient seine Behandlungseinwilligung auf einen bestimmten Arzt beschränkt oder eine, zumindest konkludente Vereinbarung **(„*ipse*"-Vermerk)** mit einem solchen vorliegt. Sollte in derartigen Fällen die erwartete Person verhindert sein, ist der Patient aufzuklären, dass zum geplanten Termin der vereinbarte Behandler nicht verfügbar sein und ein anderer Arzt den Eingriff übernehmen werde[735].

Zu der mit diesem Themenbereich im engen Zusammenhang stehenden Frage nach der **Aufklärung über** den **Ausbildungsstand** und die absolvierten **Weiterbildungen**, die insb beim Einsatz eines Berufsanfängers interessant erscheint, hat sich die Rsp bislang nicht ausdrücklich[736] geäußert. Die Lit[737] verneint eine diesbezügliche Aufklärungspflicht speziell hinsichtlich solcher Maßnahmen, die bereits aufgrund des Bildungsstandes vor Abschluss einer Facharztausbildung beherrscht werden sowie bei Einsatz eines Anfängers unter Anleitung und Aufsicht erfahrener Kollegen. Nur falls eine Person, deren Qualifikationsniveau angesichts des geplanten Eingriffes unterdurchschnittlich ist, zum Einsatz kommen und diesen im Allein-

---

734 Vgl OGH 14.7.2005, 6 Ob 86/05y.

735 OGH 26.9.2003, 3 Ob 131/03s. *Resch,* Freie Arztwahl in der allgemeinen Gebührenklasse im Umweg des Arzthaftungsrechts? RdM 2004, 172 beklagt im gegebenen Zusammenhang, dass eine verbindliche Behandlungszusage durch einen bestimmten Arzt im Rahmen der allgemeinen Gebührenklasse dem KAKuG widerspreche und sohin nichtig sei. In Anbetracht dessen ergibt sich für den Autor lediglich die Verpflichtung, den Patienten über die mangelnde Bindungswirkung dieser Vereinbarung in Kenntnis zu setzten. Als einzig zulässige Möglichkeit erwähnt er eine unverbindliche Verwendungszusage. Ungeachtet dieser Kritik hat das Höchstgericht seinen Standpunkt in OGH 4.10.2005, 4 Ob 121/05f – hier bezüglich eines Sonderklassepatienten – neulich bekräftigt, da auch in diesem Fall der Eingriff durch den anderen Operateur nicht von der Einwilligung des Patienten (nach entsprechender Aufklärung) gedeckt war. Vgl ebenso OGH 5.11.2008, 7 Ob 208/08a.

736 Vgl dazu OGH 25.10.1996, 1 Ob 2318/96f: In all jenen Konstellationen, in denen ein noch nicht fertig ausgebildeter Facharzt die medizinische Maßnahme vornimmt, ist bei Vorliegen eines Behandlungsfehlervorwurfes ohnedies der fachärztliche Standard als Maß heranzuziehen. Allerdings vermag allein *„der Umstand, daß der Anästhesist noch nicht fertig ausgebildeter Facharzt war, [...] nicht die Annahme rechtfertigen, es liege ein Behandlungsfehler vor"*. Aus dieser Entscheidung könnte man ableiten, dass ein Berufsanfänger im Hinblick auf die Tätigkeit, für die er eingesetzt wurde, auch keinem eigenen (geringeren) Maßstab unterliegt, über den (gesondert) aufzuklären wäre.

737 Dazu in Anlehnung an die deutsche Rsp *Weissauer,* Einfluß von Organisation und Arbeitsteilung auf die ärztliche Aufklärung, in *Heim (Hrsg),* Ärztliche Aufklärungspflicht, 62f und *Engljähringer,* Ärztliche Aufklärungspflicht vor medizinischen Eingriffen, 197ff mwN.

gang bewältigen soll, hat eine Aufklärung des Patienten über den Ausbildungsstand stattzufinden, womit nur in dieser Fallkonstellation – sein Bestehen vorausgesetzt – ein Aufklärungsfehler zusätzlich zu einem etwaigen Behandlungsfehler geltend gemacht werden kann. Zur Einlassungsfahrlässigkeit Kapitel IV. B. 4.

Soll im Rahmen einer **Teleoperation** angesichts deren Schwierigkeitsgrads, ein ärztlicher Kollege als Experte via Bild- und Tonleitung zugeschaltet werden, wird eine Aufklärung über dessen Hinzuziehung und den Grund dafür zu bejahen sein. Dies bedeutet, dass der Patient nicht nur über die Person des Teleoperateurs (seinen Ausbildungsstand) aufzuklären ist, sondern – dem Anfänger mit unterdurchschnittlicher Qualifikation angesichts des geplanten Eingriffes vergleichbar – auch über Person und Ausbildungsstand des vor Ort agierenden Arztes, der Hilfe benötigt[738].

dd) Therapeutische Aufklärung (Sicherungsaufklärung)

Im Vergleich zu den bisher erörterten Aufklärungsarten basiert die therapeutische Aufklärung nicht auf dem Selbstbestimmungsrecht des Patienten (voluntas aegroti suprema lex), sondern auf dem Grundsatz salus aegroti suprema lex[739], wonach das **Wohl des Patienten** oberstes Gesetz ist. Sie kann vom Arzt folglich erst erteilt werden, nachdem der Patient in eine Maßnahme eingewilligt hat. Darüber hinaus wird bei ihrer Unterlassung kein Aufklärungs-, sondern ein **Behandlungsfehler** verwirklicht.

Ihr Ziel ist es, dem Patienten durch Bereitstellen der für sein Verhalten nötigen Informationen die Mitwirkung am Heilungsbemühen seines Behandlers zu ermöglichen und schädliche Folgen zu vermeiden. MaW hat der Arzt, um sich nicht dem Vorwurf eines Behandlungsfehlers auszusetzen, dem Patienten zu erklären, was dieser zu beachten bzw zu tun habe, welche Folgen bei Unterlassen der Mitwirkung möglicherweise drohen und diesen auf Wichtigkeit oder Dringlichkeit von Folgemaßnahmen hinzuweisen[740]. Die **Mitwirkungsobliegenheit des Patienten**

---

738 *Schwamberger,* Teleoperation – rechtliche Aspekte, RdM 1997, 48.

739 Zu diesen Grundsätzen vgl *Wallner,* Therapeutisches Privileg – zwischen Ehrlichkeit und Menschlichkeit, RdM 2023/45, 203.

740 Umfassend: OGH 23.3.2000, 10 Ob 24/00b (Patient wurde zwar auf die Notwendigkeit von Bewegungsübungen hingewiesen, nicht aber darauf, *„dass diese Übungen eine unerlässliche Notwendigkeit zur möglichst umfassenden Ausheilung darstellen und überdies im Fall der Unterlassung die Wahrscheinlichkeit des Eintretens von Begleiterscheinungen [...] tendenziell vergrößert wird [und] er zur Hintanhaltung von Folgeerscheinungen im Fall des Erkennens atypischer Veränderungen [...] – auch über die vereinbarten Kontrolltermine hinausgehend – das Krankenhaus aufsuchen könne und müsse"*). Weitere Bsp: OGH 19.12.1956, 2 Ob 673/56 (Ärzte und Pflegepersonal hätten sich nicht darauf verlassen dürfen, dass der Patient sich bei Beobachtung eines Glaukomanfalles nach Eintropfen beider Augen selbst meldet); OGH 20.12.2001, 6 Ob 249/01p (Nichtaufklärung über das *„eigene notwendige Verhalten"* nach einem Facelifting und *„über die in einem Haushalt mit Tieren bestehende erhöhte Infektionsgefahr"*). Vgl dazu aus der hL: *Prutsch,* Die ärztliche Aufklärung, 160f.

(compliance) entspricht der aus dem Schadenersatzrecht bekannten Schadensminderungspflicht iSd § 1304 ABGB.

Gesetzliche Verankerung fand die therapeutische Aufklärung des Patienten lediglich in Art 16 Abs 1 Patientencharta (Aufklärung über „*therapieunterstützende Lebensführung*“) und in § 24 Abs 4 KAKuG (im Hinweis auf „*nachteilige Folgen*“ bei vorzeitiger Entlassung[741]).

Ihr Umfang ist einzelfallorientiert zu gestalten und folgt inhaltlich weitgehend den Grundsätzen, die auch für die Reichweite der Selbstbestimmungsaufklärung aufgestellt wurden. Näheres dazu gleich anschließend, Abschnitt III. B. 1. d), allerdings kommen sowohl das therapeutische Privileg als auch ein Aufklärungsverzicht angesichts der unterschiedlichen Zielsetzung der Sicherungsaufklärung hier nicht in Betracht.

d) Reichweite der Aufklärung

Mangels entsprechender gesetzlicher Bestimmungen widmeten sich Judikatur und Lehre der Frage nach dem im konkreten Fall nötigen **Aufklärungsumfang einschließlich** seiner **Intensität**, insb nachdem diese durch den OGH[742] zu einer, vom Gericht zu beantwortenden, **Rechtsfrage** erklärt wurde[743].

Gemäß der Zielsetzung des Aufklärungsrechts ist der **Umfang der ärztlichen Aufklärung** so zu gestalten, dass dem Patienten eine selbstbestimmte Entscheidung ermöglicht wird. Demzufolge wird in der Rsp[744] zumindest vereinzelt betont, dass das Selbstbestimmungsrecht des Patienten ernst zu nehmen sei und dieser auch medizinisch angezeigte Behandlungen ablehnen dürfe. Weitaus häufiger räumt das Höchstgericht allerdings dem **Wohl des Patienten** den Vorrang vor dessen Selbstbestimmungsrecht ein: „*Der Umfang der ärztlichen Aufklärung ist in erster Linie unter dem Gesichtspunkt des Wohles des Patienten abzugrenzen und in zweiter Linie auch unter Bedachtnahme auf sein Selbstbestimmungsrecht*“[745]. Dieser eindeu-

[741] Vgl OGH 18.3.1981, 1 Ob 743/80. Dazu auch *Steiner,* Die ärztliche Aufklärungspflicht nach Österreichischem Recht, JBl 1982, 169ff.

[742] So die stRsp, beginnend mit OGH 23.6.1982, 3 Ob 545/82. Zuletzt etwa OGH 22.10.2020, 6 Ob 112/20v; OGH 23.10.2024, 9 Ob 62/24v.

[743] Vgl *Memmer,* Aufklärung, in *Aigner/Kletečka/Kletečka-Pulker/Memmer (Hrsg),* HB Medizinrecht, I.3/86.

[744] Vgl OGH 12.7.1990, 7 Ob 593/90.

[745] OGH 26.1.1995, 6 Ob 502/95, RdM 1995, 69f (*Bernat*). In seiner kritischen Anmerkung weist *Bernat,* aaO, darauf hin, dass die zitierte Aussage des OGH „*einer Entmündigung des Kranken*“ gleichkomme. Ebenso zuvor schon die Anmerkung von *Holzer* zu OGH 23.6.1982, 3 Ob 545/82, JBl 1983, 377. Demgegenüber meint *Reischauer,* Ärztliche Aufklärungspflicht – Stellungnahme zur Rechtsprechung des OGH, RZ 1998, 271f, dass nur eine Abwägung zwischen Patientenwohl, Gefährdung der körperlichen Integrität durch Aufklärung und Allgemeininteresse der Patienten, die einer medizinischen Maßnahme ohnehin zugestimmt hätten, zielführend sei. Der OGH behielt seine Linie trotz kritischer Stimmen bei, vgl aus jüngerer Zeit etwa OGH 22.2.2007, 8 Ob 140/06f oder OGH

tigen Präferenz wird durch die Betonung von **Praktikabilitätskriterien** zusätzliches Gewicht verliehen. So wurde etwa ausgesprochen, dass die Aufklärung für den Arzt erbringbar bleiben soll und die Anforderungen an diese nicht überspannt werden dürfen[746]. Gerade hier, wo die zwischen Arzt und Patient divergierenden Interessen (Wahrung des Patientenwohles und Vorrang des Selbstbestimmungsrechts) verstärkt zutage treten, wird dem Arzt ein breiter Ermessensspielraum eröffnet, der – ohne Vorgabe entsprechender Kriterien – letztlich zur Umgehung des Selbstbestimmungsrechts führen kann.

Folgerichtig spricht sich die stRsp[747] bezüglich des Umfangs der ärztlichen Aufklärungspflicht für die Notwendigkeit, stets auf den **konkreten Einzelfall** unter Beachtung der Besonderheiten des Krankheitsbildes abzustellen, aus. Darüber hinaus soll die Einzelfallentscheidung gemäß Richtlinien[748], welche der Arzt in seine Abwägung einzubeziehen hat, getroffen werden. Diese Richtlinien lassen sich abhängig von der Art der Krankheit bzw Behandlung sowie dem konkreten Patienten in weitere **Kriterien** – die grundsätzlich auch für die Sicherungsaufklärung gelten[749] – unterteilen:

aa) Von der Art der Krankheit bzw Behandlung abhängige Kriterien

- **Dringlichkeit und Indikation**

Vorrangig vom Arzt in seiner Abwägung hinsichtlich der Aufklärungsreichweite (Umfang und Intensität) zu berücksichtigende Kriterien sind Dringlichkeit und Indikation einer geplanten medizinischen Maßnahme. Diese stehen gegenüber dem Ausmaß der Aufklärung im Verhältnis der umgekehrten Proportionalität[750]. Die ärztliche Aufklärungspflicht ist demnach ***„umso umfassender, je weniger dringlich***

18.12.2017, 9 Ob 72/17d. Die Wahrung des Wohles des Kranken wurde auch in § 49 Abs 1 ÄrzteG, § 16 ZÄG oder § 5a Z 3 KAKuG normiert, sein Vorrang kommt insb in den Notfallklauseln (zB § 8 Abs 3 KAKuG) zum Ausdruck.

[746] OGH 22.7.2020, 1 Ob 71/20b; OGH 27.9.2006, 9 Ob 76/06a uva. Dazu auch *Engljähringer,* Ärztliche Aufklärungspflicht vor medizinischen Eingriffen, 180.

[747] OGH 26.6.2025, 2 Ob 120/25y; OGH 27.11.2020, 2 Ob 183/20f; OGH 14.7.2005 6 Ob 86/05y; OGH 23.8.2001, 6 Ob 156/01m etc.

[748] Folgende Richtlinien werden in OGH 12.9.1990, 1 Ob 651/90 demonstrativ aufgelistet: *„Grad der Verständigkeit"* und psychische Verfassung des Patienten, Art der Krankheit und der beabsichtigten Behandlung, denkbare Risken wie Komplikationen und alternative Behandlungsmethoden.

[749] Bei der Sicherungsaufklärung (therapeutischen Aufklärung) geht es um die Vereinbarung von Kontrollterminen, Informationen über einzuhaltende Maßnahmen und den Folgen einer Unterlassung etc. Da die Sicherungsaufklärung zumeist nach Durchführung eines Eingriffs erfolgt, kommt das therapeutische Privileg hier nicht zur Anwendung. Weiterführend: *Memmer,* Aufklärung, in *Aigner/Kletečka/Kletečka-Pulker/Memmer (Hrsg),* HB Medizinrecht, I.3/103ff.

[750] Für alle: *Steiner,* Die ärztliche Aufklärungspflicht nach Österreichischem Recht, JBl 1982, 169ff mwN.

***der Eingriff ist.** Sie nimmt mit dem Maße zu, in dem die unbedingte und lebensnotwendige Indikation des beabsichtigten Eingriffes abnimmt. Sie hängt daher vom Grunde der vitalen Bedeutung des Eingriffes für den Patienten ab*"[751].

Diesem Grundsatz folgend bedürfen **Eingriffe ohne echte medizinische Indikation**[752], wie etwa kosmetische Operationen oder Lebendorganspenden, einer umfangreichen und besonders intensiven Aufklärung. Dabei sind strengste Anforderungen, die ein Höchstmaß an Information garantieren, zu beachten. Der Patient ist gleichsam einer **Totalaufklärung** zu unterziehen: Neben bspw mittels Schönheitsoperationen zu erreichenden Verbesserungen sind mögliche Zwischenfälle oder unerwünschte Folgen realistisch und offen unter Zuhilfenahme von entsprechendem Bildmaterial ebenso zu veranschaulichen, wie atypische oder äußerst seltene Risiken sowie Unannehmlichkeiten[753].

Außerdem hat der Arzt, da er in diesen Fällen von einem intensiven Wunsch nach Aufklärung ausgehen muss, von selbst und ohne Aufforderung seitens des Patienten, iS einer **Spontanaufklärung** umfassend Auskunft zu erteilen.

Bei Lebendorganspenden ist der potentielle Spender darüber hinaus besonders über Sinn und Zweck, Risiken und Nachwirkungen der Voruntersuchung aufzuklären. Danach über die Operation und ihre auch postoperativen Risken sowie über direkte und lebenslange Folgen, insb dass der Spender etwa unfallbedingt selbst auf eine Organspende angewiesen sein könnte. Außerdem sind die Erfolgsaussichten der Organspende beim Empfänger zu besprechen[754].

Umfang und Intensität der Aufklärung unterliegen ebenso bei Eingriffen, die rein wissenschaftlichen Zwecken dienen sowie Heilversuchen, bei denen der wissenschaftliche Charakter überwiegt, den geschilderten besonderen Anforderungen, wobei hier gesondert zu erwähnen ist, dass der Eingriff im Interesse der Forschung liegt[755].

Ist eine medizinische Maßnahme indiziert, aber nicht dringlich **(relativ indizierte medizinische Maßnahme)**, sind die Anforderungen an die Aufklärung zwar keineswegs so streng wie bei nicht indizierten Eingriffen, dennoch hat eine *„umfang-*

[751] OGH 7.9.1993, 10 Ob 503/93. Vgl auch OGH 16.12.2008, 1 Ob 84/08x; OGH 26.1.2017, 9 Ob 89/16b.

[752] Vgl OGH 4.7.1991, 6 Ob 558/91 (kosmetische Operation zur Verkürzung der Kinnpartie). Bsp für andere Eingriffe ohne Indikation sind: OGH 26.1.1995, 6 Ob 502/95 (Sterilisation) oder OGH 8.3.2001, 8 Ob 33/01p (Extraktion des Weisheitszahnes). Zum Ganzen umfassend: *Gaisbauer,* Ärztliche Aufklärungspflicht bei kosmetischen Eingriffen, ÖJZ 1993, 25ff.

[753] Vgl zum Ganzen: *Memmer,* Aufklärung, in *Aigner/Kletečka/Kletečka-Pulker/Memmer (Hrsg),* HB Medizinrecht, I.3/89f.

[754] *Kalchschmid,* Die Organtransplantation, 215f und *Kopetzki,* Organgewinnung zu Zwecken der Transplantation, 254.

[755] *Burgstaller* in *Foregger/Nowakowski,* Wiener Kommentar zum Strafgesetzbuch^2 § 90 StGB Rz 103f.

reiche Aufklärung“[756] stattzufinden. Wie weitreichend diese zu sein hat, ist freilich eine im konkreten Einzelfall zu beurteilende Frage. Nach der Rsp[757] hat der Arzt bei nicht dringlichen Eingriffen bspw jedenfalls über bestehende alternative Behandlungsmethoden aufzuklären, nicht hingegen muss er von selbst auf alle bloß theoretisch möglichen hinweisen. Ebenfalls umfassend ist die Aufklärung über sehr seltene Operationsfolgen wie auch allgemeine Risiken zu gestalten. Außerdem dürfen sich die Ausführungen des Arztes nicht nur auf die schwersten Folgen beschränken.

Bei Maßnahmen, die sowohl indiziert als auch dringlich sind **(absolut indizierte medizinische Maßnahmen)**, unterliegt die Aufklärung angesichts der zeitlichen Notwendigkeit der ärztlichen Intervention freilich nicht den bisher skizzierten umfänglichen Anforderungen[758]. Insbesondere darf die Aufklärungspflicht bei vitaler Indikation nicht überspannt werden[759], dies kann im konkreten Einzelfall sogar ihren gänzlichen Entfall bedeuten (vgl dazu auch die gesetzlichen Notfallklauseln, etwa § 8 Abs 3 KAKuG oder § 110 Abs 2 StGB und besondere Fallkonstellationen, Abschnitt III. B. 2. c) dieses Kapitels).

- **Aufklärung über Risiken als Kriterium**

Mit der stRsp[760] ist grundsätzlich davon auszugehen, dass der **Häufigkeitsgrad**, ab welchem über ein Risiko aufzuklären ist, nicht allgemein in Prozent oder Promille anzugeben ist, sondern es auch hier auf den konkreten Einzelfall, wie er sich abhängig vom konkreten Spital, Arzt und Patienten gestaltet, ankommt. Besonders zu beachten sind solche Risiken und Folgen, die ein vernünftiger Patient jedenfalls in seine Überlegungen miteinbeziehen wird. Abgesehen von der Frage, ob das Risi-

---

[756] Vgl dazu folgende Entscheidungen, bei denen die Maßnahme jeweils empfohlen, aber nicht eilig war: OGH 21.9.1989, 8 Ob 535/89 (Schilddrüsenoperation); OGH 3.9.1996, 10 Ob 2350/96 (Operation eines Rückenmarkstumors); OGH 10.7.1997, 2 Ob 197/97b (Impfung); OGH 10.7.2025, 10 Ob 28/25b (Operation der Berstungsfraktur eines Brustwirbels).

[757] Vgl OGH 7.8.2007, 4 Ob 137/07m und OGH 30.5.2006, 5 Ob 121/06i (alternative Behandlungsmethoden); OGH 24.11.2004, 3 Ob 229/04d (Aufklärungspflicht über alternative Behandlungsmethoden entfällt, wenn keine echte Wahlmöglichkeit besteht) und Abschnitt III. B. 1. c) aa) dieses Kapitels; OGH 7.2.1989, 1 Ob 713/88 (Hinweis auf die Möglichkeit *„äußerst seltener Zwischenfälle“* und das allgemeine Risiko) und OGH 16.3.2006, 2 Ob 284/04k *(„Es versteht sich keineswegs von selbst, dass die Aufklärung über die mögliche Todesfolge eine Aufklärung über mögliche schwerste Behinderungen ersetzt.“)*.

[758] Jedenfalls auszuschließen ist eine Aufklärung auch über *„schicksalhafte Krankheitsfolgen“*, wenn trotz Dringlichkeit einer Operation ohnehin schon eine umfassende Risikoaufklärung stattgefunden hat: OGH 7.4.2003, 2 Ob 313/01w.

[759] So bspw: OGH 25.10.1996, 1 Ob 2318/96f (Spinalanästhesie, die *„einigermaßen dringlich“*) oder OGH 27.9.2006, 9 Ob 76/06a (Angiographie von *„vitale[r] Bedeutung“*); OGH 26.1.2017, 9 Ob 89/16b (*„Akutindikation zur Operation“* einer Appendizitis).

[760] Vgl RIS-Justiz RS0026581; zuletzt etwa OGH 23.10.2024, 7 Ob 145/24k; OGH 10.7.2025, 10 Ob 28/25b.

ko wegen seines äußerst seltenen Eintrittes objektiv unbedeutend ist (dazu gleich), werden auch die Lebensbedrohlichkeit eines Risikos bzw seine vorübergehende oder dauerhafte Auswirkung auf wichtige Körperfunktionen und die Gestaltung des künftigen Lebens ebenso von Bedeutung sein wie die bei Unterlassung der geplanten Maßnahme zu erwartenden Folgen[761].

Liegen **typische Risiken**[762] (dazu bereits Abschnitt III. B. 1. c) aa) dieses Kapitels) vor, ist die ärztliche Aufklärungspflicht umfänglich insofern verschärft, als auf diese – unabhängig von der Häufigkeit ihres Eintrittes – auch bei seltenen, aber erheblichen Gefahren hinzuweisen ist[763]. Einschränkungen kann die verschärfte Aufklärungspflicht im Einzelfall ausnahmsweise bei typischen Risiken, deren Folgen unerheblich sind[764], erfahren.

Insgesamt ist über **objektiv unbedeutende** Risiken oder Nachwirkungen, das sind solche, die aufgrund ihres äußerst unwahrscheinlichen Eintrittes am Entschluss des Patienten keine Veränderung herbeiführen, grundsätzlich nicht aufzuklären. Anderes gilt, falls diese Risiken – dem Arzt erkennbar – geeignet sind, Einfluss auf die Entscheidung des Patienten zu nehmen[765]. Dazu wie auch zu **allgemeinen Risiken**, Abschnitt III. B. 1. c) aa) dieses Kapitels. Zu bedenken ist freilich, dass diese Angaben nur Kriterien, welche in die Abwägung miteinzubeziehen sind, darstellen. Im konkreten Einzelfall sind Abweichungen möglich.

---

761 Vgl dazu bereits OGH 23.6.1982, 3 Ob 545/82; *Memmer,* Aufklärung, in *Aigner/Kletečka/Kletečka-Pulker/Memmer (Hrsg),* HB Medizinrecht, I.3/90/a und 94.

762 OGH 28.3.2007 7 Ob 21/07z: *„Die Typizität ergibt sich nicht aus der Komplikationshäufigkeit, sondern daraus, dass das Risiko speziell dem geplanten Eingriff anhaftet und auch bei Anwendung aller größter Sorgfalt und fehlerfreier Durchführung nicht sicher zu vermeiden ist und den nichtinformierten Patienten überrascht, weil er nicht damit rechnete. Diese typischen Risken müssen erhebliche Risken sein, die geeignet sind, die Entscheidung des Patienten zu beeinflussen, ohne dass dabei nur auf die Häufigkeit der Verwirklichung dieses Risikos abzustellen wäre“.*

763 Als Bsp: OGH 28.3.2007 7 Ob 21/07z (Verletzung der Aufklärungspflicht bei Nicht-Aufklärung über mögliche Operationsrisken, *„selbst wenn diese Risken nur im Falle einer körperlichen Anomalie eintreten und die Anomalie weder präoperativ noch während der Operation rechtzeitig erkannt werden kann“*).

764 OGH 15.3.2021, 4 Ob 194/20p (Hinweis auf Blutung der Milz bei erfolgter Aufklärung über typische Risiken einer Gallenblasenoperation einschließlich der *„möglichen Verletzung benachbarter Organe“* würde *„die Aufklärungspflicht des Arztes überspannen“*). Zur Einschränkung aufgrund einer zu vernachlässigenden Komplikationshäufigkeit, einem äußerst seltenen Risiko, einem unwahrscheinlichen Risiko oder einem sehr selten eintretenden Schadensfall bsd deutlich: OGH 24.10.1996, 6 Ob 2211/96g.

765 Bspw: OGH 12.7.1990, 7 Ob 593/90 (Zyklusverschiebung infolge eines Medikaments, wodurch es bei der angewandten Knaus-Ogino-Verhütungsmethode zum Eintritt einer Schwangerschaft kam); *Memmer,* Aufklärung, in *Aigner/Kletečka/Kletečka-Pulker/Memmer (Hrsg),* HB Medizinrecht, I.3/91.

bb) Vom konkreten Patienten abhängige Kriterien[766]

- **Von der Persönlichkeitsstruktur abhängige Umstände**

Auf Seiten des Patienten hat der aufklärungspflichtige Arzt vordringlich dessen Persönlichkeitsstruktur zu berücksichtigen. Insbesondere gilt es, die mit einem Übermaß an Information möglicherweise verbundene Verunsicherung zu vermeiden, weshalb auch eine vor allem bei absoluter Indikation in Betracht kommende Mindestaufklärung über Risiken, keine beunruhigende Wirkung entfalten darf[767].

Dies gilt umso mehr bei **besonders ängstlichen Patienten**, deren mangelnde psychische Belastbarkeit ungünstige Auswirkungen auf Gesamtzustand und Genesung zeigen kann. Sohin ist der Arzt bei Zusammenspiel der Faktoren – **absolute oder vitale Indikation** einer Maßnahme, besondere Ängstlichkeit – ausnahmsweise zur Beschränkung der Aufklärung (und damit des Selbstbestimmungsrechts) unter dem Gesichtspunkt des Patientenwohles berechtigt[768].

Die Zuerkennung dieses sog **therapeutischen Privilegs** (therapeutischer Vorbehalt) ermöglicht es dem Arzt, die Risikoaufklärung auf ein Mindestmaß zu reduzieren, wenn es das Wohl des Patienten im konkreten Einzelfall erfordert. Es ergibt sich implizit aus den (in diesem Abschnitt III. B 1. d) zitierten) höchstgerichtlichen Entscheidungen zum Vorrang des Patientenwohls[769]. Problematisch erscheint allerdings die Einschätzung, ab welchem Schweregrad von einer besonderen Ängstlichkeit auszugehen ist und welcher Arzt (der Behandler oder ein eigens beizuziehender Facharzt für Psychiatrie) zur Beurteilung befähigt ist. Dies zumal der OGH[770] selbst bereits die Aufklärungsverpflichtung über eine vorübergehende Gemütsaufregung stellte, womit er eine Rücksichtnahme auf die psychische Verfassung angesichts besonders gravierender Folgen für die Zukunft ablehnte.

[766] Vgl dazu auch spezifische Risiken aus der Sphäre des Patienten (Abschnitt III. B. 1. c) aa) die ebenso zu den vom konkreten Patienten abhängigen Kriterien gezählt werden können wie die Zugehörigkeit zu einem anderen Kulturkreis. OGH 15.3.2001, 6 Ob 258/00k (Einstellung des Patienten, Zahnbehandlung unter Vollnarkose sei *„nichts Besonderes"*).

[767] OGH 28.4.1993, 6 Ob 542/93.

[768] Umfassend: OGH 23.6.1982, 3 Ob 545/82.

[769] Vgl auch *Memmer,* Aufklärung, in *Aigner/Kletečka/Kletečka-Pulker/Memmer (Hrsg),* HB Medizinrecht, I.3/95f, der darauf hinweist, dass das therapeutische *Privileg „auf das Wie, nicht auf das Ob der Aufklärung"* abzielt; *Wallner,* Therapeutisches Privileg – zwischen Ehrlichkeit und Menschlichkeit, RdM 2023/45, 206ff.

[770] OGH 7.3.2006, 5 Ob 165/05h: Der Arzt hätte über sofortige Abklärung in Risikoambulanz und Ausmaß der drohenden Behinderungen des Kindes aufklären müssen. Sein Schweigen aus Rücksicht auf die psychische Verfassung der Schwangeren lag nicht in deren Gesamtinteresse, möglicherweise aus der Behinderung ihres Kindes sich ergebende Erschwernisse in Kauf nehmen zu müssen.

Bei **relativ indizierten Maßnahmen** und solchen ohne Indikation ist auch dem ängstlichen Patienten eine umfassende Aufklärung zu erteilen[771], maW ist ein **therapeutischer Vorbehalt** hier jedenfalls **abzulehnen**.

Abgesehen von der Psyche sind auch Intellekt und Informationsstand des jeweiligen Patienten (vgl auch Art 16 Abs 2 Patientencharta) zu berücksichtigen. Dabei ist bei medizinisch informierten, sog **wissenden Patienten**, abhängig vom konkreten Wissenstand eine Reduktion der Aufklärung bis zu ihrem Entfall denkbar. Der Informationsquelle (zB Ausbildung, Tätigkeit, eigene Erfahrung) kommt dabei keinerlei Relevanz zukommt. Über die tatsächlichen Kenntnisse seines Patienten hat sich der Arzt freilich vorher Gewissheit zu verschaffen, jedenfalls darf er solche in der Regel (zu allgemein bekannten Risiken, Abschnitt III. B. 1. c) aa) dieses Kapitels) bei medizinisch ungeschulten Personen nicht voraussetzen[772].

- **Vom Verhalten des Patienten[773] abhängige Umstände**

Grundsätzlich ist nicht davon auszugehen, dass ein **schweigender Patient**, nur weil er keine Fragen stellt, schlüssig auf Information verzichtet. Dieser Ansatz ist mit dem Gesichtspunkt, dass die Aufklärung dem Patienten auch nicht gegen seinen Willen aufgedrängt werden soll, abzuwägen.

Ein teilweiser oder gänzlicher, ausdrücklicher bzw konkludenter **Verzicht** auf die Aufklärung im Vertrauen auf die Behandlungsentscheidung des Arztes ist möglich, wobei der Patient diesbezüglich freilich keiner Beeinflussung ausgesetzt werden darf (ausdrücklich: Art 16 Abs 4 Patientencharta)[774]. Zum Behandlungswunsch eines sog **entschlossenen** Patienten, der dogmatisch gesehen einem teilweisen Aufklärungsverzicht gleichkommt, siehe bereits Abschnitt III. B. 1. c) aa) dieses Kapitels (keine Aufklärung über alternative Behandlungsmethoden).

Dem ausdrücklich **fragenden** Patienten dürfen wahrheitsgemäße Antworten nicht verwehrt werden. Abhängig vom Wunsch des Patienten hat der Arzt dann auch über nicht indizierte Maßnahmen aufzuklären[775].

---

[771] Vgl OGH 17.1.2001, 6 Ob 313/00h.

[772] Allgemein: OGH 23.6.1982, 3 Ob 545/82. Im Besonderen: OGH 28.4.1993, 6 Ob 542/93 (Stationsschwester, die Kenntnis und Informationsmöglichkeiten hat); OGH 29.1.1997, 7 Ob 12/97h (eigene Erfahrung des Patienten aufgrund bisheriger Behandlungen); OGH 12.8.2004, 1 Ob 139/04d (eigene Erfahrung des Patienten, *„keine fußbezogene Aufklärung bei zwei gleichartigen Operationen“*); OGH 25.1.2006, 7 Ob 293/05x (eigene Erfahrung des Patienten aufgrund zeitlich unmittelbarer Folgeoperation am selben Organ).

[773] Vgl *Memmer*, Aufklärung, in *Aigner/Kletečka/Kletečka-Pulker/Memmer (Hrsg)*, HB Medizinrecht, I.3/102ff.

[774] Zum schweigenden wie verzichtenden Patienten bereits OGH 23.6.1982, 3 Ob 545/82.

[775] Vgl OGH 8.7.2003, 5 Ob 162/03i: *„Auf Wunsch der Patientin sei der Arzt als Ausfluss des Behandlungsvertrages zu einer medizinischen Aufklärung auch dann verpflichtet, wenn er auf Grund seines medizinischen Fachwissens einen Kaiserschnitt nicht als indiziert ansehe“*.

Schließlich sei festgehalten, dass nur ein persönliches Gespräch mit dem Patienten den Arzt beurteilen lässt, wieweit eine Aufklärung erwünscht bzw verkraftbar ist und ob Anhaltspunkte für einen (konkludenten) Verzicht vorhanden sind[776].

e) Zeitpunkt der Aufklärung

Die Frage, wann die ärztliche Aufklärung (Selbstbestimmungsaufklärung[777]) stattzufinden hat, ist weder im ärztlichen Berufsrecht, noch im Krankenanstaltenrecht geregelt. Diverse **Spezialgesetze** enthalten **Mindestfristen** zwischen Aufklärung und Einwilligung bzw Durchführung der medizinischen Maßnahme. So sieht bspw § 6 Abs 1 ÄsthOpG die Einhaltung einer Mindestfrist von zwei Wochen[778] zwischen dem Abschluss[779] der ärztlichen Aufklärung und der Einwilligung in eine ästhetische Operation vor. Ein vor Ablauf der Mindestfrist durchgeführter ästhetischer Eingriff wäre rechtswidrig[780]. Die Aufklärung nach § 7 Abs 1 FMedG hat *„spätestens 14 Tage"* vor der medizinisch unterstützten Fortpflanzung zu erfolgen, ein Aufklärungsverzicht wäre unwirksam.

Außerhalb von spezialgesetzlich geregelten medizinischen Maßnahmen ist der Zeitpunkt der ärztlichen Aufklärung so anzusetzen, dass dem Patienten eine ***„angemessene Überlegungsfrist"***[781] vor der Behandlung verbleibt. Die Angemessenheit der Überlegungsfrist ist gemäß der stRsp[782] nur im konkreten Einzelfall, abhängig von Dringlichkeit, Indikation und Schwere der geplanten Maßnahme ermittelbar.

---

776 Vgl etwa: OGH 19.12.1984, 3 Ob 562/84.

777 Die therapeutische Aufklärung (Sicherungsaufklärung) wird im Gegensatz zur Selbstbestimmungsaufklärung zumeist erst nach erfolgter Einwilligung erteilt (dazu oben, Abschnitt III. B. 1. c) dd) dieses Kapitels).

778 Nach § 6 Abs 1 Satz 3 ÄsthOpG wird dem Gesundheitsminister eine Verordnungsermächtigung zur Bestimmung einer verkürzten Frist von zumindest einer Woche für ausländische Personen, die nur zur Durchführung der ästhetischen Operation nach Österreich kommen, eingeräumt.

779 Aus dem Gesetzeswortlaut des § 6 Abs 1 Satz 2 ÄsthOpG *(„abgeschlossenen ärztlichen Aufklärung")* ist gem OGH 31.8.2018, 6 Ob 120/18t zu schließen, *„dass die Zwei-Wochen-Frist erst zu laufen beginnt, wenn nicht nur über den Eingriff aufgeklärt wurde, sondern auch durch den Facharzt für Anästhesiologie und Intensivmedizin über die allenfalls erforderliche Anästhesie"*.

780 Vgl jedoch OGH 18.10.2022, 4 Ob 172/22f: Die Zwei-Wochen-Frist des § 6 Abs 1 Satz 2 ÄsthOpG ist im Unterschied zu *„Dokumentationspflichten oder dem Schriftlichkeitsgebot"* keine *„bloße Form- oder Ordnungsvorschrift"*. Dem Arzt steht *„bei Verletzung der Wartefrist"* jedoch der Einwand des rechtmäßigen Alternativverhaltens (Patient hätte auch bei Einhaltung der Frist eingewilligt) zu.

781 Vgl RIS-Justiz RS0118651; zuletzt etwa OGH 13.11.2023, 3 Ob 179/23d (Aufklärung über eine laparoskopische Magenbypass-Operation *„am späten Nachmittag des Vortages der Operation"* ist verspätet).

782 Für alle: OGH 24.9.2019, 6 Ob 77/19w; OGH 22.02.2007 8 Ob 140/06f; OGH 30.5.2006, 5 Ob 121/06i.

Die Abwägung zwischen dem Selbstbestimmungsrecht des Patienten und der Hilfeleistungspflicht darf bei dringend gebotenen **(absolut oder vital indizierten)** Maßnahmen zugunsten der ärztlichen Hilfeleistungspflicht ausschlagen, sodass die Aufklärung auch noch unmittelbar vor der Behandlung zulässig ist[783].

Insgesamt geht die Rsp[784] von relativ kurzen Überlegungsfristen aus: So wurden Aufklärungsgespräche am Vorabend, Vortag bzw mehr als zehn Stunden vor medizinisch indizierten, nicht besonders dringenden **(relativ indizierten)** Operationen als rechtzeitig bewertet. Doch sollte diesfalls berücksichtigt werden, dass eine allzu kurz bemessene Bedenkzeit möglicherweise den Wunsch eines Patienten, sich mit Vertrauenspersonen zu beraten oder eine zweite ärztliche Meinung einzuholen, konterkariert. Der Patient darf durch die Wahl des Aufklärungszeitpunktes keinesfalls in eine psychische Zwangslage versetzt werden[785].

Insofern wäre auch ein Überdenken jener Auffassungen[786] erforderlich, die hinsichtlich **Hilfshandlungen** zu chirurgischen Eingriffen, wie insb der Anästhesie, eine kurzfristige Aufklärung – nachdem der Patient ausreichend Überlegungszeit bezüglich des chirurgischen Eingriffs als Hauptbehandlung erhalten hatte – befürworten. Selbst wenn das Hauptrisiko nicht in der Narkose gelegen ist, sollte der Patient iS einer Gesamtabwägung die Gelegenheit erhalten, auch dieses in seine Überlegungen einzubeziehen. Außerdem begünstigen derartige Ansätze eine entgegen der Rsp[787] geübte Praxis, den Patienten auf dem Weg zum Operationssaal noch einer

783 Vgl OGH 13.2.2004, 7 Ob 15/04p, RdM 2004, 153.

784 Zur Überlegungsfrist: OGH 25.4.2019, 5 Ob 4/19b, wonach eine Aufklärung am Vortag der Operation als rechtzeitig gewertet wurde; OGH 28.1.2016, 1Ob252/15p betreffend die Zulässigkeit einer Hüftoperation *„nicht einmal 18 Stunden"* nach der Aufklärung; OGH 15.3.2000, 7 Ob 46/00s (Überlegungsfrist von mehr als zehn Stunden); OGH 14.4.1998, 10 Ob 137/98i (Vortag); OGH 23.6.1994, 6 Ob 555/94, RdM 1995, 17 (*Kopetzki*) (Vorabend). Angemerkt sei, dass die Höchstrichter das Erfordernis der Rechtzeitigkeit als gegeben sahen, obwohl der lebensbedrohende Zustand bei der Kontrolluntersuchung etwa einen Monat vor der Operation bereits bekannt war und ein früherer Operationstermin, für welchen sich der Patient eigens in stationäre Aufnahme begab, wegen Kliniküberlastung abgesagt werden musste. Abgesehen von dem hier nicht gegenständlichen Problem, ob das Wegschicken des Patienten angesichts seines Zustandes überhaupt lege artis war, stellt sich die Frage, ob der Patient nicht schon bei seinem letzten Klinikaufenthalt aufgeklärt werden hätte können, weshalb diese Entscheidung bei den nicht besonders dringenden Fällen angeführt ist.

785 Vgl die Anm von *Kopetzki* zu OGH 23.6.1994, 6 Ob 555/94, RdM 1995, 17.

786 Dazu *Engljähringer,* Ärztliche Aufklärungspflicht vor medizinischen Eingriffen, 168f mwN.

787 OGH 22.2.2007, 8 Ob 140/06f: Abgesehen von Notfällen erfolgt eine Aufklärung auf dem Weg in den Operationssaal zu spät. Außerdem habe der Arzt die Pflicht, *„auch gegen den ausdrücklichen Willen des Patienten einen nicht durch eine ‚rechtzeitige' Aufklärung ‚abgedeckten medizinischen' Eingriff* [hier Wahleingriff] *ab[zu]lehnen"*; OGH 15.3.2001, 6 Ob 258/00k: *„Die Aufklärung über die Gefahren einer Narkose hat jedenfalls grundsätzlich bereits stattzufinden, bevor alle Vorbereitungen für die Vollnarkose*

Aufklärung durch den Anästhesisten auszusetzen, die derart unmittelbar vor dem Eingriff besonders geeignet ist, eine psychische Zwangslage zu bewirken.

Der richtige Zeitpunkt will allerdings nicht nur zwecks Wahrung des Selbstbestimmungsrechts gut gewählt sein, sondern auch im Hinblick auf die Zeiteinteilung im arbeitsteiligen Prozess eines Medizinbetriebs. Gerade bei Eingriffen ohne medizinische Indikation oder solchen mit relativer Indikation sollte die Aufklärung bereits vor Festlegung eines konkreten Behandlungstermins erfolgt sein. Jede (erneute) stationäre Aufnahme zeigt weitreichende Folgen insbesondere wirtschaftlicher Natur. Neben Verschiebungen im Operationsplan und der Krankenhausorganisation (Bett könnte für dringenderen Fall benötigt werden, Beschaffung von Blutkonserven etc) sind auch Auswirkungen auf die Organisation des Patienten (Krankenstand, Versorgung von Angehörigen etc) unvermeidbar.

Die Forderung nach einer Aufklärung vor Terminvereinbarung führt schließlich zur Frage, ob die Aufklärung unwirksam sein kann, weil diese **zu früh** erfolgte. Hier ist zu unterscheiden: Werden zwei oder mehrere gleichartige Eingriffe am selben Organ in einer *„knappen zeitlichen Nähe"* zum Ersteingriff, der noch *„frisch im Gedächtnis"* ist[788], vorgenommen, so ist vor dem Folgeeingriff nicht erneut aufzuklären. Zum wissenden Patienten siehe auch Abschnitt III. B. 1. d) bb). Ansonsten hängt die Wirksamkeit einer zB schon vor sechs Monaten erfolgten Aufklärung vom tatsächlichen Wissen des Patienten ab. Der Arzt wird sich hier zu vergewissern haben, wie viel seinem Patienten noch bekannt ist und den Umfang der neuerlichen Aufklärung danach zu gestalten haben.

f) Form der Aufklärung

Der Gesetzgeber zeigt sich, ähnlich wie bei anderen Fragen des Aufklärungsrechts, auch hinsichtlich der Aufklärungsform zurückhaltend. Abgesehen von einzelnen sondergesetzlichen Bestimmungen (zB umfassende und verständliche mündliche und schriftliche Aufklärung vor Durchführung einer ästhetischen Operation gem § 5 Abs 1 ÄsthOpG, schriftliche und ausdrückliche Aufklärung der Teilnehmer von klinischen Prüfungen *„über Zweck und Umfang der Erhebung und Verarbeitung personenbezogener Daten"* gem § 41 Abs 1 AMG[789] und § 27 Abs 1 MPG 2021[790] oder schriftlicher Heil- und Kostenplan gemäß den Voraussetzungen des § 18 Abs 3 ZÄG) sind keine Formerfordernisse vorgesehen.

---

getroffen sind und der Narkosearzt bereit steht".

788 OGH 25.1.2006, 7 Ob 293/05x.

789 Bundesgesetz vom 2. März 1983 über die Herstellung und das Inverkehrbringen von Arzneimitteln (Arzneimittelgesetz), BGBl 1983/185 idgF.

790 Bundesgesetz betreffend Medizinprodukte 2021 (Medizinproduktegesetz 2021 – MPG 2021), BGBl 2021/122 idgF.

Im Gegensatz zu einzelnen spezialgesetzlichen Normen präferieren stRsp[791] und hL[792] das **persönliche Gespräch.** Nur im Dialog mit dem Patienten ist es dem Arzt möglich, Vertrauen zu gewinnen, Aufklärungsumfang und -intensität empfängerorientiert zu dosieren, etwaige subjektive Fehleinschätzungen seitens der Patienten zu korrigieren[793] sowie schließlich eine (gemeinsame) Entscheidungsfindung anzuvisieren. Bei Gestaltung der Gesprächsführung sollte der Arzt weder Druck ausüben noch den Eingriff verharmlosen oder die Aufklärung überwiegend iS eines Beruhigungsgespräches gestalten[794].

Obgleich die an eine ordnungsgemäße Aufklärung gestellten inhaltlichen, umfänglichen und zeitlichen Anforderungen in ihrer Gesamtheit nur mittels eines persönlichen Aufklärungsgespräches bewältigbar sind, bietet sich ergänzend der Einsatz von **Hilfsmitteln** an[795]. Unter diesem Sammelbegriff sind neben Bildmaterial und Modellen, insb Formulare und moderne Technologien zu verstehen. Mit Modellen, Zeichnungen und ähnlichem, lassen sich die Ausführungen des Arztes auch visualisieren, wobei gerade hinsichtlich kosmetischer Eingriffe das Aufkommen einer unzutreffenden Erwartungshaltung[796] zu vermeiden ist.

Darüber hinaus erfreuen sich **Aufklärungsformulare** in der Praxis wegen ihrer Beweisfunktion für eine ordnungsgemäße Aufklärung und einer möglichen Zeiterspar-

[791] Als Bsp: OGH 20.2.2020, 6 Ob 17/20y; OGH 18.7.2018, 5 Ob 75/18t (Aufklärungsbogen kann *„unmittelbares persönliches ärztliches Aufklärungsgespräch nicht ersetzen"*); OGH 22.2.2007, 8 Ob 140/06f; OGH 14.4.1998, 10 Ob 137/98i.

[792] Für alle: *Schramm/Stempkowski,* Die zahnärztliche Aufklärungspflicht – Eine Betrachtung aus juristischer Sicht, RdM 1997, 138. Nach *Memmer,* Aufklärung, in *Aigner/Kletečka/Kletečka-Pulker/Memmer (Hrsg),* HB Medizinrecht, I.3/116f sind Ausnahmen vom persönlichen Gespräch bei gehörlosen, schwerhörigen oder fremdsprachigen Patienten denkbar, wenn es ansonsten zu einer Behandlungsverzögerung käme. Diesfalls wären Aufklärungsbögen oder andere Hilfsmittel ausreichend.

[793] Eine subjektive Fehleinschätzung des Patienten *„trotz objektiv ausreichender Aufklärung über mögliche Folgen des Eingriffs"* würde die Aufklärung unzureichend machen: OGH 9.4.2002, 4 Ob 50/02k. Zum Ganzen auch *Kletečka-Pulker/Grimm/Memmer/Stärker/Zahrl,* Grundzüge des Medizinrechts, 67.

[794] So bspw: OGH 18.12.2006, 8 Ob 151/06y (Arzt erweckte beim Patienten den *„Eindruck der völligen Ungefährlichkeit des Eingriffes"*); OGH 28.2.2001, 7 Ob 233/00s (Arzt bewegte Patientin mit Argument, alle Untersuchungen müssten wiederholt werden, zur Zusage); OGH 7.9.1993, 10 Ob 503/93. Zum Hinweis, das Aufklärungsgespräch solle nicht überwiegend ein Beruhigungsgespräch sein: *Giesen,* Arzthaftungsrecht[4], 294.

[795] Zum Einsatz von Hilfsmitteln: *Memmer,* Aufklärung, in *Aigner/Kletečka/Kletečka-Pulker/Memmer (Hrsg),* HB Medizinrecht, I.3/111f.

[796] Vgl bereits OGH 4.7.1991, 6 Ob 558/91. Im konkreten Fall zeichnete der Arzt das Ergebnis der Operation auf einem Foto seiner Patientin ein, sodass *„bei dieser der Eindruck entstehen musste, dieses Ziel werde auch tatsächlich erreicht werden"*. Nach OGH 27.2.2009, 6 Ob 122/07w ist bei kosmetischen Operationen darüber aufzuklären, dass das *„Ziel der optischen Verbesserung des Aussehens"* uU nicht erreicht werden kann.

nis großer Beliebtheit[797], doch ist Vorsicht geboten: Wird dem Patienten ohne Gespräch lediglich *„im bürokratischen Weg"* eine pauschale Bestätigung[798] über den Eingriff zur Unterschrift vorgelegt, fehlt die Aufklärung. Auch wenn Merkblätter bzw Aufklärungsbroschüren eine Auflistung der eingriffsspezifischen Risiken enthalten, gewährleistet nur ein unmittelbares persönliches Gespräch, dass der Patient Bedeutung wie auch Tragweite der verwendeten termini technici richtig erfasst[799].

Als Unterstützung für das Aufklärungsgespräch finden auch Formulare Anwendung, die Raum für handgeschriebene Zusätze enthalten und insofern individuelle, auf den jeweiligen Patienten abgestimmte Anmerkungen erlauben, gleichzeitig aber mit dem Problem der Nachweisbarkeit, dass die Anmerkungen ausschließlich vor Aufklärung hinzugefügt wurden, behaftet sind[800]. Daneben kann moderneren Technologien, wie etwa der **computergestützten (digitalen) Aufklärung** unterstützende Funktion beim Gespräch zukommen[801]. Dabei handelt es sich um spezielle Programme, die nach Auswahl des geplanten Eingriffs Bildmaterial und jene Risiken, Alternativen etc anzeigen, die der medizinischen Maßnahme jedenfalls anhaften und deshalb stets Inhalt der Aufklärung sein sollten. Zusätzliche Auswahlmenüs, die eine Abstimmung auf den konkreten Einzelfall zulassen und individuelle Ergänzungen des Arztes ermöglichen eine patientenspezifische Gestaltung. Nach Vervollständigung der Eingabe durch Nennung von Patientendaten, Diagnose und Datum erfolgt ein Ausdruck, der als Arbeitsunterlage beim Gespräch einsetzbar ist und eventuell mit handschriftlichen Ergänzungen versehen werden kann. Die fertigen Unterlagen können anschließend dem Patienten zwecks Entscheidungsfindung, Unterfertigung und Beweis überlassen werden[802].

---

797 *Memmer,* Aufklärung, in *Aigner/Kletečka/Kletečka-Pulker/Memmer (Hrsg),* HB Medizinrecht, I.3/112f.

798 Vgl OGH 31.1.1995, 4 Ob 509/95. Ebenso OGH 14.7.2005, 6 Ob 86/05y, doch hat in diesem Fall *„jener Arzt, der den Aufklärungsbogen unterfertigt hat, die wesentlichen möglichen Komplikationen der geplanten Operation noch einmal mündlich zusammengefasst".*

799 So bereits OGH 30.1.1996, 4 Ob 505/96.

800 Dazu wie zu den anderen Formen der Formularaufklärung, vgl *Jungbecker,* Formulargestützte Aufklärung, in *Arbeitsgemeinschaft Rechtsanwälte im Medizinrecht e.V. (Hrsg),* Risiko Aufklärung, 31ff (39).

801 Zum Ganzen *Müller,* Computergestützte Patientenaufklärung, in *Arbeitsgemeinschaft Rechtsanwälte im Medizinrecht e.V. (Hrsg),* Risiko Aufklärung, 46ff. Dieses, die Formularaufklärung weiterentwickelnde Konzept findet auch Deckung in der Rsp, wonach das Durchgehen eines Informationsblattes *„Punkt für Punkt"* im persönlichen Gespräch den Aufklärungsanforderungen entspricht: so bereits OGH 14.4.1998, 10 Ob 137/98i.

802 *Mazal,* Medizinische Aufklärung – Berücksichtigung neuer Medien, RdM 2000, 161 empfiehlt, das nicht-patientenspezifische Aufklärungsmodul, maW den standardisierbaren Teil der Aufklärung, vor dem Gespräch auf Datenträger anzubieten. Damit eröffnet sich die Möglichkeit, das in zahlreichen Studien nachgewiesene Defizit von Patienten bei Informationsaufnahme (vgl dazu die Studie von *Radner W. et al,* Ärztliche Aufklärungspflicht, RdM 2003, 78ff mwN) zu minimieren, da der Patient vorinformiert zum Gespräch kommt.

g) Exkurs: Dokumentation der Aufklärung

Die Dokumentation der Aufklärung ist im Rahmen des Behandlungsvertrages[803] geschuldet und auch gesetzlich normiert (entweder als Teil der ärztlichen Aufzeichnungen zB in § 51 Abs 1 ÄrzteG, § 19 Abs 1 ZÄG, § 5 Abs 4 und 5 ÄsthOpG oder der Krankengeschichte gem § 10 Abs 1 Z 2 lit a KAKuG). Der Zweck der Dokumentationspflicht *„liegt in der* ***Therapiesicherung*** *aber auch in der* ***Beweissicherung*** *und* ***Rechenschaftslegung***"[804].

Entsprechend der hL[805] hat die Dokumentation der Aufklärung neben allgemeinen Angaben (Ort, Datum, Name des aufklärenden Arztes etc) insbesondere eine **Zusammenfassung** des Gesprächs in Stichworten zu beinhalten, wobei ein Aufklärungsverzicht des Patienten oder die Gründe für eine Inanspruchnahme des therapeutischen Privilegs besonders gründlich zu dokumentieren sind. Arzt und/oder Krankenanstaltenträger tragen die Beweislast[806] hinsichtlich einer ordnungsgemäßen Aufklärung. Die Rsp[807] hat zugunsten des Patienten die **Vermutung** aufgestellt, ***„dass eine nicht dokumentierte Maßnahme vom Arzt nicht getroffen wurde"***.

Zweifelsohne ist die Verpflichtung zur ordnungsgemäßen Dokumentation zeitintensiv[808] und wird von Ärzten bisweilen als Belastung empfunden[809], doch lässt sie sich durch den Einsatz von Hilfsmitteln optimieren. Dabei kommt gerade solchen Formularen, die mit handschriftlichen Anmerkungen versehen werden, ein besonders hoher Beweiswert zu. Dies umso mehr als sie mit dem Patienten im Gespräch *„Punkt für Punkt"*[810] erörtert werden. Aufklärung und Dokumentation erfolgen hier im selben Arbeitsschritt und mit Übergabe der (von Arzt und Patient fakultativ

803 Als Bsp: OGH 28.8.1997, 3 Ob 2121/96z, RdM 1998, 61 (Dokumentation als behandlungsvertragliche Pflicht – nicht bloß als *„interne Gedächtnisstütze des Arztes"*).

804 OGH 16.8.2001, 8 Ob 134/01s.

805 Vgl *Engljähringer,* Ärztliche Aufklärungspflicht vor medizinischen Eingriffen, 178; *Kletečka-Pulker,* Dokumentation und Datenschutz, in *Aigner/Kletečka/Kletečka-Pulker/Memmer (Hrsg),* HB Medizinrecht, I.5/159f; *Kopetz,* Dokumentation der Krankenbehandlung in der Arztpraxis, RdM 1995, 13.

806 Dies wurde erstmals in OGH 12.11.1992, 8 Ob 628/92 ausgesprochen.

807 OGH 25.4.2023, 1 Ob 36/23k *(„Eine Dokumentationspflichtverletzung begründet [...] die Vermutung, dass eine indizierte, aber nicht dokumentierte Maßnahme vom Arzt nicht getroffen wurde; der Nachweis eines objektiven Sorgfaltsverstoßes wird dadurch aber nicht begründet.")*; OGH 12.8.2004 1 Ob 139/04d; OGH 15.3.2001, 6 Ob 258/00k; OGH 1.12.1998, 7 Ob 337/98d.

808 *Uhlenbruck,* Formulargesteuerter Medizinbetrieb, in *Kern et al (Hrsg),* Humaniora Medizin – Recht – Geschichte, Festschrift für Adolf Laufs zum 70. Geburtstag, 1139 spricht von 30-40% der Gesamtarbeitszeit.

809 So bereits *Ellinger/Missliwetz,* Die Verpflichtung zur Führung ärztlicher Aufzeichnungen, RZ 1994, 124.

810 OGH 14.4.1998, 10 Ob 137/98i.

unterfertigten) Unterlagen an den Patienten[811] kann vom Arzt zugleich die nötige Transparenz geschaffen werden, um nicht dem Vorwurf nachträglicher Hinzufügung von Anmerkungen bzw einer mangelhaften oder überhaupt fehlenden Aufklärung ausgesetzt zu sein.

2. Einwilligung

Nach dem Konzept des informed consent (vgl dazu oben, Abschnitt III. B. dieses Kapitels) bedarf jede medizinische Maßnahme der Einwilligung. Die Durchführung einer Behandlung ohne Einwilligung wäre grundsätzlich (vgl etwa zu Notfällen Abschnitt III. A. 1.) rechtswidrig.

Die **Rechtsnatur** der Einwilligung ist **umstritten**[812], ein Teil der Lehre qualifiziert die Einwilligung als rechtsgeschäftliche Willenserklärung, während andere Literaturstimmen[813] und die Rsp[814] von einem höchstpersönlichen Recht ausgehen.

Die Einwilligung in die Behandlung ist, wie bereits mehrfach erwähnt, infolge unterschiedlicher Voraussetzungen (Einwilligungsfähigkeit versus Geschäftsfähigkeit) strikt **vom Abschluss des Behandlungsvertrags**, der Geschäftsfähigkeit voraussetzt, **zu unterscheiden**, auch wenn Beides zugleich erfolgen kann. Dies bedeutet maW, dass nach erfolgtem Vertragsabschluss zusätzlich in die Heilbehandlungen einzuwilligen ist[815].

a) Voraussetzungen

Primäre Voraussetzung einer gültigen Einwilligung ist die **Einwilligungsfähigkeit**, die an die Entscheidungsfähigkeit (vormals Einsichts- und Urteilsfähigkeit[816]) des

[811] Zur Notwendigkeit einer schriftlichen Kommunikation zwischen Arzt und Patient (allerdings im Hinblick auf die Rechnungslegung): *Mazal,* Schriftliche Patientenkommunikation als Asset! RdM 2004, 161.

[812] Zur str Rechtsnatur der Einwilligung (Rechtsgeschäft – volle Geschäftsfähigkeit nötig) und der Gegenmeinung (*„Ausübung des höchstpersönlichen Rechtes auf Selbstbestimmung“* geknüpft an Einsichts- und Urteilsfähigkeit) vgl für viele: *Heidinger,* Die ärztliche Aufklärungspflicht in der Rechtsprechung des Obersten Gerichtshofes, in *Harrer/Graf (Hrsg),* Ärztliche Verantwortung und Aufklärung, 29f mwN.

[813] Vgl *Kletečka,* Einwilligung, in *Aigner/Kletečka/Kletečka-Pulker/Memmer (Hrsg),* HB Medizinrecht, I.4/135.

[814] Vgl OGH 19.12.1984, 3 Ob 562/84 (*„höchstpersönliches Recht auf Erteilung der Einwilligung“*); bsd deutlich: OGH 11.11.1997, 7 Ob 355/97z (Einwilligung als höchstpersönliches Recht); OGH 22.4.1999, 6 Ob 55/99b (Substitution der Einwilligung nur bei fehlender Einsichtsfähigkeit); OGH 28.11.2017, 9 Ob 68/17s (Einwilligung durch das einsichts- und urteilsfähige Kind selbst).

[815] Zum Ganzen: *Kletečka,* Einwilligung, in *Aigner/Kletečka/Kletečka-Pulker/Memmer (Hrsg),* HB Medizinrecht, I.4/133; *Kerschner,* Behandlungsverträge bei minderjährigen Patienten, RdM 2013/138, 215.

[816] Bis zum 2. ErwSchG, mit dem ua das ABGB geändert wurde, BGBl I 2017/59, in Kraft getreten mit 1.7.2018.

Patienten geknüpft ist[817]. *„Entscheidungsfähig ist, wer die Bedeutung und die Folgen seines Handelns im jeweiligen Zusammenhang verstehen, seinen Willen danach bestimmen und sich entsprechend verhalten kann“* (§ 24 Abs 2 ABGB). Dies bedeutet, dass der Patient im Stande sein muss, Grund sowie Bedeutung seiner medizinischen Behandlung einzusehen und seinen Willen danach zu bestimmen, wobei diese kognitiven und voluntativen Fähigkeiten kumulativ vorhanden und konkret, dh bezogen auf Person, psychischen Zustand und Behandlungsmaßnahme, vorliegen müssen[818]. Fehlt die konkrete Einwilligungsfähigkeit, räumt der Gesetzgeber die Zustimmungsbefugnis regelmäßig Dritten ein. Es sind dann va der gesetzliche Vertreter bzw der Erwachsenenvertreter zur Entscheidung berufen (vgl etwa § 173 Abs 1 Satz 2 ABGB, § 24 Abs 4 KAKuG oder § 36 Abs 2 UbG). Näheres dazu siehe Abschnitt b) und c) dieses Kapitels.

Eine weitere wesentliche Voraussetzung einer gültigen Einwilligung ist die **Aufklärung** (Kapitel III. B. 1.), deren Adressat, wie erwähnt, grundsätzlich der Patient ist. Wird jedoch die Zustimmung eines Dritten (eines gesetzlichen Vertreters oder eines Erwachsenenvertreters) gefordert, ist dieser (ebenfalls) aufzuklären[819], da ansonsten keine Zustimmung iSd informed consent vorliegen würde. Klärt der konkret aufklärungspflichtige Arzt vor dem Eingriff nicht oder nur unzureichend auf, wäre die Einwilligung des Patienten bzw die Zustimmung des Dritten unwirksam.

Bei Einverständnis mit der im Rahmen des Aufklärungsgesprächs vorgeschlagenen Behandlung bedarf es einer **Einwilligungserklärung**. Diese ist ausdrücklich oder konkludent (vgl § 863 ABGB) möglich, hat frei von Willensmängeln (vgl §§ 869 ff ABGB) zu erfolgen und ist spätestens bei Behandlungsbeginn abzugeben. Besondere Formvorschriften (zumeist Schriftlichkeit) sehen diverse Sondergesetze[820] vor. Die strengste Form normiert § 8 Abs 1 FMedG, demzufolge die Zustimmung zu einer medizinisch unterstützten Fortpflanzung bei Lebensgefährten oder bei Verwendung von Samen oder Eizellen Dritter eines Notariatsaktes bedarf.

---

817 *Kopetzki,* Einwilligung und Einwilligungsfähigkeit, in *Kopetzki (Hrsg),* Einwilligung und Einwilligungsfähigkeit, 1f sowie *Kopetzki,* Unterbringungsrecht II, 816ff; OGH 28.11.2017, 9 Ob 68/17s (Einwilligung durch das einsichts- und urteilsfähige Kind selbst).

818 Zu diesen, von der Lehre entwickelten Kriterien, vgl insb die Ausführungen von *Kopetzki,* Grundriss des Unterbringungsrechts³ Rz 620ff sowie *ders,* Unterbringungsrecht II, 816ff und aus der deutschen Diskussion: *Amelung,* Die Einwilligungsfähigkeit in Deutschland, in: *Kopetzki (Hrsg),* Einwilligung und Einwilligungsfähigkeit, 24ff.

819 Vgl bereits OGH 19.12.1984, 3 Ob 562/84.

820 Als Bsp: Bei besonderen Heilbehandlungen iSd § 2 Abs 3 Z 15 UbG (also bei medizinischen Behandlungen, *„die gewöhnlich mit einer schweren oder nachhaltigen Beeinträchtigung der körperlichen Unversehrtheit oder der Persönlichkeit verbunden“* sind) sehen § 36 Abs 1 und 2 UbG eine schriftliche Zustimmung des entscheidungsfähigen Patienten bzw seines gewählten oder gesetzlichen Vertreters, soweit keine Entscheidungsfähigkeit des Patienten gegeben ist, vor. Nach § 8 Abs 1 BSG ist eine schriftliche Einwilligung des Spenders von Blut oder Blutbestandteilen erforderlich.

Darüber hinaus nennt die Rechtsordnung Eingriffe, in die eine rechtswirksame **Einwilligung** trotz Vorliegen der Einwilligungsvoraussetzungen **nicht möglich** ist. Derartige Behandlungsverbote sind bspw in § 90 Abs 3 StGB (Genitalverstümmelung) oder § 9 FMedG (Eingriffe in die Keimzellbahn) geregelt[821].

b) Kreis der Einwilligungsberechtigten

Die Entscheidungsfähigkeit (vgl oben Abschnitt a) dieses Kapitels) ist vom behandelnden Arzt im Einzelfall zu prüfen. Um die Beurteilung zu vereinfachen, wurde die gesetzliche Vermutung, dass die Entscheidungsfähigkeit bei mündigen Minderjährigen im Zweifel anzunehmen sei, in § 173 Abs 1 ABGB eingefügt. Kommt der Arzt bei Beurteilung der konkreten Entscheidungsfähigkeit jedoch zum Ergebnis, dass diese nicht vorliegt, kann er einen Facharzt für Psychiatrie als Sachverständigen beiziehen, um eine mögliche Schadenersatzpflicht wegen vorwerfbaren Irrtums zu vermeiden[822].

Ausgehend vom Erfordernis der Entscheidungsfähigkeit und der gesetzlichen Zweifelsregel des § 173 ABGB ergeben sich folgende Einwilligungsberechtige, wobei Abweichungen bei Einzelfallbeurteilung möglich sind:

aa) Personen bis zur Vollendung des 14. Lebensjahres

Aus § 173 Abs 1 ABGB folgt e contrario die Vermutung, dass Personen im Alter von 0 bis 14 Jahren (Kinder und unmündige Minderjährige) in Bezug auf medizinische Behandlungen nicht einwilligungsfähig sind. In Ermangelung der dafür nötigen Entscheidungsfähigkeit ist eine **Zustimmung des gesetzlichen Vertreters** vorgesehen (§ 173 Abs 1 letzter Satz ABGB). Konkret ist der mit der Pflege und Erziehung betraute gesetzliche Vertreter zur Substitution der Behandlungsentscheidung, die dem Kindeswohl iSd § 138 ABGB zu entsprechen hat, befugt. Die gesetzliche Vertretung obliegt regelmäßig den Eltern. Bei Obsorgeberechtigung beider Eltern *„ist jeder Elternteil für sich allein"* vertretungsbefugt (§ 167 Abs 1 ABGB)[823].

Dies hat insofern Auswirkung auf die Aufklärung, als diese nur dem Zustimmungsberechtigten zu erteilen ist. Kommt beiden Eltern die Obsorge zu, ist **nur der Elternteil aufzuklären**, der seine Befugnis zur Substitution der Behandlungsentscheidung konkret wahrnimmt[824]. Der einwilligungsunfähige Minderjährige, der (noch)

---

821 Vgl zu derartigen Einwilligungshindernissen *Kletečka-Pulker/Grimm/Memmer/Stärker/Zahrl,* Grundzüge des Medizinrechts, 40.

822 In diesem Sinne *Kletečka*, Einwilligung, in *Aigner/Kletečka/Kletečka-Pulker/Memmer (Hrsg),* HB Medizinrecht, I.4/136. Zur Haftung eines Psychiaters als Sachverständiger ebenso *Stormann* in *Schwimann/Kodek (Hrsg),* ABGB Praxiskommentar[5], Band 1, § 173 ABGB, Rz 14.

823 Vgl *Mokrejs-Weinhappel* in *Rummel/Lukas/Geroldinger,* ABGB[4] § 173 Rz 17 (Stand 1.5.2022, rdb.at).

824 *Mokrejs-Weinhappel* in *Rummel/Lukas/Geroldinger,* ABGB[4] § 173 Rz 17 (Stand 1.5.2022, rdb.at).

keine selbstbestimmte Entscheidung treffen kann, hat folglich keinen Anspruch auf Selbstbestimmungsaufklärung.

Falls das Verhalten eines Elternteils zu einer Gefährdung des Kindeswohls führt, darf das Gericht als ultima ratio eine gänzliche oder teilweise Entziehung der Obsorge bzw eine Entziehung der gesetzlichen Einwilligungs- und Zustimmungsrechte anordnen (§ 181 Abs 1 Satz 2 iVm § 182 ABGB). Diesfalls ist nach § 178 Abs 1 leg cit primär der andere Elternteil, dann die Groß- oder Pflegeeltern (§§ 184, 185 Abs 2 ABGB), schließlich *„eine andere Person"* iSd § 213 ABGB mit der Obsorge zu betrauen, wodurch diese auch zum Adressaten der Aufklärung wird. Im Einzelfall wird auch eine Behandlungsentscheidung durch das Gericht selbst in Betracht kommen. Dieses kann *„eine gesetzlich erforderliche Einwilligung oder Zustimmung ersetzen, wenn keine gerechtfertigten Gründe für die Weigerung vorliegen"* (§ 181 Abs 1 letzter Satz ABGB)[825].

Die gesetzliche Vermutung des § 173 Abs 1 ABGB ist widerleglich, sodass die **Entscheidungsfähigkeit** im Einzelfall auch **bei einem unter 14-Jährigen** vorliegen kann. Bei einander widersprechenden Erklärungen des gesetzlichen Vertreters und des unmündigen Minderjährigen, könnte die Zustimmung des gesetzlichen Vertreters (nicht jedoch die Einwilligung des entscheidungsfähigen Minderjährigen) durch das Gericht[826] ersetzt werden (§ 181 Abs 1 und 2 ABGB[827]).

bb) Mündige Minderjährige

Im Unterschied zu Personen unter 14 Jahren wird bei mündigen Minderjährigen (also Personen zwischen dem 14. und dem 18. Lebensjahr) die **Entscheidungsfähigkeit** im Zweifel – und damit widerlegbar – gesetzlich **vermutet** (§ 173 Abs 1 ABGB). Dies bedeutet, dass Patienten, die das 14. Lebensjahr vollendet haben, selbst die Einwilligung in medizinische Behandlungen erteilen dürfen, sofern sie die erforderlichen kognitiven und voluntativen Fähigkeiten besitzen und sich danach verhalten[828]. Bei Vorliegen der Entscheidungsfähigkeit ist der mündige Minderjährige zugleich Adressat der Aufklärung.

---

825 Vgl *Ondreasova* in *Rummel/Lukas/Geroldinger,* ABGB[4] § 181 Rz 16ff, 29 (Stand 1.5.2022, rdb.at).

826 Nach *Weitzenböck* in *Schwimann/Kodek (Hrsg),* ABGB Praxiskommentar[5], Band 1, § 181 ABGB, Rz 42 soll die Zustimmung des Gerichts auf einen äußerst schmalen Anwendungsbereich beschränkt bleiben. Als Bsp werden Fälle, *„bei denen – trotz ausreichend aufbereiteter Entscheidungsgrundlage – offenkundig keine gerechtfertigten Gründe für die Weigerung der mit der Obsorge betrauten Person vorliegen"*, genannt.

827 Dies ist gem § 181 Abs 2 ABGB entweder auf Antrag eines Elternteils oder auf Anregung anderer Personen (also des entscheidungsfähigen unmündigen Minderjährigen oder des behandelnden Arztes) möglich. Vgl dazu *Stormann* in *Schwimann/Kodek (Hrsg),* ABGB Praxiskommentar[5], Band 1, § 173 ABGB, Rz 16.

828 *Stormann* in *Schwimann/Kodek (Hrsg),* ABGB Praxiskommentar[5], Band 1, § 173 ABGB, Rz 13.

Sollte es dem mündigen Minderjährigen im konkreten Einzelfall an der Entscheidungsfähigkeit mangeln, ist wie bei Personen bis zur Vollendung des 14. Lebensjahres (dazu oben, Abschnitt aa) vorzugehen.

Für **Behandlungen**, die *„gewöhnlich mit einer* ***schweren oder nachhaltigen Beeinträchtigung*** *der körperlichen Unversehrtheit oder der Persönlichkeit verbunden"* sind, gilt § 173 Abs 2 ABGB. Bezüglich des genauen Anwendungsbereiches dieser Norm – bspw ob auch eine Appendektomie, Tätowierungen oder welche Medikamente darunter zu subsumieren sind – bestehen im Einzelfall Unklarheiten[829]. Fest steht nur, dass die erwähnte Schwere oder Nachhaltigkeit der Beeinträchtigung im Sinne einer schweren Körperverletzung gem § 84 Abs 1 StGB (*„länger als vierundzwanzig Tage dauernde Gesundheitsschädigung oder Berufsunfähigkeit" oder „an sich schwere Verletzung oder Gesundheitsschädigung"*) bzw im Sinne einer fortdauernden Beeinträchtigung zu verstehen ist[830].

Im Gegensatz zu einfachen Behandlungen nach § 173 Abs 1 ABGB, erfordern schwere Behandlungen iSd § 173 Abs 2 ABGB zusätzlich zur Einwilligung des konkret einwilligungsfähigen mündigen Minderjährigen eine am Kindeswohl orientierte Zustimmung des gesetzlichen Vertreters. Es wird sohin eine **Doppelaufklärung** (mündiger Minderjähriger und gesetzlicher Vertreter) nötig. Obgleich der Rechtscharakter des Substitutionsrechts in der Lit[831] umstritten ist, kann festgehalten werden, dass durch das Erfordernis der **Doppelzustimmung** (mündiger Minderjähriger und gesetzlicher Vertreter) zugleich das Selbstbestimmungsrecht des mündigen Minderjährigen begrenzt wird[832]. Dessen ungeachtet geht bei Verweigerung der Einwilligung durch den einwilligungsfähigen mündigen Minderjährigen das Selbstbestimmungsrecht vor. Die Behandlung hat diesfalls trotz Zustimmung des gesetzlichen Vertreters zu unterbleiben[833].

Verweigert der gesetzliche Vertreter seine Zustimmung zur Behandlung des die Behandlung bejahenden einwilligungsfähigen mündigen Minderjährigen, ist bei Kindeswohlgefährdung auch hier § 181 Abs 1 und 2 ABGB anzuwenden (dazu oben, Abschnitt aa).

---

829 Weitere Bsp finden sich bei *Stormann* in *Schwimann/Kodek (Hrsg),* ABGB Praxiskommentar[5], Band 1, § 173 ABGB, Rz 6, 18f mwN.

830 Ob eine derartige Qualifikation anzunehmen ist, wird außerdem von der im konkreten Fall angewandten Methode abhängen. Zum Ganzen auch *Barth,* Checkliste: Medizinische Behandlung Minderjähriger, RdM 2005, 4. Umfassend: *Haidenthaller,* Die Einwilligung Minderjähriger in medizinische Behandlungen, RdM 2001, 163ff.

831 Eine Darstellung der unterschiedlichen Meinungen findet sich bei *Stormann* in *Schwimann/Kodek (Hrsg),* ABGB Praxiskommentar[5], Band 1, § 173 ABGB, Rz 20.

832 IdS bereits *Fischer-Czermak,* Zur Handlungsfähigkeit Minderjähriger nach dem KindRÄG 2001, ÖJZ 2002, 293ff und *Resch,* Die Fähigkeit zur Einwilligung – zivilrechtliche Fragen, in *Kopetzki (Hrsg),* Einwilligung und Einwilligungsfähigkeit, 43; aM ist *Barth,* Minderjährige Patienten im Konflikt mit ihren Eltern, ÖJZ 2002, 596ff.

833 *Kletečka*, Einwilligung, in *Aigner/Kletečka/Kletečka-Pulker/Memmer (Hrsg),* HB Medizinrecht, I.4/139.

Für eine **andere mit der Obsorge betraute Person** (also nicht die Eltern, Groß- oder Pflegeeltern) sieht § 213 ABGB in Bezug auf **schwere Behandlungen** eine besondere Regelung vor. Eine Zustimmung des Obsorgeberechtigten ist nur möglich, wenn eine Bestätigung eines unabhängigen Arztes über das Nicht-Vorliegen der erforderlichen Entscheidungsfähigkeit beim mündigen Minderjährigen vorliegt und die Behandlung zur Wahrung des Kindeswohls erforderlich ist. Falls die ärztliche Bestätigung fehlt, der Minderjährige die Behandlung ablehnt oder der Obsorgeberechtigte unter Gefährdung des Kindeswohls die Zustimmung verweigert, kann die Zustimmung durch das Gericht ersetzt werden. Bei Kindeswohlgefährdung ist auch eine Übertragung der Obsorge an eine andere Person möglich (§ 213 Abs 2 ABGB).

cc) Volljährige Personen

- **Entscheidungsfähige Volljährige**

Nach der Zweifelsregel des § 24 Abs 2 ABGB wird die **Entscheidungsfähigkeit** bei Volljährigen (Personen ab Vollendung des 18. Lebensjahres) vermutet. In eine medizinische Behandlung kann ein entscheidungsfähiger Volljähriger nach Aufklärung *„nur selbst einwilligen"* (§ 252 Abs 1 ABGB).

Liegt nach Ansicht des Arztes die Entscheidungsfähigkeit nicht vor, hat er nachweislich Angehörige, Vertrauenspersonen oder Fachleute beizuziehen, die den Volljährigen bei der Erlangung der Entscheidungsfähigkeit unterstützen. Bei **Wiedererlangung der Entscheidungsfähigkeit** ist die Einwilligung des Volljährigen (nach Aufklärung) ausreichend (§ 252 Abs 2 und 3 iVm § 239 ABGB). Der Arzt hat die Beiziehung Dritter und die Weitergabe medizinischer Informationen an diese zu unterlassen, falls der Volljährige damit nicht einverstanden ist (§ 252 Abs 2 ABGB). Ansonsten ist ein Absehen von der Aufklärung des betroffenen Volljährigen oder seiner Unterstützer gem § 252 Abs 4 ABGB nur dann zulässig, wenn die damit einhergehende Verzögerung zu einer Lebensgefahr, Gefahr einer schweren Gesundheitsschädigung oder zu starken Schmerzen führen würde.

- **Entscheidungsunfähige Volljährige**

Bei **eingeschränkter oder mangelnder Entscheidungsfähigkeit** aufgrund einer psychischen Erkrankung bzw einer vergleichbaren Beeinträchtigung[834] kommt – der Vertretung unmündiger Minderjähriger vergleichbar – eine Substitution der Zustimmung durch einen Vertreter (einen Vorsorgebevollmächtigten oder Erwachse-

[834] *Kletečka*, Einwilligung, in *Aigner/Kletečka/Kletečka-Pulker/Memmer (Hrsg)*, HB Medizinrecht, I.4/147 weist darauf hin, dass die Rechtslage in Fällen, bei denen die Einwilligungsunfähigkeit nicht gem § 239 Abs 1 ABGB auf einer psychischen Krankheit bzw einer vergleichbaren Beeinträchtigung beruht, sondern aus einer physischen Beeinträchtigung *(„Koma nach Unfall")* resultiert, unklar ist. Die Lösung sieht der Autor in einer analogen Anwendung des Erwachsenenschutzrechts, maW soll die Bestellung eines Erwachsenenvertreters auch bei Einwilligungsunfähigkeit infolge physischer Beeinträchtigung möglich sein.

nenvertreter, dazu gleich) in Betracht (§ 239 Abs 1 iVm § 253 Abs 1 ABGB). Dies allerdings nur, falls die Wiedererlangung der Entscheidungsfähigkeit auch durch Hinzuziehung Dritter nicht möglich ist oder sich der nicht entscheidungsfähige Volljährige gegen deren Beiziehung ausspricht. Das Selbstbestimmungsrecht des Volljährigen genießt insofern Vorrang vor einer Stellvertretung (§ 239 Abs 1 iVm § 240 ABGB).

Der Vertreter hat seine **Zustimmung** zu einer Behandlung, geleitet vom Willen und vom Wohl des Vertretenen, zu gestalten. Bei gewählter Erwachsenenvertretung (dazu gleich) kann sogar eine Vertretung in Kooperation mit dem vertretenen Patienten vorgesehen werden. Im Zweifel darf der Vertreter jedoch davon ausgehen, dass die Durchführung einer medizinisch indizierten Behandlung dem Wunsch des Vertretenen entspricht (§ 253 Abs 1 iVm § 241 ABGB), wobei der Gesetzgeber im Gegensatz zu mündigen Minderjährigen hier nicht zwischen leichten und schweren Behandlungen unterscheidet.

Die Behandlung hat zu unterbleiben, wenn diese in einer wirksamen **Patientenverfügung** vom Volljährigen abgelehnt wurde. Diesfalls ist keine Einbeziehung des nunmehrigen Vertreters erforderlich (§ 253 Abs 4 ABGB).

Vor der Entscheidung ist nicht nur der Vertreter **aufzuklären**, sondern sind Grund und Bedeutung der medizinischen Behandlung bei Möglichkeit und sofern es dem Wohl nicht widerspricht, auch dem entscheidungsunfähigen Volljährigen zu erläutern (§ 253 Abs 2 ABGB).

Bei **Unstimmigkeiten** (Behandlungsablehnung durch den Vertretenen[835] und Zustimmung durch den Vertreter) bedarf die Zustimmung des Vertreters der gerichtlichen Genehmigung (§ 254 Abs 1 ABGB). Im umgekehrten Fall (Nicht-Zustimmung des Vertreters entgegen dem Willen des Vertretenen) hat das Gericht die Möglichkeit, entweder die Zustimmung des Vertreters selbst zu ersetzen oder einen geeigneteren Vertreter zu bestellen. Im Zweifel darf auch hier davon ausgegangen werden, dass die Durchführung einer medizinisch indizierten Behandlung dem Wunsch des Vertretenen entspricht (§ 254 Abs 2 ABGB).

- **Vertretung entscheidungsunfähiger Volljähriger**

Es sind **vier Arten** der Vertretung für bislang unvertretene entscheidungsunfähige volljährige Personen gesetzlich vorgesehen[836]: Vorsorgevollmacht, gewählte, gesetzliche und gerichtliche Erwachsenenvertretung.

[835] Dafür ist es nach § 254 Abs 1 ABGB ausreichend, wenn die entscheidungsunfähige Person *„ihrem Vorsorgebevollmächtigten oder Erwachsenenvertreter oder dem Arzt gegenüber zu erkennen"* gibt, dass *„sie die medizinische Behandlung oder deren Fortsetzung ablehnt"*.

[836] Eingeführt mit dem 2. ErwSchG, mit dem ua das ABGB geändert wurde, BGBl I 2017/59, in Kraft getreten mit 1.7.2018. Zum Ganzen: *Kletečka*, Einwilligung, in *Aigner/Kletečka/Kletečka-Pulker/Memmer (Hrsg),* HB Medizinrecht, I.4/140ff; *Neumayr,* §§ 252 – 254 ABGB in *Neumayr/Resch/Wallner (Hrsg),* Gmundner Kommentar zum Gesundheitsrecht[2] Rz 2ff.

Allen Vertretungsformen ist gemeinsam, dass diese nur für einzelne oder für Arten von Angelegenheiten, nicht jedoch für alle Angelegenheiten des Vollmachtgebers erteilt werden können. Zudem sind Formvorschriften zu beachten und hat eine Registrierung der Vertretung im Österreichischen Zentralen Vertretungsverzeichnis (ÖZVV) zu erfolgen.

Die Errichtung einer **Vorsorgevollmacht** setzt Entscheidungsfähigkeit des Vollmachtgebers voraus und hat *„höchstpersönlich und schriftlich"* vor einem Notar, Rechtsanwalt oder Erwachsenenschutzverein zu erfolgen (§ 262 Abs 1 ABGB). Es sind sowohl die Vorsorgevollmacht als auch der Eintritt des Vorsorgefalls (Verlust der Entscheidungsfähigkeit in den von der Vorsorgevollmacht umfassten Angelegenheiten) im ÖZVV zu registrieren (§ 263 Abs 1 ABGB). Die Vorsorgevollmacht wird gem § 260 ABGB erst wirksam, wenn der Vollmachtgeber die Entscheidungsfähigkeit verliert.

Im Unterschied zur Vorsorgevollmacht setzt die **gewählte Erwachsenenvertretung** voraus, dass die Entscheidungsfähigkeit bereits so weit beeinträchtigt ist, dass der Volljährige seine Angelegenheiten nicht mehr für sich selbst besorgen kann. Dem Volljährigen ist die Errichtung einer Vorsorgevollmacht in diesem Stadium seiner Erkrankung oder Beeinträchtigung sohin nicht mehr möglich und darf er auch sonst keinen Vertreter haben. Es bedarf allerdings noch der Fähigkeit, die wesentliche Bedeutung der Erwachsenenvertretung und deren Folgen zu verstehen (§ 264 ABGB). Die konkreten Vertretungsbefugnisse der ausgewählten nahestehenden Person(en) sind zu vereinbaren (§ 265 Abs 1 leg cit). Die *„höchstpersönlich und schriftlich"* vor einem Notar, Rechtsanwalt oder Erwachsenenschutzverein zu errichtende und im ÖZVV einzutragende Vereinbarung kann gerade in medizinischen Angelegenheiten eine Vertretung im Einvernehmen bzw in Form eines Genehmigungsvorbehalts des Vertreters für Erklärungen des Vertretenen vorsehen (§ 265 Abs 2 iVm § 266 Abs 1 und § 267 Abs 1 ABGB).

Die **gesetzliche Erwachsenenvertretung** ist – wie die gewählte – nur subsidiär möglich. Voraussetzung ist, dass der Volljährige seine Angelegenheiten nicht mehr für sich selbst besorgen kann, er keinen Vertreter hat, er einen solchen nicht mehr wählen kann oder will und kein Widerspruch gegen die gesetzliche Erwachsenenvertretung im ÖZVV registriert ist (vgl § 268 Abs 1 ABGB). In diesem Fall ist eine Vertretung[837] durch die in § 268 Abs 2 ABGB aufgelisteten nächsten Angehörigen (Eltern, Großeltern, Geschwister, volljährige Kinder etc) oder die in einer Erwachsenenvertreter-Verfügung des Volljährigen iSd § 244 ABGB bezeichnete Person möglich. Nach § 270 ABGB ist die gesetzliche Erwachsenenvertretung im ÖZVV einzutragen.

[837] Nach § 269 Abs 1 Z 5 ABGB können die Befugnisse neben einer Vertretung in gerichtlichen und verwaltungsrechtlichen Verfahren, Vermögensverwaltung, ua auch die *„Entscheidung über medizinische Behandlungen und Abschluss von damit im Zusammenhang stehenden Verträgen"* betreffen.

Die Bestellung eines **gerichtlichen Erwachsenenvertreters** erfolgt auf Antrag des Volljährigen oder von Amts wegen. Auch diese Vertretungsart greift subsidiär, falls dem Volljährigen die Besorgung bestimmter Angelegenheiten mangels Entscheidungsfähigkeit nicht mehr möglich ist, kein Vertreter bestellt ist, er einen solchen nicht wählen kann oder will und auch eine gesetzliche Erwachsenenvertretung nicht möglich ist (§ 271 ABGB). Die Bestellung darf *„nur für einzelne oder Arten von gegenwärtig zu besorgenden und bestimmt zu bezeichnenden Angelegenheiten"* erfolgen (§ 272 Abs 1 ABGB) und hat nach deren Erledigung unverzüglich eingeschränkt zu werden (Abs 2 leg cit). Bei Auswahl des Vertreters sind die Bedürfnisse und Wünsche des Volljährigen zu berücksichtigen. Im Verfahren hat das Gericht zunächst den Erwachsenenschutzverein mit der Abklärung zu befassen und sich schließlich einen *„persönlichen Eindruck"* von der betroffenen Person zu verschaffen und diese anzuhören (§§ 117a, 118 Abs 1 AußStrG). Bei Bestellung eines gerichtlichen Erwachsenenvertreters ergeht ein Beschluss, zudem ist die Bestellung im ÖZVV einzutragen (§§ 123, 126 Abs 2 AußStrG).

dd) Beispiele nach spezialgesetzlichen Bestimmungen

Bei **ästhetischen Behandlungen oder Operationen** ist Adressat der mündlichen und schriftlichen Aufklärung der Patient, der zumindest das 16. Lebensjahr vollendet haben muss[838]. Dessen Einwilligung in die Behandlung ist erst nach einer Überlegungsfrist von mindestens zwei Wochen zulässig. Die Einwilligung ist zu datieren und vom Patienten und vom behandelnden Arzt zu unterfertigen. (§ 5 Abs 1 iVm § 6 ÄsthOpG).

Besondere Vorschriften sind für Personen, die das 16. aber noch nicht das 18. Lebensjahr vollendet haben, vorgesehen. Ästhetische Behandlungen oder Operationen dürfen an diesen Personen nur durchgeführt werden, wenn zusätzlich zu deren eigener nachweislicher und schriftlicher Einwilligung (nach umfassender Aufklärung) auch der Erziehungsberechtigte umfassend aufgeklärt wurde und nachweislich seine schriftliche Zustimmung erteilt. Darüber hinaus haben vor Durchführung des Eingriffs nachweislich allfällige psychische Störungen abgeklärt zu werden und eine Beratung durch einen klinischen Psychologen oder einen Facharzt für Psychiatrie stattzufinden (§ 7 Abs 1 und 2 ÄsthOpG).

Im Bereich der **klinischen Prüfung von Arzneimitteln** ist grundsätzlich der Prüfungsteilnehmer Aufklärungsadressat und hat auch selbst einzuwilligen. Bei mangelnder Entscheidungsfähigkeit obliegt die Zustimmung dem gesetzlichen Vertreter nach schriftlicher und ausdrücklicher Aufklärung (§ 41 Abs 1 AMG).

Bestimmten Personengruppen wird ein besonderer Schutz zuteil. An einer entscheidungsfähigen minderjährigen Person ist die Durchführung einer klinischen Prüfung nur nach deren Einwilligung zulässig (§ 39 Abs 1 AMG). Demgegenüber darf an

[838] Ästhetische Behandlungen oder Operationen vor Vollendung des 16. Lebensjahres sind unzulässig (§ 7 Abs 1 ÄsthOpG).

Personen, die einen Präsenzdienst leisten, die gerichtlich oder behördlich angehalten sind oder die nach dem UbG untergebracht sind, keine klinische Prüfung durchgeführt werden (§ 39 Abs 3 und 4 AMG).

Für die **Entnahme von Blut** und Blutbestandteilen in Blutspendeeinrichtungen kommen als Spender grundsätzlich nur freiwillig spendende, gesundheitlich geeignete Personen zwischen der Vollendung des 18. und des 65. Lebensjahres – bzw bis zur Vollendung des 60. Lebensjahres, wenn zuvor noch nie gespendet wurde – in Betracht (§ 4 BSG 1999[839] iVm § 6 Abs 1 und § 5 Abs 1 Z 1 und 2 BSV[840]). Nach § 8 Abs 1 BSG 1999 ist eine vorherige schriftliche Zustimmung des Spenders (nach Aufklärung über angewendete Verfahren, mögliche Nebenwirkungen und Gesundheitsgefahren) erforderlich.

Eine **medizinisch unterstützte Fortpflanzung** ist gem § 2 Abs 1 FMedG ausschließlich in einer Ehe, eingetragenen Partnerschaft oder Lebensgemeinschaft zulässig. Zusätzlich zur ärztlichen Aufklärung, die spätestens 14 Tage vor der medizinisch unterstützten Fortpflanzung stattzufinden hat, ist für eingetragene Partner und Lebensgefährten (bei Ehegatten nur, wenn Samen oder Eizellen Dritter verwendet werden) eine Rechtsberatung über die Folgen der Zustimmung durch einen Notar vorgesehen (§ 7 Abs 1 und 4 FMedG).

Die Durchführung der medizinisch unterstützten Fortpflanzung bedarf folglich der höchstpersönlichen Zustimmung beider (entscheidungsfähiger) Ehegatten, eingetragenen Partner oder Lebensgefährten. Bei Lebensgefährten oder bei Verwendung von Samen oder Eizellen Dritter bedarf die Zustimmung eines Notariatsaktes. Die Zustimmung darf im Zeitpunkt der medizinisch unterstützen Fortpflanzung nicht älter als zwei Jahre sein (§ 8 Abs 1, 2 und 5 FMedG).

Die Durchführung einer der in § 69 Abs 1 GTG[841] aufgelisteten **genetischen Analysen**[842] ist nur nach schriftlicher Bestätigung der zu untersuchenden Person über ihre Aufklärung durch einen für Humangenetik oder für das Indikationsgebiet zuständigen Facharzt und über ihre freie Einwilligung zulässig.

---

[839] Bundesgesetz über die Gewinnung von Blut und Blutbestandteilen in Blutspendeeinrichtungen (Blutsicherheitsgesetz 1999), BGBl I 1999/44 idgF.

[840] Verordnung der Bundesministerin für Arbeit, Gesundheit und Soziales betreffend den Gesundheitsschutz von Spendern und die Qualitätssicherung von Blut und Blutbestandteilen (Blutspenderverordnung), BGBl II 1999/100 idgF.

[841] Bundesgesetz, mit dem Arbeiten mit gentechnisch veränderten Organismen, das Freisetzen und Inverkehrbringen von gentechnisch veränderten Organismen und die Anwendung von Genanalyse und Gentherapie am Menschen geregelt werden (Gentechnikgesetz), BGBl I 1994/510 idgF.

[842] Das sind genetische Analysen des Typs 2 (die der Feststellung einer bestehenden, auf einer Keimbahnmutation beruhenden Erkrankung dienen), des Typs 3 (die der Feststellung einer Prädisposition für eine Krankheit, für die Prophylaxe oder Therapie möglich sind, dienen), des Typs 4 (die der Feststellung einer Prädisposition für eine Krankheit, für die Prophylaxe oder Therapie nicht möglich sind, dienen) oder die im Rahmen einer pränatalen Untersuchung durchgeführt werden (§ 69 Abs 1 iVm § 65 Abs 1 GTG).

Ein mündiger Minderjähriger darf die Bestätigung iSd § 173 ABGB selbst erteilen. Für einen nicht entscheidungsfähigen Minderjährigen hat die Bestätigung durch den Erziehungsberechtigten und für den nicht entscheidungsfähigen Volljährigen durch den gesetzlichen Vertreter (sofern die Zustimmung zu medizinischen Behandlungen von dessen Wirkungsbereich umfasst ist) zu erfolgen (§ 69 Abs 2 GTG).

Eine **Lebendorganspende** ist erst ab Vollendung des 18. Lebensjahres (also nur für Volljährige) zulässig (§ 8 Abs 1 OTPG[843] e contrario). Die Entnahme darf nur nach umfassender schriftlicher und mündlicher Aufklärung des Spenders insb über Zweck, Risiken und Folgen, Erfolgsaussichten, Maßnahmen zum Schutz des Spenders und seiner Daten sowie der Notwendigkeit regelmäßiger Nachkontrollen erfolgen. Die Einwilligung bedarf ebenfalls der Schriftform und der Angabe des Datums. Sollte der Spender keine Unterschrift leisten können, ist seine Einwilligung vor drei Zeugen, die diese mit ihrer Unterschrift bestätigen, abzugeben. Die Zeugen dürfen am Eingriff weder beteiligt sein, noch darf ein persönliches Interesse vorliegen (§ 8 Abs 3 und 4 OTPG).

Ein in einer psychiatrischen Abteilung **untergebrachter Patient**[844] ist bei Bestehen der Einsichtsfähigkeit selbst zur Einwilligung nach Aufklärung berechtigt. Eine schriftliche Einwilligung ist nur bei besonderen Heilbehandlungen, die gem § 2 Abs 3 Z 15 UbG *„gewöhnlich mit einer schweren oder nachhaltigen Beeinträchtigung der körperlichen Unversehrtheit oder der Persönlichkeit verbunden“* sind, vorgesehen (§ 36 Abs 1 UbG).

Bei Patienten, die nicht entscheidungsfähig sind, jedoch einen gewählten oder gesetzlichen Vertreter haben, bedürfen (einfache) Behandlungen lediglich der Zustimmung des Vertreters. Bei besonderen Heilbehandlungen hat das Gericht – zusätzlich zur schriftlichen Zustimmung des Vertreters – über die Zulässigkeit der Behandlung zu entscheiden (§ 36 Abs 2 iVm § 36a Abs 1 Z 1 UbG). Bei Meinungsverschiedenheiten (gewählter oder gesetzlicher Vertreter stimmt der medizinischen Behandlung nicht zu, Patient würde einwilligen) oder auf Verlangen des Patienten, des Vertreters oder des mit der Führung der psychiatrischen Abteilung betrauten Facharztes entscheidet das Gericht über die Zulässigkeit der Behandlung (§ 36a Abs 1 Z 3 UbG).

Mangelt es dem Patienten nicht nur an der Einwilligungsfähigkeit, sondern auch an einem gewählten oder gesetzlichen Vertreter ist – abweichend von den bisher erörterten Konstellationen – eine Behandlung ohne Einwilligung des Patienten und ohne Zustimmung eines Vertreters möglich. Der Patientenanwalt ist unverzüglich – jedoch lediglich ex post – von der Behandlung zu verständigen (§ 36 Abs 3 UbG). Die in dieser Bestimmung enthaltene Befugnis zur Zwangsbehandlung[845] bei einfachen Behandlungen schließt implizit jede Aufklärung aus. Anders gilt für besondere

[843] Bundesgesetz über die Transplantation von menschlichen Organen (Organtransplantationsgesetz), BGBl I 2012/108 idgF.

[844] Zu den Voraussetzungen der Unterbringung, siehe oben Kapitel III. A. 1.

[845] Vgl *Kletečka,* Einwilligung, in *Aigner/Kletečka/Kletečka-Pulker/Memmer (Hrsg),* HB Medizinrecht, I.4/149.

Heilbehandlungen. Über deren Zulässigkeit hat das Gericht (nach Aufklärung) zu entscheiden (§ 36 Abs 3 iVm § 36a Abs 1 Z 1 UbG). Alternativ wird das Gericht – abhängig von der Dringlichkeit der besonderen Heilbehandlung – mit einer Bestellung eines gerichtlichen Erwachsenenvertreters von Amts wegen vorgehen können.

c) Besondere Fallkonstellationen

Zuweilen können trotz bestehender Entscheidungsfähigkeit Fallkonstellationen (zB **Bewusstlosigkeit**)[846] auftreten, in denen der Patient vorübergehend rein faktisch weder Aufklärungsadressat sein kann, noch zu einer Einwilligung fähig ist. Dies führt zur Frage, ob ärztliches Handeln auch **ohne** vorherige **Einwilligung** des Patienten gerechtfertigt sein kann.

Bei absoluter Indikation[847], wenn eine medizinische Behandlung also wegen Lebensgefahr oder der Gefahr einer schweren Gesundheitsschädigung oder starker Schmerzen angezeigt und dringend ist, rechtfertigen diverse **Notfallklauseln** (vgl § 252 Abs 4 ABGB, § 110 Abs 2 StGB oder § 37 UbG) ein ärztliches Handeln ohne Einwilligung des Patienten bzw ohne Zustimmung eines Vertreters (vgl § 253 Abs 3 ABGB). Die Entscheidungsbefugnis obliegt bei einem bewusstlosen Patienten ausnahmsweise dem behandelnden Arzt, der eine Interessenabwägung durchzuführen hat. In diese sind objektive Angemessenheit und Nutzen der Behandlungsmaßnahme wie auch der mutmaßliche Wille seines Patienten einzubeziehen. Der mutmaßliche Wille des Patienten wird unter Heranziehung einer verständigen Maßfigur zu eruieren sein, es sei denn die Mithilfe naher Angehöriger iSd § 252 Abs 2 und 3 ABGB ist bei dessen Ermittlung zeitlich möglich[848].

Die gesetzlichen Notfallklauseln iVm dem mutmaßlichen Patientenwillen spielen auch bei **unvorhergesehenen Operationserweiterungen** eine Rolle. Hier gilt es insb zwischen der Gewichtigkeit der Indikation einer Eingriffserweiterung und den mit einem Abbruch zwecks Wahrung der Patientenautonomie verbundenen Risiken abzuwägen. Dabei wird die Abwägung umso eher zugunsten der Selbstbestimmung des Patienten (und eines Operationsabbruchs) ausschlagen, je gewichtiger die Risiken der Erweiterung bzw deren Folgen für die Lebensführung sind oder

---

846 Dazu vgl bereits *Engljähringer,* Ärztliche Aufklärungspflicht vor medizinischen Eingriffen, 161ff und *Heidinger,* Die ärztliche Aufklärungspflicht in der Rechtsprechung des Obersten Gerichtshofes, in *Harrer/Graf (Hrsg),* Ärztliche Verantwortung und Aufklärung, 35ff.

847 Wäre mit der Einholung der Einwilligung (nach Aufklärung) ein zu Lebensgefahr oder Gefahr einer schweren Gesundheitsschädigung führender Behandlungsaufschub verbunden, so ist auch ein unkonsentierter ärztlicher Eingriff gerechtfertigt. Vgl *Bertel* in *Foregger/Nowakowski,* Wiener Kommentar zum Strafgesetzbuch[2] § 110 StGB Rz 26f; *Michel-Kwapinski/Oshidari,* Strafgesetzbuch[15], § 110 StGB Rz 4.

848 Dazu vgl *Deutsch/Spickhoff,* Medizinrecht[7] Rz 499; *Engljähringer,* Ärztliche Aufklärungspflicht vor medizinischen Eingriffen, 161ff und *Heidinger,* Die ärztliche Aufklärungspflicht in der Rechtsprechung des Obersten Gerichtshofes, in *Harrer/Graf (Hrsg),* Ärztliche Verantwortung und Aufklärung, 35ff.

der Verzicht auf den ausgeweiteten Eingriff medizinisch gesehen eine Alternative für den Patienten eröffnet. MaW darf ein Eingriff nur dann basierend auf der **mutmaßlichen Einwilligung** des Patienten durchgeführt werden, wenn der erweiterte Eingriff dringend und ein Abbruch der Operation konkret kontraindiziert wäre[849]. Auf eine vorhersehbare Operationserweiterung ist dagegen stets hinzuweisen[850].

Generell gilt, dass sich ein Arzt über einen, vor Eintritt eines Notfalls geäußerten Willen des Patienten (zB mittels verbindlicher Patientenverfügung, vgl allerdings § 12 PatVG[851]) nicht hinwegsetzen darf[852].

Probleme bereiten jene Fälle, bei denen die Entscheidungsfähigkeit wegen starker Schmerzen oder schmerzstillender Arzneimittel vorübergehend beeinträchtigt ist. Liegt eine Notfallsituation vor, ist eine ärztliche Intervention beim **Schmerzpatienten**, wie beim Bewusstlosen, durch die gesetzlichen Notfallklauseln gerechtfertigt. Sind die dort genannten Voraussetzungen allerdings nicht erfüllt, bleibt nur ein Rückgriff auf den mutmaßlichen Willen als allgemeinen Rechtfertigungsgrund[853].

Hinsichtlich **Komapatienten**, deren Zustand länger andauert, oder bei **Suchtkranken** kommen die Notfallregelungen ebenfalls nur bei entsprechender Dringlichkeit der Behandlung zur Anwendung. Ansonsten wird – außer es besteht eine verbindliche Patientenverfügung (§§ 4ff PatVG iVm § 253 Abs 4 ABGB) – die analoge Anwendung der Bestimmungen des Erwachsenenschutzrechts (vgl oben Abschnitt 7. b) cc) sowie die §§ 260 ff ABGB) auch bei Nicht-Vorliegen einer psychischen Krankheit oder geistigen Behinderung zu erwägen sein[854].

d) Exkurs: Dokumentation der Einwilligung

Mit Blick auf die Beweislastverteilung im (Zivil-) Prozess ist anzumerken, dass Ärzte auch hinsichtlich solcher Eingriffe, die nicht sondergesetzlichen Formvorschriften unterliegen, sondern bei denen die Einwilligung formfrei erteilt werden kann, auf Schriftlichkeit bestehen sollten. Eine Dokumentation der Einwilligung ist

---

849 OGH 26.6.2007, 10 Ob 50/07m; OGH 15.9.2010, 2 Ob 142/10m.

850 Für eine Argumentation mit der mutmaßlichen Einwilligung des Patienten bleibt diesfalls kein Raum: OGH 26.6.2007, 10 Ob 50/07m. Ebenso *Harrer/Wagner* in *Schwimann/Kodek (Hrsg),* ABGB Praxiskommentar^4, Band 6, § 1300 ABGB, Rz 52.

851 Nach § 12 PatVG wird eine medizinische Notfallversorgung durchgeführt, *„sofern der mit der Suche nach einer Patientenverfügung verbundene Zeitaufwand das Leben oder die Gesundheit des Patienten ernstlich gefährdet."*

852 Vgl *Tipold,* Die strafrechtliche Verantwortung, in *Aigner/Kletečka/Kletečka-Pulker/Memmer (Hrsg),* HB Medizinrecht, II.2/48.

853 Im Unterschied zu den Notfallklauseln, bei denen der mutmaßliche Wille als Teil der Erwägungen in die gesetzlichen Regeln Eingang gefunden hat, wird der mutmaßliche Wille hier als eigener Rechtfertigungsgrund angewendet. Vgl *Neumayr,* Einleitung ABGB in *Neumayr/Resch/Wallner (Hrsg),* Gmundner Kommentar zum Gesundheitsrecht^2 Rz 1.

854 *Kletečka*, Einwilligung, in *Aigner/Kletečka/Kletečka-Pulker/Memmer (Hrsg),* HB Medizinrecht, I.4/147.

zwar – im Gegensatz zur Aufklärung (vgl § 51 Abs 1 ÄrzteG oder § 10 Abs 1 Z 2 lit a KAKuG) – keine explizite gesetzliche Verpflichtung, doch wird die ärztliche Dokumentation von der Rsp[855] als behandlungsvertragliche Pflicht angesehen. Zudem gilt die Vermutung, dass eine, vom Arzt nicht dokumentierte Maßnahme auch nicht vorgenommen worden ist (dazu bereits Kapitel III. B. 1. g).

C. Krankenhausaufnahmevertrag

Im niedergelassenen Bereich und bei ambulanter Spitalsbehandlung basiert die Arzt-Patient-Beziehung auf dem Behandlungsvertrag (dazu oben, Kapitel III. A.). Bei stationärer Aufnahme in eine Krankenanstalt werden zusätzlich zu den vom Behandlungsvertrag umfassten Leistungen noch weitere Dienste (wie bspw Pflege oder Beherbergung) erforderlich. Der Krankenhausaufnahmevertrag besteht rechtlich insofern aus den Bestandteilen des Behandlungsvertrags, erweitert um krankenhausspezifische Leistungsinhalte.

Darüber hinaus ist die Behandlung in Krankenanstalten (mehr als jene im extramuralen Bereich) von arbeitsteiligen Prozessen gekennzeichnet und konnten sich in der Praxis weitere Vertragstypen bzw Kategorien (zB Belegsystem, Sonderklasse) etablieren. Um deren Besonderheiten abzubilden, erfolgt regelmäßig eine Unterscheidung der Krankenhausaufnahmeverträge in **drei Grundtypen**[856]: totaler Krankenhausaufnahmevertrag mit und ohne Arztzusatzvertrag sowie gespaltener Krankenhausaufnahmevertrag.

Die Bestimmung der Rechtsnatur des Krankenhausaufnahmevertrags *„durch eindeutige Vertragsgestaltung“* ist Aufgabe des Anstaltsträgers[857], dennoch erfolgt der Vertragsabschluss im Krankenanstaltenbereich (wie in der niedergelassenen Praxis und bei ambulanter Spitalsbehandlung) vorwiegend konkludent.

Nach der Rsp[858] lässt sich die Frage, unter welche der drei Grundtypen ein konkludent abgeschlossener Krankenhausaufnahmevertrag einzuordnen ist (und damit die Frage nach dem konkreten Vertragsinhalt) nach den allgemeinen zivilrechtlichen Regeln der §§ 914, 863 Abs 2 ABGB lösen. Die Rechtsgeschäftslehre geht davon aus, dass der Patient den Vertragsabschluss idR anbahnt und zieht zur Bestimmung des Inhalts neben den Erklärungen und dem Verhalten des Patienten auch dessen berechtigte Erwartungen heran. **Im Zweifel** wird bei einem gesetzlich Krankenversicherten unter Berücksichtigung seiner entsprechend der Verkehrsübung berechtigten Erwartungshaltung, die stationäre Aufnahme wäre eine vom

[855] OGH 25.1.1994, 1 Ob 532/94; OGH 9.10.2001, 3 Ob 130/01s; OGH 27.9.2023, 9 Ob 47/23m.

[856] Vgl OGH 13.2.2024, 10 Ob 2/24b; OGH 31.8.2018, 6 Ob 149/18g; OGH 22.6.2010, 10 Ob 34/10p sowie *Bydlinski,* Verträge über ärztliche Leistungen, in *Rechberger/Welser (Hrsg),* Festschrift für Winfried Kralik, 367.

[857] OGH 22.6.2010, 10 Ob 34/10p; OGH 30.11.2006, 3 Ob 268/06t.

[858] Bsd deutlich: OGH 29.3.2017, 1 Ob 161/16g.

Krankenversicherungsträger abzugeltende Gesamtleistung, sohin ein **totaler Krankenhausaufnahmevertrag** anzunehmen sein[859]. Davon wäre auch dann auszugehen, wenn ein Patient, ohne zuvor einen Belegarzt konsultiert zu haben, stationär in ein Belegspital aufgenommen wird und auch danach keinen Behandlungsvertrag mit einem Belegarzt abschließt[860].

1. (Totaler) Krankenhausaufnahmevertrag

Der Krankenhausaufnahmevertrag (totaler Krankenhausaufnahmevertrag oder Krankenhausvertrag[861]) ist ein synallagmatischer, also aus wechselseitigen Rechten und Pflichten bestehender Vertrag zwischen dem Patienten und dem Krankenanstaltenträger. Es handelt sich dabei – ebenso wie beim Behandlungskontrakt – nach hM[862] um einen privatrechtlichen Vertrag, gleichgültig ob dieser mit einem öffentlichen oder privaten[863] Krankenhausträger abgeschlossen wurde. Der Krankenhausaufnahmevertrag bildet die **Grundform** der Rechtsbeziehung zwischen dem Patienten und dem Spitalsträger bei stationären Behandlungen.

Ein wesentlicher Unterschied zum Behandlungsvertrag (Kapitel III. A) liegt darin, dass der **Vertragsgegenstand** des Krankenhausaufnahmevertrags nicht nur die Erbringung von Gesundheitsleistungen, sondern sämtliche Leistungen, die für eine stationäre Behandlung erforderlich sind (dh neben Diagnose, ärztlicher Behandlung auch Beherbergung, Pflege, Verköstigung, Bereitstellung von Arzneien und Heilmitteln), umfasst[864]. Die stationäre Anstaltspflege ist eine ***„einheitliche und unteilbare Gesamtleistung“*** am Patienten, die dem Anstaltsträger im Allgemeinen von einem Krankenversicherungsträger abgegolten wird[865]. Alle Leistungen erfol-

[859] RIS-Justiz RS0112629 [T12]; OGH 31.8.2018, 6 Ob 149/18g; OGH 22.6.2010, 10 Ob 34/10p.

[860] *Kunz,* Belegarzt – Beleghebamme – Belegspital, in *Aigner/Kletečka/Kletečka-Pulker/Memmer (Hrsg),* HB Medizinrecht, IV.6/223 unter Hinweis auf OGH 21.12.2006, 2 Ob 199/06p.

[861] Die Begrifflichkeiten stammen aus der deutschen Lit, werden aber auch in der österreichischen stRsp verwendet. Vgl dazu *Bydlinski,* Verträge über ärztliche Leistungen, in *Rechberger/Welser (Hrsg),* Festschrift für Winfried Kralik, 362 mwN; *Resch,* Belegarztverhältnis in *Resch/Wallner,* Handbuch Medizinrecht^3 Rz 19; OGH 13.2.2024, 10 Ob 2/24b; OGH 31.8.2018, 6 Ob 149/18g.

[862] Für alle: *Kopetzki,* Krankenanstaltenrecht, in *Holoubek/Potacs (Hrsg),* Handbuch öffentliches Wirtschaftsrecht I^4, 512. Dieser führt als Begründung für die Zuordnung des Krankenhausaufnahmevertrages zum Privatrecht an, dass der Betrieb öffentlicher Krankenhäuser nicht dem öffentlich-rechtlichen, sondern dem Bereich der Privatwirtschaftsverwaltung zuzuordnen ist. Für Verträge mit privaten Spitalsträgern kommen gem § 39 Abs 2 KAKuG nur Vorschriften des bürgerlichen Rechts zur Anwendung.

[863] Öffentliche Krankenanstalten unterscheiden sich von privaten va durch die Verleihung des Öffentlichkeitsrechts gem §§ 14 ff KAKuG, dazu oben Kapitel II. F. 3. d) aa).

[864] Für viele: OGH 13.2.2024, 10 Ob 2/24b; OGH 31.8.2018, 6 Ob 149/18g; OGH 22.6.2010, 10 Ob 34/10p.

[865] Zum Begriff der *„Anstaltspflege“*: RIS-Justiz RS0085807.

gen, wie dies die Bezeichnung *„totaler Krankenhausaufnahmevertrag"* ausdrückt, gleichsam aus einer Hand.

Der Krankenhausaufnahmevertrag lässt sich folglich nicht einem einzigen Vertragstypus zuordnen. Es liegt vielmehr als ein aus Elementen diverser Verträge (zB freier Dienst- oder Werkvertrag, Beherbergungs-, Miet- und Kaufvertrag) bestehender **gemischter Vertrag** vor[866].

Als **Vertragspartner** des Patienten[867] kommt ausschließlich der Krankenanstaltenträger in Betracht. Diesem obliegt die Einhaltung der unter Abschnitt A. 5. dieses Kapitels aufgelisteten Rechte und Pflichten, speziell der ordnungsgemäßen Behandlung und Aufklärung des Patienten (zum informed consent siehe Abschnitt B.) einschließlich Pflege und Beherbergung. Mit dem einzelnen, im Spital tätigen ärztlichen wie nicht-ärztlichen Behandler, begründet der Patient keine eigene Vertragsbeziehung. Der Anstaltsträger haftet für das Spitalspersonal als Erfüllungsgehilfen gem § 1313a ABGB[868]. Anders als im niedergelassenen Bereich hat der Patient innermural grundsätzlich **kein Recht auf freie Arztwahl**[869], sondern erfolgt eine Zuteilung entsprechend der anstaltsinternen Organisation.

Die weiteren wesentlichen Merkmale des Krankenhausaufnahmevertrags (zB Form und Zeitpunkt des Zustandekommens, Beendigung) entsprechen jenen des Behandlungsvertrags (dazu Kapitel III. A.).

2. Totaler Krankenhausaufnahmevertrag mit Arztzusatzvertrag

Bei dieser Vertragsvariante schließt der Patient zusätzlich zum Krankenhausaufnahmevertrag mit dem Anstaltsträger, der diesen bereits zu einer umfassenden (die ärztliche Behandlung einschließenden) Gesamtleistung verpflichtet, *„einen weiteren Vertrag über die ärztlichen Leistungen mit dem behandelnden Arzt"*[870].

In der Praxis wird der Hauptanwendungsbereich eines Arztzusatzvertrags regelmäßig in der Sonderklasse zu finden sein. Im Unterschied zu Patienten der allgemeinen Gebührenklasse, die einen totalen Krankenhausaufnahmevertrag mit dem Anstaltsträger ohne Zusatzvereinbarungen abschließen, kommen bei Sonderklassepatienten zum totalen Krankenhausaufnahmevertrag stets **Vereinbarungen über** eigens zu

866 *Engljähringer,* Ärztlicher Behandlungsvertrag, ÖJZ 1993, 496.

867 Der Abschluss des Krankenhausaufnahmevertrags bedarf der Geschäftsfähigkeit, dazu Abschnitt A. 4. b) dieses Kapitels. Zur streng davon zu unterscheidenden Einwilligung in die konkrete Behandlung siehe Abschnitt B.

868 *Bydlinski,* Verträge über ärztliche Leistungen, in *Rechberger/Welser,* Festschrift für Winfried Kralik, 354 und 358f.

869 Vgl *Wallner,* Medizinrecht[2], 104. Eine freie Arztwahl bestünde in einer Krankenanstalt nur dann, wenn diese vereinbart ist. Zum Belegarztsystem gleich unten, Abschnitt C. 3.

870 OGH 13.2.2024, 10 Ob 2/24b.

vergütenden **Zusatzleistungen** hinzu[871]. Es bedarf allerdings der Differenzierung, worin diese Zusatzleistungen bestehen.

Die Möglichkeit, eine **Sonderklasse** als eigene Organisationseinheit neben der allgemeinen Gebührenklasse einzurichten, besteht für öffentliche und gemeinnützige private Krankenanstalten[872]. Nach § 16 Abs 2 Satz 2 KAKuG kennzeichnet die Sonderklasse eine *„besondere Ausstattung"*, die *„höheren Ansprüchen hinsichtlich Verpflegung und Unterbringung"* (sog Hotelkomponente) entsprechen muss. Wie sich allerdings aus § 16 Abs 1 lit d leg cit ergibt, sind Sonderklassepatienten nur bezüglich der **Hotelkomponente** begünstigt, ärztliche Versorgung und pflegerische Behandlung haben ohne Qualitätsunterschiede zur allgemeinen Gebührenklasse zu erfolgen[873]. Zudem begrenzt § 16 Abs 1 lit g KAKuG die Anzahl der Sonderklasse-Betten in öffentlichen Krankenanstalten mit 25% der allgemeinen Gebührenklasse. Die Landes-Krankenanstaltengesetze bestimmen die näheren Voraussetzungen, unter denen eine Sonderklasse eingerichtet werden darf sowie die Aufnahmebedingungen, wobei regelmäßig ein Verlangen des Patienten bzw des gesetzlichen Vertreters oder nächster Angehöriger in Form einer schriftlichen Erklärung, die auch eine Verpflichtung zur Bezahlung der Sondergebühren beinhaltet[874], vorausgesetzt wird (§ 16 Abs 2 Satz 1 KAKuG).

Was nun die vertraglichen Beziehungen anlangt, steht nur fest, dass Patient und Spitalsträger einen (totalen) Krankenhausaufnahmevertrag abzuschließen haben. Für das zusätzliche, die Sonderklasse gleichsam charakterisierende Vertragsverhältnis, wurden seitens der Landesausführungsgesetzgeber unterschiedliche Regelungen geschaffen (§ 16 Abs 2 iVm § 27 Abs 4 Z 1 KAKuG):

In Kärnten und in der Steiermark[875] nimmt der Anstaltsträger die Sondergebühren (die auch Arzt- bzw Behandlungsgebühren beinhalten) ein. Der Träger wird somit Vertragspartner des Patienten im Rahmen eines einheitlichen (totalen) Krankenhausaufnahmevertrags.

---

871 Vgl *Engljähringer*, Ärztlicher Behandlungsvertrag, ÖJZ 1993, 496.

872 Die Bedeutung der Sonderklasse besteht nach *Wallner*, Medizinrecht², 132 nicht nur darin, Privatpatienten eine Alternative zu Privatkliniken bieten zu können. Mit den durch die Sonderklasse lukrierten Einkünften können zusätzliche Investitionen getätigt werden, dies auch mit dem Ziel, ein Abwandern von Ärzten aus öffentlichen Krankenanstalten zu verhindern.

873 Zum Gebot der Unterschiedslosigkeit der medizinischen Leistungen in der allgemeinen Gebührenklasse und in der Sonderklasse vgl bspw bereits VfGH 16.3.1995, G247/94 und G248/94, VfSlg. 14.094/1995.

874 *Kopetzki*, Krankenanstaltenrecht, in *Holoubek/Potacs (Hrsg)*, Handbuch öffentliches Wirtschaftsrecht I⁴, 554 mwN.

875 Vgl § 58 Abs 3 K-KAO (Kärntner Krankenanstaltenordnung 1999, LGBl 1999/26 idgF) und § 75 Abs 1 StKAG (Gesetz vom 16. Oktober 2012 über Krankenanstalten in der Steiermark, LGBl 2012/111 idgF).

In den übrigen Bundesländern[876] gehen Ärzte und Patienten eine direkte vertragliche Beziehung (**Arztzusatzvertrag**[877]) ein. Dieses Ergebnis gilt gem § 46 Abs 1 KAKuG auch für **Universitätskliniken**, in denen Patienten der Sonderklasse eine persönliche Behandlung durch den Klinikvorstand oder den Leiter der Klinischen Abteilung wünschen. Die Vertragsbeziehung zwischen dem leitenden Arzt und dem Patienten tritt in diesen Fällen zu jener zwischen dem Anstaltsträger und dem Patienten hinzu, woraus sich die Bezeichnung totaler Krankenhausaufnahmevertrag mit Arztzusatzvertrag ableitet. Die haftungsrechtliche Konsequenz dieser Zusatzvereinbarung liegt darin, dass beide Vertragspartner des Patienten – der Anstaltsträger und der (den Arztzusatzvertrag abschließende) leitende Arzt – für Fehler bei der medizinischen Behandlung belangt werden können. Die Berechtigung, einen Arztzusatzvertrag mit dem Patienten abzuschließen, leitet sich hier aus dem Dienstverhältnis des Arztes ab[878].

Die Frage nach dem Vertragsinhalt des Arztzusatzvertrags[879] beantwortet die hM[880] dahingehend, dass dies nur eine **persönliche Betreuungszusage** des betreffenden Arztes sein kann. Eine über diese ipse-Erklärung hinausgehende Leistungszusage wäre unzulässig, da der Krankenanstaltenträger aus dem Krankenhausaufnahme-

876 In Niederösterreich wurde dazu allerdings eine Stellvertretungskonstruktion gewählt. Der Anstaltsträger hat gem § 45 Abs 1 lit b und Abs 2 NÖ KAG (NÖ Krankenanstaltengesetz, LGBl 9440-0 idgF) das ärztliche Honorar *„im Namen und auf Rechnung"* des *„verantwortlichen leitenden Arzt[es] einer Abteilung, eines Departments, eines Fachschwerpunktes oder eines Institutes"* einzuheben. Die Honorarvereinbarung selbst erfolgt zwischen dem Patienten und dem leitenden Arzt (§ 49g Abs 5 NÖ KAG).

877 Der Patient hat hier somit einen (totalen) Krankenhausaufnahmevertrag mit Arztzusatzvertrag abzuschließen. Vgl *Engljähringer,* Ärztlicher Behandlungsvertrag, ÖJZ 1993, 496 = *dieselbe,* Ärztliche Aufklärungspflicht vor medizinischen Eingriffen, 54. Im Gegensatz dazu präferiert *Bydlinski,* Verträge über ärztliche Leistungen, in *Rechberger/Welser,* Festschrift für Winfried Kralik, 367 das Bestehen eines *„gespaltenen Krankenhausaufnahmevertrages"*, wobei der Anstaltsträger die *„Krankenhausversorgung"* und der Arzt die *„ärztliche Dienstleistung"* übernimmt. *Mazal,* Die Behandlung in der Sonderklasse, in *Schrammel (Hrsg),* Rechtsfragen der ärztlichen Behandlung, 79ff mwN äußerst indes Bedenken gegen letztgenannte Theorie, zumal sich dabei die Leistungsverpflichtung des Spitalsträgers (besonders hinsichtlich der ärztlichen Behandlung) im Vergleich zur allgemeinen Gebührenklasse verringern würde und weist darauf hin, dass die Sonderklasse *„nicht als aliud, sondern als plus gegenüber der allgemeinen Gebührenklasse zu begreifen"* ist.

878 Zu dieser *„Sonderform einer Nebenbeschäftigung": Kletečka-Pulker/Grimm/Memmer/Stärker/Zahrl,* Grundzüge des Medizinrechts, 138f.

879 Die Frage nach der Verfassungsmäßigkeit von Arztzusatzverträgen wurde vom VfGH bereits bejaht (VfGH 17.3.2007, G 119/06).

880 *Mazal,* Die Behandlung in der Sonderklasse, in *Schrammel (Hrsg),* Rechtsfragen der ärztlichen Behandlung, 91. Ebenso *Engljähringer,* Ärztlicher Behandlungsvertrag, ÖJZ 1993, 497 = *dieselbe,* Ärztliche Aufklärungspflicht vor medizinischen Eingriffen, 54 und *Eberhard,* Wofür wird die Sonderklasse bezahlt? RdM 2012/134, 212f.

vertrag die gleiche ärztliche Versorgungsqualität in der allgemeinen Gebührenklasse und in der Sonderklasse schuldet.

3. Gespaltener Krankenhausaufnahmevertrag

Im Unterschied zum totalen Krankenhausaufnahmevertrag, in dessen Grundform (ohne Arztzusatzvertrag) alle Leistungen vom Krankenanstaltenträger zu erbringen sind, gibt es beim gespaltenen Krankenhausaufnahmevertrag **unterschiedliche Leistungserbringer** mit jeweils anderen Aufgabengebieten. Beim gespaltenen Krankenhausaufnahmevertrag beschränkt sich der Vertrag mit dem Anstaltsträger nach stRsp[881] *„auf die Unterbringung, Verpflegung und pflegerische Versorgung, während die ärztlichen Leistungen aufgrund eines besonderen Vertrages mit dem Arzt erbracht werden"*.

Als **typisches Beispiel** eines gespaltenen Krankenhausaufnahmevertrags gilt das **Belegarztsystem** (Belegsystem)[882]. Das im KAKuG nicht geregelte Belegsystem ist ein Konstrukt der Praxis. Seine Besonderheit liegt kurz gesagt darin, dass ein (zumeist) privater Krankenanstaltenträger, der neben einem aufbau- wie ablauforganisatorischen Unterbau lediglich *„krankenhausspezifische Hilfs- und Zusatzdienste"* einschließlich der *„Hotelkomponente"*[883] zur Verfügung stellt, einem nicht in der Anstalt tätigen Wahlarzt (Belegarzt) die Nutzung der Infrastruktur des Belegspitals für die stationäre ärztliche (Weiter-) Behandlung seines Patienten ermöglicht. Diese, dem Krankenanstaltenrecht unbekannte *„Aufspaltung der Leistungspflichten"*[884] zwischen Belegarzt und Belegspital führte zur Entwicklung des gespaltenen Krankenhausaufnahmevertrages, der dem Patienten zusätzlich zum Krankenhausaufnahmevertrag auch den Abschluss eines Behandlungsvertrages mit dem Belegarzt abverlangt[885]. Neben die vertraglichen Beziehungen des Patienten mit dem Belegarzt und dem Belegspital tritt die Vertragsbeziehung des Belegarztes zum Belegspital, sodass ein Dreiecksverhältnis zwischen Arzt, Patient und Spital vorliegt. Das Belegsystem gründet sohin auf **drei Verträgen**: Belegarztvertrag, Behandlungsvertrag und Krankenhausaufnahmevertrag[886].

---

881 Zuletzt: OGH 13.2.2024, 10 Ob 2/24b.

882 OGH 16.4.2020, 9 Ob 9/20v.

883 Als Bsp: OGH 23.2.2022, 3 Ob 224/21v; OGH 30.11.2006, 3 Ob 268/06t.

884 OGH 23.2.2022, 3 Ob 224/21v; OGH 16.4.2020, 9 Ob 9/20v; OGH 27.10.1999, 1 Ob 267/99t uvm.

885 Zum ganzen vgl *Kopetzki,* Krankenanstaltenrecht, in *Holoubek/Potacs (Hrsg),* Handbuch öffentliches Wirtschaftsrecht I[4], 478f. Im Vergleich zur vertraglichen Gestaltung im Bereich der Sonderklasse anerkennt *Mazal,* Die Behandlung in der Sonderklasse, in *Schrammel (Hrsg),* Rechtsfragen der ärztlichen Behandlung, 96 im Belegarztsystem *„die Möglichkeit einer Teilung der Leistungspflichten von Arzt und Spital"*.

886 Vgl *Harrer/Wagner* in *Schwimann/Kodek (Hrsg),* ABGB Praxiskommentar[4], Band 6, § 1300 ABGB, Rz 68; *Resch,* Belegarztverhältnis in *Resch/Wallner,* Handbuch Medizinrecht[3] Rz 8f. In der Praxis wird die Finanzierung zumeist von einer privaten (Zusatz-) Krankenversicherung übernommen, sodass diese – wie sonst auch bei Inanspruchnahme

a) Belegarztvertrag

Ein Fundament des Belegsystems ist die **Rahmenvereinbarung** eines Arztes (Belegarzt) mit einer Krankenanstalt (Belegspital), in der die grundlegenden Bedingungen der Zusammenarbeit festgelegt sind (Belegarztvertrag, Belegarzt-Rahmenvertrag[887]). Diese Rahmenvereinbarung ist wiederum die Basis für die Aufnahme (Ablehnung) eines Patienten durch das Belegspital im konkreten Einzelfall[888].

Der **Belegarztvertrag** berechtigt den Belegarzt zur eigenverantwortlichen Behandlung seiner Patienten einschließlich einer erforderlichen Nachbehandlung *„im eigenen Namen und auf eigene Rechnung"* unter Verwendung der vom Belegspital zur Verfügung gestellten Räumlichkeiten sowie des bereitgestellten Equipments und Spitalspersonals[889]. Grundsätzlich berechtigt der Belegarztvertrag den Arzt zugleich zur Einweisung seines Patienten in das Belegspital, die Anstaltsträger behalten sich vor Aufnahme allerdings regelmäßig ein Ablehnungsrecht vor[890].

Beim Belegarztvertrag handelt es sich infolge der erforderlichen Regelungsgegenstände um einen **gemischten Vertrag**, der vorwiegend aus Elementen der Arbeitskräfteüberlassung und des Mietvertrags besteht[891].

Die Vertragspartner des Belegarztvertrags sind Belegspital und Belegarzt. Die Tätigkeit als **Belegarzt** steht grundsätzlich jedem zur selbständigen Berufsausübung Berechtigten (Arzt mit **ius practicandi** gem § 3 Abs 1 und 2 ÄrzteG), der seine Tätigkeit iSd § 31 Abs 1 ÄrzteG **freiberuflich** ausübt, offen. Praktisch bedeutend ist sie jedoch lediglich im Bereich der Chirurgie und der Geburtshilfe, in der neben Ärzten immer häufiger auch Hebammen (Beleg-Hebammen) im Rahmen des Belegsystems tätig werden[892]. Die Tätigkeit als Belegarzt ist grundsätzlich auch neben einem, nicht mit dem Belegspital bestehenden, Anstellungsverhältnis zulässig, kann jedoch Einschränkungen bis hin zu einer Untersagung durch den Arbeitgeber unterliegen[893].

---

von Leistungen durch Privatpatienten – als weiterer Vertragspartner des Patienten zu berücksichtigen sein wird.

887 *Fuchs,* Zur Haftung des Belegarztes, RdM 2002/43, 139 mwN.

888 Vgl *Resch,* Belegarztverhältnis in *Resch/Wallner,* Handbuch Medizinrecht³ Rz 36f.

889 OGH 31.8.2018, 6 Ob 149/18g. Vgl bspw auch OGH 27.10.1999, 1 Ob 267/99t.

890 Dazu *Resch,* Belegarztverhältnis in *Resch/Wallner,* Handbuch Medizinrecht³ Rz 38 mwN.

891 Nach *Resch,* Belegarztverhältnis in *Resch/Wallner,* Handbuch Medizinrecht³ Rz 37, 40f kann der Belegarztvertrag ausnahmsweise auch Elemente eines freien Dienstvertrags enthalten und eine arbeitnehmerähnliche Tätigkeit vorliegen. Dies unter Hinweis auf OGH 29.10.1993, 9 ObA 210/93, wonach der OGH die Arbeitnehmereigenschaft einer Anästhesistin trotz Anwesenheitspflichten verneinte.

892 *Resch,* Belegarztverhältnis in *Resch/Wallner,* Handbuch Medizinrecht³ Rz 3 und 4; *Kunz,* Belegarzt – Beleghebamme – Belegspital, in *Aigner/Kletečka/Kletečka-Pulker/Memmer (Hrsg),* HB Medizinrecht, IV.6/218.

893 Zu Einschränkungen durch Konkurrenzklauseln bzw einer Untersagung bei öffentlich-rechtlichen Dienstverhältnissen siehe *Kunz,* Belegarzt – Beleghebamme – Belegspital, in

Für den Abschluss des Belegarztvertrags sind **keine Formvorschriften** vorgesehen. Zur Vermeidung von Beweis-, Auslegungs- und Haftungsproblemen empfiehlt sich, wie üblich, die Schriftform. Es wurden vom Verband der Privatkrankenanstalten Österreichs dazu **Allgemeine Vertragsbedingungen**[894], welche die wesentlichen Bedingungen der Arzt-Spital-Beziehung regeln, herausgegeben. Auf diese kann im Belegarztvertrag verwiesen werden, wobei die Bedingungen dem Belegarzt vorab (zB durch Übergabe in Papierform oder durch Veröffentlichung auf der Website des Belegspitals) zur Kenntnis zu bringen und einer Geltungs- und Inhaltskontrolle iSd §§ 864a und 879 Abs 3 ABGB zu unterziehen sind[895]. Alternativ können die Allgemeinen Vertragsbedingungen als Basis für die Gestaltung eines eigenen Vertragstextes verwendet werden.

Die vertraglich vereinbarten Rechte und Pflichten finden ihre Grenze in den zwingenden Vorschriften des KAKuG und der Landeskrankenanstaltengesetze. Die Anstaltsordnung (dazu Kapitel II. F. 4.) ist für den Belegarzt folglich ebenso bindend wie die Leitungsbefugnis des ärztlichen Leiters, die diesem eine beschränkte fachliche und organisatorische Weisungsbefugnis einräumt (siehe Kapitel II. F. 5. c) bb)) oder die sanitäre Aufsicht[896].

Unter Beachtung der krankenanstaltenrechtlichen Normen empfiehlt es sich, insb die nachfolgend dargestellten Regelungen als **Vertragsinhalt** zu vereinbaren:

- **Aufnahme des Patienten, Einholung einer Kostenübernahmeerklärung**

Der Belegarzt wird zunächst die vertragliche Zusicherung begehren, dass das Belegspital einen von ihm eingewiesenen Patienten aufnimmt. Wie bereits erwähnt, behalten sich die Anstaltsträger regelmäßig ein Ablehnungsrecht hinsichtlich der Aufnahme vor.

Zudem ist vor der Spitalsaufnahme die Kostenübernahme durch eine private Krankenversicherung zu klären. Ob die Anfrage an die Versicherung im Zuge der Abklärung der Indikation einer Einweisung durch den Belegarzt selbst oder durch das Belegspital erfolgt, obliegt der Vereinbarung der Vertragsparteien[897].

Aigner/Kletečka/Kletečka-Pulker/Memmer (Hrsg), HB Medizinrecht, IV.6/218.

[894] Diese sind unter dem Titel *„Allgemeine Vertragsbedingungen für Ärzte in Privatkrankenanstalten Österreichs (AVB) Ausgabe 1. Februar 2025"* abrufbar unter https://privatkrankenanstalten.at/website2023/wp-content/uploads/2025/01/avb-122025-final.pdf (abgerufen am 20.11.2025).

[895] *Kunz,* Belegarzt – Beleghebamme – Belegspital, in *Aigner/Kletečka/Kletečka-Pulker/Memmer (Hrsg),* HB Medizinrecht, IV.6/226f.

[896] *Resch,* Belegarztverhältnis in *Resch/Wallner,* Handbuch Medizinrecht^3 Rz 5.

[897] Vgl § 2 Allgemeine Vertragsbedingungen für Ärzte in Privatkrankenanstalten Österreichs (AVB) Ausgabe 1. Februar 2025.

- **Nutzungsrechte, Aufgabenverteilung und Leistungsumfang**

Die Zusammenarbeit von Belegarzt und Belegspital erfordert eine genaue Zuweisung von Aufgaben, Verantwortungsbereichen und Nutzungsrechten. Es bedarf der Festlegung, welche **Ressourcen des Belegspitals** dem Belegarzt zur Verfügung stehen. Dies betrifft in materieller Hinsicht bspw Bettenkapazitäten, Operationssäle, medizinische Geräte, Instrumente, Medizinprodukte oder Leistungen anderer Abteilungen (zB Diagnose- oder Laborleistungen). Benötigt der Belegarzt Instrumente oder Einrichtungen, die das Belegspital nicht bereitstellt (zB besondere Geräte, spezielle Implantate oder Befunde eines externen Speziallabors), werden zusätzliche Vereinbarungen, insb über deren Genehmigung und Kostentragung erforderlich[898].

Zudem ist die Bereitstellung des ärztlichen und nicht-ärztlichen Spitalspersonals für die Behandlung und die weitere Versorgung des Patienten (Notfall-, Nach-, Folgebehandlung) einschließlich der Erreichbarkeit des Belegarztes zu regeln. Festzulegen sind dabei auch die **Weisungsbefugnisse** des Belegarztes gegenüber dem Spitalspersonal. Da kein eigenes Vertragsverhältnis zwischen dem Belegarzt und dem Spitalspersonal besteht, hat das Belegspital seine Mitarbeiter (im Rahmen der bestehenden Arbeitsverträge) zur Befolgung der für die konkrete Behandlung erforderlichen Weisungen des Belegarztes anzuweisen. Dies gilt auch für Ärzte (zu Weisungen siehe Kapitel II. F. 5. c) bb)). Ein selbständig berufsbefugter Spitalsarzt ist grundsätzlich fachlich weisungsfrei, bleibt allerdings an fachliche Weisungen des hierarchisch übergeordneten Abteilungsleiters (und im Wege dessen Weisung auch an jene des Belegarztes) gebunden. Zu beachten ist, dass der Belegarzt der beschränkten fachlich-organisatorischen Weisungsbefugnis des ärztlichen Leiters der Krankenanstalt unterliegt[899].

Das Recht des Belegarztes, **eigene Mitarbeiter** zur Behandlung hinzuzuziehen, ist gesondert zu vereinbaren. Bei Zustimmung des Belegspitals wird das externe Personal regelmäßig auf Gefahr und Kosten des Belegarztes tätig und wird die Krankenanstalt auf einer Haftung des Belegarztes für die durch das hinzugezogene Personal verursachte Schäden bestehen[900].

---

898 Vgl § 5 Allgemeine Vertragsbedingungen für Ärzte in Privatkrankenanstalten Österreichs (AVB) Ausgabe 1. Februar 2025.

899 Vgl § 6 Allgemeine Vertragsbedingungen für Ärzte in Privatkrankenanstalten Österreichs (AVB) Ausgabe 1. Februar 2025; zur Weisungsbindung auch: *Resch,* Belegarztverhältnis in *Resch/Wallner,* Handbuch Medizinrecht[3] Rz 23ff und 5. Um eine Einordnung des Belegarztes als freier Dienstnehmer auszuschließen empfiehlt *Kunz,* Belegarzt – Beleghebamme – Belegspital, in *Aigner/Kletečka/Kletečka-Pulker/Memmer (Hrsg),* HB Medizinrecht, IV.6/227 folgende Punkte ausdrücklich im Vertrag festzuhalten: fachliche Weisungsfreiheit; Befugnis des Belegarztes, sich vertreten zu lassen (und auch durch wen): Entscheidung über die Beiziehung weiterer Berufsgruppen sowie die Melde- und Abgabepflichten hinsichtlich der eigenen Tätigkeit durch den Belegarzt selbst.

900 Vgl § 7 Allgemeine Vertragsbedingungen für Ärzte in Privatkrankenanstalten Österreichs (AVB) Ausgabe 1. Februar 2025.

- **Haftung**

Mangels einer anderslautenden vertraglichen Vereinbarung haftet der Belegarzt (neben eigenen) für Fehler des ihm für die Behandlung beigegebenen Spitalspersonals und der von ihm beigezogenen eigenen Mitarbeiter (Erfüllungsgehilfenhaftung iSd § 1313a ABGB)[901]. Das Belegspital trifft keine Aufsichtspflicht, es ist nicht einmal zur Überprüfung, ob vor der Einwilligung des Patienten ein ordnungsgemäßes Aufklärungsgespräch durch den Belegarzt stattfand, verpflichtet[902]. Erfolgt keine detaillierte Aufgabenteilung, besteht im Einzelfall allerdings die Möglichkeit, dass sich die Leistungspflichten des Belegarztes und des Belegspitals überschneiden, sodass es zu einer Solidarhaftung kommt[903].

Der **Haftungsumfang** des Belegarztes und des Belegspitals hängt im Einzelfall von den verletzten Pflichten, aber auch von der konkreten Vereinbarung mit dem Patienten ab, sodass der Leistungsumfang in allen drei Verträgen übereinstimmen sollte. Demgemäß empfiehlt sich eine Klarstellung bereits im Belegarztvertrag, zB dass der Belegarzt für sämtliche ärztliche Leistungen verantwortlich ist und das Belegspital lediglich für Nachsorge, Pflege und Unterbringung haftet oder dass die Haftung des Belegarztes auf die von ihm selbst erbrachten ärztlichen Leistungen beschränkt ist, während der Spitalsträger für sämtliche andere ärztliche, pflegerische etc Leistungen haftet[904].

Für den Haftungsfall empfiehlt sich zudem die Vereinbarung, dass die Krankenanstalt dem Belegarzt eine Kopie der **Krankengeschichte** überlässt und dass nicht nur der Spitalsträger, sondern auch der Belegarzt über eine **Haftpflichtversicherung** mit einer Deckungssumme in einer für den jeweiligen Tätigkeitsbereich angemessenen Höhe verfügt.

- **Honorarvereinbarung**

Für die Behandlung im Belegsystem schuldet der Patient sowohl dem Arzt als auch der Krankenanstalt ein Honorar, welches zumeist von einer privaten (Zusatz-) Krankenversicherung getragen wird. Die Bedingungen der Honorarabrechnung bedürfen einer vertraglichen Vereinbarung, insb ist zu regeln, ob das Belegspital bei privatversicherten Patienten die **Direktverrechnung** mit dem Krankenanstaltenträger übernimmt und in welcher Höhe der prozentuelle **Abzug vom Arzthonorar** erfolgt oder ob gesonderte Kostenbeiträge für die Leistungen der Krankenanstalt (Infrastrukturbeitrag bzw Hausrücklass) verrechnet werden[905].

901 OGH 23.2.2022, 3 Ob 224/21v; RIS-Justiz RS0112628; RIS-Justiz RS0112955.

902 OGH 2.2.2005, 9 Ob 152/04z.

903 Vgl OGH 23.2.2022, 3 Ob 224/21v (Solidarhaftung von Belegarzt und Belegspital für Fehler der Anästhesistin).

904 Vgl zu den Varianten: *Kunz,* Belegarzt – Beleghebamme – Belegspital, in *Aigner/ Kletečka/Kletečka-Pulker/Memmer (Hrsg),* HB Medizinrecht, IV.6/225.

905 Vgl §§ 9 f Allgemeine Vertragsbedingungen für Ärzte in Privatkrankenanstalten Österreichs (AVB) Ausgabe 1. Februar 2025.

- **Beendigung**

Die Rahmenvereinbarung zwischen dem Belegarzt und dem Belegspital ist, wie eingangs erwähnt, Basis für die Aufnahme eines Patienten. Während dessen Behandlung mit der Entlassung aus dem Belegspital eo ipso endet, bedarf die Rahmenvereinbarung als Dauerschuldverhältnis der Beendigung. Dies geschieht entweder durch Vertragsauflösung **aus wichtigem Grund** (zB Aufnahme eines Angestelltentätigkeit, bei der die Konkurrenzklausel eine Belegarzttätigkeit für das Belegspital verbietet) oder durch **ordentliche Kündigung**. Zur Vermeidung finanzieller Einbußen sollten die Vertragsparteien auf angemessene Kündigungsfristen achten[906].

b) Behandlungsvertrag

Die Besonderheit des Behandlungsvertrags[907] zwischen Belegarzt und Patient besteht darin, dass ein niedergelassener Arzt (Belegarzt) die begonnene ambulante Behandlung seines Patienten stationär in einer Krankenanstalt (Belegspital) fortsetzt. Da Belegarzt-, Behandlungs- und Krankenhausaufnahmevertrag inhaltlich übereinstimmen sollten, empfiehlt sich folgender zusätzlicher Vertragsinhalt:

- **Leistungsumfang**

Zur Vermeidung von Haftungsproblemen sollte der vom Belegarzt selbst zu erbringende Leistungsumfang genau bezeichnet werden (zB Durchführung einer Kreuzbandplastik am linken Kniegelenk einschließlich Nachbehandlung). Zudem sollte auf die Beiziehung des Personals des Belegspitals bzw eigener Mitarbeiter hinsichtlich der weiters erforderlichen Leistungen hingewiesen werden. Dies ist auch im Zusammenhang mit dem von Anstaltsträgern bei Abschluss des Belegarztvertrags oftmals begehrten Nachweis, dass die Patienten in eine Behandlung durch die vom Arzt beigezogenen Behandler einwilligen, wesentlich[908].

- **Honorarvereinbarung**

Der Patient ist grundsätzlich selbst Honorarschuldner des Arzthonorars sowie der gesonderten Kostenbeiträge für die Leistungen des Belegspitals. Bei Bestehen einer privaten (Zusatz-) Krankenversicherung erfolgt deren Bezahlung durch den Versicherungsträger zumeist im Wege der Direktverrechnung mit dem Spitalsträger. Diesbezüglich empfiehlt sich, wie bereits erwähnt, lediglich eine – mit dem Belegarztvertrag in Einklang stehende – Klausel, ob der Belegarzt oder das Belegspi-

---

[906] Vgl *Resch,* Belegarztverhältnis in *Resch/Wallner,* Handbuch Medizinrecht³ Rz 63f; *Kunz,* Belegarzt – Beleghebamme – Belegspital, in *Aigner/Kletečka/Kletečka-Pulker/Memmer (Hrsg),* HB Medizinrecht, IV.6/226.

[907] Allgemein zum Behandlungsvertrag: Kapitel III. A.

[908] Vgl Abschnitt C. III. a) dieses Kapitels und § 7 Allgemeine Vertragsbedingungen für Ärzte in Privatkrankenanstalten Österreichs (AVB) Ausgabe 1. Februar 2025.

tal die Kostenübernahmeerklärung des privaten Krankenversicherungsträgers einholt.

Falls die Bezahlung nicht durch die private Zusatzkrankenversicherung gedeckt ist, bestehen grundsätzlich keine gesetzlichen **Aufklärungspflichten** des Arztes, Ausnahmen sehen sondergesetzliche Aufklärungspflichten vor (zB § 5 Abs 1 Z 9, Abs 6 bis 9 ÄsthOpG bei ästhetischen Behandlungen und Operationen). Aufgrund der Erwartungshaltung von privatversicherten Patienten, für Spitals- und Arzthonorare nicht selbst aufkommen zu müssen, trifft den Belegarzt jedoch die vertragliche Verpflichtung, seine Patienten darüber aufzuklären, falls sie selbst (und nicht der private Krankenversicherungsträger) Honorarschuldner sind[909].

- **Haftung**

Den Belegarzt trifft neben der Haftung für eigenes Fehlverhalten grundsätzlich eine Erfüllungsgehilfenhaftung gem § 1313a ABGB für Fehler des beigegebenen Spitalspersonals und der eigenen Mitarbeiter. Im Einzelfall kann es infolge überschneidender Pflichtenkreise zu einer Solidarhaftung von Belegarzt und Belegspital kommen[910].

Demgemäß ist eine Beschränkung der Haftung des Belegarztes auf die eigenen ärztlichen Leistungen sowie auf Fehler seines eigenen Personals und eine Haftung des Spitalsträgers für Mängel hinsichtlich der verbleibenden Leistungen zweckmäßig[911].

c) Krankenhausaufnahmevertrag

Im Gegensatz zum niedergelassenen Bereich hat der Patient innermural grundsätzlich kein Recht auf freie Arztwahl[912]. Das Belegsystem stellt insofern eine Ausnahme dar, als es die **freie Wahl des Belegarztes**, der die Behandlung im Belegspital durchführt, zwingend voraussetzt.

Dadurch wird zugleich die Auswahl an Krankenanstalten, die als Belegspitäler in Betracht kommen, auf **private Krankenanstalten** und Krankenanstalten in der Betriebsform eines **Sanatoriums** (dazu Kapitel II. F. 2. d) beschränkt. In der allgemeinen Gebührenklasse einer gemeinnützigen Krankenanstalt wäre eine Belegarzttätigkeit unzulässig (vgl § 16 KAKuG)[913].

---

909 Vgl *Kunz,* Belegarzt – Beleghebamme – Belegspital, in *Aigner/Kletečka/Kletečka-Pulker/Memmer (Hrsg),* HB Medizinrecht, IV.6/221 unter Hinweis auf LG für Zivilrechtssachen Wien, 34 R 400/99x.

910 Vgl OGH 23.2.2022, 3 Ob 224/21v; RIS-Justiz RS0112628; RIS-Justiz RS0112955.

911 Dazu bereits oben, Abschnitt C. III. a) dieses Kapitels.

912 Vgl *Wallner,* Medizinrecht², 104.

913 *Resch,* Belegarztsystem in einer landesfondsfinanzierten Krankenanstalt? Anmerkung zu OGH 6 Ob 149/18g, RdM 2019/35, 55.

Es empfiehlt sich auch im Krankenhausaufnahmevertrag eine – mit dem Belegarzt- und Behandlungsvertrag korrespondierende – Regelung folgender (zusätzlicher) Vertragsinhalte:

- **Leistungsumfang**

Die Aufgabenteilung zwischen Belegarzt und Belegspital macht, wie erwähnt, den Abschluss zweier Verträge durch den Patienten erforderlich (Behandlungsvertrag mit dem Arzt und Krankenhausaufnahmevertrag). Der Leistungsumfang des Belegspitals beinhaltet die für die Durchführung der stationären Behandlung erforderlichen ***„Hilfs- und Zusatzdienste“*** (zB Bereitstellung von Personal, Räumlichkeiten und Material, Pflege, bildgebende Diagnostik) sowie die Beherbergung und Verköstigung ***(„Hotelkomponente“)***[914].

- **Honorar**

§ 5a Abs 4 KAKuG verpflichtet den Krankenanstaltenträger gegenüber dem Patienten zu klaren **Preisinformationen**, soweit diese im Aufnahmezeitpunkt vorhersehbar sind und nicht durch einen privaten Krankenversicherungsträger gedeckt werden. Zur Vermeidung von Unklarheiten kann im Belegarztrahmenvertrag geregelt werden, ob Arzt und Belegspital jeweils nur über die eigenen Honorare aufklären bzw ob der Belegarzt und das Belegspital über das Arzthonorar und über den Infrastrukturbeitrag des Belegspitals informieren.

- **Haftung**

Das Belegspital haftet grundsätzlich für Fehler des Spitalspersonals, nicht jedoch für jene des Belegarztes oder dessen eigener Mitarbeiter. Eine Beschränkung des Haftungsumfangs der haftpflichtigen Personen (des Belegarztes auf eigene ärztliche Leistungen, des Belegspitals auf die verbleibenden Leistungen) kann, wie bereits aufgezeigt, durchwegs sinnvoll sein.

D. Weitere Vertragskonstellationen

Die Zusammenarbeit zwischen Behandlern, die auf gleiche oder unterschiedliche Fachgebiete spezialisiert sind, ist nicht auf die in Kapitel II. dargestellten Gesundheitsbetriebe beschränkt. Abgesehen von den vertraglichen Beziehungen zwischen den beteiligten Behandlern, zB bei einem Konsil, einer Überweisung oder einer Urlaubsvertretung, stellt sich dabei stets die Frage nach den Auswirkungen auf das Behandlungsverhältnis mit dem Patienten.

---

[914] Als Bsp: OGH 23.2.2022, 3 Ob 224/21v; OGH 30.11.2006, 3 Ob 268/06t.

1. Konsiliararzt

Als Konsiliararzt (Konsiliarius) wird ein vom Behandler zum Zweck der Ergänzung der eigenen Kompetenz[915] bei Diagnosestellung und/oder bei der Erstellung des Therapieplans[916] **beigezogener Arzt** (Krankenanstalt[917]) bezeichnet. Den Konsiliarius können bei einem Konsil vielfältige Aufgaben erwarten, bspw eine beratende Tätigkeit, die Durchführung von Untersuchungen und Erstellung von Diagnosen oder die Unterstützung des behandelnden Arztes bei einer medizinischen Maßnahme. Die Behandlung selbst obliegt weiterhin dem unmittelbar beauftragten Arzt[918].

Hinsichtlich der Vertragsbeziehungen sind **2 Ebenen** zu unterscheiden, jene zwischen dem vom Patienten unmittelbar beauftragten Arzt (Behandler) und dem Konsiliararzt sowie jene mit dem Patienten.

a) Vertragsbeziehung zwischen Behandler und Konsiliararzt

In Standard- und Schwerpunktkrankenanstalten ist die Sicherung der ärztlichen Betreuung durch Konsiliarärzte in über die Basisversorgung hinausgehenden, weiteren medizinischen Sonderfächern gesetzlich vorgesehen[919]. Die Bestellung von **Konsiliarärzten in Krankenanstalten** ist öffentlich auszuschreiben (§ 21 Abs 1 KAKuG). Die Zusammenarbeit kann in Form eines **(freien) Dienstvertrags oder Werkvertrags**[920] gestaltet sein, dies ist jedoch nicht zwingend. Die Tätigkeit als Konsiliarius einer Krankenanstalt kann auch durch einen niedergelassenen Arzt oder einen Gesundheitsbetrieb (zB Gruppenpraxis für Radiologie) aufgrund eines Kooperationsvertrages erfolgen.

Ein **Kooperationsvertrag** zwischen einem Behandler und einem Konsiliarius ist freilich auch im niedergelassenen Bereich (zB ein Zahnarzt zieht einen Implantologen konsiliariter hinzu) bzw zwischen dem niedergelassenen und dem innermuralen Bereich (zB ein Allgemeinmediziner erbittet einen fachlichen Rat einer Krankenanstalt in der Betriebsform eines selbständigen Ambulatoriums für physikalische Medizin) möglich.

---

915 *Harrer/Wagner* in *Schwimann/Kodek (Hrsg),* ABGB Praxiskommentar^4, Band 6, § 1300 ABGB, Rz 72.

916 OGH 11.10.2006, 7 Ob 136/06k; RIS-Justiz RS0115996.

917 OGH 19.12.2001, 3 Ob 237/00z.

918 Vgl OGH 29.03.2017, 1 Ob 161/16g; *Harrer/Wagner* in *Schwimann/Kodek (Hrsg),* ABGB Praxiskommentar^4, Band 6, § 1300 ABGB, Rz 72.

919 In Standardkrankenanstalten je nach Bedarf in weiteren als durch die Basisversorgung und durch die Einrichtungen für Anästhesiologie, für Röntgendiagnostik und für die Vornahme von Obduktionen abgedeckten Sonderfächern (§ 2a Abs 1 lit a KAKuG), in Schwerpunktkrankenanstalten je nach Bedarf im Sonderfach Mund-, Kiefer- und Gesichtschirurgie und in weiteren Sonderfächern (§ 2a Abs 1 lit b KAKuG).

920 Vgl *Windisch-Graetz,* Grundlage des Arbeits- und Sozialrechts für Gesundheitsberufe in *Aigner/Kletečka/Kletečka-Pulker/Memmer (Hrsg),* HB Medizinrecht, IV.3/84f mwN.

b) Vertragsbeziehung zwischen Behandler/Konsiliarius und Patienten

Die wesentliche Frage nach vertraglichen Beziehungen zu den Patienten wurde va in der älteren Lit[921] uneinheitlich beantwortet. Die hL[922] und stRsp[923] unterscheiden grundsätzlich zwischen einem Konsil mit Einverständnis des Patienten und einem rein internen Konsil.

- **Konsil mit Einverständnis des Patienten**

Bei Hinzuziehung eines anderen Arztes durch den Behandler mit (ausdrücklichem oder konkludentem) Einverständnis des Patienten ist entsprechend dem Inhalt des Behandlungsvertrags weiter zu differenzieren[924]. Konkret kommt es darauf an, welche Leistungen der vom Patienten zuerst (unmittelbar) beauftragte Arzt aus dem Behandlungsvertrag schuldet. Da im Zweifel nicht davon auszugehen ist, dass sich der Behandler fächerübergreifend zu Leistungen anderer Ärzte verpflichtet[925] bzw der Behandler einen anderen Arzt mit der Erstellung eines Gutachtens auf seine eigene Rechnung beauftragt, entsteht ein eigener, **weiterer Behandlungsvertrag** zwischen dem Patienten und dem Konsiliarius. Dies hat zur Folge, dass der beiziehende behandelnde Arzt nicht für etwaige Fehler des Konsiliararztes nach § 1313a ABGB haftet[926]. Die Durchführung der konsiliariter erbetenen Leistungen erfolgt aufgrund einer Zuweisung an den Spezialisten (dazu gleich, Abschnitt 2.).

Ein anderes Ergebnis ist bei gemeinsamer Leistungserbringung mit dem Konsiliararzt in der Ordination des Behandlers denkbar. In diesem Fall könnte der Behandlungsvertrag (so es keine anderslautende Vereinbarung gibt) ausschließlich mit dem behandelnden Arzt zustande kommen und auch die Leistung des Konsiliararztes

---

[921] So lassen bspw *Stellamor/Steiner*, HB I, 54 keine vertragliche Beziehung zwischen dem Patienten und dem Konsiliarius entstehen. Die Beziehung zwischen Arzt und Konsiliarius soll aber Schutzwirkung zugunsten des Patienten haben. Ebenso wird eine Erfüllungsgehilfenhaftung des Konsiliararztes für möglich gehalten. Demgegenüber prüft *Engljähringer*, Ärztlicher Behandlungsvertrag, ÖJZ 1993, 494 erst die Reichweite der Verpflichtung des zuerst konsultierten Arztes und dann, ob durch das Einschreiten des Konsiliararztes ein Behandlungsvertrag zwischen diesem und dem Patienten begründet wurde.

[922] Für alle: *Kletečka-Pulker*, Rechtsgrundlagen der Behandlung, in *Aigner/Kletečka/Kletečka-Pulker/Memmer (Hrsg)*, HB Medizinrecht, I.1/6f und *Wallner*, Medizinrecht², 198 (beide unter Bezugnahme auf die Rsp).

[923] RIS-Justiz RS0115996.

[924] Zur Differenzierung *Wallner*, Medizinrecht², 198. Im Gegensatz dazu geht die Rsp (vgl RIS-Justiz RS0115996) bei einem Konsil mit Einverständnis des Patienten stets (undifferenziert) vom Zustandekommen eines eigenen Vertragsverhältnisses zwischen dem Patienten und dem Konsiliarius aus.

[925] Vgl *Wallner*, Handbuch Ärztliches Berufsrecht², 84.

[926] OGH 11.10.2006, 7 Ob 136/06k (keine Haftung eines Hautarztes, der eine Gewebeprobe an einen Pathologen übermittelt, für die Erstellung eines falschen Befundes durch den Pathologen).

umfassen. Da diesfalls **kein gesonderter Behandlungsvertrag** mit dem Konsiliarius vorliegt, wäre dieser Erfüllungsgehilfe des Behandlers iSd § 1313a ABGB[927]. Diese Konstellation käme bspw dann in Betracht, wenn ein Zahnarzt bei der Kariesbehandlung eines auf Betäubungsmittel empfindlich reagierenden Patienten in seiner Praxis konsiliariter einen Anästhesisten hinzuzieht, die Behandlung jedoch selbst durchführt.

- **Internes Konsil**

Bei einem internen Konsil zwischen Behandler und Konsiliararzt, von dem der Patient keinerlei Kenntnis hat (also weder von der Person des Konsiliararztes, noch vom Ergebnis des Rates bzw der Untersuchung), kommt **kein gesonderter Behandlungsvertrag** mit dem Konsiliarius in Betracht. Der Patienten darf, falls er vom behandelnden Arzt nicht auf Einschränkungen hinsichtlich der eigenen Leistungen hingewiesen wird, davon ausgehen, dass dieser Behandler sämtliche für eine Diagnose und/oder Behandlung erforderlichen Leistungen erbringt. Für einen Fehler des beigezogenen, fachfremden Konsiliararztes haftet der Behandler diesfalls gem § 1313a ABGB gegenüber dem Patienten[928].

2. Überweisung, Zuweisung, Einweisung

Der Behandlungsvertrag mit einem unmittelbar beauftragten Facharzt bezieht sich infolge der Beschränkung von Ärzten auf ihr jeweiliges Sonderfach (**Sonderfachbeschränkung** iSd § 31 Abs 3 ÄrzteG) grundsätzlich, Sonderfälle[929] ausgenommen, ausschließlich auf deren Fachgebiet[930]. Medizinische Anliegen, mit denen Patienten vorstellig werden, erfordern allerdings häufig die Beiziehung weiterer Spezialisten.

Diese Zusammenarbeit von Erst- und Zweitbehandler wird mit Blick auf den Behandlungsvertrag zumeist undifferenziert als Überweisung bezeichnet, da die Folge bei Überweisung, Zuweisung und Einweisung grundsätzlich stets dieselbe ist. Es kommt zu einem Abschluss eines Behandlungsvertrags mit dem Erstbehandler und zu einem Abschluss eines weiteren Behandlungsvertrags mit dem Zweitbehandler.

Bevor eine Einordnung der vertraglichen Beziehungen vorgenommen wird, sind die in der Praxis[931] gebräuchlichen Begrifflichkeiten inhaltlich abzugrenzen:

[927] Zu dieser Fallkonstellation: *Wallner,* Medizinrecht², 198.

[928] Vgl dazu OGH 29.3.2017, 1 Ob 161/16g. Die Entscheidung betrifft eine Übermittlung von Gewebeproben durch die behandelnde Gynäkologin an einen Pathologen, ohne dass dies mit der Patientin abgesprochen war und ohne diese zu informieren, wodurch das *„Gesamtpaket an medizinischen Leistungen"* von der Leistungspflicht und Verantwortung der Gynäkologin umfasst war. Diese haftet schließlich für den Fehler des von ihr intern hinzugezogenen Erfüllungsgehilfen.

[929] Bspw bei Ausnahmen von der Sonderfachbeschränkung in epidemiologischen Situationen gem § 31 Abs 3 Z 5 ÄrzteG.

[930] Vgl RIS-Justiz RS0121415.

[931] Vgl zum Ganzen: https://www.gesundheit.gv.at/gesundheitsleistungen/arztbesuch/ueberweisung-facharzt1.html (abgerufen am 20.11.2025).

- **Überweisung**

Bei einer Überweisung wird der Patient von jenem Behandler, den dieser zunächst aufsuchte (überweisender Arzt, Erstbehandler), zur Durchführung weiterführender Gesundheitsleistungen an einen anderen Behandler (Zweitbehandler) weiterempfohlen. Die Überweisung erfolgt bspw von einem Hausarzt oder einer Primärversorgungseinheit an einen anderen Facharzt, eine Ambulanz oder an einen Angehörigen eines nicht-ärztlichen Gesundheitsberufs. Die weitere Behandlung (zB Physiotherapie) führt in diesem Fall der Zweitbehandler durch.

- **Zuweisung**

Eine Zuweisung an einen Spezialisten erfolgt zur Durchführung einer vom zuweisenden Arzt selbst nicht durchführbaren[932], konkret bezeichneten Untersuchung (zB Szinitigraphie der Schilddrüse, Sonographie der rechten Niere). Die Befundbesprechung und allenfalls auch die weitere Behandlung[933] erfolgen – anders als bei der Überweisung – durch den zuweisenden Arzt.

- **Einweisung**

Als Einweisung wird die durch den vom Patienten unmittelbar konsultierte Arzt angeordnete stationäre Aufnahme in eine Krankenanstalt bezeichnet. Die weitere Behandlung (zB Operation, Therapie) wird von der Krankenanstalt durchgeführt.

a) Vertragliche Beziehungen zwischen den Behandlern

Aus den Begriffsdefinitionen ergibt sich, dass die weitere Behandlung des Patienten bei Überweisung und Einweisung durch den Zweitbehandler erfolgt, während diese bei einer Zuweisung dem Erstbehandler obliegt. Dies führt zur Frage, wie diese Arbeitsteilung zwischen Erst- und Zweitbehandler oder wie der Überweisungs- bzw Zuweisungsschein und die Einweisung rechtlich einzuordnen sind:

Nach der Rsp[934] gibt die auf dem Überweisungsschein angeführte Diagnose lediglich den Grund der Überweisung an. Der überweisende Arzt erteilt damit keinen Subauftrag an den Spezialisten. Dieser hat aufgrund seiner Fachkunde selbst über die erforderlichen Leistungen zu entscheiden. Die Überweisung bleibt daher eine Verpflichtung gegenüber dem Patienten aus dem Behandlungsvertrag. Zwischen dem Erst- und dem Zweitbehandler, an den überwiesen wird, entsteht kein geson-

[932] Bspw weil die für die Untersuchung erforderlichen Laboreinrichtungen, medizinisch-technischen Geräte, Instrumente bzw das sonst benötigte Equipment oder Know-how nicht vorhanden sind.

[933] Falls für die weitere Behandlung ein Spezialist benötigt wird, ist wiederum eine Überweisung möglich.

[934] OGH 11.10.2006, 7 Ob 136/06k. Der OGH weist darauf hin, dass mit dem Zweitbehandler, dessen Gesundheitsbetrieb der Patient zur Untersuchung selbst infolge der Überweisung aufsucht (zB zur Blutabnahme), *„ohnehin der Vertrag ohne Stellvertretung durch den überweisenden Arzt unmittelbar zustande“* kommt.

dertes Vertragsverhältnis. Dieses Ergebnis gilt, mangels Differenzierung in der Rsp[935], wohl auch für die Einweisung in eine Krankenanstalt und die Zuweisung an einen Spezialisten zur Durchführung einer konkreten Untersuchung. In diesen Konstellationen kommt ebenfalls **kein Vertragsverhältnis zwischen den Behandlern** zustande.

Unabhängig vom konkreten Einzelfall stellt sich allerdings die Frage, ob Überweisungen, Zuweisungen oder Einweisungen Gegenstand einer **Kooperationsvereinbarung** (zB zwischen einem niedergelassenen Facharzt für Orthopädie und einem Physiotherapeuten) sein können. Dies wird grundsätzlich zu bejahen sein, wenngleich die freie Arztwahl des Patienten zu gewährleisten und das Provisionsverbot des § 53 Abs 2 ÄrzteG (§ 35 Abs 3 ZÄG) zu beachten ist (siehe Kapitel II. C. 2). Der Gesetzgeber spricht ausdrücklich nur von einem Verbot von Vergütungen für die Zuweisung von Kranken. Zur Wahrung der Patienteninteressen sind darunter auch Überweisungen und Empfehlungen bestimmter Gesundheitsdienstleister zu subsumieren[936].

b) Vertragliche Beziehungen zum Patienten

Eine aus dem Behandlungsvertrag folgende Verpflichtung ist die Behandlung lege artis, der zufolge ein (Erst-) Behandler für eine ordnungsgemäße Diagnose und Behandlung zu sorgen hat. Sofern erforderlich, hat er dazu mit Überweisung oder Zuweisung des Patienten an einen Behandler eines anderen Sonderfaches oder mit Einweisung in eine Krankenanstalt vorzugehen[937].

Diesfalls besteht der Inhalt des **ersten Behandlungsvertrags** zwischen dem Patienten und dem Erstbehandler zunächst[938] hauptsächlich darin, dass der Patient den Erstbehandler (zB Zahnarzt) mit der Auswahl des Zweitbehandlers (zB Endodontologe, Implantologe), an den der Patient zur weiteren Leistungserbringung überwiesen werden soll, beauftragt. Eine Haftung des Erstbehandlers beschränkt sich diesfalls sohin auf ein Auswahlverschulden gem § 1315 ABGB, eine Erfüllungsgehilfenhaftung iSd § 1313a ABGB trifft ihn nicht[939].

Neben der zwischen dem Erstbehandler und seinem Patienten bereits bestehenden Rechtsbeziehung kommt, vorausgesetzt es besteht keine anderslautende Vereinba-

935 Vgl OGH 11.10.2006, 7 Ob 136/06k.

936 RIS-Justiz RS0133263; OGH 03.09.2020, 5 Ob 25/20t (Zuweisung an Hörstudio im selben Haus durch HNO-Arzt).

937 Vgl RIS-Justiz RS0121415.

938 Nach der – nicht zwischen Überweisung und Zuweisung differenzierenden – Rsp hat der Erstbehandler die weitere Behandlung des Patienten nach Einlangen des Befundes bspw eines radiologischen oder pathologischen Instituts (gleichsam als Teil zwei des Behandlungsvertrags) entweder selbst durchzuführen oder den Patienten an einen weiteren Spezialisten zu überweisen (vgl OGH 11.10.2006, 7 Ob 136/06k).

939 OGH 11.10.2006, 7 Ob 136/06k.

rung[940], ein **eigener** (weiterer) **Behandlungsvertrag** zwischen dem Patienten und dem Spezialisten (zB einem niedergelassenen Facharzt), an den dieser überwiesen oder zugewiesen wurde bzw an eine Krankenanstalt, in die eingewiesen wurde, zustande[941]. In diesen Fällen besteht keine Haftung des überweisenden Arztes für Fehlleistungen des behandelnden Arztes (der Krankenanstalt)[942].

3. Vertretung

Nach § 49 Abs 2 ÄrzteG bzw § 24 Abs 1 ZÄG sind Ärzte bzw Angehörige des zahnärztlichen Berufs zur persönlichen und unmittelbaren Berufsausübung verpflichtet. Eine *„allgemeine Substitutionsbefugnis"*[943], wie etwa bei Rechtsanwälten, besteht nicht, sodass eine Vertretung einer gesetzlichen oder vertraglichen Regelung bedarf[944]. Unzulässig wäre eine Vertretung jedenfalls im Falle einer persönlichen Behandlungszusage (zB im Rahmen eines totalen Krankenhausaufnahmevertrags mit Arztzusatzvertrag)[945].

Bei Verhinderung etwa anlässlich eines Urlaubs, bei Krankheit oder aus sonstigen Gründen (zB Hochzeit, Geburt, Gerichtsverhandlung) haben Ärzte für ihre **Vertretung durch** einen **Arzt derselben Fachrichtung**[946] zu sorgen. Für Kassenärzte können die Einzelverträge mit den jeweiligen Krankenversicherungsträgern weitere Verpflichtungen (zB Meldepflichten) vorsehen[947]. Hinsichtlich der Vertretung

---

940 Nach *Wallner*, Medizinrecht², 197 wäre dies Fall, wenn der Patient erwarten durfte, dass die Leistung eines Zweitbehandlers von der behandlungsvertraglichen Zusage des Erstbehandlers umfasst ist. Es gäbe dann keinen zweiten Behandlungsvertrag mit dem Behandler, an den überwiesen wurde. Als Bsp führt *Wallner*, aaO die Übermittlung von Blutproben durch den zuweisenden Behandler an einen Laborfacharzt ohne Wissen des Patienten an. Dem ist im Ergebnis (Nichtzustandekommen eines gesonderten Behandlungsvertrags) zuzustimmen, mE ist diese Fallkonstellation jedoch als internes Konsil bzw als Stellvertretung durch den Erstbehandler (vgl OGH 11.10.2006, 7 Ob 136/06k) zu qualifizieren.

941 Für alle: *Wallner*, Handbuch Ärztliches Berufsrecht², 83f.

942 Vgl OGH 11.10.2006, 7 Ob 136/06k.

943 *Harrer/Wagner* in *Schwimann/Kodek (Hrsg)*, ABGB Praxiskommentar⁴, Band 6, § 1300 ABGB, Rz 73.

944 RIS-Justiz RS0025546.

945 Vgl *Reischauer* in *Rummel*, ABGB³ § 1299 Rz 30 (Stand 1.1.2007, rdb.at).

946 So ausdrücklich § 19 Abs 1 Gesamtvertrag zwischen der Ärztekammer für Wien, Kurie der niedergelassenen Ärzte und dem Hauptverband der österreichischen Sozialversicherungsträger für die ÖGK vom 1.1.2011.

947 Vgl zB § 19 Gesamtvertrag zwischen der Ärztekammer für Wien, Kurie der niedergelassenen Ärzte und dem Hauptverband der österreichischen Sozialversicherungsträger für die ÖGK vom 1.1.2011 sieht bei Vertretungen bis zu 6 Wochen keine Informationspflichten vor. Eine Meldepflicht besteht erst für regelmäßige oder tageweise Vertretungen, die zwischen 6 Wochen und 6 Monaten dauern. Gemäß § 7 Gesamtvertrag zwischen der ÖÄK und der BVAEB für Ärzte für Allgemeinmedizin und Fachärzte, in Kraft getreten am 1.1.2020 hat der vertretene Arzt bei einer länger als 2 Wochen dauernden Vertretung

von Inhabern einer Ordinationsstätte oder von Gesellschaftern einer Gruppenpraxis bestimmt § 47a Abs 4 ÄrzteG ausdrücklich, dass dies eine freiberufliche ärztliche Tätigkeit ist, sofern die ärztliche Tätigkeit des vertretenen Arztes und des Vertretungsarztes *„nicht überwiegend gleichzeitig“* in der Ordination oder Gruppenpraxis erfolgt.

a) Vertragliche Beziehungen zwischen den Behandlern

Die Vertretung basiert auf den allgemeinen Grundlagen des **Stellvertretungsrechts** (§§ 1002 ff ABGB)[948], der Vertretungsarzt wird im Auftrag des vertretenen Arztes tätig. Nach § 1005 ABGB ist ein mündlicher oder schriftlicher Vertragsabschluss möglich, wobei der Schriftform zu Beweiszwecken der Vorzug zu geben ist.

Als zulässiger **Inhalt** des Vertretungsvertrags zwischen dem vertretenen (beauftragenden) Arzt und dem Vertretungsarzt kommen der für die Vertretung erforderliche Zeitrahmen sowie eine Vereinbarung über die Honorierung und über haftungsrechtliche Konsequenzen bei verabsäumter Offenlegung der Vertretung[949] in Betracht. Weiters ist festzulegen, ob die Vertretung in der Ordination des vertretenen Arztes oder des Vertretungsarztes stattfinden soll[950]. Die Erteilung von fachlichen Weisungen an den Vertretungsarzt bezüglich der eigenen Patienten ist nicht gestattet. Die medizinischen Entscheidungen trifft auch im Vertretungsfall ausschließlich der Vertretungsarzt (zur Weisungsfreiheit siehe Kapitel II. A. 1. a).

b) Vertragliche Beziehungen zum Patienten

Hinsichtlich des **Behandlungsvertrags** ist zu differenzieren zwischen einer Vertretung, die für den Patient mangels Aufklärung darüber nicht erkennbar ist, einer Vertretung, auf die der Patient hingewiesen wird und einer Vertretung in den Ordinationsräumlichkeiten des Vertretungsarztes[951].

- **Behandlungsvertrag mit dem vertretenen Arzt**

Bei einer Vertretung, die mit einer **zeitlich befristeten Übernahme** der Patienten, der Ordinationsräumlichkeiten und des Personals des vertretenen Arztes verbunden

---

seinen Namen und die voraussichtliche Dauer der Vertretung bekanntzugeben. Bei einer länger als 3 Monate dauernden Vertretung können die zuständige Landesärztekammer oder die BVAEB Einspruch gegen die Vertretung erheben.

[948] Vgl RIS-Justiz RS0123061, demzufolge die berufsrechtliche Verpflichtung der persönlichen und unmittelbaren Berufsausübung die Anwendung des zivilrechtlichen Stellvertretungsrechts und der Gehilfenhaftung nicht ausschließt.

[949] Für den Fall, dass der Vertretungsarzt bspw einen Patienten vereinbarungswidrig nicht auf sein Tätigwerden als Vertreter hinweist, was eine Haftung des vertretenen Arztes für einen Behandlungsfehler des Vertretungsarztes zur Folge hätte, könnte vereinbart werden, dass der Vertretungsarzt den vertretenen Arzt schad- und klaglos hält.

[950] *Wallner,* Handbuch Ärztliches Berufsrecht², 86.

[951] Vgl Wallner, Medizinrecht²,197.

ist, bleibt der vertretene Arzt Partner des Behandlungsvertrags mit dem Patienten. Selbst neue Behandlungsverträge gelten als mit dem vertretenen Arzt abgeschlossen[952]. Der **Vertretungsarzt** ist **Stellvertreter** des vertretenen Arztes und als solcher, mangels anderslautender Vereinbarungen, mit der Wahrnehmung sämtlicher (ansonsten) dem vertretenen Arzt obliegenden Aufgaben und Verpflichtungen beauftragt[953].

Der Patient darf, mangels anderslautender Hinweise, davon ausgehen, dass die vom Vertretungsarzt durchgeführte Leistung dem vertretenen Arzt im Rahmen des Behandlungsvertrags zuzurechnen ist[954]. Der Vertretungsarzt ist bei Erfüllung der den vertretenen Arzt treffenden Aufgaben folglich dessen Erfüllungsgehilfe und haftet der vertretene Arzt gem § 1313a ABGB[955].

- **Behandlungsvertrag mit dem Vertretungsarzt**

Anderes soll dann gelten, wenn der Patient bereits vor Behandlungsbeginn **auf die Vertretung hingewiesen** wurde, zB durch einen Hinweis am Ordinationsschild oder durch das Ordinationspersonal. Dem Patienten muss durch den Hinweis auffallen, dass die Behandlung durch einen Vertreter erfolgt, womit auch der Behandlungsvertrag unmittelbar mit dem Vertretungsarzt zustande kommt. Der Vertretene haftet nur noch für ein Verschulden bei der Auswahl des Vertretungsarztes gem § 1315 ABGB, nicht jedoch für ein Verschulden des Vertretungsarztes[956].

Zum selben Ergebnis führt der Fall, in dem die **Vertretung in der Ordination des Vertretungsarztes erfolgt** und damit ebenfalls für den Patienten erkennbar ist. Der Vertretungsarzt ist Vertragspartner des Patienten. Den vertretenen Arzt treffen keine

---

952 Nach OGH 10.3.2008, 10 Ob 119/07h kann unter Hinweis auf *Steiner/Fleisch*, Ärztliche Substitutionsbefugnis, AnwBl 1997, 705 eine Differenzierung danach, ob die Behandlung bereits durch den Vertretenen begonnen wurde oder erst durch den Vertreter begonnen wird, nicht (mehr) erfolgen. Vgl im Gegensatz dazu (unter Berücksichtigung der früheren Rsp) noch *Völkl-Torggler,* Die Rechtsnatur des ärztlichen Behandlungsvertrages, JBl 1984, 77.

953 Vgl RIS-Justiz RS0028626.

954 OGH 22.1.2008, 4 Ob 210/07x (Haftung eines Kassenvertragsarztes für seinen Urlaubsvertreter). Konkret ging der Patient, dem die Urlaubsvertretung nicht als solche erkennbar war – er suchte die Ordination nicht nur zum ersten Mal auf, sondern wurde zudem nicht über den Vertretungsfall aufgeklärt – davon aus, mit dem vertretenen Arzt selbst zu kontrahieren. Vgl dazu auch *Wallner,* Medizinrecht², 197. Dieser verneint ebenfalls das Zustandekommen eines weiteren Behandlungsvertrags mit dem Vertretungsarzt.

955 Vgl OGH 10.3.2008, 10 Ob 119/07h (Durchführung einer Wurzelbehandlung aufgrund akuter Schmerzen bei einer langjährigen Patientin der vertretenen Ärztin durch einen Urlaubsvertreter, der noch dazu keine Zulassung als Arzt besaß). Dieser Entscheidung zufolge ist nicht danach zu unterscheiden, ob der Vertretungsarzt eine vom vertretenen Arzt begonnene Behandlung fortsetzt oder ob die Behandlung vom Vertretungsarzt begonnen wird.

956 Dazu *Wallner,* Medizinrecht², 197.

vertraglichen Pflichten gegenüber dem Patienten, seine Haftung wäre daher auf ein Auswahlverschulden (culpa in eligendo) gem § 1315 ABGB beschränkt[957].

E. Besonderheiten des Heimvertrags

Bei den bisher vorgestellten Verträgen mit Patienten steht die Heilbehandlung lege artis als Hauptleistungspflicht des Behandlers im Vordergrund. Die insb mit fortschreitendem Alter einhergehenden körperlichen und gesundheitlichen Einschränkungen erfordern möglicherweise Leistungen (zB Betreuung, Pflege), die weder im Rahmen einer ambulanten oder stationären Behandlung noch vom Familienkreis erbracht werden können. Die Lösung liegt für Betroffene dann zumeist im Abschluss eines Heimvertrags zum Zweck der Aufnahme in ein Alten- oder Pflegeheim. Heimverträge zielen im Unterschied zu Behandlungs- und Krankenhausaufnahmeverträgen vorranging auf Unterkunft, Betreuung und Pflege ab.

Der durch die demografische Entwicklung bedingte steigende Bedarf an Pflegeleistungen unterstreicht die Bedeutung dieses Rechtsbereichs. Das Recht der Altenpflege beruht heute auf diversen Kompetenztatbeständen und Rechtsgrundlagen, obwohl die rechtliche Regulierung erst in den 1970er Jahren mit einzelnen Sozialhilfegesetzen auf Landesebene beginnt[958]. Ein Pflegeheimgesetz des Bundes kam über das Entwurfsstadium nicht hinaus, zumal der VfGH[959] dazu feststellte, dass Errichtung, Erhaltung und Betrieb von Pflegeheimen gem Art 15 Abs 1 B-VG in die Zuständigkeit der Länder fällt. Diese machten in der Folge von dieser Regelungskompetenz Gebrauch[960]. Das Pflegegeldwesen ist demgegenüber Bundessache in Gesetzgebung und Vollziehung (Art 10 Abs 1 Z 11 B-VG).

Das zivilrechtliche Rechtsverhältnis zwischen Heimträgern und Heimbewohnern, welches Bundessache in Gesetzgebung und Vollziehung ist („*Zivilrechtswesen*" gem Art 10 Abs 1 Z 6 B-VG), blieb lange Zeit gesetzlich ungeregelt. Das **Heimvertragsgesetz** (HVerG)[961] wurde erst im Jahr 2004 in das Konsumentenschutzgesetz eingeführt. Es enthält bundeseinheitliche Mindeststandards für Heimverträge

---

957 Vgl *Wallner,* Handbuch Ärztliches Berufsrecht², 86.

958 Zu den historischen Grundlagen: *Ganner,* Recht der Altenpflege, in *Aigner/Kletečka/Kletečka-Pulker/Memmer (Hrsg),* HB Medizinrecht, IV.4/142f.

959 VfGH 16.10.1992, VfSlg 13237/1992.

960 Burgenländisches Sozialeinrichtungsgesetz 2023, LGBl 2023/26 idgF; Kärntner Heimgesetz, LGBl 1996/7 idgF; NÖ Sozialhilfegesetz 2000, LGBl 9200-13 idgF; Oö. Sozialhilfegesetz 1998, LGBl 1998/82 idgF; Salzburger Pflegegesetz, LGBl Nr 52/2000/52 idgF; Steiermärkisches Pflege- und Betreuungsgesetz, LGBl 2024/90; Tiroler Heim- und Pflegeleistungsgesetz, LGBl 2005/23 idgF; Pflegeheimgesetz [Vorarlberg], LGBl 2002/16 idgF; Wiener Wohn- und Pflegeheimgesetz, LGBl 2005/15 idgF.

961 Bundesgesetz, mit dem im Konsumentenschutzgesetz Bestimmungen über den Heimvertrag eingeführt werden (Heimvertragsgesetz), BGBl 2004/12, kundgemacht am 27.2.2004, in Kraft getreten am 1.7.2004.

und beseitigt die davor für Bewohner, Heimträger und Pflegepersonal bestehenden Rechtsunsicherheiten[962].

1. Definition und Abgrenzung

Der Heimvertrag ist ein zivilrechtlicher Vertrag zwischen einem Heimträger und einer alten, pflegebedürftigen und/oder behinderten Person als Bewohner, der die wechselseitigen Rechte und Pflichten bei dauernder oder vorübergehender Unterkunft, Betreuung und Pflege in einem Alten- oder Pflegeheim oder in einer anderen Einrichtung, die mindestens drei Bewohner aufnehmen kann, regelt (vgl § 27b Abs 1 Satz 1 und 2 KSchG[963]).

Das KSchG enthält keine umfassende Regelung des Heimvertrags, die §§ 27b bis 27i KSchG greifen lediglich einige wesentliche Aspekte, deren Ziel die Schaffung von Transparenz (insb durch Offenlegung der wechselseitigen Rechte und Pflichten) und der Schutz der Bewohner vor nachteiligen Vertragsbestimmungen (zB durch Aufschlüsselung des Entgelts) ist, auf[964]. Die weiteren Bestimmungen des KSchG und des ABGB bleiben subsidiär anzuwenden. Die Einordnung als zivilrechtliches Rechtsverhältnis gilt auch für den Fall der hoheitlichen Zuweisung des Heimplatzes durch den Sozialhilfeträger und der teilweisen oder gänzlichen staatlichen Finanzierung der Heimkosten[965].

Im Unterschied dazu **gelten** die §§ 27b bis 27i KSchG **nicht** für Heime oder andere Einrichtungen der Pflege und Erziehung Minderjähriger sowie für die stationäre Pflege und Betreuung in Krankenanstalten oder medizinischen Rehabilitationseinrichtungen (§ 27b letzter Satz KSchG). Auch die Betreuung und Pflege in Tagesheimen unterliegt (in Ermangelung einer stationären Unterkunft) regelmäßig nicht den Bestimmungen des Heimvertrags[966].

Bei der Vermietung *„im Rahmen sozialpädagogisch betreuten Wohnens"* (§ 1 Abs 2 Z 1a MRG[967]) oder bei Vermietung einer Seniorenwohnung[968] mit Grundversorgung

[962] Bericht des Justizausschusses vom 20.1.2004, 377 der Beilagen XXII. GP 2.

[963] Bundesgesetz vom 8. März 1979, mit dem Bestimmungen zum Schutz der Verbraucher getroffen werden (Konsumentenschutzgesetz), BGBl 1979/140, in Kraft getreten am 1.10.1979.

[964] Bericht des Justizausschusses vom 20.1.2004, 377 der Beilagen XXII. GP 1 und 2.

[965] Dazu eingehend *Hammerl* in *Kosesnik-Wehrle,* KSchG[5] § 27b Rz 6 und 7 mwN, auch zur gegenteiligen Ansicht in den ErläutRV 202 BlgNR 22. GP 5, wonach bei Zuweisung eines Heimplatzes oder bei Aufnahme in ein Heim eines Sozialhilfeträgers die öffentlichrechtlichen Bestimmungen für den Heimvertrag maßgebend sein sollen.

[966] *Hammerl* in *Kosesnik-Wehrle,* KSchG[5] § 27b Rz 3.

[967] Bundesgesetz vom 12. November 1981 über das Mietrecht (Mietrechtsgesetz), BGBl 1981/520 idgF.

[968] Seniorenwohnungen iSd § 12 Abs 3 MRG sind Mietobjekte, die altengerecht ausgestattet sind, insb barrierefrei zugänglich sind, über eine besondere sanitäre Ausstattung und über Sicherheitseinrichtungen verfügen.

„mit sozialen Diensten der Altenhilfe" (§ 12 Abs 3 MRG) kann die **Abgrenzung** zu Heimverträgen problematisch sein. Abhilfe schafft ein Rückgriff auf die Mindestbewohnerzahl des § 27b Abs 1 Satz 1 KSchG, sodass bei Einrichtungen, die mindestens drei Bewohner aufnehmen können, von einem Heimvertrag auszugehen sein wird[969].

Weiters ist eine Abgrenzung zum HeimAufG[970] geboten. Dieses regelt, unter welchen Voraussetzungen Freiheitsbeschränkungen in Alten-, Pflege- und Behindertenheimen sowie in Einrichtungen zur ständigen Betreuung oder Pflege von mindestens drei psychisch kranken oder geistig behinderten Menschen zulässig sind sowie deren Überprüfung (§ 2 Abs 1 HeimAufG). Es gilt allerdings nicht für die Aufnahme, Pflege, Betreuung und Behandlung der Bewohner von Alten- und Pflegeheimen und anderen Einrichtungen (Abs 3 leg cit).

2. Rechtsnatur

Nach § 27b KSchG hat ein Heimvertrag zumindest folgende Leistungen zu beinhalten: *„Unterkunft, Betreuung und Pflege"*. Eine **Unterkunft** ermöglicht dem Bewohner die Übernachtung in der Einrichtung. Die **Betreuung** beinhaltet neben der Reinigung, der Beschaffung von Nahrungsmitteln oder Medikamenten auch die Befriedigung der sozialen Bedürfnisse (zB Gespräche, Ausflüge). Anders als die Betreuung setzen **Pflegeleistungen** medizinische Kenntnisse voraus, sie umfassen ua die Verabreichung von Arzneimitteln, Unterstützung bei Nahrungsaufnahme oder Körperpflege[971].

Die Gestaltungsformen des Heimvertrags sind so vielfältig wie die Bedürfnisse der Bewohner, von betreutem Wohnen bis zu Pflegeeinrichtungen mit permanenter medizinischer Versorgung. Der Heimvertrag ist folglich als ein aus Elementen diverser Verträge (zB Mietvertrag, Werkvertrag, Kaufvertrag) bestehender **gemischter Vertrag** zu qualifizieren[972].

3. Form und Zeitpunkt des Zustandekommens

Zum Schutz der Bewohner und zur Beweissicherung normiert § 27d Abs 5 KSchG für Heimverträge die **Schriftform**. Zudem hat der Heimträger dem Heimbewohner,

[969] *Hammerl* in *Kosesnik-Wehrle,* KSchG^5 § 27b Rz 4.

[970] Bundesgesetz über den Schutz der persönlichen Freiheit während des Aufenthalts in Heimen und anderen Pflege- und Betreuungseinrichtungen (Heimaufenthaltsgesetz), BGBl I 2004/11 idgF.

[971] Vgl *Hammerl* in *Kosesnik-Wehrle,* KSchG^5 § 27b Rz 2 und 3.

[972] Vgl OGH 16.10.1997, 6 Ob 247/97k; der Bericht des Justizausschusses vom 20.1.2004, 377 der Beilagen XXII. GP 2 spricht von Heimwohn- und Heimpflegeverträgen, wobei bei Ersteren das mietvertragliche und bei Letzteren das werkvertragliche Element überwiegt. Zur Rechtsnatur auch *Ganner,* Recht der Altenpflege, in *Aigner/Kletečka/Kletečka-Pulker/Memmer (Hrsg),* HB Medizinrecht, IV.4/166.

einem Vertreter und einer allenfalls namhaft gemachten Vertrauensperson eine Kopie des Vertrages zu übergeben.

Bei **befristeten** Heimverträgen ist der schriftliche Vertrag *„bis zur Aufnahme des Heimbewohners"* zu errichten, bei **unbefristeten** Heimverträgen *„spätestens innerhalb von drei Monaten ab der Aufnahme"* (Satz 1 leg cit). Mit der Möglichkeit einer nachträglichen schriftlichen Vertragserrichtung berücksichtigt der Gesetzgeber jene Fälle, in denen die Aufnahme eines Betroffenen zB infolge Spitalsentlassung besonders eilig erfolgen musste und deshalb vorab keine Möglichkeit für die Klärung der Vertragsdetails bestand[973]. Über den wesentlichen Vertragsinhalt wird diesfalls bereits im Aufnahmezeitpunkt ein konkludenter Vertrag zustande gekommen sein[974].

Einen Mangel der Schriftform kann allerdings nur der Heimbewohner geltend machen. Zu berücksichtigen ist dabei § 10 Abs 3 KSchG, demzufolge Klauseln, welche die Rechtswirksamkeit formloser Erklärungen des Heimträgers ausschließen, für den Bewohner keinen Nachteil bedeuten können[975].

Eine **schriftliche Informationspflicht** des Heimträgers über das Leistungsspektrum (zB Ausstattung der Unterkunft, angebotene Betreuungs- und Pflegeleistungen) einschließlich der Kosten sieht § 27c KSchG vor. Um Interessenten eine Vergleichsmöglichkeit zu eröffnen, sind diese und weitere relevante Informationen auf Verlangen bereits **vor Vertragsabschluss** zu erteilen. Eine umfassende Information auf der Website ist nicht ausreichend, Basisinformationen können allerdings in einem Prospekt zur Verfügung gestellt werden. Den Heimträger trifft nur dann keine Informationspflicht, wenn bspw der Interessent die Aufnahmekriterien nicht erfüllt (zB nicht aus einer konkreten Gemeinde oder einem konkreten Verwaltungsbezirk stammt) oder alle Plätze in nächster Zeit belegt sind[976].

4. Vertragspartner

Die Vertragspartner des Heimvertrags sind bereits in der Titulierung des § 27b KSchG *„Verträge zwischen Heimträgern und -bewohnern"* genannt. Als **Heimträger** kommen infolge der Regelung der Heimverträge im I. Hauptstück des KSchG, welches gem § 1 leg cit für unternehmensbezogene Geschäfte zwischen Unternehmen und Verbrauchern gilt, nur Unternehmer in Betracht. Eine Betreuung im Familienkreis unterliegt folglich nicht den Bestimmungen des Heimvertrags. Bsp für Heimträger sind: juristische Personen des öffentlichen (zB Bund, Länder, Gemein-

---

973 ErläutRV 202 BlgNR 22. GP 9.

974 IdS wohl auch *Ganner,* Recht der Altenpflege, in *Aigner/Kletečka/Kletečka-Pulker/Memmer (Hrsg),* HB Medizinrecht, IV.4/167.

975 ErläutRV 202 BlgNR 22. GP 9.

976 Vgl ErläutRV 202 BlgNR 22. GP 6f.

den, Gemeindeverbände, Sozialversicherungsträger, kirchliche Rechtsträger) und des privaten Rechts sowie natürliche Personen[977].

Die Bestimmungen über den Heimvertrag sind nicht auf Minderjährige anzuwenden (§ 27b letzter Satz KSchG). Als **Bewohner** werden daher ausschließlich volljährige Personen aufgenommen. Mangelt es dem Volljährigen an der Geschäftsfähigkeit ist der Heimvertrag von einem Vorsorgebevollmächtigten oder Erwachsenenvertreter (dazu oben, Kapitel III. B. 2. b) cc) abzuschließen. In diesem Fall bedarf der Vertragsabschluss der pflegschaftsgerichtlichen Genehmigung. Diese darf bei Erfüllung der inhaltlichen und formellen Voraussetzungen des § 27b Abs 1 bis 5 KSchG und bei Deckung des Entgelts (entweder durch das eigene Einkommen oder durch Vermögen des Vertretenen oder durch die Sozialhilfe) entfallen (§ 27d Abs 6 KSchG).

5. Vertragsinhalt

Der schriftlich Heimvertrag hat neben allgemeinen Mindestinhalten, die jeder Einzelvertrag zu enthalten hat, zB Basisleistungen des Trägers und Entgeltpflicht des Bewohners als Hauptleistungspflichten[978] (§ 27d Abs 1 KSchG), fakultative Zusatzleistungen aufzulisten, die im konkreten Heim verfügbar sind. Es bedarf eines Hinweises im Heimvertrag, wenn Zusatzleistungen vom Heimträger nicht erbracht, vermittelt oder verlangt werden (Abs 2 leg cit). Darüber hinaus sind Feststellungen über die in Abs 3 leg cit aufgelisteten Persönlichkeitsrechte der Bewohner im Heimvertrag verpflichtend.

Das **Transparenzgebot** des § 27d Abs 4 KSchG verpflichtet den Heimträger, die regelmäßig vorformulierten Vertragsklauseln *„einfach und verständlich, aber doch umfassend und genau zu umschreiben"*. Dabei gilt ein noch strengerer Maßstab als jener des § 6 Abs 3 KSchG, demzufolge die unklare oder unverständliche Abfassung von Vertragsbestimmungen in Allgemeinen Geschäftsbedingungen oder Vertragsformblättern unwirksam ist[979]. Als Bsp ist eine Klausel, wonach für die Vertragserrichtung nach einem Mustervertrag ein Entgelt von 54,60 Euro verlangt wurde, zu nennen. Der OGH[980] wertete das Entgelt als *„unangemessen hoch"* und qualifizierte die Klausel wegen Intransparenz als unzulässig, da beim Entgelt nicht zwischen einem individuell mit dem Heimbewohner verhandelten Vertrag (für den eine angemessene Gegenleistung verlangt werden darf) und einem Vertragsabschluss unter Zuhilfenahme eines Vertragsmusters unterschieden wurde. Ein weiteres Bsp[981] einer intransparenten (unzulässigen) Klausel ist die Vereinbarung eines Pauschalentgelts

---

977 ErläutRV 202 BlgNR 22. GP 6; *Hammerl* in *Kosesnik-Wehrle,* KSchG[5] § 27b Rz 4 mwN.

978 Vgl *Ganner,* Recht der Altenpflege, in *Aigner/Kletečka/Kletečka-Pulker/Memmer (Hrsg),* HB Medizinrecht, IV.4/167.

979 *Langer* in *Kosesnik-Wehrle,* KSchG[5] § 27d Rz 21.

980 OGH 24.2.2010, 3 Ob 268/09x; *Langer* in *Kosesnik-Wehrle,* KSchG[5] § 27d Rz 21.

981 OGH 29.1.2014, 7 Ob 232/13p; *Ganner,* Recht der Altenpflege, in *Aigner/Kletečka/Kletečka-Pulker/Memmer (Hrsg),* HB Medizinrecht, IV.4/168.

ohne Abgrenzung von Grund- und Zusatzleistungen, wodurch eine Aufschlüsselung der Entgelte unmöglich ist.

a) Mindestinhalte

In § 27d Abs 1 KSchG sind **einseitig zwingende** Mindestinhalte zur Information der Bewohner und ihrer Angehörigen sowie zur Schaffung einer einheitlichen Rechtsgrundlage für die Festlegung der wechselseitigen Rechte und Pflichten in den Einzelverträgen vorgesehen. Ein Abweichen von diesen Mindeststandards zum Nachteil des Bewohners wäre gem § 2 Abs 2 KSchG unwirksam[982].

Der Heimvertrag muss zumindest folgende Inhalte aufweisen:

- **Name, Anschrift**

Nach § 27d Abs 1 Z 1 KSchG sind Name (Firma des Heimträgers) und Anschrift der Vertragsparteien anzuführen. Die Angabe des Geburtsdatums des Bewohners sowie Name und Anschrift eines allfälligen Vertreters sind zweckmäßig[983].

- **Dauer**

Bei der Vertragsdauer ist anzugeben, ob der Vertrag befristet oder auf unbestimmte Zeit abgeschlossen wird (Z 2 leg cit).

- **Unterkunft**

Der Vertrag hat eine exakte Beschreibung der dem Bewohner zur Verfügung gestellten, konkreten Räumlichkeiten einschließlich deren Ausstattung sowie der Gemeinschaftsräume und -einrichtungen zu enthalten. Zudem ist die vom Vertrag umfasste Wäscheversorgung und Reinigung der Wohnräume anzugeben (Z 3 leg cit).

Bei Vornahme von einseitigen **Änderungen** (zB Verlegung in ein anderes Zimmer), die im konkreten Einzelfall nicht vorab vereinbart wurden, hat der Heimträger § 6 Abs 2 Z 3 KSchG zu beachten. Eine Leistungsänderung ist demgemäß nur dann zumutbar, wenn diese *„geringfügig und sachlich gerechtfertigt ist“* (zB infolge eines eingetretenen Pflegebedarfs)[984].

- **Verpflegung**

Ein weiterer Regelungsgegenstand ist gem § 27d Abs 1 Z 4 KSchG die typischerweise zu erbringende, allgemeine Verpflegung (zB Anzahl der Mahlzeiten). Spezielle Nahrungsangebote sind als besondere Verpflegung iSd § 27d Abs 2 Z 1 leg cit (dazu unten) in den Vertrag aufzunehmen.

---

982 ErläutRV 202 BlgNR 22. GP 7.

983 *Ganner*, Recht der Altenpflege, in *Aigner/Kletečka/Kletečka-Pulker/Memmer (Hrsg)*, HB Medizinrecht, IV.4/168.

984 ErläutRV 202 BlgNR 22. GP 7f.

- **Grundbetreuung**

Als Grundbetreuung ist *„die Unterstützung der Bewohner in denjenigen Bereichen, in denen sie – ohne ständig pflegebedürftig zu sein – auf fremde Hilfe angewiesen sind“*, zu verstehen[985]. Dazu zählen bspw die Pflege von Heimbewohnern bei kurzen Erkrankungen, die Etablierung eines Bereitschaftsdienstes oder die Unterstützung bei Besorgungen etwa von zusätzlichen Lebensmitteln (§ 27d Abs 1 Z 5 leg cit).

- **Entgelt**

Um Heimverträge transparenter zu gestalten, sind Angaben über die Fälligkeit und Höhe des Entgelts verpflichtend. Dabei ist eine **Aufschlüsselung** des Entgelts für die Hotelleistungen (*„Unterkunft, Verpflegung, Grundbetreuung“*) sowie für *„besondere Pflegeleistungen und zusätzliche Leistungen“* vorzunehmen (§ 27d Abs 1 Z 6 KSchG). Zudem ist anzugeben, welche Leistungen der Sozial- oder Behindertenhilfeträger deckt und welche Leistungen der Bewohner selbst zu bezahlen hat[986].

Eine **Erhöhung** des Entgelts bedarf grundsätzlich der Einwilligung des Bewohners. Die Möglichkeit einer einseitigen Erhöhung der Heimkosten durch den Träger ist zu vereinbaren. Diesfalls sind die Voraussetzungen der Tarifänderung (zB Wertsicherung entsprechend dem Verbraucherpreisindex) nicht nur anzuführen, sie haben zudem sachlich gerechtfertigt zu sein, dürfen nicht vom Willen des Heimträgers abhängen und haben neben einer Erhöhung auch eine Herabsetzung des Entgelts vorzusehen (§ 6 Abs 1 Z 5 KSchG)[987].

Im gegebenen Zusammenhang ist auf die dem § 1096 ABGB nachgebildete Gewährleistungsregel des § 27f Satz 1 KSchG hinzuweisen, die bei Leistungsmängeln des Heimträgers (zB Pflege- oder Betreuungsdefizite, Mängel der Unterkunft) ex lege eine **Minderung des Entgelts** vorsieht[988]. In der Lit[989] ist anerkannt, dass der Bewohner stattdessen eine Verbesserung oder den Nachtrag einer fehlenden Leistung begehren kann. § 27f Satz 2 KSchG sieht darüber hinaus eine Preisminderung für den Fall der länger als drei Tage dauernden Abwesenheit des Bewohners (zB Spitalsaufenthalt, Urlaub[990]) vor. Die Höhe der Minderung des Entgelts hängt von der Schwere des Mangels und seiner Dauer bzw von den ersparten Aufwendungen des Heimträgers infolge der Abwesenheit des Bewohners ab. Bei gesetzmäßig erfolgter Aufschlüsselung der Entgelte dürfen für die Abwesenheit tageweise Pauschalsätze festgelegt werden[991].

---

985 ErläutRV 202 BlgNR 22. GP 8.

986 *Langer* in *Kosesnik-Wehrle,* KSchG[5] § 27d Rz 11 mwN.

987 *Ganner,* Recht der Altenpflege, in *Aigner/Kletečka/Kletečka-Pulker/Memmer (Hrsg),* HB Medizinrecht, IV.4/169.

988 ErläutRV 202 BlgNR 22. GP 10.

989 *Hammerl* in *Kosesnik-Wehrle,* KSchG[5] § 27f Rz 1 mwN.

990 ErläutRV 202 BlgNR 22. GP 10.

991 *Hammerl* in *Kosesnik-Wehrle,* KSchG[5] § 27f Rz 2, 4 und 6.

- **Beendigung**

Festzulegen ist schließlich, wie der Heimträger bei Beendigung des Heimvertrags vorgeht (§ 27d Abs 1 Z 7 KSchG), zB Umgang mit Fahrnissen des Bewohners. Der Heimträger darf dabei ein **Benützungsentgelt** für die Zeit zwischen dem Tod des Bewohners und der Räumung der Unterkunft vorschreiben, solange dieses einen Abzug für die nicht mehr benötigten Leistungen (Betreuung, Verpflegung und Nutzung) vorsieht. Ein Pauschalentgelt für die Räumung wäre dagegen gröblich benachteiligend und gem § 879 Abs 3 ABGB nichtig[992].

b) Fakultativ verfügbare Zusatzleistungen

In Heimverträgen sind gem § 27d Abs 2 KSchG Angaben über verfügbare Zusatzleistungen des Heimträgers erforderlich. Falls diese Leistungen im konkreten Heim generell nicht erbracht, vermittelt oder verlangt werden können oder die Leistungserbringung gegenüber einem konkreten Bewohner nicht möglich sein sollte, bedarf es eines Hinweises im Vertrag (zB durch Ankreuzen einzelner Leistungen aus einer Auflistung[993]).

Es handelt sich dabei um folgende Zusatzleistungen:

- Besondere **Verpflegungsleistungen**, zB Diätkost (Z 1 leg cit);
- Art und Ausmaß besonderer **Pflegeleistungen** bei längerer Pflegebedürftigkeit einschließlich der Angabe des Pflegestandards und der Angabe bis zu welcher Pflegestufe Leistungen erbracht werden[994] (Z 2 leg cit);
- **Medizinische und therapeutische Leistungen**, die der Träger vermittelt, dazu gehören zB Angaben über Anwesenheitszeiten von Ärzten, Therapeuten und Sozialarbeitern im Heim, Bedingungen für deren Erreichbarkeit sowie Angaben über die für medizinische Behandlungen zur Verfügung stehende Ausstattung[995] (Z 3 leg cit);
- **Sonstige Dienstleistungen**, die vom Träger vermittelt und von Dritten, zB Friseur oder Kosmetiker, erbracht werden[996] (Z 4 leg cit);
- Angaben über die **soziale und kulturelle Betreuung**, sohin welche Veranstaltungen in welchen Abständen durchgeführt werden, zB wöchentliche Konzerte und Malkurse, Ausflüge und Theatervorführungen alle vierzehn Tage[997] (Z 5 leg cit);
- Angaben über die Höhe einer vom Heimbewohner zu erlegenden **Kaution** (Z 6 leg cit iVm § 27g KSchG). § 27g KSchG sieht dafür diverse Schutzbestimmun-

---

992 Vgl *Langer* in *Kosesnik-Wehrle,* KSchG^5 § 27d Rz 12.

993 ErläutRV 202 BlgNR 22. GP 8.

994 ErläutRV 202 BlgNR 22. GP 8.

995 ErläutRV 202 BlgNR 22. GP 8; vgl auch *Langer* in *Kosesnik-Wehrle,* KSchG^5 § 27d Rz 15.

996 ErläutRV 202 BlgNR 22. GP 9.

997 Vgl ErläutRV 202 BlgNR 22. GP 9.

gen[998] für Bewohner vor. Diesen zufolge darf die Höhe der Kaution das monatliche Entgelt bzw 300 Euro bei Bewohnern, deren Entgelt gänzlich oder teilweise vom Sozialhilfeträger bezahlt wird, nicht übersteigen und ist eine schriftliche Bestätigung über deren Erhalt auszustellen (Abs 1 leg cit). Zudem ist der Verwendungszweck einer Kaution auf Entgelt-, Schadenersatz- oder Bereicherungsansprüche beschränkt (Abs 2 leg cit).

- Bei beabsichtigter Inanspruchnahme der Kaution bedarf es einer begründeten schriftlichen Verständigung des Heimbewohners, seines allenfalls vorhandenen Vertreters und der Vertrauensperson (Abs 3 leg cit). Soweit die Kaution nicht beansprucht wird, ist sie dem Bewohner (dessen Rechtsnachfolger) nach Beendigung des Heimvertrags zu erstatten (Abs 4 leg cit).
- Unzulässig ist die Vereinbarung von Leistungen ohne eine angemessene Gegenleistung (zB Eintrittsgelder, Investitionskostenbeiträge[999]) oder die Vereinbarung eines Verfalls von Sachen des Bewohners in unangemessen kurzer Zeit nach Vertragsbeendigung. Der Heimträger wird stattdessen für eine Zwischenlagerung sorgen müssen[1000].

c) Persönlichkeitsrechte

Nach § 27d Abs 3 KSchG sind in den Heimvertrag auch einseitig zwingende Persönlichkeitsrechte der Heimbewohner aufzunehmen. Diese sind ausnahmsweise dann einschränkbar (etwa durch Besuchszeiten), wenn dies zB für die Betriebsführung oder zum Schutz der Interessen der anderen Bewohner erforderlich ist. Die Persönlichkeitsrechte bestehen hinsichtlich der gesetzlich geregelten Vertragsbestandteile und ist der Heimträger verpflichtet, entsprechende Feststellungen in den Vertrag zu implementieren, widrigenfalls er eine Verbandsklage auf Unterlassung gem § 28a Abs 1a KSchG riskiert. Bei Verletzung eines Persönlichkeitsrechts kommen auch Schadenersatzansprüche iSd § 1328a ABGB in Betracht[1001]. Im Einzelnen hat der Heimvertrag folgende Persönlichkeitsrechte zu enthalten:

Recht auf freie Entfaltung der Persönlichkeit, auf anständige Begegnung, auf Selbstbestimmung sowie auf Achtung der Privat- und Intimsphäre (§ 27d Abs 3 Z 1 KSchG);

- Recht auf Wahrung des Brief-, Post- und Fernmeldegeheimnisses (Z 2 leg cit);
- Recht auf politische und religiöse Selbstbestimmung, auf freie Meinungsäußerung, auf Versammlung und auf die Bildung von Vereinigungen, insbesondere zur Durchsetzung der Interessen der Heimbewohner (Z 3 leg cit);
- Recht auf Verkehr mit der Außenwelt, auf Besuch durch Angehörige und Bekannte und auf Benützung von Fernsprechern (Z 4 leg cit);
- Recht auf Gleichbehandlung ungeachtet des Geschlechts, der Abstammung und

[998] ErläutRV 202 BlgNR 22. GP 10.

[999] *Langer* in *Kosesnik-Wehrle,* KSchG[5] § 27g Rz 9.

[1000] Näheres bei *Langer* in *Kosesnik-Wehrle,* KSchG[5] § 27g Rz 10.

[1001] Vgl zum Ganzen *Langer* in *Kosesnik-Wehrle,* KSchG[5] § 27d Rz 20 mwN.

Herkunft, der Rasse, der Sprache, der politischen Überzeugung und des religiösen Bekenntnisses (Z 5 leg cit);
- Recht auf zeitgemäße medizinische Versorgung, auf freie Arzt- und Therapiewahl und auf eine adäquate Schmerzbehandlung sowie (Z 6 leg cit);
- Recht auf persönliche Kleidung und auf eigene Einrichtungsgegenstände (Z 7 leg cit).

6. Beendigung

Der Heimvertrag kann befristet oder unbefristet abgeschlossen werden. Grundsätzlich enden **befristete** Verträge mit Ablauf der vereinbarten Zeit, es sei denn der Vertrag wurde bereits vor Fristablauf einvernehmlich aufgelöst oder es erfolgte eine Kündigung aus wichtigem Grund[1002]. Demgegenüber werden **unbefristete** Heimverträge durch Kündigung oder Aufhebung durch den Tod des Heimbewohners beendet.

a) Beendigung durch den Heimbewohner

Für den Heimbewohner normiert § 27h Abs 1 KSchG eine sofortige außerordentliche Kündigungsmöglichkeit **aus wichtigem Grund** (zB ungeeignete Unterkunft, massive Mängel bei der Pflege[1003]), der die Fortführung der Vertragsbeziehung unzumutbar werden ließ[1004].

Darüber hinaus ist eine **ordentliche Kündigung** unter Einhaltung einer Kündigungsfrist von einem Monat und eines Kündigungstermins (zum Monatsletzten) möglich. Die Kündigung kann mangels gesetzlicher Regelung auch mündlich erfolgen, wobei Vertreter zu beachten haben, dass die Kündigung einer gerichtlichen Genehmigung bedarf[1005]. Bei einer Kündigung ist der Heimträger zur unverzüglichen schriftlichen Bestätigung deren Erhalts gegenüber dem Bewohner, dessen Vertreter und der Vertrauensperson verpflichtet (§ 27h Abs 1 KSchG).

Nach der von § 1168a ABGB, wonach ein Bestandvertrag nicht mit dem Tod aufgehoben wird, abweichenden Sonderregel des § 27h Abs 2 KSchG bewirkt der Tod des Bewohners die **Aufhebung** des Heimvertrags[1006]. Die anteilige Erstattung eines im Voraus bezahlten Entgelts wird nicht nur bei Vertragsaufhebung, sondern auch bei Kündigung gelten[1007]. Zur Zulässigkeit eines Benützungsentgelts siehe oben Abschnitt 5. a) dieses Kapitels.

1002 Vgl *Ganner,* Recht der Altenpflege, in *Aigner/Kletečka/Kletečka-Pulker/Memmer (Hrsg),* HB Medizinrecht, IV.4/171.

1003 ErläutRV 202 BlgNR 22. GP 11.

1004 *Hammerl* in *Kosesnik-Wehrle,* KSchG[5] § 27h Rz 1.

1005 Näheres bei *Hammerl* in *Kosesnik-Wehrle,* KSchG[5] § 27h Rz 2.

1006 ErläutRV 202 BlgNR 22. GP 11.

1007 *Hammerl* in *Kosesnik-Wehrle,* KSchG[5] § 27h Rz 4.

b) Kündigung durch den Heimträger

Die Kündigung durch den Heimträger kann nur **aus wichtigem Grund erfolgen**. Es sind eine Kündigungsfrist von einem Monat bzw von drei Monaten bei Einstellung oder wesentlicher Einschränkung des Betriebs sowie ein Kündigungstermin (Monatsletzter) einzuhalten. Die Kündigung unterliegt der Schriftform. Zudem ist ein Kündigungsgrund anzugeben.

§ 27i Abs 1 KSchG listet demonstrativ folgende wesentliche **Kündigungsgründe** des Heimträgers auf:

- Einstellung oder wesentliche Einschränkung des Betriebs (Z 1 leg cit);
- Veränderung des Gesundheitszustands des Bewohners, die eine Betreuung und Pflege im Heim als nicht mehr sachgerecht bzw medizinisch geboten erscheinen lässt (Z 2 leg cit);
- Fortgesetzte schwere Störung des Heimbetriebs durch den Bewohner, die trotz Ermahnung iSd § 27e Abs 2 leg cit und trotz Abhilfemaßnahmen einen weiteren Aufenthalt für den Heimträger oder die anderen Bewohner unzumutbar macht (Z 3 leg cit);
- Verzug mit der Entgeltzahlung im Ausmaß von mindestens zwei Monaten trotz Ermahnung iSd § 27e Abs 2 KSchG (Z 4 leg cit).

Bei gröblicher Verletzung der Vertragspflichten oder bei schwerwiegender Störung des Betriebs durch einen Heimbewohner ergeht eine **Ermahnung** nach § 27e Abs 2 KSchG. Der Träger ist in diesem Fall zu einem Hinweis auf mögliche mit der Fortführung des Fehlverhaltens verbundene Folgen verpflichtet. Zu diesem Zweck ist ein Termin anzuberaumen, zu dem der Vertreter des Bewohners und die Vertrauensperson mit eingeschriebenem Brief unter Angabe des Grundes zu laden sind. Eine Kündigung ohne Ermahnung wäre unwirksam[1008].

Ebenfalls **unwirksam** wäre eine Kündigung wegen Verzugs mit der Entgeltzahlung iSd § 27i Abs 1 Z 4 KSchG, wenn das in einem gerichtlichen Räumungsverfahren festgestellte rückständige Entgelt binnen 14 Tagen nach Rechtskraft des – über die strittige Höhe des Entgelts vor Entscheidung über die Räumung – ergangenen Beschlusses vom Bewohner bezahlt wird[1009]. Den Bewohner trifft hier jedoch die Verpflichtung, dem Träger die Verfahrenskosten zu ersetzen, sofern er auch ohne Zahlung kostenersatzpflichtig gewesen wäre und es sich um einen verschuldeten Verzug handelt (§ 27i Abs 2 KSchG).

Schließlich hat der Heimträger den örtlich zuständigen Sozial- und Behindertenhilfeträger zugleich mit der erfolgten Kündigung zu **verständigen**, außer es liegt ein Widerspruch des Heimbewohners vor (Abs 3 leg cit).

[1008] ErläutRV 202 BlgNR 22. GP 10.

[1009] ErläutRV 202 BlgNR 22. GP 12. Diese weisen darauf hin, dass die Regelungen nach dem Vorbild des § 33 Abs 2 MRG geschaffen wurden.

IV. Einführung in das Arzthaftungsrecht

In Anbetracht unterschiedlicher Formen von Gesundheitsbetrieben und der arbeitsteiligen Organisation realisiert sich ein haftungsbegründendes Fehlverhalten der involvierten Akteure in verschiedensten Ausprägungen[1010]. Neben Behandlungs- und Aufklärungsfehlern kommen diverse durch Arbeitsteilung oder Vergesellschaftung bedingte Konstellationen in Betracht.

Ein aus Individualfehlern einzelner bzw mehrerer Ärzte oder generell aus Organisationsmängeln resultierendes Fehlverhalten kann zugleich mehrere Tatbestände tangieren, unterschiedliche Haftungsfolgen auslösen und zu **Haftungsüberlagerungen**[1011] führen: Einerseits dergestalt, dass disziplinarrechtliche Folgen neben eine Haftung aus Zivil-, Straf- oder Verwaltungsrecht treten können. Anderseits kann Haftungsüberlagerung auch die Ausweitung des Kreises der Haftpflichtigen bedeuten.

Im Gegensatz zu anderen Haftungsformen sieht das Zivilrecht eine Haftung nicht nur bei Erfüllung bestimmter Tatbestände (ex delicto), sondern auch eine Haftung aus Vertrag (ex contractu) vor. Die Wahl der **Anspruchsgrundlage** hat Einfluss auf die Passivlegitimation. Während eine vertragliche Haftung nur den jeweiligen Vertragspartner des Patienten (zB niedergelassener Arzt, Gruppenpraxis, Krankenanstaltenträger) trifft, haften insb Krankenhausärzte deliktisch.

Dieses Kapitel konzentriert sich auf die in der Praxis häufigsten Gründe, die zur Einleitung von Arzthaftungsprozessen führen: Behandlungs- und Aufklärungsfehler. Eine Haftung kann dabei auf deliktischer bzw vertraglicher Grundlage erfolgen.

A. Grundlagen

Bei Beurteilung haftungsrechtlicher Sachverhalte ist zunächst der Grundsatz, wonach jeder seinen durch Zufall (und nicht durch das Verhalten eines Schädigers iSd §§ 1295 ff ABGB) eingetretenen Schaden *„selbst zu tragen hat“* [1012], zu berücksichtigen (§ 1311 ABGB). In der Praxis führen zumeist – einzeln oder kumulativ geltend gemachte – Behandlungs- und Aufklärungsfehler zur Einleitung eines Arzthaftungsprozesses.

1. Behandlungsfehler

Ein Behandlungsfehler ist ein schuldhafter **Verstoß gegen** die anerkannten Regeln der ärztlichen Wissenschaft und Erfahrung (zur **lex artis** als vertragliche Haupt-

---

1010 Vgl dazu etwa *Juen,* Arzthaftungsrecht², 4ff.

1011 Dazu *Mazal,* Haftungsrecht und Qualitätsmanagement, in *Radner (Hrsg),* Medizinische Qualitäts- und Qualifikationsmängel, 51f; *Mazal,* Haftung, Haftungsüberlagerung und Organisationsverantwortung, RdM 2000, 65.

1012 *Reischauer* in *Rummel,* ABGB³ § 1311 Rz 1 (Stand 1.1.2007, rdb.at).

leistungspflicht sowie als gesetzliche Verpflichtung gem § 49 Abs 1 Satz 1 ÄrzteG, § 16 ZÄG und § 8 Abs 2 KAKuG siehe Kapitel III. A. 5. a). Ob ein solcher Verstoß vorliegt, wird im Haftungsprozess nur durch Beiziehung eines medizinischen Sachverständigen geklärt werden können.

Behandlungsfehler lassen sich in **Kunstfehler** (zB fehlerhafte Durchführung einer Behandlung, Diagnosefehler), **Organisationsmängel** (zB Führungs- und Überwachungsmängel bei Arbeitsteilung) und in Mängel bei bzw Fehlen der **therapeutischen Aufklärung** (Sicherungsaufklärung, siehe Kapitel III. B. 1. c) dd) einteilen[1013]. Sie können sich in einem Tun oder Unterlassen einer erforderlichen Maßnahme verwirklichen[1014].

Die medizinische Behandlung entspricht bei Behandlungsfehlern nicht dem **Sorgfaltsmaßstab** des § 1299 ABGB, der *„von einem ordentlichen und pflichtgetreuen Durchschnittsarzt in der konkreten Situation erwartet wird“*[1015]. Der Arzt schuldet die dem Stand der ärztlichen Wissenschaft entsprechende *„aussichtsreichste Behandlung“* und *„sicherste Maßnahme zur Abwendung bekannter Operationsgefahren“*[1016]. Für den einzuhaltenden Standard ist eine ex-ante-Sicht wesentlich, wobei Fachärzte stets höheren Standards als Allgemeinmediziner unterliegen[1017].

Bei Fehlen anerkannter Regeln, wie dies bspw bei Anwendung **neuer medizinischer Methoden** der Fall ist, sind die Ergebnisse der Grundlagenforschung, die Ergebnisse der angewandten Forschung und die medizinische Erfahrung als Maßstab heranzuziehen (§ 8c Abs 3 KAKuG).

Die **Beweislast** für den Eintritt eines Behandlungsfehlers obliegt grundsätzlich dem **Patienten**, er hat auch zu beweisen, dass der Behandlungsfehler kausal für den erlittenen Schaden ist. Falls dem Patienten der Beweis gelingt, wird davon ausgegangen, dass die Gesundheitsschädigung auf einem Sorgfaltsverstoß des Arztes beruht. Eine Behandlung lege artis begründet dagegen keinen Schadenersatzanspruch. Dies auch dann nicht, wenn mit der Behandlung Schmerzen einhergehen, da es diesfalls an der Rechtswidrigkeit und am Verschulden mangelt[1018].

[1013] *Neumayr,* Einleitung ABGB in *Neumayr/Resch/Wallner (Hrsg),* Gmundner Kommentar zum Gesundheitsrecht² Rz 83.

[1014] Als Bsp: OGH 27.11.2020, 1 Ob 189/20f (*„Unterlassung einer Operation zu einem (fachlich gebotenen) früheren Zeitpunkt“*, wodurch eine Versteifung des Handgelenks eintrat); vgl auch *Nigl,* Arzthaftung⁵, 191.

[1015] RIS-Justiz RS0038202.

[1016] OGH 31.5.1990, 6 Ob 702/89 *(„aussichtsreichste Behandlung“)*; OGH 29.10.1998, 6 Ob 3/98d *(„sicherste Methode“)*; *Kletečka,* Zivilrechtliche Haftung (Schadenersatz), in *Aigner/Kletečka/Kletečka-Pulker/Memmer (Hrsg),* HB Medizinrecht, II.1/13.

[1017] *Neumayr,* Einleitung ABGB in *Neumayr/Resch/Wallner (Hrsg),* Gmundner Kommentar zum Gesundheitsrecht² Rz 24, 85.

[1018] *Tanczos/Tanczos,* Arzthaftung³, 73f; *Neumayr,* Einleitung ABGB in *Neumayr/Resch/Wallner (Hrsg),* Gmundner Kommentar zum Gesundheitsrecht² Rz 89.

2. Aufklärungsfehler

Ein Aufklärungsfehler ist ein schuldhafter **Verstoß gegen** das Prinzip des **informed consent** (dazu oben, Kapitel III. B.). Ob die Einwilligung des Patienten auf einer ordnungsgemäßen ärztlichen Aufklärung beruhte, ist eine **Rechtsfrage**[1019], deren Lösung dem Gericht im Rahmen des Haftungsprozesses obliegt.

Bei einer mangelhaften (zB unrichtigen, unvollständigen, verspäteten) oder gänzlich fehlenden ärztlichen Aufklärung besteht trotz lege artis erfolgter Behandlung ein **Schadenersatzanspruch** des Patienten, **wenn sich** ein mit der Operation verbundenes **Risiko** – über das nicht aufgeklärt wurde – **verwirklicht**. Diese Konsequenz folgt aus der Körperverletzungsdoktrin, der zufolge jeder medizinische Eingriff als rechtswidrige Körperverletzung, die nur durch Einwilligung (nach ordnungsgemäßer Aufklärung) gerechtfertigt ist, qualifiziert wird. Umgekehrt besteht kein Schadenersatzanspruch des Patienten, falls sich ein Risiko, über welches ordnungsgemäß aufgeklärt wurde, verwirklicht. Mit seiner Einwilligung erklärt sich der Patient in diesem Fall bereit, sämtliche Risiken, die er infolge der Aufklärung bei seiner Entscheidung für den Eingriff berücksichtigen konnte, selbst zu tragen[1020].

Im Unterschied zu Behandlungsfehlern ist bei Aufklärungsfehlern eine **Beweislastumkehr zugunsten des Patienten** vorgesehen (vgl § 1298 ABGB). Dies bedeutet, dass dem Behandler (zB Arzt, Krankenanstaltenträger) der Beweis für die ordnungsgemäße Aufklärung des Patienten und dessen Einwilligung obliegt. Die Rsp[1021] ermöglicht dem Behandler allerdings den Einwand des **rechtmäßigen Alternativverhaltens**, dh er kann sich durch den Beweis, dass der Patient auch bei ordnungsgemäßer Aufklärung in die Behandlung eingewilligt hätte (sog hypothetische Zustimmung), von der Haftung befreien. Eine Verpflichtung des Patienten, seine Gründe, weshalb er die Behandlung auch bei ordnungsgemäßer Aufklärung abgelehnt hätte, offenzulegen **(Substantiierungspflicht)**, wird **abgelehnt**. Im Gegensatz zum Umfang der Aufklärung ist das rechtmäßige Alternativverhalten keine Rechts-, sondern **Tatfrage**[1022].

B. Haftungsprämissen

Im Bereich des Schadenersatzrechts kann der Patient mittels beim zuständigen Zivilgericht einzubringender Klage finanziellen Ausgleich für die ihm zugefügten Schäden beehren. Die Haftung ist primär am **Verschuldensprinzip** orientiert. Eine

[1019] Als Bsp: OGH 13.2.2004, 7 Ob 15/04p.

[1020] Vgl *Kletečka,* Zivilrechtliche Haftung (Schadenersatz), in *Aigner/Kletečka/Kletečka-Pulker/Memmer (Hrsg),* HB Medizinrecht, II.1/14; *Neumayr,* Einleitung ABGB in *Neumayr/Resch/Wallner (Hrsg),* Gmundner Kommentar zum Gesundheitsrecht² Rz 91ff.

[1021] OGH 24.6.2021, 2 Ob 96/21p.

[1022] Zum Ganzen *Nigl,* Arzthaftung⁵, 238ff; *Kletečka,* Zivilrechtliche Haftung (Schadenersatz), in *Aigner/Kletečka/Kletečka-Pulker/Memmer (Hrsg),* HB Medizinrecht, II.1/14, 24.

unabhängig von eigenem Verschulden eintretende Haftung kann etwa den Krankenanstaltenträger für Fehlverhalten seiner ärztlichen Erfüllungsgehilfen treffen. Ein Ersatzanspruch ist abhängig von folgenden Voraussetzungen:

1. Schaden

Primäre Voraussetzung eines Schadenersatzanspruchs ist der Eintritt eines Nachteils, der dem Patienten *„an Vermögen, Rechten oder seiner Person"* zugefügt wird bzw der entgangene Gewinn (Schaden iSd § 1293 ABGB). Der weite Schadensbegriff des § 1293 Satz 1 ABGB umfasst in Satz 1 die Verletzung eines Rechtsguts als Schaden ieS **(positiver Schaden)** und in Satz 2 leg cit den **entgangenen Gewinn**, *„den jemand nach dem gewöhnlichen Laufe der Dinge zu erwarten hat"*[1023].

Allgemein wird ein Schaden als Zustand, *„der rechtlich als Nachteil aufzufassen ist"*, definiert[1024]. Der aus einem Behandlungs- und/oder Aufklärungsfehler als Schadensursache resultierende Schaden liegt insb im **Eingriff in die körperliche Integrität** (Körperverletzung). Die mit einer Gesundheitsschädigung bzw dem daraufhin erfolgten Tod weiters einhergehenden Schäden (zB Verdienstentgang, Verunstaltung, seelische Schmerzen) sind **Folgeschäden**[1025]. Ein ärztliches Fehlverhalten, das keinen Schaden zur Folge hat, rechtfertigt keinen Schadenersatz[1026].

Nach Schadenseintritt ist in einem weiteren Schritt[1027] zu klären, welche Ansprüche als Ersatz für den Schaden begehrt werden können (bspw Schmerzengeld, Heilungskosten). Zu den aus einem Schaden – bei Vorliegen der weiteren Voraussetzungen – möglichen Ansprüche siehe unten, Abschnitt 2. e) dieses Kapitels.

2. Verursachung (Kausalität)

Nach Eintritt eines Schadens ist entsprechend der Bedingungstheorie zu klären, ob ein Handeln oder Unterlassen des Arztes ursächlich (kausal) für den Schaden war. Die Prüfung erfolgt anhand der **conditio-sine-qua-non-Formel**: Danach ist ein ärztliches Tun dann eine notwendige Bedingung (conditio sine qua non) des Schadenseintritts, wenn bei Wegdenken dieses Tuns auch der Schaden entfallen würde. Ein ärztliches Unterlassen ist kausal, wenn der Schaden bei Hinzudenken des erforderlichen Tuns entfällt. Alle Bedingung sind dabei entsprechend der Äquivalenztheorie als gleich zu werten[1028].

1023 *Reischauer* in *Rummel,* ABGB³ § 1293 Rz 1 (Stand 1.1.2007, rdb.at).

1024 *Vrba* in *Vrba (Hrsg),* Schadenersatz in der Praxis A.I Rz 1.

1025 *Reischauer* in *Rummel,* ABGB³ § 1293 Rz 2c (Stand 1.1.2007, rdb.at); zu seelischen Schmerzen als Folgeschäden einer Körperverletzung siehe *Danzl,* Handbuch Schmerzengeld² Rz 3.47.

1026 *Tanczos/Tanczos,* Arzthaftung³, 75.

1027 Zur strikten Trennung der *„Frage der Existenz eines Schadens"* von der *„Frage der Ersatzpflicht"*: *Reischauer* in *Rummel,* ABGB³ § 1293 Rz 1 (Stand 1.1.2007, rdb.at).

1028 *Nigl,* Arzthaftung⁵, 7; *Reischauer* in *Rummel,* ABGB³ § 1295 Rz 2 (Stand 1.1.2007, rdb.at).

Die Prüfung der Kausalität bezieht sich hier in einem ersten Schritt nur auf die Frage nach der Ursächlichkeit des Verhaltens. Erst in einem weiteren Schritt ist im Rahmen der Rechtswidrigkeitsprüfung zu klären, ob der Schaden auch bei rechtmäßigem Alternativverhalten des Arztes eingetreten wäre (Kausalität des rechtswidrigen Verhaltens), dazu gleich, Abschnitt c). Der Grund für die notwendige Trennung liegt in der Beweislastverteilung[1029].

Weiters ist zu prüfen, ob eine **adäquate Verursachung** des Schadens gegeben ist. Ein adäquater Kausalzusammenhang zwischen dem Verhalten eines Arztes und dem eingetretenen Schaden liegt nach der Rsp[1030] nicht nur bei unmittelbarer Verursachung des eingetretenen Schadens durch das schädigende Verhalten vor, sondern auch bei Hinzutreten einer weiteren Schadensursache[1031], sofern *„dieses Hinzutreten nicht außerhalb der allgemeinen menschlichen Erwartung steht"*. Demgegenüber ist eine Haftung mangels Adäquanz zu verneinen, *„wenn das schädigende Ereignis für den eingetretenen Schaden nach allgemeiner Lebenserfahrung gleichgültig ist und nur durch eine außergewöhnliche Verkettung von Umständen eine Bedingung für den Schaden war"*[1032].

Die **Beweislast** für die Verursachung eines Schadens trägt der **Patient**. Aufgrund der mit dem Kausalitätsbeweis möglicherweise einhergehenden Schwierigkeiten gewährt die Rsp[1033] Patienten eine Beweiserleichterung (Anscheinsbeweis) mit der Begründung, dass *„ein festgestellter schuldhafter Behandlungsfehler auf einen nachteiligen Kausalverlauf geradezu hinweist"*. Beim **Anscheinsbeweis** (prima-facie-Beweis) genügt es, wenn *„überwiegende Gründe"* für einen vom Arzt verursachten Schadenseintritt vorliegen[1034].

Der Arzt (Krankenanstaltenträger) hat daraufhin die Möglichkeit, den Anscheinsbeweis zu **entkräften**, indem er darlegt, *„dass andere Schadensursachen wahrscheinlicher sind als die ihm unterlaufene Sorgfaltswidrigkeit"*[1035] (zB durch den Nachweis, dass der Gesundheitsschaden *„ernstlich auch auf eine Komplikation oder eine körperliche Vorschädigung zurückzuführen sein könnte"*[1036]). In diesem Fall obliegt dem Patienten der Vollbeweis, er hat den Kausalzusammenhang zwischen dem ärztlichen Sorgfaltsverstoß und dem eingetretenen Gesundheitsschaden zu bewiesen.

[1029] Bsd deutlich: *Kletečka,* Zivilrechtliche Haftung (Schadenersatz), in *Aigner/Kletečka/Kletečka-Pulker/Memmer (Hrsg),* HB Medizinrecht, II.1/20/a.

[1030] RIS-Justiz RS0022546.

[1031] Bspw eines ärztlichen Behandlungsfehlers nach einem (von einem Dritten verursachten) Unfall.

[1032] RIS-Justiz RS0098939.

[1033] RIS-Justiz RS0038222.

[1034] OGH 12.12.2007, 7 Ob 255/07m; RIS-Justiz RS0022782; OGH 24.10.2019, 4 Ob 176/19i (*„überwiegende Wahrscheinlichkeit"*).

[1035] OGH 24.10.2019, 4 Ob 176/19i.

[1036] OGH 29.9.2020, 6 Ob 137/20w.

3. Rechtswidrigkeit

Ein Handeln oder Unterlassen ist rechtswidrig, wenn es vertragliche Vereinbarungen verletzt und/oder gegen Gesetze verstößt. Die Haftung infolge Behandlungs- und Aufklärungsfehlern kann maW aus Vertrag **(Haftung ex contractu)** und/oder aus Delikt **(Haftung ex delicto)** erfolgen. In Arzthaftungsprozessen werden Ansprüche eines Patienten zumeist auf beide Grundlagen gestützt, zB bei Geltendmachung einer Solidarhaftung des Krankenanstaltenträgers aus Vertrag und des Spitalsarztes aus Delikt (dazu unten, Abschnitt III. dieses Kapitels)[1037]. Auch wenn vertragliche und deliktische Haftung häufig zu gleichen Ergebnissen führen, ist eine Unterscheidung geboten, da die Vertragshaftung weitreichender und damit strenger ist als die deliktische[1038].

a) Vertragliche Haftung

Eine Vertragshaftung setzt nicht nur die Verletzung vertraglich vereinbarter Pflichten (zB aus dem Behandlungs-, Krankenhausaufnahme- oder Heimvertrag) voraus, für eine Schadenersatzpflicht muss zudem der Rechtswidrigkeitszusammenhang bejaht werden können.

Der **Rechtswidrigkeitszusammenhang** ergibt sich aus den vertraglich geschützten Interessen der Parteien. Bei Vertragsverletzungen ist mittels Vertragsauslegung festzustellen, ob bzw welche Interessen des (geschädigten) Vertragspartners im konkreten Fall vom Schutzbereich des Vertrags umfasst sind. Dies ist va für die Begrenzung der Haftung für Folgeschäden bedeutend[1039]. MaW sind Ansprüche bzw Folgeschäden aus einer Vertragsverletzung, zB *„wirtschaftliche Belastungen aufgrund einer medizinischen Fehlleistung"* nur dann ersatzfähig, *„wenn der Schutz vor solchen Belastungen zum Schutzzweck der verletzten vertraglichen Arztpflicht gehörte"*[1040].

Die Vertragshaftung ist im Vergleich zur Deliktshaftung weitreichender und damit für den Patienten vorteilhafter, trifft seinen Vertragspartner (Arzt, Krankenanstaltenträger) jedoch härter. Folgende Konsequenzen sind mit einer Vertragsverletzung verbunden[1041]:

- **Erfüllungsgehilfenhaftung:** der Gesundheitsbetrieb hat für seine ärztlichen Mitarbeiter als Erfüllungsgehilfen gem § 1313a ABGB einzustehen;

[1037] Vgl *Vrba* in *Vrba (Hrsg),* Schadenersatz in der Praxis A.I Rz 14; *Neumayr,* Einleitung ABGB in *Neumayr/Resch/Wallner (Hrsg),* Gmundner Kommentar zum Gesundheitsrecht² Rz 75.

[1038] *Neumayr,* Einleitung ABGB in *Neumayr/Resch/Wallner (Hrsg),* Gmundner Kommentar zum Gesundheitsrecht² Rz 75; *Kletečka,* Zivilrechtliche Haftung (Schadenersatz), in *Aigner/Kletečka/Kletečka-Pulker/Memmer (Hrsg),* HB Medizinrecht, II.1/24.

[1039] RIS-Justiz RS0017850.

[1040] OGH 23.7.2014, 8 Ob 54/14w.

[1041] Vgl zum Ganzen: *Kletečka,* Zivilrechtliche Haftung (Schadenersatz), in *Aigner/Kletečka/Kletečka-Pulker/Memmer (Hrsg),* HB Medizinrecht, II.1/24.

- **Haftung für bloße Vermögensschäden:** es ist auch für solche Vermögensschäden, die nicht aus einer Verletzung absoluter Rechte (dazu gleich unter bb) resultieren (zB Kosten einer nicht lege artis durchgeführten ästhetischen Behandlung), einzustehen;
- **Beweislastumkehr:** der Beweis für das Verschulden des Behandlers obliegt nicht dem Geschädigten (Patienten), sondern hat der Schädiger zu beweisen, dass ihn kein Verschulden trifft (§ 1298 ABGB).

Die mit der Privatautonomie einhergehende Vertragsgestaltungsfreiheit führt zur Frage, ob angesichts der Strenge der Vertragshaftung **Haftungsfreizeichnungen** (Haftungsfreistellungen) zulässig wären. Ausgehend davon, dass sich bei Abschluss von Behandlungs-, Krankenhausaufnahme- oder Heimverträgen stets Ärzte, Krankenanstalten- oder Heimträger als Unternehmer und Patienten als Verbraucher gegenüberstehen (§ 1 Abs 1 KSchG), sind die konsumentenfreundlichen Sonderbestimmungen des KSchG anzuwenden. Diesen zufolge sind Vertragsbestimmungen, die den Ausschluss oder die Einschränkung von Schadenersatzpflichten bei Personenschäden vorsehen, unzulässig (§ 6 Abs 1 Z 9 KSchG). Nach der Rsp[1042] gelten derartige Haftungsfreizeichnungen auch dann als sittenwidrig iSd § 879 Abs 1 und 3 ABGB, wenn sie in AGB verwendet werden[1043].

b) Deliktische Haftung

Eine Haftung ex delicto wird durch ein Verhalten, das gegen eine Rechtsnorm verstößt, begründet. Für eine Schadenersatzpflicht muss zusätzlich zur Rechtsverletzung (Schutzgesetzverletzung, Eingriff in absolute Rechte) auch hier der **Rechtswidrigkeitszusammenhang** gegeben sein. Demnach haftet der Schädiger infolge seines rechtswidrigen Verhaltens nur für jene Schäden, die der Schutzzweck der übertretenen Norm verhindern sollte[1044]. Zur Abklärung, ob die übertretene Vorschrift den eingetretenen Schaden verhindern wollte, bedarf es einer teleologischen Interpretation des Schutzgesetzes. Dabei ist es ausreichend, wenn die Norm bloß mitbezweckt, den eingetretenen Schaden zu verhindern. Aus dem Schutzzweck ergibt sich auch der zum Ersatz berechtigte Personenkreis. Dazu zählen grundsätzlich jene Personen, die durch die verletzte Norm geschützt oder in einem absoluten Recht verletzt werden. Ein außerhalb des Schutzzwecks liegender Schaden ist nicht zu ersetzen[1045].

1042 Als Bsp: OGH 22.2.2001, 6 Ob 160/00y sowie OGH 24.9.2008, 2 Ob 144/08b (Sittenwidrigkeit der Haftungsfreizeichnung für Personenschäden in AGB und Vertragsformblättern).

1043 *Kletečka,* Zivilrechtliche Haftung (Schadenersatz), in *Aigner/Kletečka/Kletečka-Pulker/ Memmer (Hrsg),* HB Medizinrecht, II.1/28.

1044 Vgl RIS-Justiz RS0022933. Zur Geltung dieses Grundsatzes bei Verstoß gegen ein Schutzgesetz und bei Eingriff in absolute Rechte: RIS-Justiz RS0022933 (T2).

1045 Dazu Nigl, Arzthaftung[5], 20 mwN.

Die Rechtsnormverletzung kann bei Arzthaftungsprozessen insb in folgenden Formen eintreten[1046]:

- **Verletzung eines Schutzgesetzes**

Bei Schutzgesetzen iSd § 1311 ABGB handelt es sich um *„abstrakte Gefährdungsverbote, die dazu bestimmt sind, die Mitglieder eines Personenkreises gegen die Verletzung von Rechtsgütern zu schützen"*[1047]. Als Schutzgesetz kommt *„jede Rechtsvorschrift, die inhaltlich einen Schutzzweck verfolgt"*[1048] (zB Gesetze, Verordnungen, Bescheide[1049]) in Betracht.

Im Unterschied zur Vertragshaftung (dazu oben a) ist die deliktische Haftung infolge Schutzgesetzverletzung weniger streng. Es kommt weder zu einer Erfüllungsgehilfenhaftung noch zu einer Haftung für bloße Vermögensschäden.

- **Verletzung eines absolut geschützten Rechts**

Es lässt sich nicht jedes rechtswidrige Verhalten im Rahmen eines Schutzgesetzes regeln, die Rechtsordnung sieht deshalb Rechtsgüter vor, die besonderen Schutz genießen. Zu den absoluten Rechten zählen bspw Leben, Gesundheit und Eigentum.

Sofern die Verletzung eines absoluten Rechts nicht mit einer Vertrags- oder Schutzgesetzverletzung einhergeht, kommt es zu keiner erweiterten Haftung. Erfüllungsgehilfenhaftung, Beweislastumkehr und Haftung für bloße Vermögensschäden treten hier nicht ein.

Die **Beweislast** für einen Behandlungsfehler obliegt dem Patienten, während der Arzt bzw Krankenanstaltenträger die ordnungsgemäße Aufklärung zu beweisen hat. Dazu sowie zum **rechtmäßigen Alternativverhalten** siehe oben, Abschnitt A. 2. dieses Kapitels. Als Beweismittel wird regelmäßig die ärztliche **Dokumentation** herangezogen. Falls diese jedoch nicht vollständig sein sollte, begründet dies der Rsp[1050] zufolge die Vermutung, dass der Arzt die nicht dokumentierte Maßnahme (Behandlung, Aufklärung) nicht durchführte. Der Behandler hat allerdings die Möglichkeit, diese Vermutung zu widerlegen.

Ein Ausschluss der Rechtswidrigkeit ist durch **Rechtfertigungsgründe** (im Bereich der Arzthaftung insb die Einwilligung des Patienten) möglich. Die Einwilligung bedarf entsprechend der informed consent Doktrin eine ordnungsgemäße Aufklärung (dazu oben, Kapitel III. B.). Der Beweis für den Rechtfertigungsgrund trifft den Arzt bzw Krankenanstaltenträger[1051].

[1046] Vgl zum Folgenden *Kletečka,* Zivilrechtliche Haftung (Schadenersatz), in *Aigner/Kletečka/Kletečka-Pulker/Memmer (Hrsg),* HB Medizinrecht, II.1/24f.

[1047] RIS-Justiz RS0027710.

[1048] RIS-Justiz RS0027415.

[1049] *Reischauer* in *Rummel,* ABGB[3] § 1311 Rz 4 (Stand 1.1.2007, rdb.at).

[1050] RIS-Justiz RS0108525 (T4); OGH 20.5.2020, 4 Ob 28/20a.

[1051] Vgl *Kletečka,* Zivilrechtliche Haftung (Schadenersatz), in *Aigner/Kletečka/Kletečka-Pulker/Memmer (Hrsg),* HB Medizinrecht, II.1/24.

4. Verschulden

Für den Bereich der Verschuldenshaftung[1052] hat das Verhalten des Schädigers nicht bloß rechtswidrig zu sein, es muss diesem zugleich **subjektiv vorwerfbar** sein. Das Verschulden bezieht sich dabei nicht auf den eingetretenen Erfolg, sondern nur auf die Pflichtverletzung. Dem Schädiger kann ein Verschulden nur dann vorgeworfen werden, *„wenn er nach seinen Fähigkeiten die Rechtswidrigkeit seines Verhaltens erkennen und sich dementsprechend verhalten konnte"*[1053]. Die Zurechnung des Verschuldens (Deliktsfähigkeit) tritt mit Vollendung des 14. Lebensjahres ein (§ 176 ABGB).

Bei Bemessung des Verschuldensgrades von Ärzten kommt nicht der allgemeine Sorgfaltsmaßstab des § 1297 ABGB, wonach ein *„gewöhnlichen Fähigkeiten"* entsprechender Grad an Fleiß und Aufmerksamkeit ausreichen würde, zur Anwendung. Als Grundlage ist der für Ärzte als Sachverständige geltende **strengere Sorgfaltsmaßstab des § 1299 ABGB**, welcher *„eigene Kunstkenntnisse, oder einen nicht gewöhnlichen Fleiß erfordert"* heranzuziehen. Dieser Ansatz impliziert zudem eine Objektivierung des anzuwendenden Maßstabes, infolgedessen die **Rechtswidrigkeit** grundsätzlich zugleich das Bestehen des ärztlichen **Verschuldens indiziert**[1054]. Anders formuliert kann sich ein Arzt nicht mit einem Mangel an Kenntnissen oder Fähigkeiten exkulpieren, da Ärzte als Sachverständige, unabhängig von einem ausschließlich subjektiven Verschulden, bereits bei Nichteinhaltung jenes Sorgfaltsmaßstabes, demgemäß sich eine objektive Maßfigur verhalten würde, haften[1055]. Dies bedeutet allerdings keineswegs, dass der aufzuwendende Sorgfaltsmaßstab für die gesamte Ärzteschaft ident wäre. Welches Maß an Sorgfalt im Einzelnen aufzuwenden ist, orientiert sich allgemein an der Zugehörigkeit zum jeweiligen Verkehrskreis (zB Allgemeinmediziner, Facharzt)[1056].

In welchem Umfang haftungsrechtliche Folgen eintreten, ist abhängig vom **Verschuldensgrad** zu beurteilen, wobei innerhalb des vorsätzlichen wie fahrlässigen Verhaltens weitere Abstufungen vorzunehmen sind:

- **Vorsatz**

Ein Schädiger handelt vorsätzlich, wenn ihm die Rechtswidrigkeit seines Verhaltens **bewusst** ist und er sich mit dem schädigenden Erfolg **abfindet**[1057]. Für die gelin-

[1052] Im Gegensatz dazu setzen die Gefährdungs- und die Eingriffshaftung kein Verschulden voraus.
[1053] RIS-Justiz RS0022742 (T1).
[1054] Vgl *Tanczos/Tanczos,* Arzthaftung³, 84f.
[1055] Als Bsp: OGH 2.10.1984, 3 Ob 560/84 (Ärzte haben gem § 1299 ABGB jene Sorgfalt zu vertreten, *„die von einem ordentlichen und pflichtgetreuen Durchschnittsarzt in der konkreten Situation erwartet wird"*).
[1056] Vgl OGH 16.9.1986, 14 Ob 140, 141/86; *Reischauer* in *Rummel,* ABGB³ § 1299 Rz 25 (Stand 1.1.2007, rdb.at).
[1057] RIS-Justiz RS0112127 (T1).

deste Form des Vorsatzes (Eventualvorsatz) reicht es aus, wenn der Schädiger den Eintritt des Taterfolges für möglich hält und diesen in Kauf nimmt[1058]. Die weiteren Vorsatzformen setzen Wissentlichkeit oder Absicht (vgl § 1294 ABGB) voraus.

- **Fahrlässigkeit**

Im Zivilrecht ist Fahrlässigkeit bei versehentlicher Verursachung des Schadens *„aus schuldbarer Unwissenheit, oder aus Mangel der gehörigen Aufmerksamkeit, oder des gehörigen Fleißes“* (§ 1294 Satz 3 ABGB) gegeben. Obgleich im Gesetz nicht ausdrücklich angeführt, ist diesfalls grobe von leichter Fahrlässigkeit zu unterscheiden.

Grobe Fahrlässigkeit resultiert *„aus einer auffallenden Sorglosigkeit“* (§ 1324 ABGB). Sie ist anzunehmen, wenn der Schadenseintritt *„als wahrscheinlich vorhersehbar“* war, das Versehen auf einer besonderen Nachlässigkeit beruht und nur besonders achtlosen Menschen unterläuft[1059]. Der Unterschied zum Eventualvorsatz liegt darin, dass ein bewusst fahrlässig Handelnder den Erfolg nicht in Kauf nimmt[1060]. Ein Arzt handelt demnach grob fahrlässig, wenn einem ordnungsgemäß handelnden Durchschnittsarzt eine solche Sorglosigkeit, wäre er in derselben Situation, nicht unterlaufen wäre[1061].

Ein **leicht fahrlässiges** Fehlverhalten kann demgegenüber gelegentlich auch sorgfältigen Ärzten unterlaufen. Falls der Schadenseintritt jedoch kaum wahrscheinlich ist und auch ein pflichtgetreuer Arzt die schädigende Handlung vornimmt ohne einen Anlass für eine erhöhte Vorsicht zu sehen, ist sein Verhalten nicht fahrlässig und sohin auch nicht vorwerfbar[1062].

Übernehmen Ärzte Aufgaben, zu deren Ausführung sie angesichts der Sonderfachbeschränkung des § 31 Abs 3 ÄrzteG nicht befugt sind oder welche sie in Anbetracht ihres Ausbildungsniveaus überfordern, haben sie sich wegen **Einlassungsfahrlässigkeit** (Übernahmeverschulden) zu verantworten.

Die Unterscheidung der Verschuldensgrade, insb jene zwischen grober und leichter Fahrlässigkeit, ist wesentlich für den **Haftungsumfang**. Bei grobem Verschulden und Vorsatz ist gem § 1323 f ABGB nicht nur der positive Schaden, sondern auch der entgangene Gewinn zu ersetzen **(volle Genugtuung)**. Als entgangener Gewinn werden bloße Gewinnaussichten, die nicht mit an Sicherheit grenzender Wahrscheinlichkeit realisiert werden können, bezeichnet. Im Gegensatz dazu werden rechtlich gesicherte Gewinnaussichten als positiver Schaden qualifiziert (und damit bereits bei leichter Fahrlässigkeit ersetzt)[1063].

[1058] Vgl OGH 22.1.2009, 2 Ob 212/08b; *Nigl,* Arzthaftung[5], 26.

[1059] Vgl RIS-Justiz RS0038120.

[1060] RIS-Justiz RS0124502.

[1061] *Tanczos/Tanczos,* Arzthaftung[3], 85; RIS-Justiz RS0026400 (T1).

[1062] *Tanczos/Tanczos,* Arzthaftung[3], 85.

[1063] RIS-Justiz RS0111898; *Kletečka,* Zivilrechtliche Haftung (Schadenersatz), in *Aigner/Kletečka/Kletečka-Pulker/Memmer (Hrsg),* HB Medizinrecht, II.1/27.

Bei einer Arzthaftung indiziert die Rechtswidrigkeit, wie oben erwähnt, grundsätzlich das Verschulden. Der Anwendungsbereich der Beweislastumkehr des § 1298 ABGB, wonach der Behandler beweisen muss, dass ihn keine leichte Fahrlässigkeit trifft, ist hier folglich eher gering. Da Haftungsfreizeichnungen gem § 6 Abs 1 Z 9 KSchG unzulässig sind, kommt § 1298 Satz 2 ABGB, wonach sich der Schädiger bei vertraglichem Ausschluss der Haftung für leichte Fahrlässigkeit auch vom Fehlen der groben Fahrlässigkeit freizubeweisen hätte, nicht zur Anwendung. Die **Beweislast** für grobes Verschulden oder Vorsatz des Behandlers obliegt sohin in jedem Fall dem Patienten[1064].

Ein Verschulden kann nicht nur den Behandler treffen. Falls sich der Patient nicht an die im Rahmen der therapeutischen Aufklärung (dazu Kapitel III. B. 1. c) dd) erteilten Empfehlungen hält, nicht am Heilungsbemühen mitwirkt oder schädliche Folgen nicht vermeidet, maW seiner Schadensminderungsobliegenheit nicht nachkommt, trägt er gem § 1304 ABGB ein **Mitverschulden** am eingetretenen Schaden[1065].

5. Haftungsumfang (Ansprüche)

Nach § 1323 ABGB sind Schäden grundsätzlich durch Herbeiführung des Vorzustandes zu beseitigen. Falls die Naturalrestitution unmöglich oder untunlich sein sollte, ist der erlittene Schaden in Geld zu ersetzen. Den Haftungsumfang infolge einer Körperverletzung regeln die §§ 1325 ff ABGB, wobei in Arzthaftungsprozessen zumeist mehrere Ansprüche geltend gemacht werden.

a) Heilungskosten

Die Heilungskosten umfassen jeden Aufwand, der für eine gänzliche, teilweise oder auch nur versuchte Heilung oder Besserung des Gesundheitszustandes **zweckmäßig** ist[1066]. Bsp für Heilungskosten sind Kosten einer Revisionsbehandlung einschließlich der Kosten einer kosmetischen Operation zur Beseitigung einer durch den Schädiger herbeigeführten Verunstaltung[1067], Kosten eines erhöhten Verpflegungsaufwands, Aufwendungen für einen behindertengerechten Umbau[1068], Rehabilitations-[1069] sowie Fahrtkosten[1070].

1064 *Kletečka,* Zivilrechtliche Haftung (Schadenersatz), in *Aigner/Kletečka/Kletečka-Pulker/Memmer (Hrsg),* HB Medizinrecht, II.1/27.

1065 Vgl *Tanczos/Tanczos,* Arzthaftung³, 86.

1066 Vgl *Reischauer* in *Rummel,* ABGB³ § 1325 Rz 14 (Stand 1.1.2004, rdb.at); RS0030427.

1067 RIS-Justiz RS0030678.

1068 RIS-Justiz RS0030496; OGH 06.10.2000, 1 Ob 161/00h.

1069 OGH 29.6.2006, 2 Ob 35/05v.

1070 RIS-Justiz RS0114198 (Fahrten zu Therapiestätten); OGH 26.2.2003, 7 Ob 281/02b (Besuche naher Angehöriger); OGH 24.5.2016, 1 Ob 97/16w (Besuche der Eltern einer Minderjährigen).

Der Anspruch auf Heilungskosten ist einerseits begrenzt durch die Obliegenheit, den eingetretenen Schaden möglichst gering zu halten **(Schadensminderungspflicht)**[1071] und anderseits durch die Legalzession des § 332 ASVG. Bei Geschädigten, die gesetzlich sozialversichert sind, geht der Anspruch auf Ersatz der Heilungskosten im Schädigungszeitpunkt auf den, die Leistungen erbringenden Sozialversicherungsträger über. Diese **Legalzession** iSd § 332 ASVG hat zur Folge, dass die Geltendmachung der Heilungskosten im Umfang seiner Leistung nicht dem Patienten, sondern dem Sozialversicherungsträger obliegt[1072].

Falls der Geschädigte ernstlich beabsichtigt, eine Heilbehandlung erst später durchführen zu lassen, kann er die Kosten dieser **künftigen Heilbehandlung** nur in Form eines Vorschusses begehren. Steht jedoch bereits fest, dass sich der Geschädigte der Heilbehandlung nicht unterziehen wird, gebührt ihm kein Ersatz der fiktiven Heilbehandlungskosten[1073].

b) Verdienstentgang

Der Geschädigte hat Anspruch auf Ersatz **jedes** aus der Körperverletzung resultierenden **Verdienstausfalls** (bei Angestellten zB infolge Minderung bzw Verlust der Erwerbsfähigkeit oder Verlust einer nachweisbaren Aufstiegsmöglichkeit, bei selbständig Erwerbstätigen zB der Verdienstentgang oder Kosten für eigens angestellte Ersatzkräfte)[1074]. Der Ersatz gebührt unabhängig davon, ob der Geschädigte im Schädigungszeitpunkt erwerbstätig war oder zumindest angenommen werden kann, dass er eine Erwerbstätigkeit gesucht und diese auch ausgeübt hätte[1075]. Ebenfalls ersatzfähig ist die infolge der Körperverletzung erforderliche Aufnahme einer Haushaltshilfe (Hausfrauenrente)[1076]. Der Ausgleich künftiger Ersatzzahlungen erfolgt in Form einer **Rente**[1077].

Bei einem arbeitsrechtlich unselbständig tätigen Geschädigten tritt infolge der **Lohnfortzahlung** des Arbeitgebers kein Verdienstentgang ein. Der Ersatzanspruch des Geschädigten geht bei Verpflichtung des Arbeitgebers zur Lohnfortzahlung

---

1071 RIS-Justiz RS0030592 (kein Kostenersatz für die Errichtung eines eigenen Schwimmbads, sondern nur Zuspruch der für die Adaptierung eines Schwimmbads zur Nutzung durch den behinderten Kläger erforderlichen Kosten).

1072 Vgl *Kletečka,* Zivilrechtliche Haftung (Schadenersatz), in *Aigner/Kletečka/Kletečka-Pulker/Memmer (Hrsg),* HB Medizinrecht, II.1/15.

1073 OGH 7.7.2008, 6 Ob 134/08m; OGH 23.10.1997, 2 Ob 82/97s.

1074 *Reischauer* in *Rummel,* ABGB³ § 1325 Rz 21 (Stand 1.1.2004, rdb.at); *Tanczos/Tanczos,* Arzthaftung³, 77; *Nigl,* Arzthaftung⁵, 284; RIS-Justiz RS0031002.

1075 RIS-Justiz RS0030440.

1076 RIS-Justiz RS0030922; *Tanczos/Tanczos,* Arzthaftung³, 77.

1077 Dazu eingehend: *Reischauer* in *Rummel,* ABGB³ § 1325 Rz 29ff (Stand 1.1.2004, rdb.at)

auf diesen über (analog § 1358 ABGB, § 67 VersVG[1078]), sodass letztlich nur der Dienstgeber zur Geltendmachung des Ersatzanspruches berechtigt ist[1079].

c) Schmerzengeld

Das vom Geschädigten zu begehrende Schmerzengeld dient der Abgeltung seines **immateriellen Schadens**. Es soll eine Genugtuung für das durch die Körperverletzung erlittene Ungemach, welches nicht in einem Vermögensschaden (wie den Heilungskosten oder dem Verdienstentgang) besteht, darstellen. Die Zuerkennung erfolgt in Form einer **Globalentschädigung**, die zugleich körperliche und seelische Schmerzen erfasst[1080].

Hat ein Behandlungsfehler den Tod oder eine schwere Beeinträchtigung (zB lebenslängliche Pflegebedürftigkeit) zur Folge, erstrecken sich die Schutz- und Sorgfaltspflichten aus dem Behandlungsvertrag auch auf den Ehegatten bzw nahe Angehörige. Diesen gebührt ein Ersatzanspruch für die erlittenen Seelenschmerzen[1081].

Abhängig vom ärztlichen Fehlverhalten (Behandlungsfehler, Aufklärungsfehler) ist zu differenzieren, für welche Schmerzen die Haftung zu bejahen ist. Ein **Behandlungsfehler**, der das gleiche Schmerzmaß wie eine Behandlung lege artis verursacht (*„Sowieso-Schmerzen“*), führt zu keiner Haftung. Ein Anspruch auf Schmerzengeld besteht nur für das *„Mehr an Schmerzen“*, das ohne Behandlungsfehler nicht aufgetreten wäre[1082]. Im Unterschied dazu führt ein **Aufklärungsfehler**, der mit dem Eintritt eines aufklärungsbedürftigen Risikos einhergeht, zur Haftung für sämtliche mit der Behandlung verbundenen Schmerzen, da die Behandlung – wäre die Aufklärung ordnungsgemäß erfolgt – unterblieben wäre[1083].

Das Gericht hat die Festsetzung des Schmerzengeldes *„nach freier Überzeugung“* iSd § 273 Abs 1 ZPO *„unter Berücksichtigung aller Umstände des einzelnen Falles, der körperlichen und seelischen Schmerzen sowie der Art und Schwere der Verletzung“*[1084] vorzunehmen. Zur Ermittlung der Schmerzperioden, anhand deren die Bemessung des Ersatzanspruchs erfolgt, werden regelmäßig medizinische Sachverständigengutachten in Auftrag gegeben. Das Gutachten hat die **Schmerzperioden**, jeweils gerafft auf 24 Stunden, anzugeben. Zudem ist zwischen **leichten, mittelschweren und schweren Schmerzen** zu differenzieren. Die für die Schmerzengrade ermittelten Tage werden mit **Tagessätzen** (zB 130 Euro für leichte, 260 Euro für mittelschwere und 390 Euro für schwere Schmerzen im Sprengel

[1078] Bundesgesetz vom 2. Dezember 1958 über den Versicherungsvertrag (Versicherungsvertragsgesetz), BGBl 1959/2 idgF.

[1079] RIS-Justiz RS0043287; *Nigl,* Arzthaftung[5], 283.

[1080] RIS-Justiz RS0031191; *Reischauer* in *Rummel,* ABGB[3] § 1325 Rz 43f (Stand 1.1.2004, rdb.at).

[1081] *Tanczos/Tanczos,* Arzthaftung[3], 79.

[1082] RIS-Justiz RS0123535; *Nigl,* Arzthaftung[5], 248.

[1083] Vgl *Nigl,* Arzthaftung[5], 248 mwN.

[1084] RIS-Justiz RS0031415.

des Landesgerichts für Zivilrechtssachen Wien[1085]) multipliziert, wodurch sich der Schmerzengeldbetrag ergibt. Die Zuhilfenahme von Sachverständigen ändert nichts daran, dass es sich bei der Bemessung um eine Frage der rechtlichen Beurteilung handelt[1086].

d) Verunstaltungsentschädigung

Bei auf Behandlungsfehler zurückzuführenden Verunstaltungen gebührt Ersatz, wenn ein *„besseres Fortkommen dadurch verhindert werden kann"* (§ 1326 ABGB). Als Verunstaltung ist *„jede nachteilige Veränderung in der äußeren Erscheinung ohne Rücksicht darauf, ob sie am bekleideten Menschen sichtbar ist oder durch Prothesen und dergleichen verdeckt werden kann"*[1087] (zB Entgang von beruflichen Aufstiegsmöglichkeiten, Heiratsaussichten[1088]) zu verstehen. Für die Ausmittlung der Höhe ist insb das Ausmaß der Verunstaltung und das Ausmaß der Wahrscheinlichkeit der Verhinderung des besseren Fortkommens wesentlich[1089].

e) Unterhalt

Nach § 1327 ABGB hat der Schädiger im Falle des Todes seines Patienten infolge ärztlichen Fehlverhaltens nicht nur die Kosten einer versuchten Heilung und angemessene Auslagen (zB Begräbniskosten, Kosten der Trauerbekleidung nächster Angehöriger[1090]) sondern auch den Unterhalt jener Hinterbliebenen, für die eine gesetzliche Unterhaltspflicht besteht, zu tragen.

Die Hinterbliebenen können ihren Schadenersatzanspruch auf **(entgangenen) Unterhalt** gegenüber dem Schädiger geltend machen. Es handelt sich dabei um den Ersatz des Vermögensnachteils, der durch das Ausbleiben der Unterhaltszahlung des Verstorbenen entsteht[1091]. Anspruchsberechtigt sind Hinterbliebene mit einem gesetzlichen Unterhaltsanspruch (insb Kinder gem § 231 ABGB, Ehepartner gem § 94 Abs 2 ABGB), ein vertraglicher Unterhaltsanspruch ist nicht ausreichend[1092].

[1085] Die aktuellen Tagessätze der Oberlandes- und Landesgerichte für 2025 sind veröffentlicht in *Hartl,* Schmerzengeldsätze in Österreich in EURO, AnwBl 2025, 243. Die Tabelle stellt eine Bemessungshilfe dar und enthält Unter- bzw Obergrenzen für anzusetzende Tagessätze.

[1086] RIS-Justiz RS0031346; *Kletečka,* Zivilrechtliche Haftung (Schadenersatz), in *Aigner/Kletečka/Kletečka-Pulker/Memmer (Hrsg),* HB Medizinrecht, II.1/16.

[1087] RIS-Justiz RS0031084.

[1088] Vgl RIS-Justiz RS0031223.

[1089] Vgl RIS-Justiz RS0031311.

[1090] RIS-Justiz RS0031325 (angemessene Begräbniskosten); RIS-Justiz RS0111213 (Trauerkleidung, die anlässlich des Begräbnisses erworben und getragen wird, ohne einen darüber hinausgehenden persönlichen Bedarf des Angehörigen zu decken).

[1091] *Kletečka,* Zivilrechtliche Haftung (Schadenersatz), in *Aigner/Kletečka/Kletečka-Pulker/Memmer (Hrsg),* HB Medizinrecht, II.1/18.

[1092] *Nigl,* Arzthaftung[5], 291f; RIS-Justiz RS0031391 (gesetzlicher Anspruch); RIS-Justiz RS0031511 (vertraglicher Unterhaltsanspruch).

Bei Tod oder schwerster Verletzung wird nahen Angehörigen (insb Kindern, Eltern, Ehegatten, Verlobten, Lebensgefährten) ein Anspruch auf Schmerzengeld wegen der dadurch erlittenen psychischen Beeinträchtigungen mit Krankheitswert **(Schockschaden)** zugestanden. Führt der Verlust eines nahen Angehörigen zu einer Trauerreaktion ohne Krankheitswert und somit *„zu keiner eigenen Gesundheitsschädigung“* **(Trauerschaden)**, soll der Ersatz – im Unterschied zu den bisher genannten Ersatzansprüchen – nur bei Vorsatz oder grober Fahrlässigkeit des Schädigers gebühren[1093].

Hinsichtlich der Frage, ob Schadenersatz im Zusammenhang mit der **Geburt** eines Kindes zusteht, wurde die Differenzierung zwischen der Geburt eines gesunden und eines behinderten Kindes vom OGH in Abkehr zur bisherigen Rsp[1094] aufgegeben. Sowohl die Geburt eines Kindes, über dessen Behinderung pflichtwidrig nicht aufgeklärt oder die pflichtwidrig nicht diagnostiziert wurde (*„wrongful birth“*) als auch die Geburt eines gesunden, aber ungewollten Kindes infolge eines fehlerhaften medizinischen Eingriffs zur Empfängnisverhütung (*„wrongful conception“*) rechtfertigen nunmehr einen Anspruch auf Schadenersatz. Der Schutzzweck des Behandlungsvertrags umfasst die finanziellen Interessen der Eltern an der Empfängnisverhinderung bzw bei embryopathischer Indikation auch der Geburt eines Kindes. Dementsprechend haftet der Arzt, unabhängig von einer Behinderung des Kindes, insb für den Unterhaltsaufwand, wenn ein fachgerechter medizinischer Eingriff bzw eine ordnungsgemäße ärztliche Aufklärung dazu geführt hätte, dass das Kind nicht empfangen oder nicht geboren worden wäre[1095].

6. Verjährung

Nach der Verjährungsfrist des § 1489 Satz 1 ABGB sind Schadenersatzansprüche grundsätzlich **binnen drei Jahren** ab Kenntnis des Schadens und des Schädigers geltend zu machen. Die absolute, **dreißig Jahre** betragende, Verjährungsfrist kommt lediglich in jenen Fällen, in denen der Patient keine Kenntnis von Schaden oder Schädiger erlangen konnte bzw bei Schäden aus gerichtlich strafbaren, mit mehr als einjähriger Freiheitsstrafe bedrohten Vorsatzdelikten (§ 1489 Satz 2 ABGB) zur Anwendung.

Versäumt der Geschädigte die Verjährungsfrist, erlischt sein Klagerecht. In einem dennoch eingeleiteten Haftungsprozess wäre die bereits eingetretene Verjährung als **Einrede** geltend zu machen. Das Gericht hat die Verjährung nicht von Amts wegen zu berücksichtigen (§ 1501 ABGB)[1096].

[1093] Vgl RIS-Justiz RS0127926 (Schockschaden); RIS-Justiz RS0115189 (Trauerschaden); *Kletečka,* Zivilrechtliche Haftung (Schadenersatz), in *Aigner/Kletečka/Kletečka-Pulker/Memmer (Hrsg),* HB Medizinrecht, II.1/18ff mwN.

[1094] Die Entscheidung des verstärkten Senats OGH 21.11.2023, 3 Ob 9/23d enthält eine Übersicht über die bisherige Rsp.

[1095] OGH 21.11.2023, 3 Ob 9/23d; vgl dazu auch *Tanczos/Tanczos,* Arzthaftung[3], 81ff.

[1096] Weiterführend: *Bydlinski M./Thunhart* in *Rummel/Lukas/Geroldinger,* ABGB[4] § 1501 Rz

Für den Beginn der dreijährigen Verjährungsfrist ist neben der Kenntnis jedes einzelnen[1097] **Schadens** und des **Schädigers** nach stRsp[1098] die Erkennbarkeit des **Kausalzusammenhangs** zwischen der schädigenden Handlung (zB Behandlungsfehler) und dem eingetretenen Schaden (Körperverletzung) wesentlich. Ab diesem Zeitpunkt ist dem geschädigten Patienten die Klagseinbringung (zumindest einer Feststellungsklage) mit Aussicht auf Erfolg möglich, auch wenn die Schadenshöhe (noch) nicht bezifferbar ist oder wenn noch nicht alle Schadensfolgen (Folgeschäden) gänzlich eingetreten oder bekannt sind.

Bei einer Verschuldenshaftung bedarf es zusätzlich der Kenntnis der **verschuldensbegründenden Umstände**, falls sich diese nicht bereits aus der Rechtswidrigkeit ergeben. Für einen geschädigten Patienten, der nicht über die dafür (und für die Erkennbarkeit des Kausalzusammenhangs) erforderliche besondere Fachkunde verfügt, sind diese Zusammenhänge – selbst wenn ihm Schaden und Schädiger bekannt sind – nicht erkennbar, sodass die Verjährungsfrist hier solange nicht beginnt als die Unkenntnis andauert[1099].

Die Kenntnis gilt als erlangt, sobald der geschädigte Patient die genannten Voraussetzungen, die für eine aussichtsreiche Anspruchsverfolgung erforderlich sind *„ohne nennenswerte Mühe in Erfahrung bringen kann"*[1100]. Obgleich diese **Erkundigungspflicht** nicht überspannt werden darf und keine generelle Verpflichtung zur Einholung eines Privatgutachtens bedeutet, kann der Geschädigte im Einzelfall dennoch dazu verpflichtet sein[1101].

Gesetzliche Verjährungsfristen sind nicht erstreckbar, die Verjährung von Schadenersatzansprüchen kann allerdings einer Hemmung unterliegen. Bei Durchführung von Vergleichsverhandlungen, die durch eine schriftliche Schadenersatzforderung eines Geschädigten initiiert werden, tritt ab dem Tag, an welchem der Schädiger (sein bevollmächtigter Vertreter, Haftpflichtversicherer oder der Krankenanstaltsträger, für den der Schädiger als Arzt tätig war) seine Bereitschaft zur außergerichtlichen Reglung der Angelegenheit schriftlich erklärt, eine **Fortlaufshemmung** ein (§ 58a Abs 1 ÄrzteG, § 41 Abs 1 ZÄG). Die Hemmung tritt ebenso mit Einlangen eines schriftlichen Vermittlungsersuchens des Geschädigten oder Schädigers (oder eines bevollmächtigten Vertreters) bei einem Patientenanwalt oder einer (zahn-) ärztlichen Schlichtungsstelle ein (§ 58a Abs 2 ÄrzteG, § 41 Abs 2 ZÄG).

1ff (Stand 31.5.2024, rdb.at).

1097 Vgl 4 Ob 144/11x, wonach zwei unterschiedliche Behandlungsfehler infolge einer Operation (Notwendigkeit des Austauschs des Prothesenschafts infolge eines Infekts bei der Operation und Infektion bei eben dieser Operation), von denen jeder den Schaden verursacht habe, geltend gemacht werden.

1098 Vgl RIS-Justiz RS0034366; RIS-Justiz RS0087615; RIS-Justiz RS0034686.

1099 RIS-Justiz RS0034322.

1100 RIS-Justiz RS0034327.

1101 Vgl RIS-Justiz RS0034327 (T10), wonach ein Privatgutachten im Einzelfall verpflichtend sein kann, *„wenn davon die Beweisbarkeit anspruchsbegründender Tatsachen zu erwarten"* und dem Geschädigten *„das Kostenrisiko zumutbar ist"*.

Für einen versicherten Schädiger ist dabei va wesentlich, dass seine Mitwirkung an der Sachverhaltsfeststellung im Rahmen einer außergerichtlichen Streitbeilegung keine Obliegenheitsverletzung auslöst und sohin auch nicht zu einer Leistungsfreiheit der Haftpflichtversicherung führt (Abs 4 leg cit). Zudem verhindert die Fortlaufshemmung, dass die Verjährung beginnt oder weiterläuft. Dies hat zur Konsequenz, dass die Verjährungsfrist für die Dauer der Hemmung pausiert wird und jener Teil der Verjährungsfrist, der bei Beginn der Hemmung noch nicht abgelaufen ist, nach dem Ende der Hemmung weiterläuft. Die Verjährungsfrist verlängert sich damit um die Dauer der Hemmung[1102]. Die Fortlaufshemmung endet mit der schriftlichen Erklärung des Geschädigten oder des Schädigers (des bevollmächtigten Vertreters, des Patientenanwalts oder der ärztlichen Schlichtungsstelle), die Vergleichsverhandlungen als gescheitert anzusehen, spätestens jedoch 18 Monate nach ihrem Eintritt (§ 58a Abs 3 ÄrzteG, § 41 Abs 3 ZÄG).

Sollten die Vergleichsverhandlungen bzw die Verhandlungen vor der Patientenanwaltschaft oder der (zahn-) ärztlichen Schlichtungsstelle kurz vor Ende der Verjährungsfrist scheitern[1103] oder länger als 18 Monate dauern, ist nach stRsp[1104] eine **Ablaufshemmung** anzunehmen. Dabei wird das *„Zuendegehen“*[1105] der Verjährungsfrist verhindert, dh die Verjährung tritt nicht ein, sofern der Geschädigte die Klage nach Abbruch der außergerichtlichen Vergleichs- bzw Schlichtungsverhandlungen *„ohne unnötigen Aufschub“*[1106] bei Gericht einbringt. Der genaue Zeitraum bestimmt sich abhängig vom konkreten Einzelfall, wobei der mit der Klagseinbringung verbundene Aufwand zu berücksichtigen ist. Bei einem Überschreiten von drei Monaten oder bei *„grundloser Untätigkeit“*[1107] wird jedenfalls von einer Verjährung auszugehen sein[1108].

C. Kreis der Haftpflichtigen

Ein Geschädigter steht infolge Solidarhaftung[1109] (§ 1302 ABGB) aller konkret Haftpflichtigen für dieselbe Rechtsgutverletzung vor der Wahl, von wem innerhalb dieses Kreises der Gesamtbetrag beansprucht werden soll. Für den in die Pflicht Genommenen stellt sich die Frage nach Regressmöglichkeiten.

1102 Vgl *Nigl,* Arzthaftung[5], 317f.

1103 Als Bsp: OGH 18.9.2014, 1 Ob 111/14a.

1104 RIS-Justiz RS0034518.

1105 *Bydlinski M./Thunhart* in *Rummel/Lukas/Geroldinger,* ABGB[4] § 1501 Rz 11 (Stand 31.5.2024, rdb.at).

1106 RIS-Justiz RS0034518 (T10).

1107 RIS-Justiz RS0034518 (T6) und (T7).

1108 Vgl *Bydlinski M./Thunhart* in *Rummel/Lukas/Geroldinger,* ABGB[4] § 1501 Rz 13 (Stand 31.5.2024, rdb.at); *Nigl,* Arzthaftung[5], 317.

1109 Als Bsp: OGH 21.10.2014, 10 Ob 55/14g (solidarische Haftung von Krankenanstaltenträger und Facharzt).

1. Innermuraler Bereich

Der **Krankenanstaltenträger** haftet als Vertragspartner des Patienten für Fehlleistungen des medizinischen Personals bzw der Ärzte, deren er sich zur Vertragserfüllung als Gehilfen bedient wie für eigenes Verschulden (§ 1313a ABGB)[1110]. Die Haftung realisiert sich unabhängig davon, welcher Arzt für die Rechtsgutverletzung konkret verantwortlich ist und unabhängig davon, ob den Krankenanstaltenträger eine vertragliche Verpflichtung trifft oder ein gesetzliches Schuldverhältnis besteht (zB Geschäftsführung ohne Auftrag im Notfall)[1111].

Neben der vertraglichen Haftung für Erfüllungsgehilfen ist eine deliktische Haftung des Krankenanstaltenträgers bspw für eigene Organisationsfehler (Organisationsverschulden) bzw für Fehler im Bereich der Personalauswahl[1112] denkbar. Besteht kein Vertragsverhältnis zwischen dem Anstaltsträger und dem Geschädigten, haftet der Träger nur bei Einsatz *„einer untüchtigen oder wissentlich einer gefährlichen Person"* als Besorgungsgehilfe (§ 1315 ABGB).

Bei **Universitätskliniken** (siehe Kapitel II. F. 3. e) ist insofern zu differenzieren, als eine Erfüllungsgehilfenhaftung gem § 1313a ABGB den Spitalsträger lediglich bei Fehlverhalten der universitätsbediensteten Ärzte im Zuge medizinischer Behandlungen trifft, während für solche im Rahmen des Lehr- und Forschungsbereiches (Hoheitsverwaltung) der Bund gem AHG[1113] haftet (§ 49 Abs 2 UG 2002). Zu einer Solidarhaftung von Krankenanstaltenträger und Universität kommt es, wenn ein ärztliches Fehlverhalten im Rahmen einer medizinischen Behandlung, die zugleich Zwecken der Lehre und Forschung dient, auftritt[1114].

Im Gegensatz zur Haftung des Trägers, die vertraglicher und deliktischer Natur sein kann, trifft **Spitalsärzte** zumeist ausschließlich die deliktische Haftung. Eine (eventuell zusätzliche) Verantwortung ex contractu setzt das Bestehen eines eigenen Vertragsverhältnisses zum Patienten voraus (zB Arztzusatzvertrag mit Sonderklassepatienten). Da sich Patienten mit ihrer Ersatzforderung zumeist an den Krankenanstaltenträger wenden werden, realisiert sich die zivilrechtliche Haftung von Klinikärzten allenfalls im Regressweg.

Leistet ein Krankenanstaltenträger infolge Rechtsverletzungen, welche seitens ärztlicher Erfüllungsgehilfen einem Patienten im Zuge der Erbringung medizini-

---

1110 Vgl RIS-Justiz RS0022961 (Universitätskliniken); RIS-Justiz RS0022961 (T7) und (T8) betreffend öffentliche Krankenanstalten. Ob zwischen ärztlichen Gehilfen und Spitalsträgern ein Dienst- oder sonstiges Vertragsverhältnis besteht oder ob die Tätigkeit aus Gefälligkeit übernommen wurde, ist für die Erfüllungsgehilfeneigenschaft irrelevant, vgl *Reischauer* in *Rummel,* ABGB[3] § 1313a Rz 8 (Stand 1.1.2004, rdb.at).

1111 Vgl *Nigl,* Arzthaftung[5], 31.

1112 Vgl *Giesen,* Arzthaftungsrecht[4], 19.

1113 Bundesgesetz über die Haftung der Gebietskörperschaften und der sonstigen Körperschaften und Anstalten des öffentlichen Rechts für in Vollziehung der Gesetze zugefügte Schäden (Amtshaftungsgesetz), BGBl 1949/20 idgF.

1114 RIS-Justiz RS0109199; *Nigl,* Arzthaftung[5], 125.

scher Leistungen zugefügt wurden, Ersatz (vgl § 4 Abs 1 DHG[1115]), steht diesem ein nach Verschuldensausmaß abgestufter **Regressanspruch** gegenüber dem schadenzufügenden Dienstnehmer zu. Für das Innenverhältnis zwischen Dienstgeber und Dienstnehmer bedeutet dies konkret[1116]: Wurde der Schaden durch eine entschuldbare ärztliche Fehlleistung zugefügt, besteht kein Rückgriffsanspruch des Krankenanstaltenträgers (§ 2 Abs 3, § 4 Abs 3 DHG). Ein solcher ist erst im Falle leichter Fahrlässigkeit vorgesehen, wobei infolge des richterlichen Mäßigungsrechts diesfalls auch ein gänzlicher Erlass des Ersatzes zulässig ist, während der Rückersatz bei grober Fahrlässigkeit seitens des Gerichtes lediglich gemäßigt, aber nicht erlassen werden darf (§ 2 Abs 1, § 4 Abs 2 DHG). Bei Bestimmung des Verschuldensgrades eines Dienstnehmers ist auch ein in Form eines Organisationsverschuldens auftretendes Mitverschulden des Spitalsträgers gem § 1304 ABGB zu beachten, bevor die Mäßigung vorgenommen wird. Neben dem solcherart ermittelten (reduzierten) Verschuldensausmaß des Spitalsarztes sind bei Mäßigung der Ersatzpflicht bei entschuldbaren Fehlleistungen und bei leichter Fahrlässigkeit zusätzlich die demonstrativ in § 2 Abs 2 DHG aufgelisteten Kriterien, wie etwa Ausbildungsgrad (Z 3) oder Arbeitsbedingungen (Z 4), zu berücksichtigen. Die Haftungsminderung kommt mutatis mutandis auch einem vom Patienten direkt in Anspruch genommenen deliktisch haftenden Arzt, der Rückersatz vom Spitalsträger fordert, zugute (§ 3 DHG).

Zur Haftung des Belegarztes siehe bereits Kapitel III. C. 3., zur Haftung in besonderen Konstellationen (Konsil, Überweisung, Vertretung) siehe Kapitel III. D.

2. Niedergelassener Bereich

Im Gegensatz zu ihren im innermuralen Bereich tätigen Kollegen, trifft niedergelassene Ärzte nicht nur eine **deliktische**, sondern als Vertragspartner des Patienten auch eine **vertragliche** Haftung, wobei Patienten Schadenersatzforderungen – in Anbetracht ihrer Vorteile (dazu oben, IV. B. 3. a) – vorzugsweise auf letztere stützen werden. Die Position des niedergelassenen Arztes ist haftungsrechtlich sohin mit jener des Krankenanstaltenträgers vergleichbar, auch dieser hat für Hilfspersonen und angestellte Ärzte als Erfüllungsgehilfen gem § 1313a ABGB einzustehen.

Bei **Ordinations- und/oder Apparategemeinschaften** (siehe dazu Kapitel II. C.) erfolgt der Abschluss des Behandlungsvertrags mit dem jeweils behandelnden Arzt oder mit der Gruppenpraxis. Dementsprechend trifft die vertragliche bzw deliktische Haftung den behandelnden Arzt selbst, zur Gruppenpraxis siehe gleich.

Haben sich Ärzte zu einer **Gruppenpraxis** (Kapitel II. D.) zusammengeschlossen, haftet diese ex contractu als Partner des Behandlungsvertrags für Fehlverhalten der

[1115] Bundesgesetz vom 31. März 1965 über die Beschränkung der Schadenersatzpflicht der Dienstnehmer (Dienstnehmerhaftpflichtgesetz), BGBl 1965/80 idgF.

[1116] Vgl bereits *Brodil,* Arzthaftung und Dienstnehmerhaftpflichtgesetz (Teil 2), RdM 1994, 78ff.

für sie tätigen Ärzte und anderen Mitarbeiter (als Erfüllungsgehilfen gem § 1313a ABGB bzw als Repräsentanten gem § 1330 ABGB). Die vertragliche Haftung für fremdes Verschulden (zB Behandlungsfehler eines ärztlichen Mitarbeiters) trifft bei einer Gruppenpraxis in der Rechtsform einer **OG** jene Ärzte als Gesamtschuldner, welche zugleich persönlich haftende Gesellschafter der Gruppenpraxis sind (§ 128 UGB). Demgegenüber besteht keine Haftung der Gesellschafter einer Gruppenpraxis in der Rechtsform einer **GmbH** – das Bestehen der gem § 52d Abs 3 ÄrzteG bzw § 26c Abs 3 ZÄG vorgeschriebenen Berufshaftpflichtversicherung vorgesetzt – für Gesellschaftsverbindlichkeiten (§ 61 Abs 2 GmbHG). Neben der zivil- und strafrechtlichen Haftung der Gruppenpraxis besteht für Patienten die Möglichkeit, den konkret rechtswidrig und schuldhaft handelnden Arzt ex delicto zur Verantwortung zu ziehen[1117].

Bei **Primärversorgungseinheiten** (Kapitel II. E.) ist nach der Rechtsform zu differenzieren. Für Primärversorgungseinheiten in der Rechtsform einer GmbH oder OG gilt das soeben für Gruppenpraxen beschriebene, während bei Primärversorgungseinheiten, deren Rechtsträger ein Verein oder eine Genossenschaft ist, dem jeweils behandelnden Mitglied als Partner des Behandlungsvertrags die (vertragliche und deliktische) Haftung obliegt.

3. Exkurs: Alten-, Behinderten-, Pflegeheime

Ähnlich wie im Krankenanstaltenbereich trägt hier der **Heimträger** als Vertragspartner des Heimbewohners die vertragliche Haftung für Fehlverhalten seines Personals gem § 1313a ABGB (zur Regressmöglichkeit vgl oben, Abschnitt C. 1. dieses Kapitels). Der konkrete Haftungsumfang bestimmt sich nach den im Heimvertrag vereinbarten Sach- und Dienstleistungen. Umfasst ist auch die Ermöglichung eines sicheren Aufenthalts für (künftige) Bewohner und entfaltet der Heimvertrag, wie der Krankenhausaufnahmevertrag, Schutzwirkungen zugunsten Dritter (insb naher Angehöriger als Besucher). Weiters sind Schäden, die Aufnahmewerbern vor Abschluss des Heimvertrags (bspw durch Fehlinformationen) entstehen, als vorvertragliche Schuld (culpa in contrahendo) erfasst[1118].

Eine Besonderheit besteht bei Gewährleistungsansprüchen. Der Bewohner braucht sich nicht auf die allgemeinen zivilrechtlichen Regeln, die primär eine Verbesserung vorsehen, stützen, sondern mindert sich bei Leistungsmängeln des Heimträgers das Entgelt *„entsprechend der Dauer und Schwere des Mangels"* (§ 27f Satz 1 KSchG). Dieser Minderungsanspruch ex lege gilt auch für jene Leistungen, die sich der Heimträger bei einer mehr als dreitägigen Abwesenheit des Bewohners erspart (Satz 2 leg cit).

[1117] Vgl *Karollus,* Vergesellschaftung von Ärzten und Zahnärzten, in *Resch/Wallner,* Handbuch Medizinrecht³ Rz 64ff.

[1118] *Ganner,* Recht der Altenpflege, in *Aigner/Kletečka/Kletečka-Pulker/Memmer (Hrsg),* HB Medizinrecht, IV.4/174ff.

Ein durch ein Fehlverhalten geschädigter Bewohner wird seine Schadenersatzforderung auch hier bevorzugt auf die Vertragshaftung des Trägers stützen (zu deren Vorteilen, Abschnitt B. 3. a). Nichts desto trotz kommt eine deliktische Haftung des **Heimpersonals** in Betracht. Darüber hinaus besteht eine strafrechtliche Verantwortung des jeweiligen Mitarbeiters (uU auch des Trägers), wenn dieser einen Straftatbestand (insb Körperverletzung, Nötigung oder Freiheitsentziehung) verwirklicht[1119].

4. Haftpflichtversicherung

Der Abschluss einer Berufshaftpflichtversicherung ist vor Aufnahme einer freiberuflichen (zahn-) ärztlichen Tätigkeit erforderlich (vgl § 52d Abs 1 ÄrzteG, § 26c Abs 1 ZÄG, § 13 Abs 1 PrimVG), während diese Verpflichtung im innermuralen Bereich nur für die in § 5c KAKuG aufgelisteten Krankenanstaltenträger gilt (Näheres siehe Kapitel II. A. 1. b). Die Haftpflichtversicherung umfasst die zur Abwehr von Ansprüchen erforderlichen Aufwendungen und die Leistung zuerkannter Ersatzansprüche (§§ 149 ff VersVG)[1120].

Für den Versicherungsnehmer besteht die Verpflichtung, bei einer möglichen Verantwortlichkeit eine **Versicherungsmeldung** zu erstatten (§ 153 VersVG). Seine Mitwirkung an der Sachverhaltsfeststellung im Rahmen einer außergerichtlichen Streitbeilegung begründet **keine Obliegenheitsverletzung** gegenüber dem Versicherer, sie rechtfertigt maW keine Verweigerung der Leistung durch den Versicherer (§ 52a Abs 4 ÄrzteG, § 41 Abs 4 ZÄG). Falls der Versicherungsnehmer jedoch ohne zuvor die Einwilligung des Versicherers eingeholt zu haben, ein Anerkenntnis abgibt oder einen Vergleich abschließt, ist die Leistungspflicht des Versicherers **eingeschränkt** (§ 158e Abs 2 VersVG), bei vorsätzlicher Schädigung eines Patienten **entfällt** sie (§ 152 VersVG).

Der Geschädigte kann seinen Schadenersatzanspruch gegenüber dem Schädiger geltend machen. Zudem ist er zur **Direktklage** gegen den Haftpflichtversicherer berechtigt (§ 52d Abs 6 ÄrzteG, § 26c Abs 6 ZÄG, § 13 Abs 5 PrimVG). In diesem Fall haften der Versicherer und der ersatzpflichtige Versicherungsnehmer als Gesamtschuldner.

[1119] Vgl im Detail *Ganner,* Recht der Altenpflege, in *Aigner/Kletečka/Kletečka-Pulker/Memmer (Hrsg),* HB Medizinrecht, IV.4/176f.

[1120] Vgl auch *Tanczos/Tanczos,* Arzthaftung³, 89.

V. Checklisten

Die Checklisten geben einen groben Überblick über wesentliche Vertragsinhalte und sind als Vorschläge gedacht. Sie besitzen keinen Anspruch auf Vollständigkeit und ersetzen nicht die eingehende Auseinandersetzung mit der jeweils dargestellten Materie.

A. Checkliste für einen Kooperationsvertrag einer Ordinations- und Apparategemeinschaft

- **Zweck der Kooperation**
  - Gemeinsame Nutzung von Ordinationsräumlichkeiten und/oder von (allen oder einzelnen) Geräten?
  - Aufteilung der Ausgaben betreffend Räumlichkeiten und/oder Apparate (Regiegemeinschaft) oder Aufteilung des Ertrags nach Abzug der Ausgaben von den Einnahmen (Ertragsgemeinschaft)?
  - Weitere Zwecke: bspw regelmäßiger fachlicher Austausch, Vertretungsmöglichkeiten?

- **Ausstattungsliste**
  - Bestandsaufnahme der bestehenden/Ermittlung der noch zu beschaffenden Ausstattung
  - Beim Bestand: insb Zustand, Wert, Rechtsverhältnisse (zB Eigentümer, Mieter, Leasingnehmer)?
  - Bei Neuanschaffungen: Auflistung der benötigten Ausstattung, Zeitplan für Anschaffung, Finanzierung (durch Darlehen, Eigenkapital), Rechtsverhältnisse (zB Eigentum, Miteigentum, Miete, Leasing, Wartungsvertrag)?

- **Auswahl der Kooperationspartner**
  - Ärzte derselben oder einer anderen Fachrichtung?
  - Festlegung besonderer Zuständigkeiten: zB Administration der Geräteanschaffung, -wartung und -reparatur, Ansprechperson für Gerätehersteller und Wartungsfirmen?

- **Nutzungsvereinbarung**
  - Welche Räumlichkeiten/medizinischen Geräte sollen gemeinsam genutzt werden?
  - Vereinbarung einer Pauschale/Mindestnutzungsverpflichtung (mit/ohne Pönale bei Nichteinhaltung)/eines Zeitplans?

- **Finanzierung**
  - Was ist zu finanzieren: Anschaffungskosten/Wartungs- oder Reparaturkosten/Mietzins/Leasingraten/Ablöse/Nutzungsentgelt für bereits vorhandene Räumlichkeiten bzw Geräte im Eigentum eines oder mehrerer Kooperationspartner?
  - Form der Finanzierung: Regiegemeinschaft (Bündelung der Ausgaben und Aufteilung nach einem festzulegenden Aufteilungsschlüssel) oder Ertragsgemeinschaft (Bündelung der Ausgaben und Einnahmen und Aufteilung des nach Abzug der Ausgaben verbleibenden Ertrags nach einem festzulegenden Aufteilungsschlüssel)?

- **Beginn, Dauer, Beendigung**
  - Datum des Beginns/Beendigungsdatum oder Errichtung auf unbestimmte Zeit
  - Kündigungsfrist/vorzeitige Auflösung aus wichtigem Grund
  - Vereinbarungen betreffend Beendigung noch aufrechter Verträge (zB Miete, Leasing)/Abwicklung des Verkaufs der im Eigentum der Kooperationspartner stehenden Ausstattung
  - Vereinbarung eines Vorkaufsrechts an der als Ordination genutzten Immobilie eines ausscheidenden Kooperationspartners
  - Vereinbarung einer Ablösezahlung und Eigentumsübertragung der im Eigentum eines ausscheidenden Kooperationspartners stehenden Geräte

B. Checkliste Gesellschaftsvertrag einer Gruppenpraxis-GmbH (Ärzte-GmbH)

- **Firma**
  - Angabe des Namens zumindest eines Gesellschafters
  - Beachtung der Werbebeschränkungen bei Sach- und Fantasiebezeichnungen
  - Angabe der durch die Gesellschafter vertretenen Fachrichtungen
  - Zusatz der korrekten Rechtsform (zB GmbH, GesmbH)

- **Sitz**
  - Gruppenpraxis darf nur einen Berufssitz haben
  - Beachtung der Voraussetzungen, unter denen mehrere Standorte in Österreich geführt werden dürfen
  - Anzahl der Standorte darf Anzahl der Gesellschafter nicht überschreiten
  - Ein Standort muss zum Berufssitz der Gruppenpraxis erklärt werden
  - Jeder Gesellschafter darf an sämtlichen Standorten seinen Beruf ausüben, diesfalls jedoch keinen sonstigen Berufssitz haben
  - Erreichbarkeit einer wesentlichen Verbesserung des Versorgungsangebots im Einzugsgebiet
  - Beachtung weitere Einschränkungen für Vertrags-Gruppenpraxen (zB Erfordernis einer Zustimmung der ÖGK)

- **Gegenstand des Unternehmens**
  - Ausübung von Tätigkeiten im Rahmen der Berufsbefugnis der Gruppenpraxis einschließlich Hilfstätigkeiten
  - Mit der Berufsbefugnis der Gruppenpraxis im direkten Zusammenhang stehende Tätigkeiten von Angehörigen anderer Gesundheitsberufe sowie die
  - Verwaltung des Gesellschaftsvermögens

- **Stammkapital und Stammeinlagen**
  - Höhe des Stammkapitals
  - Angabe der von jedem Gesellschafter auf das Stammkapital zu leistenden Einlagen

- **Beginn und Dauer der Gesellschaft**
  - Beginn mit Eintragung im Firmenbuch
  - Errichtung der Gesellschaft auf (un-) bestimmte Dauer

- **Organe der Gesellschaft**
  - Zwingend: Geschäftsführer und Generalversammlung (Gesellschafterversammlung)

- **Geschäftsführung und Vertretung**
  - Bestimmen, ob und welche Gesellschafter zur Geschäftsführung und Vertretung berechtigt sind
  - Besondere Vertretungsbefugnis betreffend Behandlungsverträge beachten: jeder Gesellschafter ist zum Abschluss von Behandlungsverträgen für die Gruppenpraxis-GmbH berechtigt
  - Für den Fall einer vorübergehenden Einstellung oder Untersagung der Berufsausübung bis zur Dauer von sechs Monaten: Vorsorge für eine Entziehung der Geschäftsführungs- und Vertretungsbefugnis treffen (zB Vereinbarung von Aufgriffsrechten der verbleibenden Gesellschafter, Kapitalherabsetzung durch Zwangseinziehung der Geschäftsanteile des unerwünschten Gesellschafters)
  - Vereinbarung von Aufgriffsrechten im Fall der Beendigung der Gesellschafterstellung (zB bei Ausscheiden im Einvernehmen mit den anderen Gesellschaftern, bei Kündigung des Gesellschafters, bei Insolvenzeröffnung, bei Ausschluss)

- **Generalversammlung**
  - Bestimmungen über die Einberufung und Beschlussfähigkeit einer (außer-)ordentlichen Generalversammlung (zB ordentliche Generalversammlung mindestens einmal jährlich, am Sitz der Gruppenpraxis-GmbH)
  - Beschlussfassung über die in § 35 GmbHG aufgelisteten Angelegenheiten (zB Prüfung und Feststellung des Jahresabschlusses, Verteilung des Bilanzgewinns, Einforderung von Einzahlungen auf die Stammeinlagen) einschließlich einer allfälligen Erweiterung oder Verringerung dieser Angelegenheiten
  - Bestimmungen über die Stimmberechtigung der Gesellschafter
  - Festlegung eines Quorums für die Beschlussfassung (zB einfache Stimmenmehrheit)

- **Präzisierung der berufsrechtlichen Rahmenbedingungen des § 52a Abs 3 ÄrzteG**
  - Kreis der Gesellschafter
  - Unzulässigkeit der Ein-Personen-GmbH
  - Beschränkung auf selbständig berufsberechtigte Ärzte
  - Verbot der Beteiligung berufsfremder Personen als Gesellschafter
  - Verbot von Treuhandbeteiligungen
  - Selbständige Berufsberechtigung der Gruppenpraxis

- Verpflichtung jedes Gesellschafters zur maßgeblichen persönlichen Berufsausübung
- Festlegung von Mindest-Ordinationszeiten, Bereitschaftsdiensten
- Vertretungsregelungen (zB Urlaub, Krankheit)
- Zulässigkeitsbeschränkungen bei Angestelltenverhältnissen
- Verbot der Anstellung von Gesellschaftern
- Zulässigkeitsbeschränkungen bei der Anstellung von Ärzten
- Zulässigkeitsbeschränkungen bei der Anstellung von Angehörigen anderer Gesundheitsberufe
- Freiheit der Berufsausübung
- Keine Bindung an Weisungen oder Zustimmung der Gesellschafter (Gesellschafterversammlung)
- Gewährleistung der freien Arztwahl unter Gesellschaftern derselben Fachrichtung
- Einhaltung der berufs- und standesrechtlichen Pflichten

- **Beispiele für weitere mögliche Inhalte**
  - Konkurrenzverbot
  - Gewinnverteilung
  - Regelungen im Zusammenhang mit dem Ausscheiden oder Ausschluss eines Gesellschafters
  - Rechte und Pflichten der Gesellschafter
  - Gesellschafterwechsel, Hinzutreten neuer Gesellschafter

- **Beendigung der Gesellschaft**
  - Regelung der Auflösungsgründe (die über jene in § 84 GmbHG genannten hinausgehen)
  - Bestellung der Liquidatoren
  - Löschung im Firmenbuch

C. Checkliste Behandlungsvertrag

- **Name und Anschrift der Vertragsparteien**
  - Behandler (Ordinations- und/oder Apparategemeinschaft, Gruppenpraxis, Primärversorgungseinheit, Krankenanstaltenträger)
  - Patient bzw dessen Vertreter (Geschäftsfähigkeit des Patienten? Gesetzlicher Vertreter? Erwachsenenvertreter? Vorsorgebevollmächtigter?)

- **Formvorschriften**
  - Vertragsabschluss kann schriftlich, mündlich oder konkludent erfolgen
  - Ausnahme Sonderklasse (Aufnahme auf Verlangen des Patienten in Form einer schriftlichen Erklärung, die auch eine Verpflichtung zur Bezahlung der Sondergebühren beinhaltet)
  - Bestehen gesetzliche Formvorschriften für die Einwilligung in die Behandlung (zB schriftliche Einwilligung in die Durchführung einer ästhetischen Operation)?

- **Besteht eine Aufnahmeverpflichtung?**
  - Keine Verweigerung der unbedingt notwendigen erste Hilfe durch einen Behandler
  - Aufnahmeverpflichtung entsprechend dem Anstaltszweck für öffentliche Krankenanstalten bei unabweisbar Kranken und bei Personen, für die Leistungsansprüche aus der sozialen Krankenversicherung bestehen

- **Vertragsdauer**
  - Befristung (zB für bildgebende Diagnostik)
  - Vertragsabschluss auf unbestimmte Dauer

- **Vertragsinhalt**
  - Hauptleistungspflichten: Abgeltung des Honoraranspruches, medizinische Behandlung lege artis
  - Nebenleistungspflichten: zB Einwilligung nach Aufklärung. Dokumentation, Verschwiegenheit, Information über Patientenrechte, Compliance des Patienten

- **Vertretungsmöglichkeiten (zB Urlaub)**

- **Beendigung (Erfüllung, Kündigung, Tod)**

- **Datum, Unterschrift der Vertragsparteien**

D. Checkliste Einwilligung in die konkrete Behandlung

Die Einwilligung in die konkrete Behandlung ist vom Abschluss des Behandlungsvertrags zu unterscheiden:

Voraussetzungen einer gültigen Einwilligung

- **Einwilligungsfähigkeit des Patienten gegeben?**
  - Personen bis/ab Vollendung des 14. Lebensjahres?
  - Ist eine Behandlung ohne Einwilligung gerechtfertigt (zB bei Bewusstlosigkeit)?
  - Wie ist bei (un-) vorhersehbaren Operationserweiterungen vorzugehen?

- **Ärztliche Aufklärung**
  - Aufklärungspflichtiger Behandler – Wer?
  - Adressat der Aufklärung – Wen?
    - Patient (Geschäftsfähigkeit des Patienten?)
    - Vertreter (Gesetzlicher Vertreter? Erwachsenenvertreter? Vorsorgebevollmächtigter?)
  - Gegenstand der Aufklärung – Worüber?
    - Selbstbestimmungsaufklärung (Diagnose-, Verlaufs- und Risikoaufklärung)
    - Wirtschaftliche Aufklärung (Behandlungskosten, Organisations- und Qualitätsaufklärung)
    - Therapeutische Aufklärung (Sicherungsaufklärung)
  - Reichweite der Aufklärung – Wieweit?
    - Von der Art der Krankheit bzw Behandlung abhängige Kriterien? (Dringlichkeit und Indikation, Aufklärung über Risiken als Kriterium – Häufigkeitsgrad, typische, objektiv unbedeutende, allgemeine Risiken)
    - Vom konkreten Patienten abhängige Kriterien? (von der Persönlichkeitsstruktur oder vom Verhalten des Patienten abhängige Umstände)
  - Zeitpunkt der Aufklärung – Wann?
    - Sind spezialgesetzliche Mindestfristen anzuwenden? (zB § 6 Abs 1 ÄsthOpG)
    - Verbleibt dem Patienten eine angemessene Überlegungsfrist abhängig von Dringlichkeit, Indikation und Schwere der geplanten Maßnahme?
  - Form der Aufklärung – Wie?
    - Persönliches Gespräch
    - Ergänzend der Einsatz von Hilfsmitteln? (zB Modelle, Zeichnungen)
    - Dokumentation der Aufklärung? Aufklärungsformulare

- **Einwilligungserklärung**
  - Ausdrücklich oder konkludent
  - Besondere Formvorschriften (zumeist Schriftlichkeit) sehen diverse Sondergesetze vor (zB UbG, BSG, FMedG)

- **Dokumentation der Einwilligung**

E. Checkliste Mindestinhalt Heimvertrag

- **Name und Anschrift der Vertragsparteien**
  - Heimträger
  - Heimbewohner bzw dessen Vertreter

- **Vertragsdauer**
  - Befristung?
  - Vertragsabschluss auf unbestimmte Dauer?

- **Unterkunft des Bewohners**
  - Beschreibung der konkreten Räumlichkeiten einschließlich der Ausstattung sowie der Gemeinschaftsräume und -einrichtungen
  - Angabe der vom Vertrag umfassten Wäscheversorgung und Reinigung der Wohnräume)

- **Typischerweise zu erbringende, allgemeine Verpflegung** (zB Anzahl der Mahlzeiten)

- **Grundbetreuung** (zB Pflege bei kurzen Erkrankungen, Etablierung eines Bereitschaftsdienstes, Unterstützung bei Besorgungen)

- **Angaben über die vom Heimträger erbrachten, vermittelten oder verlangten Zusatzleistungen**
  - Besondere Verpflegungsleistungen
  - Art und Ausmaß besonderer Pflegeleistungen bei längerer Pflegebedürftigkeit
  - Vom Heimträger vermittelte medizinische und therapeutische Leistungen
  - Vom Heimträger vermittelte sonstige Dienstleistungen
  - Angaben über die soziale und kulturelle Betreuung
  - Angaben über die Höhe einer vom Heimbewohner zu erlegenden Kaution

- **Auflistung der einseitig zwingenden Persönlichkeitsrechte des Heimbewohners**

- **Entgelt (Aufschlüsselung nach Hotelleistungen, besonderen Pflegeleistungen, Zusatzleistungen)**

- **Vorgehensweise bei Beendigung des Heimvertrags (zB Umgang mit Fahrnissen des Bewohners)**

- **Datum, Unterschrift der Vertragsparteien**

Stichwortverzeichnis

Die angeführten Seitenzahlen geben den jeweiligen Hauptfundort des Stichwortes an.